Mosaik bei
**GOLDMANN**

*Buch*

Hauptsache Spaß im Bett – und nicht nur da! Dies ist das Credo, mit dem Em & Lo ihre Leserinnen und Leser begeistern. Fröhlich und unverblümt klären die beiden jungen Frauen auf über sexuelle Handarbeit, lüften das Geheimnis eines erfolgreichen Blowjobs und bringen Licht ins Dunkel des Analverkehrs. Sie präsentieren fundierte Informationen und praktische Tipps zu allen Liebeslagen: von Fesselspielen und Fellatio, Sexspielzeugen und weiblicher Ejakulation bis hin zu Fisting und Dirty Talk. Vorurteilsfrei, frech und humorvoll zeigen Em & Lo, wie lustvoll Sex sein kann und soll, ohne so wichtige Aspekte wie Safer Sex und Genitalhygiene zu vernachlässigen. Wer also nach einem erfrischenden, verführerischen, witzigen und fundierten Begleiter in die Welt der Liebe sucht, sollte sich an »Sex for Winners« halten – Enttäuschung ausgeschlossen!

*Autorinnen*

Em & Lo, wie sich Emma Taylor und Lorelei Sharkey nennen, sind durch ihre Internet-Seite www.nerve.com zum Thema Sex zu Amerikas beliebtesten Dating-Expertinnen geworden. Neben ihrer monatlichen Kolumne im *Men's Journal* schreiben sie für verschiedene Magazine wie z. B. *Glamour* und *The Guardian* und haben bereits einige Bücher veröffentlicht. Beide leben in New York.

*Von Emma Taylor und Lorelei Sharkey außerdem bei Mosaik bei Goldmann*

Die Position des Tages (16633)

Emma Taylor
Lorelei Sharkey

# Sex for Winners

Alles, was Spaß macht
und antörnt

Aus dem Amerikanischen
von Thomas Bauer

Mosaik bei
GOLDMANN

Die Ratschläge in diesem Buch wurden von den Autorinnen und vom Verlag sorgfältig erwogen und geprüft, dennoch kann eine Garantie nicht übernommen werden. Eine Haftung der Autorinnen bzw. des Verlags und seiner Beauftragten für Personen-, Sach- und Vermögensschäden ist ausgeschlossen.

Nerve gibt es, weil Sex schön und paradox ist, außerordentlich Spaß macht und garantiert polarisiert. Mit anderen Worten: Sex ist ein Thema, das ein furchtloses, intelligentes Forum für beide Geschlechter braucht. Wir sind der Meinung, dass Frauen (Männer ebenfalls, aber vor allem Frauen) lange genug auf ein kluges, ehrliches Magazin zum Thema Sex gewartet haben, auf ein Magazin mit Artikeln und Geschichten, die mit Klischees aufräumen, und mit sehenswerten Fotos von unbekleideten Menschen, die mehr als nur nackte Haut zeigen.

Bitte besuchen Sie uns auf unserer Website www.nerve.com.

*Umwelthinweis:*
Alle bedruckten Materialien dieses Taschenbuches sind chlorfrei und umweltschonend.

1. Auflage
Deutsche Erstausgabe März 2005

Originaltitel: The Big Bang
Originalverlag: Plume, a member of Penguin Group (USA), Inc.
Umschlaggestaltung: Design Team München
Umschlagfoto: Matthew Gunther
Fotos: Matthew Gunther
Illustrationen: Lorelei Sharkey
Redaktion: Nike Karen Müller
Satz: Barbara Rabus, Sonthofen
Druck: GGP Media GmbH, Pößneck
Verlagsnummer: 16674
WR · Herstellung: Stefan Hansen
Printed in Germany
ISBN 3-442-16674-8
www.goldmann-verlag.de

# Inhalt

# Einleitung

Für großartige sexuelle Epochen gilt dasselbe wie für glückliche Lebensabschnitte: Man weiß sie immer erst im Nachhinein wirklich zu schätzen. Das Geheimnis besteht darin, den Moment zu genießen (was übrigens das Geheimnis von allem ist). Am besten fangen wir sofort damit an: Wir befinden uns mitten in einer großartigen sexuellen Epoche. Sie ist toll. Sie ist fantastisch. Eigentlich hatten wir gar keine Zeit, dieses Buch zu schreiben.

Ich möchte nicht die Lasterhaftigkeit unserer Vorfahren schmälern – die alten Griechen wussten sich zu amüsieren, die Polynesier ließen nichts anbrennen, die Pariser hatten im 19. Jahrhundert eine Menge Spaß mit ihrem Absinth, und die Kleider der Damen in den zwanziger Jahren waren sicher sehr praktisch. Auch in den sechziger und siebziger Jahren ging es ziemlich zur Sache – es fällt einem schwer, die Hippies nicht darum zu beneiden, dass für sie freie Liebe gleichzeitig auch politischer Protest bedeutete. Ich möchte nicht behaupten, die dunklen Wolken von Aids und Geschlechtskrankheiten seien an uns vorübergezogen – wir müssen noch immer für schlechtes Wetter gerüstet sein. Trotz alledem ist heute alles besser. Die Menschen wissen mehr, riechen besser, ihre Batterien halten länger, und es gibt weniger unsinnigen Geschlechterrollenzwang, was zur Folge hat, dass heutzutage doppelt so viele Menschen anderen Menschen ans Knie fassen. Oralverkehr gilt nicht mehr als skandalös, sondern ist purer Spaß – oder schmutziger Spaß, wenn Ihnen das besser gefällt. Immer mehr

Menschen praktizieren Analverkehr, und warum auch nicht? Trotzdem gibt es noch immer genügend Tabus, die uns hin und wieder erröten lassen. Doch ein bisschen Schuldgefühl – ohne die Angst, auf ewig in der Hölle schmoren zu müssen – kann nicht schaden; es erhält die Spannung. (Wenn Sie gerne etwas Farbe auf den Wangen hätten, lesen Sie die Kapitel über Fisting und BDSM.)

Ich habe stets großen Wert darauf gelegt, dass es nicht unser Anliegen ist, Sex »in Ordnung zu bringen«, sondern dass wir ihn genießen wollen. Wir Amerikaner übertreiben es nämlich ein wenig damit, immer alles in Ordnung bringen zu wollen – wir verwenden viel Zeit darauf, Dinge in Ordnung zu bringen, die gar nicht in Ordnung gebracht werden müssten (wie etwa Brüste, um ein augenfälliges Beispiel zu nennen). Obwohl dieses Buch es sich zum Ziel gesetzt hat, eine bessere Liebhaberin oder einen besseren Liebhaber aus Ihnen zu machen, lautet unsere Philosophie nicht »in Ordnung bringen«, sondern eher »so lange experimentieren, bis es sich gut anfühlt«. Wenn man das gesammelte Wissen aus den folgenden Kapiteln mit wenigen Worten zusammenfassen sollte, wäre die Essenz der Ratschläge zu kommunizieren, bitte und danke zu sagen, wie man es von seiner Mutter gelernt hat, die Erfahrung zu genießen und in Gottes Namen Sinn für Humor zu haben.

Es ist gut, gut beim Sex zu sein, aber man kann auch zu gut sein oder zu sehr darauf achten, gut zu sein. Sex ist eine gesellige Freizeitbeschäftigung – wie zum Beispiel Minigolf oder Brettspiele. Worum es dabei wirklich geht – wenn wir Fortpflanzung einmal ausklammern –, ist, mit seinen Mitspielern eine Einheit zu bilden. Wer sich zu stark auf die Ausführung konzentriert, schießt unter Umständen über das Ziel hinaus und verdirbt anderen den Spaß. (Es gibt nichts Schlimmeres als einen Minigolf-Spieler, der mit Caddie und Windmesser anrückt.) Wie das Brettspiel »Othello« kann man Sex im Handumdrehen erlernen, braucht aber ein ganzes Leben, um ihn wirklich zu beherrschen. Aus diesem Grund haben Sie dieses Buch gekauft. Wir werden also unser Bestes geben, um einen Profi aus Ihnen zu machen und dabei einigermaßen sachlich zu bleiben.

Sex ist eine treibende Kraft in unserem Leben, die uns daran erinnert, dass wir Tiere sind, und zwar im doppelten Wortsinn: Wir sind leidenschaftlich und, ob es Ihnen gefällt oder nicht, wir sind fleischliche, stinkende Säugetiere, die sich gern im Dreck suhlen. Wir wollen Sex, weil wir einer Spezies angehören, die überleben möchte. Denken Sie an die Kraft großer Flüsse, an das Gewicht der Ozeane, das auf dem Meeresgrund lastet, an wandernde Gletscher und aneinander reibende tektonische Platten – diese Art der Urgewalt, die sich seit Millionen von Jahren Gehör verschafft, wütet auch zwischen Ihren Beinen (und schert sich nicht im Geringsten darum, ob sie Sie in der Öffentlichkeit blamiert). Sie ist extrem erbaulich und gleichzeitig demütigend.

Sex ist wahrlich kein Paradebeispiel für menschliche Anmut und Würde, sondern eine glitschige, sich wiederholende, instinktive Angelegenheit, die eher der Kopulation von Präriehunden und Rhinozerossen ähnelt als dem filmischen Tanz von Tom Cruise und Nicole Kidman. In Abwesenheit von Regisseuren, Beleuchtern und Maskenbildnern schneiden wir Grimassen, keuchen und zeigen uns gegenseitig unsere Körperöffnungen. Sex ist eine Übung in gemeinschaftlicher Demut und deshalb eine so tief greifende, verbindende Erfahrung. Wir sehen dabei lächerlich aus, tun es aber trotzdem, weil wir nicht widerstehen können, unseren genetischen Befehlen

Folge zu leisten. Und das ist gut so. Als Individuen, die einander kennen lernen, und als Spezies haben wir Bescheidenheit dringend nötig. Wenn Sie das Absurde daran akzeptieren und es voll und ganz genießen, werden Sie die bestmögliche Liebhaberin oder der bestmögliche Liebhaber sein. Wenn Sie auch noch die Tipps in diesem Buch befolgen, wird Ihnen Ihre Liebste oder Ihr Liebster bis an ihr oder sein Lebensende hinterherlaufen wie ein Schoßhund. Gebrauchen Sie Ihre Macht für gute Zwecke.

*Rufus Griscom*

# 1. Teil:

# Sex für Anfänger

## Die Grundlagen

# 1. Komm, süßer Tod

**Das Orgasmus-Kapitel**

*Wie fühlt sich das an, ein Orgasmus?*
**Wie eine wunderbare Erlösung von Qualen.**
*Wieso Qualen?*
**Weil es eine echte Qual ist, keinen Orgasmus zu haben.**
*Und warum quält man sich dann und hat ihn nicht einfach?*
**Weil es sich so gut anfühlt, ihn nur fast zu haben.**
*Besser, als ihn zu haben?*
**Eigentlich schon.**
*Tatsächlich?*
**Eigentlich nicht.**

Dialog aus dem Spielfilm *Ticket zum Himmel* von 1986

Wer hätte gedacht, dass ein fragwürdiger Teeniefilm aus den achtziger Jahren das ultimative sexuelle Hochgefühl so elegant und präzise einfangen könnte? Starke Erregung ist in der Tat eine Qual: Man schwitzt, das Herz schlägt schneller, Adrenalin durchströmt den Organismus, der Blutfluss erhöht sich, die Atmung beschleunigt sich, der ganze Körper spannt sich an, die Juwelen funkeln wie Rubine… bis die sexuelle Anspannung unerträglich wird und der Körper »genug!« schreit. Erst dann wird einem durch einen Orgasmus Erlösung gegönnt: Ein paar herrliche Sekunden rhythmischer Muskelkontraktionen, in denen die ganze aufgestaute sexuelle Energie wieder ins Universum entlassen wird wie Dampf aus einem pfeifenden Teekessel. Oh, ja!

Beim Mann beginnt der Orgasmus damit, dass Sperma in die Harnröhre gepresst wird – man nennt das »Ejakulations-Unvermeidlichkeit« (oder mit anderen Worten: Der Punkt, an dem es kein Zurück mehr gibt). Die Hoden bewegen sich nah zum Körper, und die Blasenöffnung verschließt sich, um Harnfluss zu verhindern. Währenddessen pumpen die Kontraktionen von Harnröhre, Prostata, Perineum und Penis im 0,8-Sekunden-Rhythmus die Samenflüssigkeit nach oben und nach draußen. Der gesamte Vorgang besteht aus drei bis vier starken Kontraktionen, gefolgt von einigen schwächeren, und dann ... schnarch. Nach einer ausgiebigen Verschnaufpause wird es Zeit für die zweite Runde.

Frauen, die Glücklichen, brauchen keine Pause, um ihre Batterien wieder aufzuladen. Wenn sie erregt sind, strömt Blut in ihren Genitalbereich und sorgt dafür, dass sich die Nervenstränge ausdehnen und Klitoris, Vagina und Anus anschwellen. Der Scheideneingang verengt sich, das Scheideninnere dehnt sich aus, der Kitzler steht stramm, die inneren Schamlippen verdicken sich und färben sich dunkler, der Brustwarzenhof bekommt eine Gänsehaut, die Brustwarzen werden hart, die Brüste schwellen an, und bei manchen Frauen (und seltener auch bei Männern) stellt sich aufgrund der verbesserten Durchblutung im oberen Bereich der Brust oder am Hals eine Rötung ein. Wenn die Erregung ihren Höhepunkt erreicht, beginnt die Gebärmutterwand zu pulsieren, und Vagina, Klitoris und Anus ziehen sich zusammen – ebenfalls im 0,8-Sekunden-Rhythmus – und drängen das Blut in andere Körperregionen zurück. Manche Frauen ejakulieren dabei sogar (siehe das Kapitel »Überschäumende Lust auf Knopfdruck«, Seite 159). Frauen können zwischen drei und 15 erdbebenähnliche Kontraktionen haben, gefolgt von einer Reihe kleinerer Zuckungen, die den ganzen Unterleib erzittern lassen und insgesamt bis zu 28 himmlische Sekunden andauern. Den Sexualwissenschaftlern Masters und Johnson zufolge dauerte der längste bei einer Frau beobachtete Orgasmus 43 Sekunden. (Die Glückliche!) Im Anatomie-Glossar (ab Seite 417) finden Sie genauere medizinische Erläuterungen zur Stimulationsphase und zum Orgasmus bei Männern und Frauen.

Tatsache ist, dass Frauen während eines Schäferstündchens heftiger, länger und öfter kommen können als Männer (Ausnahmen bestätigen die Regel). Ihre Chancen, zum Höhepunkt zu kommen, stehen während der Periode oder einer Schwangerschaft sogar noch besser, da die verstärkte Durchblutung den Druck im Unterleib und damit unter Umständen auch die Sensibilität erhöht. Außerdem können Frauen durch vielfältigere Formen der Stimulation zum Orgasmus kommen: Meistens geschieht dies durch Stimulation der Klitoris oder des G-Punkts, manchmal genügt auch zärtliche Aufmerksamkeit gegenüber den Brustwarzen, kräftiges Anspannen der Beckenmuskulatur (siehe das Kapitel »Fit fürs Bett«, Seite 397) oder eine besonders erotische Fantasie. Und nein, keiner dieser Orgasmen ist weniger gut, wie uns Freud glauben machen wollte: Orgasmen sind, ganz egal, wie sie erreicht wurden, *immer* gut und physiologisch betrachtet alle gleich – manche sind einfach nur intensiver als andere. Sollen wir fortfahren? Den meisten Sexualwissenschaftlern zufolge sind alle Frauen körperlich in der Lage, mehrere Orgasmen zu haben – das heißt, sie können nach dem ersten Orgasmus noch weitere Orgasmen haben, ohne dass ihre sexuelle Erregung dabei nennenswert abnimmt. Masters und Johnson berichten außerdem vom Phänomen des

»anhaltenden Orgasmus« oder *status orgasmus* bei Frauen, einer Serie von Orgasmen, die im Eiltempo aufeinander folgen. Dann gibt es noch den »ausgedehnten Megaorgasmus«, ein mythisches Monster, das sein brüllendes Haupt über einen Zeitraum von »nur« zehn Minuten bis zu einer vollen Stunde erheben kann. Skeptiker zweifeln die Existenz dieses Ungeheuers an und behaupten, Frauen würden nur den Moment *vor* dem Orgasmus entsprechend lange hinauszögern. *»Du sagst hallo, ich sage hallOOOOOH!«*

Bevor wir jedoch eine Epidemie von Muschineid auslösen, möchten wir eines klarstellen: Generell ist es für Frauen schwieriger und zeitaufwendiger, zum Orgasmus zu kommen. Manche Frauen kommen nie (wir bezweifeln, ob das auch für Männer gilt), was nicht daran liegt, dass sie dazu grundsätzlich nicht in der Lage wären, sondern weil sie (noch) nicht herausgefunden haben, wie. Manche Penis-Enthusiasten behaupten, multiple Orgasmen seien nicht ausschließlich dem weiblichen Lager vorbehalten. Noch einmal kommen? Das ergibt dann einen Sinn, wenn man bedenkt, dass Orgasmus und Ejakulation beim Mann *nicht* ein und dasselbe sind, obwohl sie in der Regel gleichzeitig stattfinden. Die Ejakulation, die im Grunde genommen nichts anderes als die Freigabe von Sperma ist, kann auch ohne Orgasmus stattfinden, und manchmal (wenn auch selten) wird der Orgasmus, der die Muskelkontraktionen und die Woge des mentalen Wohlgefühls bezeichnet, nicht von einer Ejakulation begleitet. Die meisten Männer haben keine multiplen Orgasmen, weil sie unmittelbar nach der Ejakulation in eine Phase der Reizunempfindlichkeit übergehen, in der ihrem kleinen Mann schnell die Luft ausgeht. Trotzdem sind offenbar einige Männer imstande, multiple Orgasmen zu haben, indem sie die Ejakulation zurückhalten; andere behaupten, sie könnten nach dem ersten Orgasmus mit Ejakulation mehrere Orgasmen ohne Ejakulation haben, bevor die Phase der Reizunempfindlichkeit einsetzt. (Bei manchen Männern dauert es Stunden, bis sich ihr kleiner Freund schlafen legt.) Die tantrische Lehre beinhaltet verschiedene Methoden, wie Männer multiple Orgasmen erreichen können (es tut uns Leid, aber das steht auf einem völlig anderen Blatt).

Doch auch der gute alte 08/15-Orgasmus kann von Mensch zu Mensch stark variieren und bei jedem Menschen, ob Mann oder Frau, von Orgasmus zu Orgasmus. Der Orgasmus ist eine Art Barometer: Anzahl der Kontraktionen, Intensität und Dauer hängen von der Ernährung, der Tagesform, der Zeitspanne seit dem letzten Orgasmus, der Stimmung, von Stressfaktoren, vom Alter, von der Beziehung der Sexualpartner, von der Methode der Stimulation, vom Selbstwertgefühl, von etwaigen Ängsten oder von der Qualität des jeweiligen Pornos ab. Ein Orgasmus macht Spaß, wenn man ihn bekommt, und wenn man sich bemüht, bekommt man ihn (meistens) auch. Lesen Sie dieses Buch, um sich einige Anregungen zu holen, aber lassen Sie sich nicht entmutigen, wenn Ihnen nicht alles gelingt. Und vergessen Sie nicht: Probieren geht über Studieren.

# 2. Ich-AG

## Das Masturbationsmanifest

### 15 Gründe, weshalb *jeder* masturbieren sollte

1. Wer an sich selbst Hand anlegt, lernt das Muster der eigenen sexuellen Reaktionen kennen: was man mag, was man nicht mag und was man mehr als alles auf der Welt hasst.
2. Durch Selbstbefriedigung erlangt man Kontrolle darüber, wann und wie bald man kommt: Sobald man gelernt hat, den Punkt vor dem Punkt, an dem es kein Zurück mehr gibt, zu erkennen, kann man die Notbremse ziehen und Unfälle vermeiden.
3. Die gute alte Handarbeit hilft beim Einschlafen – spontan vor dem Mittagsschlaf oder als Teil des allabendlichen Gute-Nacht-Rituals.
4. Mit sich selbst zu spielen eignet sich hervorragend als Verzögerungstaktik/Lernpause/Mittel gegen Langeweile, und zwar viel besser als Rauchen oder Fernsehen.
5. Do-it-yourself-Sex zaubert einem ein Lächeln aufs Gesicht, weil dabei Endorphine freigesetzt werden. Also verabreichen Sie sich ein wenig Freude nach (oder noch besser: *während*) einem schlechten Arbeitstag.
6. Masturbation kann einem entkräfteten Sexualtrieb neues Leben einhauchen.
7. Beim Onanieren spielen Sie zur Abwechslung einmal die erste Geige (sofern Sie sonst kein Egoist sind). Tun Sie sich etwas Gutes, und arbeiten Sie für sich, anstatt für andere.

8. Eine Solonummer sorgt für Gleichstand, wenn Ihr Bedürfnis größer ist als das Ihrer Partnerin oder Ihres Partners. Im Handumdrehen ist Schluss mit Frust!
9. Handarbeit ist eine Prophezeiung, die sich von selbst erfüllt; je öfter man es tut (und je früher man damit anfängt), desto größer ist die Wahrscheinlichkeit, dass man es bis ins hohe Alter tut. Diese Vorstellung mag Sie jetzt abstoßen, aber warten Sie ab, bis Sie 70 sind.
10. Masturbieren ist einfach, und im Gegensatz zu den meisten Ihrer potenziellen Partner sind Sie leicht zu haben.
11. Überhaupt nicht zu onanieren führt Sexualwissenschaftlern zufolge eher zu psychologischen Problemen als ständig zu onanieren. Das ist genau das Gegenteil dessen, was der weit verbreitete viktorianische Glauben behauptete, nämlich dass Selbstbefriedigung verrückt macht. Also schonen Sie Ihre Psyche!
12. Die Hände in den Schoß zu legen, verleiht frischen Atem – vorausgesetzt, man putzt sich anschließend die Zähne.
13. Wer vor einem Date sein Werkzeug testet, bewahrt später einen kühlen Kopf.
14. Grenzüberschreitendes Masturbieren verbessert das internationale Klima und bringt uns dem Weltfrieden näher.
15. Masturbation ist der kürzeste Weg zwischen Ihnen und einem Orgasmus. Müssen wir da noch etwas hinzufügen?

## Am Anfang war die Hand

In der Bibel wird Masturbation an keiner Stelle ausdrücklich verurteilt. Schuld an allem ist die christliche Interpretation des Alten Testaments. Hier die Geschichte aus dem ersten Buch

Mose: Onans verheirateter Bruder starb kinderlos. Dem religiösen Gesetz zufolge war Onan verpflichtet, die Witwe seines Bruders zu schwängern, damit dieser Unsterblichkeit erlangen konnte. Da Onan keine Lust hatte, für jemand anderen Kinder zu zeugen, »ließ er's auf die Erde fallen«, nachdem er mit seiner Schwägerin in die Kiste gestiegen war. Ziemlich hinterlistig. Deshalb blies ihm Gott das Licht aus. Die Kirche legte das folgendermaßen aus: Jedes Mal, wenn der Samen eines Kerls seine Reise nicht in einer Vagina beendet, handelt es sich um eine Sünde. Daher kommt es, dass sich der Begriff »Onanie« fälschlicherweise für Masturbation anstatt für Coitus interruptus eingebürgert hat. Es ist schon komisch, dass die Kirche so ein Trara um die Selbstbefriedigung macht, aber nichts für die Beibehaltung der Tradition tut, dass Männer den Ehefrauen ihrer verstorbenen Brüder einen Braten in die Röhre schieben.

Jahrhundertelang taten alle so, als sei Sex nicht dazu gedacht, sich dabei zu amüsieren. Dann, im 18. Jahrhundert, nahm sich ein Schweizer Arzt namens Tissot des Problems an, indem er versuchte, die Angelegenheit »wissenschaftlich« zu betrachten – er behauptete, dass Sex nicht nur keinen Spaß mache, sondern auch aufgrund der dadurch verursachten Blutflussschwankungen zu Schädigungen des Nervensystems und zu Geisteskrankheit führen könne. Wenn Sex als gefährlich galt, muss Masturbation mit Selbstmord gleichzusetzen gewesen sein. Auf der anderen Seite des großen Teichs fraß der amerikanische Arzt Benjamin Rush einen Narren an Tissots Schwachsinn und brachte eine Reihe hetzerischer Artikel zu diesem Thema zu Papier, nach deren Lektüre alle den Griff in die Unterhose scheuten wie das gebrannte Kind das Feuer. Im 19. Jahrhundert trugen Männer Metallröhren mit Stacheln über ihren Johnnys, und die Hände von pubertierenden Jungs wurden nachts an den Bettpfosten festgebunden. Und die Frauen? Tja, die masturbierten natürlich nicht. (Trotzdem behaupteten einige amerikanische Ärzte, dass Selbstbefriedigung bei Frauen so gut wie alles von Kummerfalten bis Krebs verursachen oder zumindest verschlimmern würde.) Aber es kommt noch besser: Eingefleischte Masturbationsgegner wie Will Kellog und Sylvester Graham glaubten, eintönige Ernährung würde sexuelle Zurückhaltung fördern – und so entstanden Kellog's Cornflakes und Graham Crackers. Ohne Witz.

Erst in den fünfziger Jahren sprang der Super-Sexualwissenschaftler Alfred Kinsey in die Bresche. Er machte sich über Freud lustig, der Masturbation als unreif bezeichnet hatte, und wies nach, dass die meisten erwachsenen Amerikaner von Zeit zu Zeit eine Solonummer genossen – ohne Konsequenzen – und dass bei der Mehrheit der erwachsenen Amerikanerinnen *nur* auf diese Weise die Post abging. Im Lauf der folgenden Jahrzehnte stimmten die Masturbationsexpertinnen Betty Dodson *(Sex for One)*, Lonnie Barbach *(For Yourself)* und Shere Hite *(Hite Report)* in den Solisten-Chorus ein. 1972 erklärte die *American Medical Association* Masturbation schließlich zu einer

**Birds do it …**

Auf Ultraschallbildern ist zu sehen, wie Fötusse im Mutterleib ihre Genitalien mit den Händen berühren. Kinder tun es, weil es sich gut anfühlt. (Warum sind Mädchen wohl so gut beim Seilklettern im Sportunterricht?) Und Kinder haben kein schlechtes Gewissen dabei, bis ihnen jemand eines macht.
Tiere tun es: Hunde, Katzen, Affen, Elefanten …
Weil es N-A-T-Ü-R-L-I-C-H ist!

»normalen« sexuellen Aktivität. Aber freuen Sie sich nicht zu früh: 1994 wurde der Generalstabsarzt Joycelyn Elders vom Dienst suspendiert, weil er der Selbstbefriedigung grünes Licht gegeben hatte.

## Selbst ist die Frau

Mädels kommen nicht immer beim Geschlechtsverkehr, aber fast immer beim Masturbieren. Zumindest dann, wenn sie bereit sind, ein wenig zu üben. Aus diesem Grund bezeichnet die Psychologin Lonnie Barbach Frauen, die noch nie gekommen sind als *preorgasmic* (»noch nicht orgasmusfähig«) und nicht als *anorgasmic* (»grundsätzlich nicht orgasmusfähig«) – frau darf die Hoffnung nie aufgeben. Der erste Orgasmus bereitet meistens die größten Probleme. Er ist außerdem oft nur dürftig, wird aber bei Wiederholung besser. Und wie! Sobald eine Frau einmal allein zum Orgasmus gekommen ist, steigen ihre Chancen, auch in Gesellschaft zu kommen. Außerdem hilft *jede* Art von Orgasmus mit großer Wahrscheinlichkeit, Menstruationskrämpfe und prämenstruelle Beschwerden zu lindern und aufgrund der verstärkten Durchblutung des Unterleibs Pilzinfektionen vorzubeugen. All das sind gute Gründe zu lernen, den Kitzler zu kitzeln, und zwar ordentlich.

Die folgende Do-it-yourself-Anleitung sollte Ihnen helfen, ganz egal, ob Sie noch nie gekommen sind, ob Sie zum multiplen Orgasmus kommen wollen oder ob Sie Ihr Masturbationsrepertoire auf Vordermann bringen möchten. Denken Sie daran, Abwechslung macht das Sexleben interessant: Je mehr Wege zur Glückseligkeit führen, desto leichter werden Sie und Ihr Partner dorthin gelangen.

## Vorbereitung

- Nehmen Sie einen Spiegel und inspizieren Sie sich. Das mag komisch klingen, aber je vertrauter Sie mit Ihrer Ausstattung sind, desto besser können Sie mit ihr umgehen. Männer haben für diese Aussicht Kriege geführt; Ihr Partner findet sie sexy, und das sollten Sie auch.
- Vergessen Sie die Zeit. Verbringen Sie einen verregneten Samstagnachmittag zu Hause. Melden Sie sich krank, schlafen Sie aus, legen Sie den Hörer neben das Telefon. Wenn Sie noch nie gekommen sind, üben Sie alle paar Tage eine Stunde lang, aber rechnen Sie nicht mit einem Orgasmus, um Enttäuschung zu vermeiden.
- Machen Sie es sich gemütlich. Zünden Sie Kerzen an, nehmen Sie ein Bad, trinken Sie ein Glas Wein, hören Sie das schmalzige Album, von dem Sie niemals zugeben würden, dass es Sie antörnt, lesen Sie die schlüpfrigen Passagen aus den Anne-Rice-Romanen, sehen Sie sich einen Schwulenporno an. In die richtige Stimmung zu kommen (und in der richtigen Stimmung zu bleiben) ist das A und O.
- Machen Sie sich warm. Wenn Sie beim Sex mit Ihrem Partner auf das Vorspiel bestehen, warum nicht auch beim Sex mit sich selbst? Reiben Sie Ihre Brüste und Schenkel mit Babyöl ein, spielen Sie mit Ihren Nippeln, legen Sie eine Hand auf Ihren Schamhügel und bewegen Sie sie sanft. Stellen Sie sich vor, es wäre Ihr erstes Mal.

## Daumen- (und Finger-)Regeln

- Lassen Sie sich Zeit. Machen Sie so lange weiter, bis Ihnen nach Aufhören ist, ganz egal, ob Sie einmal, zwanzigmal oder überhaupt nicht gekommen sind. Hören Sie auf und fangen Sie wieder an. Machen Sie Essenspausen.

- Hören Sie auf Ihren Körper. Wenn Sie diesen Rat befolgen, versprechen wir, dass wir das Klischee nie wieder benutzen werden. Fragen Sie sich: »Gefällt dir das? Macht dich das feucht?« (Pornostimme optional.) Achten Sie auf die Antworten – Sie möchten doch nicht Ihre kostbare Zeit verschwenden.
- Versuchen Sie nicht, mit dem Kopf durch die Wand zu rennen. Wenn Sie dem Orgasmus nachjagen, machen Sie sich nur verrückt. Genießen Sie einfach, und vergessen Sie, dass Orgasmen überhaupt existieren (ja, Sie haben richtig gelesen). Wenn Sie nah am Ziel sind und es verfehlen, lassen Sie sich ein Stück zurückfallen, und nehmen Sie erneut Anlauf, diesmal allerdings langsamer.

**Techniktipps**

- Fingerstimulation (oder auch: »Paddeln im rosafarbenen Boot«): Benutzen Sie Ihre Handflächen. Benutzen Sie Ihre Fingerknöchel. Ziehen Sie mit einer Hand die Haut auf Ihrem Schamhügel nach oben, sodass die Klitoris freigelegt wird. Lassen Sie den Mittelfinger um den Kitzler kreisen. Formen Sie eine beidhändige Faust und legen Sie sich auf sie. Bleiben Sie mit einer Hand im Genitalbereich, während die andere auf Wanderschaft geht. Unter »Handarbeit für sie« (Seite 70) finden Sie jede Menge Anregungen.
- Hoppe, hoppe, Reiter: Besteigen Sie leblose Gegenstände im Bett – Kissen, Klamottenhaufen oder (für diejenigen unter Ihnen mit leicht perversen Neigungen) Plüschtiere. Oder machen Sie einen Rundgang durch die Wohnung, und nehmen Sie alles, was sich gut anfühlt, zwischen die Beine: das Waschbecken, die Waschmaschine im Schleudergang, die Sofa-Armlehne, die Ecke der Tischplatte.

- Einlochen: Versuchen Sie es mit Penetration – entweder die ganze Zeit über oder nur kurz vor dem Höhepunkt, in Ihre Vagina oder sogar in Ihren Allerwertesten. Vielleicht brauchen Sie das nicht, um zum Orgasmus zu kommen, vielleicht aber doch. Wie dem auch sei, es wird sich wahrscheinlich gut anfühlen.
- Schenkel-Geplänkel: Spannen Sie Ihre Oberschenkelmuskulatur an oder reiben Sie die Schenkel aneinander. Kreuzen Sie die Beine an den Fesseln, kreuzen Sie sie an den Knien, oder kreuzen Sie sie an beiden Stellen, um ordentlich Spannung zu erreichen, während Sie Ihre Unterleibsmuskulatur anspannen und wieder entspannen (siehe das Kapitel »Fit fürs Bett«, Seite 397). Manch glückliche Frau kommt schon allein dabei. Stellen Sie sich nur vor, welche Möglichkeiten sich ergeben: im Bus, im Zug, in der Konferenz! Auch wenn es Ihnen nicht gelingt, die Freihandtechnik zu perfektionieren, wird sie Ihnen Ihre Zeit mit sich allein immer versüßen.
- Spaß mit Spielzeug: Experten raten davon ab, Spielzeuge zu Hilfe zu nehmen, wenn man eigenhändig zum Erfolg gekommen ist. Wir raten: Alles, was Ihren kleinen Mann im Boot ins Wogen bringt, ist erlaubt. Vielleicht ist ein Vibrator alles, was Sie brauchen, um vom Beinahe-Orgasmus zum multiplen Orgasmus zu kommen. Wenn Sie allerdings ohne batteriebetriebene Hilfsmittel noch nie gekommen sind, sollten Sie die hier und im Abschnitt »Handarbeit für sie« (Seite 70) aufgeführten Hinweise für den Handgebrauch wenigstens einmal ausprobieren (denn wie der Teufel es will, geben die Batterien beim Endspurt den Geist auf). Eine Sexspielzeug-Kaufberatung finden Sie ab Seite 183.

**Experimentieren Sie mit ...**

- ... Muskelspannung: Die meisten Sexperten empfehlen, alles Menschenmögliche zu tun, um die Muskeln zu lockern und geschmeidig zu machen. (Versuchen Sie es nach einer Yogastunde oder einer Ganzkörpermassage.) Manche Frauen finden aber auch, dass sie leichter zum Orgasmus kommen, wenn sie ihre Muskeln anspannen.
- ... Stellungen: Stellen Sie sich hin, knien Sie sich auf den Boden, setzen Sie sich auf einen Stuhl, lehnen Sie sich an die Wand, legen Sie sich auf den Bauch, stellen Sie sich auf den Kopf.
- ... verschiedenen Stufen des Ausgezogenseins: Befummeln Sie sich durch die Kleidung, unter der Kleidung, nackt, nur mit Schuhen bekleidet. Tun Sie es in Hosen mit einer Schrittnaht, an der Sie sich reiben können (Jeans eignen sich am besten). Oder ziehen Sie Ihre Unterwäsche hoch, sodass sie an den richtigen Stellen reibt.
- ... Quickies: Sie müssen nicht immer Genießerin sein. Manchmal geht es einfach nur darum, einen Juckreiz durch Kratzen zu beseitigen. Legen Sie Ihre Tageszeitung beiseite, rubbeln Sie sich einen und wenden Sie sich wieder dem Kreuzworträtsel zu – und das alles in weniger als vier Minuten!
- ... ungewohnter Umgebung: Tun Sie es halb in der Öffentlichkeit (in einer abgeschlossenen Toilettenkabine in einer Bar oder in der letzten Reihe im Kino) oder ganz in der Öffentlichkeit (knien Sie sich auf einer Party mit einer Ferse im Schritt hin oder schlagen Sie auf einem Langstreckenflug die Beine übereinander, pressen Sie die Schenkel gegeneinander und spannen Sie die Beckenmuskulatur an).
- ... Wassersport: Legen Sie sich in der Badewanne unter den

Wasserhahn, benutzen Sie Ihren abnehmbaren Duschkopf, setzen Sie sich rittlings über die Düsen in einem Whirlpool, investieren Sie in einen wasserdichten Vibrator. Aber passen Sie auf, dass das Wasser nicht zu heiß ist und dass kein starker Wasserstrahl direkt in Ihre Vagina eindringt – denn das kann zu einer tödlichen Luftembolie führen. (Von Luftembolie spricht man, wenn ein Luftbläschen in den Blutkreislauf gelangt; sobald es das Herz oder die Lunge erreicht, kann dies zum Tod führen.)

- ... leicht verderblichen Waren: Versuchen Sie es mit einer Gurke, Zucchini oder Karotte, nachdem Sie sie gewaschen und ihr ein Kondom übergestreift haben, um Infektionen vorzubeugen. Benutzen Sie nichts, was entzweibrechen könnte.
- ... gemeinsam mit anderen: Nehmen Sie an einem Workshop teil (erkundigen Sie sich im nächstgelegenen frauenfreundlichen Sexshop). Falls Sie in der tiefsten Provinz wohnen (oder falls Ihnen Gruppenmasturbation nicht zusagt), leihen Sie sich ein Lehrvideo aus – zum Beispiel Betty Dodsons *Celebrating Orgasm* –, und folgen Sie den Anweisungen zu Hause.

## Kevin allein zu Haus

Uns ist klar, dass wir offene Türen einrennen, aber es gibt vier *weitere* gute Gründe, regelmäßig Flötensolos zu spielen: Erstens spült jede Ejakulation die Prostata durch, was Verstopfung derselben und daraus resultierenden Infektionen vorbeugt. Zweitens sind viele Ärzte der Meinung, dass Erektionen für Ihr bestes Stück wie Sit-ups sind – das heißt, je öfter Sie es benutzen, desto geringer ist die Wahrscheinlichkeit, dass es Ihnen irgendwann den Dienst versagt. Drittens ist Selbstbefriedigung eine tolle Methode, um vorzeitiger Ejakulation entgegenzuwirken: Sie können an Ihrem Durchhaltevermögen arbeiten, während Sie auf dem Trockenen sitzen, damit Sie kein Schnellschussproblem haben, wenn Sie endlich am Ziel Ihrer Durststrecke angelangen. Und viertens hält regelmäßiges Rohr-Durchspülen die Spermien frisch und damit kräftiger; wenn sie also auf eine Vagina treffen, sind sie besser für die Begegnung mit den Eizellen gerüstet. Während fortpflanzungswilligen Paaren zu zwei bis drei Tagen Abstinenz vor dem Eisprung geraten wird, können sieben Tage ohne Ejakulation das Bewegungsvermögen der Spermien bereits stark einschränken. Die Sache hat nur einen – okay, *zwei* – Haken: Während Ihnen das Sperma nie ausgehen wird, kann Hypermasturbation (d. h. dreimal oder öfter am Tag) die Anzahl der Spermien *an diesem Tag* verringern, da die kleinen Kaulquappen keine Gelegenheit haben, sich zu verjüngen (ganz zu schweigen von Ihrem wunden Johannes). Außerdem kann chronisches Masturbieren zu »Ejakulationshemmung« führen, die lächerlich kindisch klingende Bezeichnung für die Unfähigkeit, zum Orgasmus zu kommen. Und die Moral von der Geschichte? Sich häufig den Schimmel vom Lümmel zu schütteln ist gut, vorausgesetzt, man bricht sich dabei keinen ab.

## Schwanztechniken

- Dieter Daumen und seine vier Brüder: Es gibt Unmengen von einfachen, effektiven Einhandtechniken, die Sie sicher schon alle gemeistert haben. Trotzdem möchten wir den Neulingen unter Ihnen noch einmal einen Überblick geben: Nehmen Sie Ihre Rute wie ein Mikrofon (oder wie eine Bierdose, falls Ihnen das vertrauter ist) in die Hand, mit vier Fingern von unten und dem Daumen auf der Oberseite, wobei die Berührungsfläche zwischen Hand und Halm möglichst groß sein sollte. Reiben Sie auf und ab. Wiederholen Sie die Bewegung. Um den Bewegungsradius zu vergrößern (bei verringerter Berührungsfläche), legen Sie vier oder weniger Finger auf die Unterseite und den Daumen auf die Oberseite, ohne die Handfläche zu benutzen. Diese beiden Griffarten können Sie auch umkehren, indem Sie das Handgelenk so verdrehen (bevor Sie zugreifen), dass der Daumen zum Körper zeigt. Sie können aber auch versuchen, den Daumen ganz aus dem Spiel zu lassen, und nur mit den übrigen Fingern und der Handfläche die Unterseite zu bearbeiten, während die Oberseite am Bauch reibt. Und wenn Sie über eine gute Koordination und eine Menge Fantasie verfügen, benutzen Sie als Rechtshänder Ihre linke Hand (und umgekehrt), um zu simulieren, dass Ihre Lage gar nicht so verzweifelt ist, weil jemand anderer auf Ihrer Flöte spielt.

- Schau, Mama, mit beiden Händen: Während Sie eine der oben beschriebenen einhändigen Grifftechniken anwenden, »polieren« Sie die Eichel mit der Handfläche der freien Hand oder umkreisen sie mit den Fingern – als würden Sie sich den Kopf tätscheln und gleichzeitig den Bauch reiben, mit dem Unterschied, dass es weniger lächerlich aussieht und sich tatsächlich gut anfühlt. Oder Sie packen Ihren Penis wie einen Baseballschläger, Faust über Faust. (Bekommen Sie keine Minderwertigkeitskomplexe, wenn Ihr Johannes nicht aus der oberen Faust hervorlugt.) Dann bewegen Sie die Hände entweder auf und ab, oder Sie halten sie still, schieben Ihre einäugige Schlange hinein und ziehen sie wieder heraus; verdrehen Sie dabei behutsam die Handgelenke, wenn Sie noch einen draufsetzen möchten. Oder machen Sie zwei hohle Hände, als hätten Sie ein Glühwürmchen gefangen, und setzen die Auf-und-Ab- oder Stoßbewegungen fort. Sie können aber auch mit Daumen und Zeigefinger beider Hände das »Okay«-Zeichen formen und mit ihnen auf Ihrem Penis landen, als würden Sie Ringe über einen Pfahl werfen. Und falls Ihrem kleinen Freund der oben beschriebene Trick mit der nicht dominanten Hand gefallen hat, können Sie versuchen, sich mit dieser Hand von hinten an die Hoden und Schenkel zu fassen, während Sie mit der dominanten Hand eine Einhandtechnik anwenden.

- Gesicht nach unten: Legen Sie sich auf den Bauch, damit es sich so anfühlt, als würden Sie tatsächlich vögeln; legen Sie ein Handtuch unter, oder streifen Sie ein Kondom über, um die Spurenbeseitigung zu vereinfachen. (Kondome beim Solo-Sex bereiten den Penis darauf vor, sie auch beim gemeinsamen Stelldichein zu genießen.) Sie können ebenso gut irgendeinen Gegenstand zu Hilfe nehmen, wie etwa die Matratze, ein Kissen, zusammengeknüllte Bettlaken, Schmutzwäsche, etc. Oder Sie benutzen einen der oben beschriebenen Griffe in Kombination mit der Stoßtechnik. Das Bewegen der Arme und Hände ist in diesem Fall keine Option, da Sie auf ihnen liegen.
- Den Schwengel schwingen: Spanking ist inzwischen nicht mehr nur etwas für Pornodarsteller. Ob zwischen den Händen hin und her oder gegen den Bauch, gegen ein Kissen, vielleicht sogar gegen eine aufgetaute Hühnchenbrust – es kann sich tatsächlich gut anfühlen.
- Masturbation für Asketen: Bei den folgenden Techniken dreht sich alles um Zurückhaltung. Es gilt, die Erregung auf die Spitze zu treiben und der Verlockung zu widerstehen, die

kürzeste Route von A nach B zu nehmen. Mit anderen Worten: Vermutlich werden Sie diese Techniken nie ausprobieren. Doch was soll's, wir beschreiben sie trotzdem ... Packen Sie mit einer Hand fest zu, ohne sie zu bewegen, und lassen Sie nur den Daumen langsam, aber gleichmäßig um die Eichel kreisen. Sie werden so zwar keinen Geschwindigkeitsrekord aufstellen, aber die Spannung, die Sie dabei aufbauen, wird sich am Ende auszahlen (denken wir ... hoffen wir). Hier noch eine weitere Methode: Kurz vor der Ejakulation, genau in dem Moment, wenn der Orgasmus einsetzt, halten Sie inne und entspannen alle Muskeln. Nein, wir sind nicht verrückt. Der Orgasmus mag zwar etwas weniger intensiv sein, aber Sie werden nicht ejakulieren, Ihre Erektion behalten und sofort für die nächste Runde oder die nächsten fünf Runden bereit sein. (Unter Umständen haben Sie diese Situation schon einmal beim Geschlechtsverkehr erlebt, als Sie plötzlich aufhörten, sich zu bewegen und an Ihre Oma dachten, um bloß nicht zu früh zu kommen und trotzdem ein Kribbeln spürten.) Dann gibt es natürlich noch die freihändigen Methoden, die eine Menge mentale und körperliche Kontrolle erfordern und vielleicht auch ein wenig Zauberei.

Weitere Anregungen finden Sie im Abschnitt »Handjobs für ihn« (Seite 60).

### Schwanztipps

- Verwenden Sie Zubehör ... wie zum Beispiel eine in die Jahre gekommene, weiche Baumwollsocke, ein extragroßes, mit Gleitmittel gefülltes Kondom, einen Skihandschuh mit Satinfutter, eine Perlenhalskette, fließendes Wasser, eine Samtdecke oder handelsübliche Sexspielzeuge wie Gummivaginen, Penisringe, den Vibrator Ihrer Freundin (siehe das Kapitel »Spielzeug für Erwachsene«, Seite 183), Genitalnachbildungen von Pornostars, aufblasbare Puppen, »RealDoll«-Puppen für die Abenteuerlustigen und/oder leicht Verrückten oder natürlich den altbewährten Porno.

- Spielen Sie mit den Zwillingen: Ziehen Sie an Ihren Hoden, reiben Sie sie, kraulen Sie ihnen das Fell, massieren Sie die Nischen zwischen ihnen und den Schenkeln. Drücken Sie auf die Stelle zwischen den Hoden und dem Anus, auch Damm oder Perineum genannt. Das wird unmittelbar Ihre Prostata (den männlichen G-Punkt) stimulieren. Oder Sie gehen den direkten Weg und schieben sich einen Finger fünf bis sieben Zentimeter tief in den Hintereingang (siehe das Kapitel »Durch die Hintertür«, Seite 129).
- Sie möchten mit mehr Schmackes kommen? Verzichten Sie einige Tage lang auf das Happyend, um Dampf aufzubauen. Trinken Sie viel Wasser. Lassen Sie sich beim Masturbieren so viel Zeit wie möglich, um die sexuelle Erregung zu steigern. Aber vergessen Sie nicht, ein Orgasmus ist ein Orgasmus ist ein Orgasmus. Einen Strahl wie ein Feuerwehrschlauch zu haben ist ebenso wenig Voraussetzung für Spaß beim Masturbieren (oder beim Sex zu zweit) wie ein Waschbrettbauch. Manche Männer haben nie eine explosive Ejakulation, weil ihre Harnröhrenöffnung einfach nicht eng genug ist, um den für einen Weitschuss nötigen Druck aufzubauen. Und auch bei denjenigen mit einer sehr kleinen Öffnung wird die Geschwindigkeit mit zunehmendem Alter abnehmen. So ist das Leben.
- Wenn Sie eine Vorhaut besitzen, setzen Sie sie in Szene: Ziehen Sie sie über die Eichel, und benutzen Sie sie wie eine Masturbationsmanschette. Ziehen Sie sie zurück und kon-

**Techniken von Teenagern**

Philip Roths Protagonisten (erinnern Sie sich noch an Portnoys Baseballhandschuh?) wissen nichts über die folgenden Techniken, die oft von jungfräulichen Jungs angewendet werden, um das von einer echten menschlichen Körperöffnung verursachte Gefühl nachzustellen ... und meistens gründlich danebengehen. Doch allein der Spaß beim Herstellen solcher hausgemachten »Vaginen« ist die Mühe wert. Wenn Sie also über genug Zeit, Geduld und handwerkliche Begabung verfügen, lassen Sie das pickelige Kind in sich heraus. Aber übertreiben Sie es nicht – schon so mancher masturbierende Teenager ist mit Penisbruch in der Notaufnahme gelandet:

- Bestreichen Sie die Innenseite eines Gefrierbeutels mit Gleitmittel, stecken Sie Ihren Johannes hinein, knien Sie sich neben das Bett und schieben Sie das Paket zwischen Matratzenauflage und Federkernmatratze. Und los geht's.
- Füllen Sie eine große Plastiktüte mit etwas Weichem, Breiigem – Pudding, Haferschleim, gekochten Makkaroni –, lassen Sie die Luft aus der Tüte vollständig entweichen, verschließen Sie sie, erwärmen Sie sie in der Mikrowelle (wir sagten *erwärmen*, nicht *erhitzen*), streichen Sie eine Seite mit Gleitmittel ein, und wickeln Sie sie um Ihren Penis.
- Höhlen Sie verschiedene Früchte aus: eine Honigmelone, eine Grapefruit, eine große Kartoffel. Bananenschalen eignen sich gut als Do-it-yourself-Kondome, Sie können aber auch ein Ende einer großen Banane abschneiden, das Fruchtfleisch herauslöffeln und Ihre Flöte einführen (unter Umständen müssen Sie die Schale mit Klebeband verstärken, aber wickeln Sie es nicht zu eng).

- Besorgen Sie ein Stück Schaumstoff (der dicker ist, als Ihr erigierter Penis lang ist) und etwas weichen Stoff. Schneiden Sie die gewünschte Vertiefung in den Schaumstoff, stecken Sie die Mitte des Stoffstücks so in das Loch, dass der Rest den Schaumstoff vollständig abdeckt, legen Sie das Ganze aufs Bett, steigen Sie darüber, und ab geht die Post.

zentrieren Sie sich auf die Eichel. (Sie werden vermutlich ein Gleitmittel benötigen, um die Stimulation dieser äußerst sensiblen Region länger durchzuhalten.) Oder konzentrieren Sie sich auf die Vorhaut selbst, anstatt auf den Penisschaft darunter.

### Schwanztabus

- Stecken Sie Ihr bestes Stück nirgendwo hinein, wo es stecken bleiben könnte: Wir sprechen von Flaschen, kleinen Autoteilen, Briefschlitzen. Denn wenn Ihr Penis feststeckt, schwillt er an, und wenn er anschwillt, tut er weh, und wenn er wehtut, gerät er in Panik, und wenn er in Panik gerät, müssen Sie mit ihm in die Notaufnahme. Dasselbe gilt auch bei Staubsaugern, selbst wenn Sie Ihren kleinen Freund problemlos in den Schlauch stecken können. Denn egal, wie viel Fantasie Sie haben, das Einschalten des Geräts wird nie so sicher und so angenehm sein wie ein Blowjob.
- Versuchen Sie nicht, ihn größer zu machen: Verwenden Sie keine Penispumpen, Gewichte, pflanzlichen Arzneimittel, etc. Sie funktionieren einfach nicht (siehe das Kapitel »Selbsthilfe für Ihren Johannes«, Seite 381).
- Setzen Sie Ihren erigierten Liebling nicht extremer Hitze

**Atemberaubend: Autoerotische Asphyxiation**

Unter autoerotischer Asphyxiation (AeA), auch Atemkontrolle genannt, versteht man die absichtliche Unterbrechung des Sauerstoffflusses zum Gehirn, um den Lustgewinn beim Masturbieren zu steigern. Das wirkt ungefähr so, als würde man vom Dach springen, um schneller im Erdgeschoss anzukommen, statt mit dem Aufzug zu fahren. AeA darf nicht mit dem psychischen Kick verwechselt werden, den viele Menschen (vor allem Frauen) empfinden, wenn sie der Partner im Zustand starker Erregung vorsichtig, aber dennoch fest am Hals packt. AeA ist ein *physischer* Kick, den überwiegend Männer genießen – und der in gewisser Weise mit dem Trinken von schwarz gebranntem Schnaps zu vergleichen ist.

In der Regel wird AeA durch Strangulieren, Aufhängen oder Würgen beim Masturbieren erreicht. Warum sich das so gut anfühlt, liegt daran, dass der Körper Sauerstoff braucht und vollkommen verrückt spielt, wenn er ihn nicht bekommt. Wir sehen gerade, dass jemand in der hintersten Reihe die Hand hebt, um uns mitzuteilen, dass es Methoden gibt, wie man auf »sichere« Art und Weise in den Genuss von AeA kommt, aber wir haben wirklich keinen Bedarf, vielen Dank. Man kann beim besten Willen nicht ausschließen, dass man dabei einen Herzstillstand oder Schlimmeres riskiert. Auch wenn man sich nicht versehentlich erhängt, weil man vom Stuhl fällt oder ohnmächtig wird, geht man das Risiko eines Schlaganfalls, einer Kehlkopf- oder Luftröhrenverletzung oder einer Rückenmarksschädigung ein. Und wenn man AeA macht, kann das zu schweren Hirnschäden führen. Selbst in Gesellschaft ist es riskant, weil man unmöglich wissen kann, wann diese Dinge eintreten, weil keine Zeit ist, um ein »Warnsignal« zu geben, und weil kardiopulmonale Reanimation in weniger als zehn Prozent der Fälle funktioniert. Wenn Sie davon überzeugt sind, dass AeA die einzige Möglichkeit für Sie ist, um richtig in Fahrt zu kommen, sollten Sie Hilfe bei einem Spezialisten suchen – wir sind damit überfordert.

aus: Bevor Sie heiße Wickel in der fraglichen Region anlegen, testen Sie sie am Handgelenk; Sie sollten Ihr erhitztes Puddingpaket (siehe »Techniken von Teenagern«, Seite 38) mindestens eine halbe Minute lang ohne Probleme in den Händen halten können.

- Schauen Sie Ihrer Spritzpistole nicht ins Auge: Ejakulat kann in den Augen brennen (woran Sie auch denken sollten, wenn Sie auf Ihrer Partnerin Ihr Revier markieren).
- Nehmen Sie Ihr bestes Stück nicht zur Hand, wenn Sie den Psychopathen aus *Das Schweigen der Lämmer* imitieren: Das Überdehnen eines erigierten Penis kann zum Penisbruch führen, und chronische Versuche von Männern mittleren Alters verursachen unter Umständen die Peyronie-Krankheit (auch Penisverkrümmung genannt).

## So bringen Sie Schwung in Ihre Masturbationsroutine

Gewohnheit ist das Schreckgespenst kleiner Orgasmen. Klar, wenigstens sind es Orgasmen! Wir wissen, wie schwierig es ist, sich auf dem langen und frustrierenden Weg zu sexueller Vielseitigkeit, zu der auch Vielseitigkeit beim Masturbieren gehört, von ihr zu lösen. Sie müssen diszipliniert und entschlossen sein! Berauben Sie sich Ihrer üblichen Methode. (Verstecken Sie Ihr Kissen. Nehmen Sie die Batterien aus Ihrem guten alten Vibrator. Setzen Sie sich auf Ihre Hand.) Investieren Sie in ein paar neue Qualitätsspielzeuge. Besorgen Sie sich einen abnehmbaren Duschkopf mit verschiedenen Massageeinstellungen. Kaufen Sie sich Gleitmittel. Nehmen Sie sich ganze Tage Zeit, um zu experimentieren. Probieren Sie aus, wie lange Sie durchhalten. Probieren Sie aus, wie schnell Sie es im Notfall tun können. Unter Umständen haben Sie Ihren Körper darauf programmiert, nur auf eine Art und Weise zu kommen; Sie benötigen Zeit und Geduld, um ihm etwas Neues beizubringen. Es ist in etwa so, wie Oliven grundsätzlich toll zu finden, aber ihren Geschmack zu hassen – man muss sich zwingen, sie auf Partys und in Delikatessengeschäften zu probieren, muss unzählige Arten und Marinaden ertragen, bei denen sich einem der Magen umdreht, bis man sie schließlich lieben lernt. Betrachten Sie die unterschiedlichen Positionen, Hilfsmittel und Methoden beim Masturbieren, als wären sie verschiedene Olivensorten, die Sie probieren müssen – essen Sie sie langsam, und spucken Sie sie nicht aus, auch wenn sie Ihnen anfangs nicht schmecken. Letztendlich werden Sie von diesen kleinen rundlichen Prachtstücken, die um ihre harten Kerne herum vor Geschmack nur so strotzen, gar nicht mehr genug bekommen können!

Im Folgenden haben wir einige unserer Lieblingstricks aufgelistet. Probieren Sie sie aus, aber denken Sie nach dem Orgasmus daran, dass es Ihr gutes Recht ist, beim nächsten Mal wieder einfallslos zu masturbieren, und lassen Sie sich von uns nicht zu irgendeiner bizarren Solonummer zwingen.

- Experimentieren Sie mit Ihrer Atmung: langsam, schnell, tief, flach. Sie können sogar versuchen, an entscheidenden Punkten die Luft ein paar Sekunden lang anzuhalten.
- Seien Sie zeigefreudig: Wenn es in Ihrem Leben jemand Besonderen gibt, tun Sie es auf dem Beifahrersitz, während diese Person am Steuer sitzt – ohne dass sie anhalten darf.
  Tun Sie es, wenn diese Person ans Telefon gefesselt ist, weil sie gerade mit ihren Eltern spricht. Oder tun sie es, wenn diese Person ans Bett gefesselt ist.
- Sehen Sie sich selbst im Spiegel dabei zu: Legen sie Carly Simons *You're So Vain* auf. *Jeder* sollte das wenigstens ein Mal ausprobieren.
- Tun Sie es mit einem Butt-Plug: Das ist freihändige anale Stimulation und bereitet Ihren Allerwertesten auf größere und bessere Dinge vor – und vielleicht finden Sie Gefallen daran. Wenn an Pawlows Theorien irgendetwas dran ist, könnten Sie zumindest *lernen*, Gefallen daran zu finden.
- Sprechen Sie sich aus: Vielleicht sind Sie (noch) nicht bereit für Dirty Talk mit Ihrer Partnerin oder Ihrem Partner, aber was ist, wenn Sie und Ihre Genitalien unter sich sind? Sie brauchen sich nicht lächerlich vorzukommen – wenn Sie niemand hören kann, ist es so, als würde ein Baum in einem menschenleeren Wald umfallen.
- Bewegung, ihr Faulpelze: Nicht umsonst spricht man von »sexuell *aktiv* sein«. Bewegen Sie die Hüften, spannen Sie die Beckenmuskulatur an, legen Sie den Kopf in den Nacken – all das wird Ihren Körper glauben machen, es ginge tatsächlich zur Sache.
- Versuchen Sie es mit Reizüberflutung: Nehmen Sie Federn, Seidentücher, warmes Öl, Eiswürfel, einen weichen Pinsel oder den so genannten Tingler zu Hilfe (ein Kopfmassage-

gerät, das aussieht wie ein abgebrochener Schneebesen und unter www.thetingler.com erhältlich ist).

- Sorgen Sie dafür, dass es flutscht: Wenn Sie eine Frau sind, nehmen Sie ihr eigenes oder noch besser ein handelsübliches Gleitmittel auf Wasserbasis, das mehr Ausdauer hat – vor allem dann, wenn Ihre Muschi oft überempfindlich reagiert und taub wird (siehe das Kapitel »Wie geschmiert«, Seite 405). Wenn Sie ein Mann sind, verwenden Sie ebenfalls Gleitmittel, und damit basta. Schließlich geht es hier nicht um Erfordernisse, sondern um Wünsche. Und wer bekäme nicht gerne den sanftesten Handjob, den ein Mann sich selbst geben kann? Natürlich eignet Gleitmittel sich nicht für jede Solosession (z. B. wenn Sie direkt nach der Arbeit mit einer neuen Bekanntschaft zum Abendessen verabredet sind und sich schlecht im Waschbecken der Firmentoilette waschen können). Wenn jedoch weit und breit keine Nummer in Aussicht ist, gibt es nichts Besseres.
- Kommen Sie auf schmutzige Gedanken: Fantasie spielt eine wichtige Rolle, wenn man aus seiner Routine ausbrechen und in Stimmung kommen möchte. Erzählen Sie sich eine schweinische Geschichte und geben Sie sich darin die Hauptrolle. Probieren Sie eine unmögliche Stellung aus. Machen Sie einen flotten Dreier. Machen Sie einen flotten Vierer. Veranstalten Sie eine Orgie. Vögeln Sie Ihren Postboten. Schwelgen Sie in Ihrer Vergewaltigungsfantasie. Wenn Ihnen die Ideen ausgehen, greifen Sie zu erotischen Romanen, Zeitschriften, Comics oder Videos, um sich inspirieren zu lassen. Oder loggen Sie sich in einem Sex-Chatroom ein (vorausgesetzt, Ihre Libido verkraftet Smilies, dauergeile 14-Jährige und Akronyme bis zum Gehtnichtmehr).

## Ich sehe dich! Ich sehe dich! – Gemeinsames Masturbieren

Masturbation ist mehr als nur ein Trostpflaster für einsame Herzen. Man betrügt seinen Partner damit nicht, und man betrügt seinen Partner damit auch nicht um einen Orgasmus. Wenn man masturbiert, heißt das nicht, dass einem der Partner nicht genug geben kann, und genauso wenig, dass man sexbesessen ist. Es ist auch kein schmutziges Geheimnis, dem man sich klammheimlich hingibt, wenn der Partner einmal länger arbeiten muss. Betrachten Sie es folgendermaßen: Sie essen gemeinsam, Sie gehen gemeinsam einkaufen, Sie suchen gemeinsam die Tapeten aus – warum sollten Sie sich nicht auch gemeinsam selbst befriedigen? Gemeinsames Masturbieren ist klasse: Sie besorgen es sich, Ihre Partnerin oder Ihr Partner besorgt es sich, und Sie können beide zusehen *und* mitmachen. Das ist Voyeurismus und Exhibitionismus in einem. Machen Sie es als Vorspiel oder machen Sie es zur Hauptattraktion. Machen Sie den Anfang, während Ihre bessere Hälfte mit etwas anderem beschäftigt ist, und lassen Sie sie oder ihn mitmachen. Besorgen Sie sich ein Sexspielzeug, das Sie sich teilen können. Versuchen Sie es mit Dirty Talk, während Ihre Hände bei der Arbeit sind. Oder provozieren Sie sich gegenseitig: Berühren ist nur oberhalb der Schultern erlaubt, während sich jeder um das Fummeln unter der Gürtellinie selbst kümmern muss. Tun Sie es im Bett, setzen Sie sich gegenüber, setzen Sie sich gemeinsam vor einen Spiegel, tun Sie es beim Fernsehen. Betrachten Sie es als vorbereitendes Training für Telefonsex. Und machen Sie sich unbedingt in Gedanken Notizen: Es ist die beste Methode, um herauszufinden, was Ihre Partnerin oder Ihren Partner wirklich antörnt.

## Masturbationsmythen

Wir haben all die Missverständnisse und Legenden über Selbstbefriedigung längst zu den Akten gelegt und möchten, dass Sie dasselbe tun. Deshalb haben wir sie hier noch einmal aufgelistet, und zwar mit Liebe:

*Masturbiere ich zu oft?*
Nein. Da sind wir uns ziemlich sicher. Solange Sie noch Ihre Miete bezahlen, Ihre Eltern regelmäßig anrufen und niemandem wehtun, ist es völlig in Ordnung, wenn Sie süchtig nach Solonummern sind. Falls Ihr Johannes oder Ihre Muschi wund ist und Sie Schwielen an den Händen haben, bedeutet das vermutlich nur, dass Sie mehr Gleitmittel nehmen sollten.

*Masturbiere ich verkehrt?*
Wenn es nicht wehtut, nein. (Es sei denn, Sie möchten, dass es wehtut, Sie Ferkel.)

*Bekomme ich vom Masturbieren Depressionen?*
Wenn Sie grundsätzlich ein zufriedener Mensch sind, nein. Es gibt jedoch einen Wermutstropfen: Obwohl ein Großteil der stärksten körperlichen Empfindungen beim Sex (Erregung und Orgasmus) von Nervenimpulsen verursacht wird, machen sich andere, unterschwelligere Gefühle bemerkbar, wenn chemische Stoffe in den Blutkreislauf ausgeschüttet werden und die postkoitale Entspannung herbeiführen (einer der Gründe, weshalb manche beidseitig gelähmten Menschen Sex trotzdem genießen können). Diese chemischen Stoffe (wie etwa das Hormon Oxytocin) sind auch für das Bedürfnis zu kuscheln verantwortlich und dafür, dass schon so mancher während eines One-Night-Stands versehentlich mit »Ich liebe dich« herausge-

platzt ist. Wenn man allein ist, fühlt sich die Antiklimax unter Umständen etwas traurig und einsam an. Vielleicht schlagen Sie aber auch völlig unverhofft auf dem Boden der Tatsachen auf und werden sich bewusst, dass Sie nicht wirklich mit dem Sahneschnittchen aus der Obst- und Gemüseabteilung des Supermarkts gevögelt haben. Vergessen Sie es einfach. Sie können es jederzeit wieder tun – und diesmal machen Sie einen flotten Dreier daraus, indem Sie das Sahneschnittchen von der Kasse noch dazunehmen.

*Ich bin ein erwachsener Mann und habe noch immer feuchte Träume. Heißt das, dass ich nicht oft genug masturbiere?*
Nein (aber wenn Sie schon fragen, schenken Sie Ihrem kleinen Freund vielleicht nicht genug Beachtung). Manche Typen hören auf, ihre Laken zu bekleckern, sobald sie gelernt haben, während ihrer wachen Stunden das Nötigste zu tun, aber viele haben bis ins Erwachsenenalter nächtliche Samenergüsse. Andere haben nur dann feuchte Träume, wenn sie sexuell aktiv sind. Und manche haben nie einen feuchten Traum. Untersuchungen haben ergeben, dass feuchte Träume nicht in so engem Zusammenhang mit der Spermienproduktion stehen, wie »Wissenschaftler« einst behaupteten. Außerdem haben auch Mädels feuchte Träume (d. h., nächtliche Orgasmen). Sie können Ihre Spermienproduktionstheorie also abhaken.

*Kann ich mir Autofellatio beibringen?*
Rhesusaffen können sich selbst oral befriedigen. Und wir nehmen an, einige Mitglieder des Cirque de Soleil können es ebenfalls. Aber Sie, mein Freund, können es nicht.

*Bin ich der Einzige, der nie in der Gruppe masturbiert hat?*
Ja.

# 3. Das Tüpfelchen auf dem »i«

## Vorspiel ist das A und O

Eines möchten wir klarstellen: Die Zeit, die wir hier auf die Beschreibung des Vorspiels verwenden, lässt auf keinen Fall darauf schließen, wie viel Zeit Sie seiner praktischen Umsetzung widmen sollten. (Für diejenigen unter Ihnen, die es immer besonders eilig haben: Sie sollten dem Vorspiel viel, *viel* mehr Zeit widmen.) Das Vorspiel ist nicht nur der erste Schritt; es besteht nicht nur aus einer Minute küssen, zwei Minuten inniger Umarmung und ein bisschen an den Brustwarzen fummeln, bevor es ans Eingemachte geht. Es gibt keine »richtige« Reihenfolge, was verschiedene Berührungen betrifft, und es gibt keinen Anfang, keine Mitte und kein Ende. Das Vorspiel ist das anhaltende Bestreben, die Sinnesfreuden der Partnerin oder des Partners zu steigern. (Ja, wir hätten gerne etwas Wein zum Käse.) Das bedeutet, dass sämtliche im Folgenden beschriebenen Dinge großzügig über die gesamte Dauer Ihres Stelldicheins verteilt werden sollten. Und manchmal *sind* diese Dinge Ihr Stelldichein. Das Vorspiel muss nicht immer ein Mittel zum Zweck der Penetration sein.

Lassen Sie uns noch etwas klarstellen: Verschießen Sie nicht Ihre gesamte Munition auf einmal. Wir befinden uns hier in der »verkehrsberuhigten Zone«. Das Zauberwort lautet: Provozieren, provozieren, provozieren! Es ist immer lustvoller, wenn Ihre Partnerin oder Ihr Partner um mehr bettelt, statt um weniger zu bitten. Haben wir gesagt, Sie sollen sich Zeit lassen? Ignorieren Sie diesen Rat, wenn Sie und Ihre Verlobte oder Ihr

Verlobter bei einer Familienfeier im einzigen Badezimmer einen Quickie schieben und der Bohnensalat plötzlich auf Opas Verdauung schlägt.

Wir wollen noch etwas klarstellen: Wenn von Stehvermögen im Bett die Rede ist, geht es in der Regel *nicht* um die Dauer des tatsächlichen Geschlechtsverkehrs. Die wenigsten Frauen würden ein 45-minütiges unerbittliches Bombardement des Gebärmutterhalses als schieren Genuss bezeichnen. Wenn man ihnen allerdings über 40 Minuten ein langsames, dramatisches Vorspiel verabreicht, das sich zu einem *kurzen* Bombardement des Gebärmutterhalses steigert, kommen wir der Sache schon näher. Tatsächlich hat Alfred Kinsey herausgefunden, dass für beachtliche 92 Prozent der Frauen, denen 20 oder mehr Minuten Vorspiel zuteil wurde, die Erde bebte. Doch genug philosophiert – lassen Sie uns Nägel mit Köpfen machen!

- Legen Sie den Keim: Sorgen Sie dafür, dass Ihre Partnerin oder Ihr Partner sich bei der Arbeit nicht mehr konzentrieren kann, weil sie oder er den ganzen Tag an Sex denken muss. Verschicken Sie schlüpfrige E-Mails und SMS, oder hinterlassen Sie Nachrichten auf der Mailbox, in denen Sie Ihre unehrenhaften Absichten für den Abend kundtun. Das ist Vorspiel ohne körperliche Anstrengung! (Aber vergewissern Sie sich vorher, dass Ihr Chef Ihre E-Mails nicht überwacht.)
- Wenden Sie Feng-Shui auf Ihr Sexleben an: Dekorieren Sie Ihren physischen und mentalen Raum, um ein Maximum an sexueller Energie zu erzeugen. Legen Sie einen coolen Sound auf, um die richtige Atmosphäre zu schaffen und zu erhalten (siehe »Die Top Ten der besten Alben zum Rummachen«). Löschen Sie die Deckenbeleuchtung (oder installieren Sie einen Dimmer – den gibt's im Baumarkt für kleines Geld).

**Die Top Ten der besten Alben zum Rummachen**

Die folgende Liste ist zwar nicht verbindlich, aber acht von zehn der von uns Befragten empfahlen diese Alben:

My Bloody Valentine, *Loveless*
Miles Davies, *Kind of Blue*
Massive Attack, *Mezzanine*
Jeff Buckley, *Grace*
Rolling Stones, *Sticky Fingers*
Billie Holiday, *Singin' the Blues*
Al Green, *I'm Still in Love with You*
Dead Can Dance, *A Passage of Time*
Tool, *Aenima*
Cocteau Twins, *Treasure*

Nehmen Sie zur Entspannung ein Bad oder eine Dusche, gemeinsam oder allein – Sie werden sich wohler fühlen, wenn Sie anschließend gegenseitig Ihre Nischen und Winkel erkunden. Holen Sie das Massageöl aus dem Schrank, denn wir glauben den Gerüchten, dass 50 Prozent aller Rückenmassagen in irgendeiner Art von sexueller Aktivität enden. Hören Sie mindestens eine Stunde, bevor es zur ersten Berührung kommt, auf, über Arbeit (oder über irgendwelche anderen »Probleme«) zu sprechen. Schalten Sie den Fernseher aus, und unterhalten Sie sich einfach, denn unserer Schätzung zufolge enden auch 90 Prozent aller wirklich guten Gespräche in irgendeiner Art von sexueller Aktivität.

- Werfen Sie sich in Schale: Geben Sie sich Mühe, sich sexy zu kleiden – denn das weckt Interesse. Und wir sprechen nicht nur von tiefen Dekolletés bei Frauen. Seid kreativ, Leute.

Werdet eure weißen Feinrippunterhosen los, Jungs, und besorgt euch Boxershorts.

- *You Can Leave Your Hat on:* Der Partnerin oder dem Partner sofort die Kleider vom Leib zu reißen ist zwar sexy, aber nicht jedes Mal. Bringen Sie sie oder ihn (und sich selbst) in Fahrt, indem Sie sie oder ihn durch die Kleidung hindurch berühren, einen Knopf nach dem anderen öffnen und die Hand unter das T-Shirt, unter den Rock oder in die Hose schieben. Wenn sich die Klamotten schließlich verabschieden müssen, achten Sie darauf, dass sich die Socken ebenfalls verabschieden. Und zwar immer.
- Seien Sie unvorhersehbar: Die Regionen, um die Sie sich Ihrer Meinung nach zuerst kümmern sollten (oder am liebsten zuerst kümmern würden), sind diejenigen, die Sie warten lassen sollten. Konzentrieren Sie sich auf die Körperstellen Ihrer Partnerin oder Ihres Partners, die normalerweise vernachlässigt werden: Schenkelinnenseiten, Hüften, Fußsohlen, Brustkorb, Nabel, Schambein, Muttermale, Kniekehlen, Perineum, Achselhöhlen, etc.
- Machen Sie eine Essenspause: Wenn Sie das Vorspiel richtig ausdehnen möchten, gehen Sie essen (oder ins Kino, zum Einkaufen, etc.) und machen Sie weiter, wenn Sie wieder nach Hause kommen.

## Mund zu Mund

Der Kuss ist die kompakteste, kraftvollste, variantenreichste, komplexeste und vollkommenste sexuelle Aktivität, die je erfunden wurde. Wir würden uns nicht wundern, wenn eine hohe Übereinstimmung zwischen Kuss-Kompatibilität und Beziehungsbeständigkeit bestünde. Apropos: Wenn Sie bereits seit längerer Zeit in einer festen Beziehung leben, denken Sie bloß nicht, Sie könnten sich das Knutschen sparen, weil Sie sowieso immer Sex bekommen, wenn Sie möchten. Küssen Sie *viel*. Mehr als bisher.

Wir haben eine Theorie, warum platonische Freundinnen häufiger miteinander rummachen als platonische Freunde: Frauen können einfach besser küssen. Sie sind beim Küssen aufgeschlossener, geduldiger und zärtlicher als Männer – und benehmen sich nicht, als wollten sie Revieransprüche geltend machen. Außerdem wissen sie, wie wichtig es ist, den Kopf des anderen zu halten und mit seinen Haaren zu spielen, weil sie jede Menge Andrew-McCarthy-Filme gesehen haben.

Noch eine Anmerkung, was Zunge und Speichel betrifft: Üben Sie sich in Zurückhaltung. Vermeiden Sie es, zu stochern, zuzustoßen und zu saugen wie ein Staubsauger. Küssen ist kein Fechtkampf. Abwechselnder Zungeneinsatz wird oft unterschätzt, genauso wie der Verzicht auf Zungeneinsatz. Es gibt nichts Schlimmeres als einen Speichelring um den Mund, der beim Trocknen abkühlt. Provozieren ist besser: Lassen Sie Ihre Partnerin oder Ihren Partner auf den Kuss warten. Kommen Sie ihrem oder seinem Mund so nahe wie möglich, ohne diesen tatsächlich zu küssen. Warten Sie ab, wer zuerst schwach wird.

Wenn Ihnen der nicht ganz so frische Geschmack in Ihrem Mund Sorgen macht, putzen Sie sich nicht nur die Zähne, sondern auch die Zunge. Lassen Sie die Finger von Zigaretten und Kaffee, stecken Sie immer eine Dose Pfefferminzbonbons zur schnellen Geschmacksverbesserung ein, wenn Sie aus dem Haus gehen, und deponieren Sie für frühmorgendliche Knutschereien eine Tube Zahnpasta in der Nähe des Betts.

## Mund zu überall sonst

Machen Sie mit Ihrem Zungenkuss einen Ausflug. Lecken und lutschen Sie alles, was Ihnen zwischen die Lippen kommt: Finger, Schultern, Nabel, Hals. *Vor allem* den Hals – es geht nichts über ein fachmännisches Nuckeln am Nacken, um Ihre Vampir-Fantasien anzufachen. Dasselbe gilt für die Ohren. Aber übertreiben Sie es nicht: Ein allzu feuchter Kuss kann eine halbe Stunde eifrigen Vorspiels schneller ruinieren, als Sie »habe ich etwas falsch gemacht?« sagen können. Obwohl wir große Fans des diskreten Knutschflecks sind (in Medizinerkreisen als »purpurne Leidenschaft« bekannt), sollten Sie vorher um Erlaubnis fragen – nicht jeder wird nostalgisch, wenn er mitten im August einen Rollkragenpulli anziehen muss.

## Möpse

Brustwarzen – sowohl die von Männern als auch die von Frauen – sind empfindliche Geschöpfe, und gerade das macht sie so toll! Doch ein falscher Griff (was auch immer Sie unter »falsch« verstehen), und in der Amore-Abteilung wird gestreikt. Welcher Komiker hat gleich wieder gesagt, dass die Grenze zwischen Ekstase und Ekel fließend ist, wenn es um Brustwarzen geht? Jeder empfindet anders, also fragen Sie Ihre Partnerin oder Ihren Partner, wie Sie es vermeiden, vom rechten Weg abzukommen. Vielleicht müssen Sie mit der Spitze eines Fingers oder der Zunge über diese Region streifen, vielleicht mit einem fiesen Grinsen in die Nippel kneifen, vielleicht müssen Sie an ihnen saugen wie an einem Strohhalm, oder Sie müssen sie einfach nur in Ruhe lassen. Brustwarzen sind keine Radioknöpfe, also versuchen Sie nicht, einen Sender in China zu finden – es sei denn, Sie sind ganz sicher, dass ihre Besitzerin oder ihr Besitzer damit einverstanden ist.

Wenn es ein Paar Möpse in Ihrem Leben gibt, das Sie nicht Ihr Eigen nennen können, gibt es einige Dinge, die Sie wissen sollten: Nicht alle Frauen lieben ihre Brüste ebenso sehr, wie Sie das wahrscheinlich tun. Das ist auch nicht ganz einfach, da Frauen ununterbrochen mit Bildern von perfekten strammen Glocken bombardiert werden, die ihnen alles von Unterwäsche bis Reis in Kochbeuteln verkaufen möchten. Doch das ist alles Fantasie oder vielmehr Silikon, Kosmetik und Klebeband. In Wirklichkeit sind Brüste meist asymmetrisch, aus dem Brustwarzenhof sprießen feine Härchen, und ohne die Hilfe eines Push-up-BHs richten sie sich nicht gen Himmel – ja, das stimmt! Behandeln Sie die Zwillinge mit Respekt und Bewunderung, und sie werden häufiger zum Spielen herauskommen. Das soll *nicht* heißen, dass Sie zwei Sekunden nach dem ersten Kuss auf sie losgehen sollen, wie ungestüme Kerle in Filmen uns das bisweilen vormachen. Eine Brust wie einen Anti-Stress-Ball zu kneten ist absolut pubertär – außer bei einer Ganzkörpermassage oder im Rahmen der allmonatlichen Brustuntersuchung (siehe den Abschnitt »Auf Brusthöhe«, Seite 374). Reißen Sie Ihrer Partnerin nicht immer sofort den BH vom Leib – diese Dinger sind teuer, und vermutlich hat sie das hübsche Spitzenteil nur für Sie gekauft. Versuchen Sie nicht, ihn einhändig zu öffnen, es sei denn, Sie verstehen Ihr Handwerk. Und wenn Sie nicht selbst ein Paar Möpse Ihr Eigen nennen, steht es Ihnen nicht zu, sie als »Titten« zu bezeichnen.

Falls Sie doch ein Paar besitzen, gibt es einige Dinge, die Sie wissen sollten: Hassen Sie sie nicht, denn sie sind hübsch. Lieben Sie sie, dann werden andere sie auch lieben. Benutzen Sie

sie wie ein zusätzliches Paar Hände – wo Sie sie auch platzieren, sie werden überaus willkommen sein: Auf dem Gesicht Ihres Partners wie eine Augenmaske; auf seinen Genitalien wie eine warme Kompresse; in seinem Mund wie Eiskugeln; überall auf seiner Haut, um ihn zu kitzeln. Und dann gibt es natürlich noch den charmant betitelten »Tittenfick« – schon allein der Name schreckt die meisten Frauen ab, doch Männer lieben den Anblick ihrer Männlichkeit, eingebettet zwischen zwei zusammengedrückten Brüsten. (Mehr über Möpse ab Seite 373.)

## Zehenspiele

Vergessen Sie die Füße nicht – warum sollten sie allein den Fetischisten vorbehalten sein? Reiben und lutschen Sie an den Zehen, vor allem, wenn Ihre Partnerin zu der Sorte Mädels gehört (oder Ihr Partner zu der Sorte Kerle), die zur Pediküre gehen. Aber denken Sie daran: So wie manche Menschen niemanden an ihre Rosette lassen (weiß Gott, warum), sind andere schüchtern, was ihre Füße betrifft – Zehenlutschen gehört nicht zu jedermanns Sexrepertoire. Achten Sie darauf, dass Sie Ihrer Partnerin oder Ihrem Partner nicht auf die Zehen treten, wenn Sie sich um selbige kümmern.

Hier sind einige Tipps, damit Sie sich beim Zehenspiel keine kalten Füße holen:

- Wenn Ihre Partnerin oder Ihr Partner verlegen ist, baden Sie vorher ihre oder seine Zehen, um etwaige Bedenken in puncto Fußgeruch zu zerstreuen. Eigentlich sollten Sie auch *sich* zuliebe darauf bestehen, ganz gleichgültig, ob sie oder er Bedenken hat. (Es sei denn, Sie stehen auf selbsterniedrigende, superekelhafte, *Der Koch, der Dieb, seine Frau und ihr Liebhaber*-mäßige Sachen – womit Sie allein auf weiter Flur stehen.)

- Eine Fußmassage ist die perfekte Einleitung zum Zehenlutschen. Essbares Massageöl ist ein praktisches Extra. Achten Sie darauf, dass Sie warme Hände haben!
- Halten Sie Blickkontakt. Das erhöht nicht nur den Lustgewinn, sondern hilft Ihnen auch, kitzlige Stellen zu meiden (was äußerst wichtig ist, um nicht die Stimmung zu ruinieren und einen Tritt ins Gesicht zu riskieren).
- Gehen Sie genauso wie bei einem Blowjob vor: Beginnen Sie langsam, provozieren Sie, beschränken Sie sich nicht ausschließlich auf lutschen, folgen Sie mit der Zunge den Rundungen (einschließlich der Zehenzwischenräume und der Zehenoberseite), lassen Sie sich Zeit, genießen Sie es, etc.
- Nicht kitzeln, bitte.
- Probieren Sie Stellungen aus, die es Ihnen ermöglichen, die konventionellen erogenen Zonen Ihrer Partnerin oder Ihres Partners zu stimulieren, während Sie weiterhin an ihren oder seinen Zehen lutschen, um einen netten Pawlow-Effekt zu erzielen.
- Noch schöner ist es, wenn Sie eine Position einnehmen, in der Sie sich stimulieren lassen können, während Sie sich um die kleinen Zäpfchen kümmern – doppelt gemoppelt!
- Wenn Sie zu den Menschen gehören, die zur Pediküre gehen, verwöhnen Sie mit Ihren Zehen jeden erdenklichen Körperteil Ihrer Partnerin oder Ihres Partners: Schenkel, Hüften, Pospalte, etc.

# 4. Eine Hand wäscht die andere

**Manuelle Partnerstimulation**

Vergessen wir die plumpe Propaganda, wie sehr Handjobs unterschätzt werden, und kommen wir gleich zur Praxis: Waschen Sie sich immer die Hände, bevor Sie die verschiedenen Körperöffnungen mit ihnen besuchen. Stellen Sie sich nur einmal all die grindigen Griffel vor, die vor Ihnen die Haltestange in der U-Bahn betatscht haben – möchten Sie wirklich, dass diese fremden Schmutzfinger jedes Mal indirekt das Allerheiligste Ihres Herzblatts berühren, wenn Sie es tun? Pflegen Sie Ihre Fingernägel, und halten Sie sie sauber, denn Mutter hatte schon Recht: Sie sind eine Brutstätte für Krankheitserreger. Außerdem bringt einen nichts so schnell aus der Stimmung wie ein eingerissener Fingernagel auf empfindlicher Haut (höchstens Ihre Mutter, wenn sie plötzlich ins Zimmer platzt). Cremen Sie sich regelmäßig die Hände ein, damit sie geschmeidig bleiben und sich keine Hornhaut an ihnen bildet. Wenn Sie chronisch kalte Hände haben (und Ihre Partnerin oder Ihr Partner Sinn für Humor hat), hilft eine kurze *Karate-Kid*-Imitation, bei der Sie sie flott und fest aneinander reiben. Und vergessen Sie nicht: Schmuck ist hier nicht angebracht – also runter mit den Ringen.

Eine Möglichkeit, zum guten Handlanger zu werden, besteht darin, herauszufinden, wie Ihre Partnerin oder Ihr Partner masturbiert (vorausgesetzt, sie oder er benutzt dazu die Hände), und zu lernen, das zu imitieren. Im Empfangsbereich vieler Firmen hängt ein abgedroschenes Motivationsmotto an der

Wand, das da lautet: »Sag es mir, und ich werde es vergessen; zeig es mir, und ich werde mich daran erinnern; mach es mit mir zusammen, und ich werde es verstehen.« Man könnte meinen, der Erfinder dieses schlauen Spruchs wollte uns beibringen, wie man seinen Partner richtig mit der Hand befriedigt. Hier ist die Übersetzung für private Zwecke: Lassen Sie es sich von Ihrem Partner mit Worten erklären; sehen Sie zu, und lernen Sie, wenn sie oder er masturbiert; legen Sie Ihre Hand über die ihre oder die seine, und seien Sie hautnah dabei, wenn sie oder er sich befriedigt. Wenn Ihr Partner nicht gern im Rampenlicht steht, empfiehlt sich eine gemeinsame Masturbationssession, bei der man den Schritt des Partners im Auge behält.

Allerdings sollte man sich auf keinen Fall ausschließlich auf die persönliche Methode seines Partners beschränken. Man kann Unmengen von Tricks ausprobieren, die vielleicht nicht zum Repertoire des Partners gehören – weil sie oder er sich extrem verrenken müsste, es noch nie versucht hat oder nie den entsprechenden Pornofilm ausgeliehen hat.

## Handjobs für ihn

Manche behaupten, niemand könnte einem Mann besser einen runterholen als er selbst. Schließlich verfeinert er die gute alte Rauf-und-runter-Methode aller Wahrscheinlichkeit nach seit der Grundschule. Diese Meinung ist aber nicht nur schwarzseherisch, sondern schlichtweg falsch. Unsere Mittagspausenumfrage hat ergeben, dass ungefähr 90 Prozent aller Männer eine helfende Hand *immer* zu schätzen wissen. Mit den folgenden Tipps und Tricks sollten Sie auch die restlichen zehn Prozent überzeugen können.

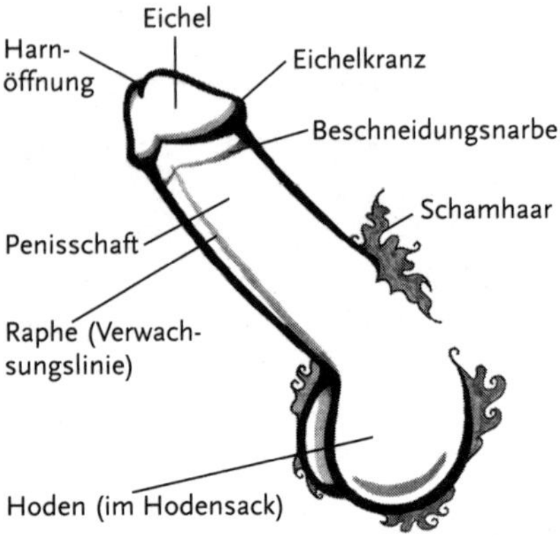


**Beschnittener erigierter Penis**

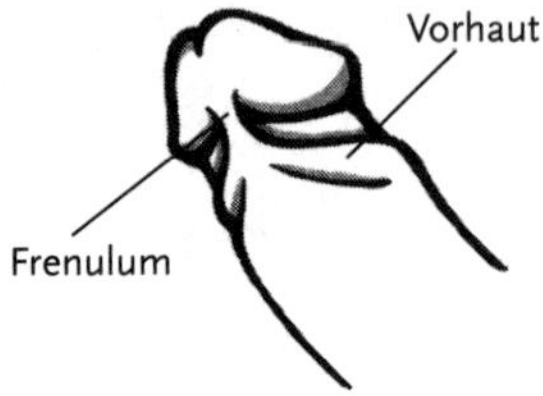


**Nicht beschnittener erigierter Penis**

Zunächst einmal hat der Begriff »Handjob« nichts mit harter Arbeit zu tun: Eine sanfte, gleichmäßige Bewegung ist der Schlüssel zum Erfolg. Natürlich können Sie Ihren Partner anfangs ein wenig provozieren, aber sobald Sie richtig auf Tuchfühlung gegangen sind, ist anhaltender rhythmischer Kontakt erwünscht; und wenn Sie sich auf der Zielgeraden befinden, ist dieser Kontakt nicht nur erwünscht, sondern absolut notwendig. Vergessen Sie dabei nicht die drei F's: fokussiert, flink und fest.

Apropos fest: Was bei Handjobs am häufigsten beanstandet wird, ist ein zu sanfter oder zu grober Griff. Halten Sie sein bestes Stück nicht wie eine zerbrechliche Porzellantasse, aber auch nicht so, als wollte es davonlaufen. Da jeder Mann andere Vorlieben hat, müssen Sie einfach nachfragen, wenn Sie es genau wissen wollen. Eine Möglichkeit für festes, aber schmerzfreies Zupacken ist die Verwendung von Gleitmittel. Im Grunde genommen verhält es sich mit Schmierung beim Handjob genauso wie mit Ketchup zu den Pommes – man kann darauf verzichten, aber warum sollte man? Vielleicht gefällt Ihnen die Schweinerei nicht; vielleicht haben Sie es mit einem unbeschnittenen Exemplar zu tun, dessen Vorhaut die Funktion von Gleitmittel übernimmt; vielleicht lässt Ihr Herzbube nichts zwischen Sie und seinen Penis kommen, nicht einmal eine dünne Schicht Glibber; vielleicht sind Sie aber auch mit leeren Händen auf einer einsamen Insel gestrandet. In all diesen Fällen können Sie die »Griffmethode« anwenden: Dazu schieben Sie die Haut auf dem darunter liegenden Gewebe hin und her, anstatt die Hand über die gesamte Oberfläche gleiten zu lassen (der Bewegungsradius hängt dabei von der Elastizität des Penisgewebes Ihres Partners ab). Wenn Sie vorsichtig sind, können Sie Ihre trockene Hand auch sanft am Penisschaft auf und ab bewegen. Allerdings kann das für einen Mann bereits durch ein klein wenig Feuchtigkeit oder Schweiß zu einer unangenehmen Erfahrung werden. Falls Sie eine dieser Methoden anwenden, sollten Sie daran denken, dass manche Männer es bevorzugen, wenn sich die Aufmerksamkeit auf den Schaft konzentriert, da die Eichel empfindlicher auf Reibung reagiert. Und haben Sie Geduld, denn der nicht geschmierte Handjob ist eine große Kunst: Es dauert nicht nur länger, bis man ihn beherrscht, sondern auch länger, bis der glückliche Empfänger dabei zum Höhepunkt kommt.

Wenn Sie ein Gleitmittel zur Hand haben, benutzen Sie es. Mit Gleitmittel können Sie die Hände freier bewegen, außerdem hilft es, das Koitusgefühl zu imitieren, und macht es viel einfacher, den alles entscheidenden gleichmäßigen Rhythmus beizubehalten. (Ab Seite 405 finden Sie einige gute handelsübliche Gleitmittelmarken sowie Do-it-Yourself-Rezepte, falls die Vorräte einmal aufgebraucht sein sollten.)

Bei der gebräuchlichsten Handjob-Stellung legen Sie sich neben Ihren Partner, greifen nach unten und imitieren so die Art und Weise, wie er onaniert. Wenn Sie nicht in Übung sind, laufen Sie dabei allerdings Gefahr, einen Krampf im Arm zu bekommen. Außerdem hätten Sie vielleicht manchmal gern eine bessere Aussicht. Variieren Sie ein wenig: Er legt sich hin, und Sie beziehen mit dem Gesicht zu ihm zwischen seinen Beinen Stellung (entweder kniend oder mit gespreizten Beinen sitzend); er setzt sich auf die Bettkante oder auf einen Stuhl, während Sie ihm zugewandt auf dem Boden knien; Sie knien oder setzen sich mit gespreizten Beinen hinter ihn und fassen um ihn herum nach vorne.

### Stilfragen

Die folgenden zehn Methoden, mit denen Sie ihm zur Hand gehen können, funktionieren am besten, wenn es für Sie bequem ist *und* alles richtig flutscht. Zögern Sie nicht, hin und wieder das Gewicht zu verlagern oder mehr Gleitmittel zu nehmen, während Sie bei der Sache sind – Sie sollten nur versuchen, die ganze Zeit über mit einer Hand im Spiel zu bleiben. Und denken Sie daran, dass ein vorsichtiger Umgang mit der Eichel und vor allem mit dem Frenulum (siehe Abb.) immer erwünscht ist – in diesem Bereich des Penis befinden sich die meisten Nerven.

- ***»Schau, Mama, mit einer Hand«:*** Diese Standardtechnik ähnelt dem oben erwähnten »Griff«, allerdings packt die Hand dabei wesentlich weniger fest zu und *gleitet* über den Schaft und die Eichel. Legen Sie eine Hand locker um den unteren Teil des Schafts, sodass Daumen und Zeigefinger zur Eichel zeigen; bewegen Sie sie langsam nach oben, und schließen

Sie den Griff, wenn sie über die Eichel gleitet und Sie nur noch deren vorderes Ende in der Hand haben. Ohne die fließende Bewegung zu unterbrechen, wechseln Sie die Richtung und gleiten mit der Hand wieder am Schaft nach unten. Dieses Auf und Ab wiederholen Sie und steigern dabei allmählich das Tempo. Bei der Aufwärtsbewegung können Sie eine leichte Drehung in eine Richtung einbauen und bei der Abwärtsbewegung eine leichte Drehung in die andere Richtung. Mit der freien Hand formen Sie einen praktischen Schwanzhalter, indem Sie sie mit ausgestreckten Fingern und der Handfläche nach unten auf die Leistengegend legen (wobei der Penis sich im Winkel zwischen Daumen und Zeigefinger befindet, siehe Abb.). Oder Sie umfassen mit Daumen und Zeigefinger die Wurzel des Penis, was diesen daran hindert, zu stark hin und her zu schwanken, während Sie ihn mit der anderen Hand bearbeiten. Sie können aber auch seine Nüsse *zart* streicheln oder umschließen, denn auch sie haben ein bisschen Spaß verdient. Falls er darauf steht, können Sie auch sein Perineum oder seinen After sanft reiben.

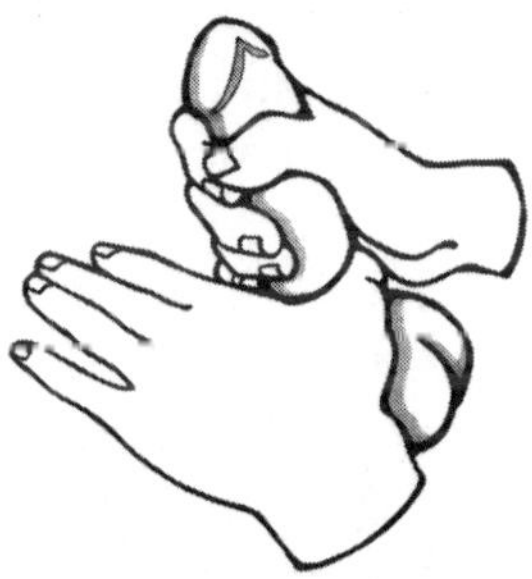

- ***Der Glazed Twist:*** Greifen Sie mit einer Hand um den unteren Teil des Schafts, sodass Daumen und Zeigefinger *nach unten* zeigen (umgekehrter Griff), und bewegen Sie sie anschließend langsam nach oben. Dort angekommen, streichen Sie mit der Handfläche und den Fingern über die Eichel, wobei die Berührungsfläche zwischen

Hand und Eichel so groß wie möglich sein sollte. Sobald die Hand die Eichel umrundet hat, sollte sich nahtlos die Abwärtsbewegung von »Schau, Mama, mit einer Hand« anschließen; das heißt, die Handfläche bewegt sich auf der anderen Seite des Penis mit der Handkante voraus nach unten. Falls Ihre linke Hand gerade mit den Nüssen beschäftigt ist, bringen Sie die rechte Hand zurück in die Ausgangsposition (ohne dabei die Fingerspitzen von seinem Penis zu nehmen) und fangen mit derselben Hand wieder von vorne an. Wir empfehlen jedoch, beide Hände zu benutzen: Wenn sich die rechte Hand nach unten bewegt, können Sie den Handrücken dieser Hand als »Startrampe« für den umgekehrten Griff der linken Hand verwenden. Sobald die rechte Hand die Abwärtsbewegung beendet hat, beginnt die linke mit der Aufwärtsbewegung, und die beiden Hände tauschen nach jedem Durchgang die Plätze (siehe Abb.).

- ***Die Alex-Chee-Pflaumen-Rückwärtsrolle (A.C.P.R.):*** Alex Chee, ein schwuler Freund eines schwulen Freundes von uns, behauptet von sich, die beste Handjob-Technik weit und breit entwickelt zu haben – es handelt sich dabei um eine Variante des *Glazed Twist*, die in der Tat fabelhaft ist. Alex empfiehlt, dass man seine patentierte Methode vor der ersten Anwendung üben sollte, indem man eine Pflaume in der gewölbten

Hand hin und her rollt. Sobald Sie glauben, bereit zu sein, am lebenden Objekt zu experimentieren, beginnen Sie wie beim *Glazed Twist*. Wenn Sie bei der Eichel ankommen, stellen Sie sich vor, sie wäre die Pflaume, die in Ihrer Hand hin und her rollt (mit dem Unterschied, dass die Handfläche nun nach unten zeigt und die Schwerkraft keine Rolle spielt). Da die Eichel der empfindlichste Teil des Penis ist, insbesondere bei unbeschnittenen Männern, können Sie unter Umständen nicht sehr lange fortfahren, bis er Ihre Hand wegschubst. Ein ungewolltes Zucken ist ein sicheres Anzeichen dafür, dass Sie sich wieder in tiefere Gefilde begeben und damit diesen Durchgang der A.C.P.R. beenden sollten (siehe Abb.).

- ***Der Linkin'-Logs-Griff:*** Verschränken Sie die Finger auf der einen Seite des Penis und die Daumen auf der anderen, um eine virtuelle Vagina/einen virtuellen Anus zu erzeugen. Bewegen Sie die Hände mit festem Griff auf und ab. Dabei können Sie sie leicht hin- und herdrehen oder den Griff rhythmisch lockern und wieder verengen.
- ***Der Schlepper:*** Sollte sein bestes Stück nicht richtig strammstehen, umschließen Sie es mit einer Hand und führen sie unter leichtem Druck über die ganze Länge des Schafts. Sobald Sie die Eichel erreicht haben, wiederholen Sie dieselbe

Bewegung mit der anderen Hand. Das setzen Sie fort, als würden Sie an einem Seil hinunterklettern. Um gute Haltungsnoten zu verdienen, formen Sie die Hand zu einem V und beginnen mit der Aufwärtsbewegung unter seinen Murmeln; wenn Sie sich vorsichtig zu seinem Rohr hochgearbeitet haben, schließen Sie den Griff.

- ***Like a Prayer:*** Legen Sie die Hände wie zum Gebet zusammen und lassen Sie seinen Penis in den schmalen Spalt zwischen den Handballen schlüpfen. Während Sie die Hände langsam auf und ab bewegen, halten Sie die Fingerkuppen gegeneinander gepresst. Nach einigen Durchgängen lassen Sie zwischen jeweils zwei Fingern eine kleine Öffnung, damit sein bestes Stück Luft schnappen kann; die Innenseiten dieser Finger sollten an seinem Penis zunächst nach unten streichen und anschließend, wenn Sie zur geschlossenen Gebetshaltung zurückkehren, wieder nach oben (siehe Abb.).

- ***Die Brennnessel:*** Formen Sie einen Zylinder, indem Sie beide Hände zu einem C krümmen und übereinander halten. Führen Sie seinen Penis darin ein. Während Sie die Hände langsam auf und ab bewegen, verdrehen Sie sie vorsichtig in entgegengesetzte Richtungen, sodass sich Ihre Handgelenke voneinander entfernen. Wenn Sie sie nicht mehr weiter drehen können, ändern Sie die Drehrichtung, sodass sich die Handgelenke wieder zueinander bewegen. Auch wenn die Handhaltung dieser Technik wirklich dazu verführt, sollten Sie seinen kleinen Freund *nicht* wie ein nasses Handtuch auswringen.

- ***Die Alles-in-Butter-Methode (A.I.B):*** Ähnlich wie die *Brennnessel,* mit dem Unterschied, dass Sie nicht alle zehn Finger benutzen, sondern jeweils nur Daumen und Zeigefinger, falls er es lieber zarter mag (oder Ihre Hände einfach zu groß für die Brennnessel sind ... ha, ha).
- ***Die Daumenpresse:*** Stellen Sie sich vor, Ihre Daumen würden entlang der Raphe (Verwachsungslinie) auf der Unterseite seines Penis sanft miteinander ringen – ähnlich wie bei einer Rücken- oder Nackenmassage, bei der Sie winzige Kreisbewegungen machen. Mit den übrigen Fingern halten Sie seinen Penis auf der anderen Seite in Position (siehe Abb.).

**Was tun, wenn er Rollkragenträger ist?**

Erkundigen Sie sich bei Ihrem unbeschnittenen Partner, ob er seine Vorhaut beim Handjob lieber nach vorne oder nach hinten gehalten haben möchte. Wir vermuten, dass er es bevorzugt, wenn Sie sie sozusagen als natürliches Gleitmittel benutzen, anstatt sie nach hinten zu ziehen. Übrigens haben alle unbeschnittenen Typen, mit denen wir gesprochen haben, ungläubig gefragt: »Männer verwenden Gleitmittel?!«

## Das Große Finale

Reiben oder nicht reiben ... wenn er kommt, das ist hier die Frage. Manche Männer bevorzugen es, wenn man während des Orgasmus denselben gleichmäßigen Rhythmus beibehält; manchen Männern ist es lieber, wenn man zwar weitermacht, aber langsamer wird, sobald sie kommen; manche mögen es, wenn man sie regelrecht »melkt«; andere stehen darauf, dass man bei jedem Spritzer leicht zudrückt; manche möchten, dass man sich nicht bewegt, aber ihr bestes Stück festhält; manche möchten, dass man nach den ersten paar Spritzern loslässt; und irgendwo da draußen gibt es einen Typen, dem es am liebsten ist, wenn man unmittelbar bevor er kommt loslässt (er heißt Steve – seien Sie nett zu ihm).

## Handarbeit für sie

Alles dreht sich um den Kitzler, den kleinen Wonneproppen, der unter seiner Kapuze hervorlugt. Andererseits dreht es sich aber auch um alles außer ihm. Wenn Sie den umliegenden Gefilden keine Aufmerksamkeit schenken, verliert der magische kleine Knopf seinen Zauber, und Ihr einköpfiges Publikum wird anfangen zu buhen und mit faulen Tomaten zu werfen (was nur dann gut ist, wenn Sie einen Essensfetisch haben).

Auf dem Weg zum Kitzler sollten Sie sich für die landschaftlich interessantere Route entscheiden. Schenkel, Pobacken, Bauch und Schamhaar sind allesamt gute Ausgangspunkte. Wenn Sie wollen, können Sie sogar an den Zehen beginnen. Je länger die Reise und je ausgiebiger die Aufwärmphase dauert, desto besser, denn die Eichel der Klitoris ist für unvorbereitete Stimulation oft zu empfindlich; je erregter eine Frau ist, desto schwerere Geschütze können Sie auffahren.

Gleitmittel ist nicht unbedingt erforderlich, kann aber nie schaden, solange Sie ein glyzerinfreies Produkt auf Wasserbasis benutzen, zum Beispiel Liquid Silk oder Eros Water (weitere Empfehlungen siehe Seite 407). Do-it-Yourself-Gleitmittel

**Vulva**

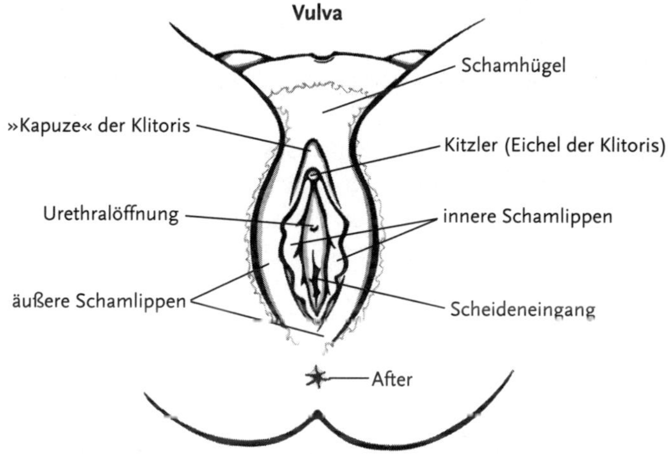


haben dort unten nichts zu suchen (außer Speichelflüssigkeit oder ihr eigener Liebessaft), denn alle Arten von Ölen oder zuckerhaltigen Produkten können Pilzinfektionen verursachen.

Was das richtige Maß an Tempo und Druck betrifft, ist eine Frau wesentlich schlechter kalkulierbar als ein Mann. Wenn sie etwas sehr genießt, bedeutet das noch lange nicht, dass sie es noch mehr genießen wird, wenn man dasselbe fester und schneller tut. Und wenn sie heute etwas sehr genießt, heißt das mitnichten, dass sie dasselbe morgen auch genießen wird. Sollten Sie also Zweifel haben, fragen Sie nach. Auch wenn Sie keine Zweifel haben, sollten Sie nachfragen, Sie eingebildeter kleiner Scheißer.

Wechseln Sie die Stellung. Legen Sie sich neben Ihre Partnerin und greifen Sie hinüber, um den Winkel ihrer Finger beim Masturbieren zu simulieren; setzen Sie sich hinter sie und fassen Sie um sie herum; oder sagen Sie ihr, dass sie sich auf Sie legen soll (beide auf dem Rücken), und greifen Sie um sie herum. Wenn sie sich von Ihnen eine Freude bereiten lassen möchte, die sie sich nicht selbst bereiten kann, sollte sie sich auf den Bauch legen oder mit dem Oberkörper über irgendein Möbelstück (etwa die Sofalehne) lehnen, damit Sie sie von hinten bearbeiten können. (In dieser Stellung können Sie ihrem G-Punkt eine Spezialbehandlung zukommen lassen, siehe den Abschnitt »Auf Du und Du mit dem G-Punkt«, Seite 162.)

Für die folgenden Tricks gibt es keine Geld-zurück-Garantie – mixen und kombinieren und finden Sie heraus, was die besten Resultate liefert. Befolgen Sie bei Ihren Fingerübungen einfach zwei Regeln: Erstens sollten Sie nichts verändern, wenn Ihrer Partnerin etwas *wirklich* gefällt, und zweitens sollte der Beginn von Geschlechtsverkehr nicht das Ende von Handarbeit bedeuten – denn wie die Farbe Beige passt sie zu allem.

## Grundlegende Arbeiten

Es dreht sich nicht immer alles um Penetration. Bekommen wir dafür ein »Amen!« von den Lesben zu hören? Die folgenden Tipps sollen Ihnen dabei helfen, Ihren Tunnelblick loszuwerden:

- Als Erstes sollten Sie die Vulva »aufwärmen«, wie es ein Masseur tun würde: Legen Sie die Hand auf den Schambereich, lassen Sie sie ein paar Sekunden lang dort ruhen und beginnen Sie dann eine sanft kreisende oder wiegende Bewegung. Oder ziehen Sie sie mehrmals mit einer langen Bewegung vom Perineum zum Schamknochen, wobei Sie mit der Handfläche und dem Handgelenk über den gesamten Schambereich streifen. Sie können aber auch mit den Fingerballen den Schamhügel massieren und die Finger durch das Schamhaar Ihrer Partnerin gleiten lassen, vorausgesetzt, sie ist nicht kahl rasiert wie Kojak. Falls sie dort besonders empfindlich ist, sollten Sie die Finger in Wuchsrichtung der Haare bewegen. Falls sie dagegen besonders dickfellig ist, können Sie den Schambereich mit den Fingerballen tätscheln und sie fragen, ob sie es gerne etwas härter hätte; wenn sie ja sagt, steigern Sie das Tätscheln und »versohlen ihr das Vorderteil«. Alle diese Varianten sind überaus praktisch, wenn ihr Kitzler überstimuliert ist und eine Verschnaufpause benötigt.

- Ziehen Sie mit einer Hand die Haut über dem Schamhügel nach oben, während Sie sich mit der anderen Hand an die Arbeit machen: Das hilft unter Umständen dabei, einen besonders schüchternen Kitzler aus der Reserve zu locken, und die buchstäbliche Spannungssteigerung wird Ihrer Partnerin vielleicht gefallen.
- Auch Frauen haben ein Perineum! Üben Sie mit einer kreisenden Bewegung einen sanften Druck darauf aus, sobald sie etwas in Fahrt gekommen ist.
- Ziehen Sie versuchsweise einen Latex-Handschuh an; vielleicht gefällt es ihr, wie er sich anfühlt.
- Bieten Sie ihr den Arm als Reibfläche an, indem Sie das Handgelenk gegen ihren Kitzler pressen, den Handballen gegen ihre Schamlippen drücken und mit den Fingern die Hinterseite ihres Oberschenkels umfassen. Unter Umständen wird sie Sie wie einen Schraubstock einklemmen oder sich wie Dustin Hoffman in *Rain Man* auf Ihrer Hand vor- und zurückwiegen.

### Außenarbeiten

Sie hat Schamlippen – darum lernen Sie, mit ihnen umzugehen.

- Kneifen Sie mit Daumen und Zeigefinger beider Hände zart in die äußeren oder inneren Schamlippen, arbeiten Sie sich jeweils links und rechts gleichzeitig nach oben und wieder nach unten vor.
- Legen Sie den Zeigefinger auf die innere Schamlippe und den Mittelfinger auf die äußere, machen Sie dann scherende Bewegungen mit den Fingern, sodass die Schamlippen aneinander reiben.
- Halten Sie die äußeren und inneren Schamlippen mit Zeige- und Ringfinger auseinander und streicheln Sie den Bereich dazwischen mit dem Mittelfinger.

### Innenarbeiten

Wir verwenden in diesem Kapitel nur ungern die Begriffe »fingern« oder »Fingerfick« – und nicht nur deshalb, weil wir von ihnen ebenso Gänsehaut bekommen wie von den Worten »feucht« oder »Höschen«. Nein, sie vermitteln außerdem einen falschen Eindruck. Sie tatsächlich mit den Fingern zu vögeln ist nur ein Teil der Übung (deshalb sprechen wir lieber von »Handarbeit«). Aller Wahrscheinlichkeit nach wird sie es jedoch irgendwann wollen. Bevor Sie eintauchen, sollten Sie sich davon überzeugen, dass Ihre Fingernägel sauber und nicht eingerissen sind, und sich daran erinnern, dass sich ein Großteil der Nervenenden im äußeren Drittel der Vagina befinden – es gibt also keinen Grund, gleich bis zum Gebärmutterhals vorzustoßen (es sei denn, sie steht darauf). Achten Sie darauf, was dort drinnen vor sich geht: Ihre Finger sind ein wesentlich verlässlicherer Zeuge des Innenlebens einer Vagina als ein Dildo oder Penis (der in dieser Situation meistens etwas abgelenkt ist).

- Okay, okay, dann sagen wir es eben doch: *Ficken* Sie sie mit dem/den Finger/n, als wäre/n er/sie ein Penis oder Dildo, der sich rein- und rausbewegt. Aber vergessen Sie nicht die wichtigste Verkehrsregel: Nicht mit der Presslufthammer-Methode! (Mehr über *mehr* Finger erfahren Sie im Kapitel »Fisting«, Seite 173.)
- Den G-Punkt, das schwammartige Gewebe, das man durch die obere Scheidenwand ertasten kann, erreicht man am besten mit dem guten alten gekrümmten »Komm her«-Finger. (Versuchen Sie *das* einmal mit Ihrem Penis.) Der Mittelfinger eignet sich dazu aufgrund seiner Länge und Geschicklichkeit am besten. Zeige- und Ringfinger dienen dabei als Stütze und Stimulation von außen. Variieren Sie den Druck und experimentieren Sie mit unterschiedlichen Bewegungen – der G-Punkt sollte sich ausdehnen, wenn die Erregung Ihrer Partnerin zunimmt. Allerdings muss die Stimulation des G-Punktes sie nicht unbedingt erregen: Manche Frauen lieben diese Art der Stimulation (manche ejakulieren dabei sogar), andere Frauen spüren überhaupt nichts und wieder andere finden sie schlichtweg schmerzhaft. (Mehr über den G-Punkt und über Ejakulation bei Frauen finden Sie im Kapitel »Überschäumende Lust auf Knopfdruck«, Seite 159.)
- Stellen Sie sich vor, in ihrer Vagina befände sich eine Uhr, und Sie würden mit ihren Zeigern spielen, um herauszufinden, was sie zum Ticken bringt. Wenn Sie allerdings Ihre ganze Aufmerksamkeit ausschließlich auf den G-Punkt richten, werden Sie nie herausfinden, ob es ihr gefällt, von einem Finger, der auf die untere Scheidenwand drückt, anal stimuliert zu werden.

## Klitorale Arbeiten

Wir sprechen hier nur vom Kopf des kleinen Mannes, nicht von seinem Boot. Er ist ein sensibler Typ, mit dem man offen reden und behutsam umgehen muss. Manche Frauen bevorzugen es, wenn man ihn nicht direkt berührt, sondern seine Kapuze als Puffer benutzt. (Die meisten der unten beschriebenen Techniken lassen sich auch *über* der Kapuze anwenden.) Manche Frauen haben sogar eine »Lieblingsseite« – in diesem Fall verlangt es die Höflichkeit, diese herauszufinden.

- Fahren Sie mit dem Zeigefinger um und über den Kitzler.
- Rollen Sie ihn vorsichtig zwischen Daumen und Zeigefinger.
- Trommeln Sie mit Zeige- und Mittelfinger leicht auf ihm herum wie eine Sekretärin, die so schnell sie kann »jkjkjkjk« tippt.
- Falls Sie es mit einem besonders zähen Burschen zu tun haben, können Sie versuchen, ihn wie eine Murmel zu schnippen. Aber seien Sie vorsichtig (und geben Sie nicht uns die Schuld, wenn sie Ihnen dafür eine scheuert).

### Der Mythos vom magischen Knopf

Die Klitoris ist ein komplexes Organ, das sich über den gesamten Genitalbereich erstreckt. Mit dem besagten kleinen Mann im Boot ist allerdings nur die so genannte »Eichel« oder »Perle« der Klitoris gemeint. Wenn wir den Begriff Kitzler verwenden, sprechen wir also von der Eichel der Klitoris – dem Teil, mit dem Sie am besten vertraut sind. Weitere Details zur Anatomie finden Sie im Kapitel »Von ›Anus‹ bis ›Zervix‹« ab Seite 417.

- Legen Sie ein bis fünf Finger fest auf ihren Schambereich und lassen Sie die Hand sanft aber schnell vibrieren, entweder auf und ab, kreisend oder hin und her, ohne dabei den Druck zu verringern. Sie sind zwar kein Hitachi »Magic Wand« (siehe den Abschnitt »Weitere Spielzeuge für Jungs«, Seite 195), aber dafür haben Sie ein nettes Lächeln und sind auch im Wasser gefahrlos zu benutzen!
- Lassen Sie bei allen oben beschriebenen »Innenarbeiten« den Daumen im Freien, um mit ihm den Kitzler zu stimulieren.

## Das große Finale

Reiben oder nicht reiben ... wenn sie kommt, das ist hier die Frage. Manche Frauen bevorzugen es, wenn man während des Orgasmus denselben gleichmäßigen Rhythmus beibehält; andere möchten, dass man *nach* dem Orgasmus weitermacht und einen zweiten oder dritten Durchgang vollendet; wieder andere Frauen mögen es, wenn man weitermacht und allmählich langsamer wird; manche möchten, dass man bei jeder Orgasmuskontraktion Druck ausübt; manchen ist es lieber, wenn man die Hand nicht mehr bewegt und sie fest an Ort und Stelle hält; und irgendwo da draußen gibt es eine, der es am liebsten ist, wenn man unmittelbar bevor sie kommt loslässt (sie heißt Stephanie – seien Sie nett zu ihr).

holy

# 5. Mundwerk

## Die Kunst des Oralverkehrs

Oralsex ist Kopfsache. Die Voraussetzungen dazu lauten Zielstrebigkeit, Hingabe, Grundkenntnisse im Sporttauchen und vor allem Spaß an der Sache. Denken Sie daran, es handelt sich dabei um ein Privileg, nicht um eine Verpflichtung. Vermitteln Sie Ihrer Partnerin oder Ihrem Partner das Gefühl, dass Sie nirgendwo anders lieber wären. Spielen Sie. Provozieren Sie. Erkunden Sie. Setzen Sie ein Zeichen. Sehen Sie den Tatsachen ins Gesicht. Haben Sie ein freches Mundwerk. Bauen Sie ein Crescendo auf. *Huldigen Sie dem Objekt der Begierde.*

Wenn es um Oralsex geht, glauben wir fest an das Prinzip von Geben und Nehmen: Wer verwöhnt werden will, muss auch selbst verwöhnen. Gerade deswegen sollten Sie selbst die Initiative ergreifen, anstatt zu warten, bis Sie darum gebeten werden. Die *gelegentliche* Bitte um Oralsex – nach einem schlechten Arbeitstag oder nach dem Begräbnis Ihres Haustiers – ist durchaus vertretbar (den Kopf der Partnerin oder des Partners nach unten zu drücken und ihre oder seine Ohren als Lenkrad zu benutzen dagegen *nicht*). Solchen Bitten wird öfter entsprochen werden, wenn Sie die gute Stube sauber halten: Waschen Sie täglich all Ihre Nischen und Winkel, vielleicht auch unmittelbar vor dem großen Moment. Fahren Sie sich mit der Hand durch die Schamhaare, um verirrte Exemplare und – trauen wir uns, es zu sagen? Ja, wir trauen uns! – Wollfussel zu entfernen. Vergessen Sie nicht, sich auch die Zähne zu putzen: Das gibt Ihnen nicht nur frischen Atem, was Ihr Gegenüber zu schätzen wissen wird, sondern wird auch Ihrem mündlichen Liebesbeweis Frische verleihen.

Meine Damen und Herren, im Folgenden haben wir die Grundlagen für Sie zusammengestellt. Lernen Sie sie, leben Sie sie, lieben Sie sie! Aber fahren Sie nicht mit Autopilot: Seien Sie empfänglich für die verbalen und körperlichen Signale Ihrer Partnerin oder Ihres Partners. Sie sollten sich zwar eine ungefähre Route zurechtlegen, aber gerade die Umwege, die Richtungswechsel und die spontanen Abstecher machen die Reise interessant.

## Entdeckungsreise zum Südpol: Die Kunst der Fellatio

Über Blowjobs kursieren viele falsche Gerüchte. Sicher ist jedoch, dass es eine Menge Möglichkeiten für einen guten Blowjob gibt, aber nur wenige für einen schlechten (es sei denn, Sie nehmen den Begriff »blasen« wörtlich). Der Schlüssel zum Erfolg ist wie in vielen anderen Situationen Selbstvertrauen: Wenn Sie *glauben*, einen guten Blowjob geben zu können, dann können Sie es vermutlich auch. Erstens: Verschwenden Sie keinen einzigen Gedanken daran, wie Sie dabei aussehen – mit seinem kleinen Freund im Mund sind Sie die hübscheste Person auf der Welt (auch wenn Sie der Meinung sind, Sie sähen aus wie ein spastischer Presslufthammer). Zweitens: Nehmen Sie die mentale Position ein, in der Sie sich am wohlsten fühlen – ob das nun heißt, dass Sie die Kontrolle übernehmen (»Ich bin eine allmächtige Sexgöttin«) oder sich unterordnen (»Ich bin deine hörige Sexsklavin«). Sobald Sie diese Voraussetzungen geschaffen haben, können Sie wie folgt zur Sache kommen:

## Auf die Plätze, fertig, los

Beginnen Sie langsam. Benehmen Sie sich nicht so, als hätten Sie wochenlang auf einer einsamen Insel gehungert, und plötzlich würde eine große Salami ans Ufer gespült. (Sie erinnern sich nicht mehr an diese Szene in *Robinson Crusoe*?) Lecken Sie die Eichel, lecken Sie das Frenulum (den superempfindlichen Hautstreifen unterhalb der Eichel auf der Penisunterseite), lecken Sie die Hoden, lecken Sie die Schenkel-Innenseiten. Stellen Sie sich vor, seine Genitalien wären eine leere Leinwand und Ihre Zunge ein weicher Pinsel, den Sie kreisen lassen. Lassen Sie sich Zeit. Atmen Sie. Provozieren Sie. Wenn er eine Erektion hat, können Sie auch den Mund weit öffnen, wie ein Luftkissenboot auf seinen Penis hinabsinken und ihn dabei so wenig wie möglich berühren. Oder Sie bedecken sein bestes Stück mit Küssen. Bevor die Angelegenheit zu heiß wird, sollten Sie für einige weitere innige Mund-zu-Mund-Küsse einen kurzen Abstecher nach Norden einschieben.

Er muss nicht unbedingt steinhart sein, damit Sie ihn in den Mund nehmen können; genau genommen muss er überhaupt

### Wohin mit der Mayo?

Ejakulat macht nicht dick, da es pro Portion (im Durchschnitt etwa zwei bis drei Teelöffel) nur fünf bis sieben Kalorien enthält. Spermien werden zusammen mit männlichen Hormonen in den Hoden produziert, doch Letztere gelangen von dort direkt in den Blutkreislauf – Schlucken macht also nicht männlich. Allerdings können Sie sich durch das Schlucken seiner Körperflüssigkeiten und durch oral-genitalen Kontakt mit HIV und anderen Geschlechtskrankheiten infizieren.

nicht hart sein. Öffnen Sie den Mund, führen Sie seinen schlaffen Penis ein, schließen Sie den Mund, und spüren Sie, wie er sich aufplustert. Berühren Sie den Schaft sanft mit der Zunge, oder schlucken Sie leicht, um dem kleinen Mann unter die Arme zu greifen. Aber bewegen Sie den Mund nicht auf und ab (siehe »Der Basis-Blowjob«, Seite 84), bevor er nicht zumindest halb erigiert ist.

## Vorsicht, frisch befeuchtet!

Das Stichwort lautet: Speichel. Und zwar in Mengen. Scheuen Sie sich nicht, kräftig herumzusabbern – so haben alle Beteiligten mehr Spaß. Ein Glas Wasser und/oder eine Dose Pfefferminzbonbons in Reichweite schaffen Abhilfe bei Mundtrockenheit. In der Tat bescheren Pfefferminzbonbons (oder mit Wasser verdünnte Zahnpasta oder Mundwasser oder sogar Champagner) nicht nur ihm ein prickelndes Gefühl, sondern machen die Angelegenheit auch für Sie geschmeidiger und schmackhafter. Wenn Sie mehr Schmierung benötigen oder möchten, als Ihnen Ihre Speicheldrüsen liefern, oder wenn Sie den Geschmack eines Penis etwas fade finden, gibt es einige Gleitmittel auf Wasserbasis (siehe Seite 411, wie die Juicy-Lubes-Reihe von ID) in verschiedenen Geschmacksrichtungen (z. B. Banane, Passionsfrucht, Erdbeer-Kiwi). Weitere spaßige (wenn auch klebrige) Geschmacksverbesserer sind Honig, Marmelade, Schlagsahne, Liköre und Mayonnaise. Seien Sie vorsichtig mit mentholhaltigen Produkten, da diese brennen können, vor allem in der Harnöffnung. Und nach Essensspielchen keinen Vaginal- oder Analverkehr ohne vorherige gründliche Körperwäsche! Eiswürfel können hin und wieder dabei helfen, einen kühlen Kopf zu bewahren. Ein Schluck heißer Tee kann ebenfalls Wunder wirken – allein oder in Verbindung mit Eis.

## Der Basis-Blowjob

Folgendes macht einen Blowjob zu einem Blowjob: Er liegt auf dem Rücken, Sie befinden sich zwischen seinen Beinen, und Ihr Mund bewegt sich auf seinem besten Stück auf und ab. Wir meinen damit nicht die in Pornos übliche *Walk Like an Egyptian*-Bewegung, sondern ein flüssigeres, kunstgerechteres Auf und Ab. Manche Leute spannen die Lippen leicht über den Zähnen – wie Großmutter ohne ihre Zahnprothese –, um ganz sicherzugehen. Aber entspannte, zu einem »O« geformte Lippen sollten als Pufferzone zwischen Gemächt und Gebiss ausreichen. Außerdem fühlen sich Lippen (egal, ob voll oder schmal) immer gut an. Wie auch immer, es besteht keine Notwendigkeit, mit einem 2000 Watt starken Staubsauger konkurrieren zu wollen. Ihre Saugstärke sollte auf »niedrig« oder »aus« gestellt sein – schon allein die Auf- und Ab-Bewegung Ihres Mundes wird genügend Saugwirkung erzeugen. Außerdem kann zu starkes Saugen einen fließenden Rhythmus erschweren und die Wahrscheinlichkeit erhöhen, dass Ihnen Ihre Zähne ins Gehege kommen. Und vergessen Sie nicht, Ihre Zunge zum Einsatz zu bringen – Oberseite, Unterseite, Spitze und Seiten. Die Zunge sollte ständig in Bewegung sein und ununterbrochen für Schmierung und Stimulation sorgen. Das ist sehr wichtig!

Noch eine kleine Bemerkung zur Anreise: Unter Umständen ist es angenehmer für Sie (und spannender für ihn), wenn Sie sich seinen Hotdog langsam einverleiben und mit jeder Abwärtsbewegung ein Stück weiter in den Mund nehmen. Um jedoch einen guten ersten Eindruck zu hinterlassen, sollten Sie gleich beim ersten Gang den Mund so voll wie möglich nehmen.

## Handlanger

Sie müssen sich den Schwengel nicht die ganze Zeit bis zum Anschlag in den Rachen schieben – wenn überhaupt –, insofern Sie eine oder beide Hände (oder nur den Daumen und einen Finger) als »Mundverlängerung« verwenden. Ihr Mund misst von den Zähnen bis zum Rachen etwa fünf bis acht Zentimeter, während sein erigierter Penis in der Regel zwölf bis 15 Zentimeter lang ist: Sich selbst eine helfende Hand zu reichen ist völlig legitim. Wir würden sogar behaupten, dass die Hände zu jedem guten Blowjob gehören – zumindest beim Finale. Allmähliche Steigerung ist der Schlüssel zum Erfolg. Beginnen Sie mit dem Mund, nehmen Sie Daumen und Zeigefinger hinzu, dann weitere Finger, danach vielleicht noch die andere Hand.

Und so funktioniert's: Formen Sie einen Ring mit Daumen und Zeigefinger oder einen Trichter mit der Hand/den Händen. Führen Sie ihn an die Lippen (die zu einem »O« gerundet sind) und halten Sie die Hand/Hände während des Basis-Blowjobs direkt an den Mund oder maximal zwei bis drei Zentimeter entfernt. Sobald Sie das gemeistert haben, können Sie einen Schritt weitergehen: Wenn Sie mit der Trichter-Basis-Blowjob-Kombination an der Penisspitze angekommen sind, schieben Sie den Zeigefinger über die Eichel auf die andere Seite und machen sich wieder auf den Weg nach unten (sein Schniedelwutz befindet sich jetzt zwischen Ihrem Zeige- und Mittelfinger), wobei Ihr Mund Ihrer Hand unmittelbar folgt. Wenn Sie noch einen draufsetzen möchten, können Sie versuchen, während der Auf- und Ab-Bewegung die Hand/Hände und/oder den Kopf zu drehen (in dieselbe Richtung oder entgegengesetzt) – wir sprechen hier nicht von der »Brennnessel« (siehe Seite 69), nur von einem leichten Schlingern von links nach

**Geschmacksverstärker**

Die folgenden Nahrungsmittel können positiven oder negativen Einfluss darauf haben, wie Männer und Frauen »dort unten« riechen.

***Gut:*** Melonen, Kiwis, Ananas (auch als Saft), Sellerie, Erdbeeren, Zimt und vegetarische Ernährung tragen dazu bei, die Liebessäfte schmackhaft zu machen. Noch abzuwarten bleibt das Urteil über ein Pulvergetränk mit dem Namen »Semenex«, das dem Anwender »schmackhaftes Sperma oder Geld zurück« verspricht.

***Schlecht:*** Broccoli, salzige Speisen, alkalische Nahrungsmittel wie Fleisch und Fisch, Milchprodukte sowie einige Medikamente und Vitamine können Ihnen einen etwas faden Geschmack verleihen.

***Schlimm:*** Spargel, Kaffee, Alkohol, Zigaretten und einige Drogen (z. B. Kokain) lassen Sie bitter und schlecht schmecken.

rechts auf dem Weg nach unten und von rechts nach links auf dem Weg nach oben.

Sie können die Hände aber auch so einsetzen, dass die Penishaut straff gezogen wird, um die Sensibilität der Eichel zu erhöhen: Legen Sie Daumen und Zeigefinger etwa zwei bis drei Zentimeter oberhalb der Peniswurzel um den Schaft und führen Sie sie nach unten. Das ist eine praktische Sache, wenn Sie eine Kiefersperre haben (oder wenn Sie beide sich in der rot beleuchteten Toilette einer schäbigen Bar im Bahnhofsviertel befinden und zehn Betrunkene darauf warten, pinkeln gehen zu können), da er so vermutlich schneller zum Höhepunkt kommt. Egal, ob Sie den Haut-Trick anwenden oder nicht, die

Wurzel zu greifen ist nie eine schlechte Idee – Sie müssen sich ja nicht unbedingt von einem abspenstigen Pullermann ohrfeigen lassen, der Ihnen versehentlich aus dem Mund gerutscht ist. Andererseits haben solche Unfälle schon so manchem völlig neue Welten eröffnet …

**Würge mich**

Oder vielleicht lieber doch nicht. Ein Würgereiz ist nie eine angenehme Erfahrung. Wenn man allerdings eine Salami in den Rachen gerammt bekommt, wird dieser natürliche Reflex ausgelöst. Glücklicherweise ist es einer, den man mit etwas Übung kontrollieren kann. Nehmen Sie seinen Schwengel so weit in den Mund, dass Sie sich gerade noch wohl dabei fühlen, und verharren Sie einen Moment völlig reglos, um sich an das Gefühl zu gewöhnen. Entspannen Sie Ihre Rachenmuskulatur, und wenden Sie den Jedi-Trick an, um den Würgereiz zu unterdrücken. (Ironischerweise wären homophobe Burschenschaftler wahrscheinlich begnadete Deep-Throater, weil sie jede Menge Erfahrung mit Auf-ex-Trinken haben.) Wenn Sie mit dem *(langsamen)* Auf und Ab beginnen, atmen Sie oben ein und auf dem Weg nach unten (wenn möglich, durch die Nase) wieder aus. Steigern Sie schrittweise das Tempo und vergessen Sie dabei das Atmen nicht. Falls Ihr Partner dazu neigt, mit den Hüften zu zucken, halten Sie seinen Lümmel mit beiden Händen fest und drücken dabei sein Becken mit den Unterarmen nach unten. Oder Sie umschließen mit einer Hand seine Nüsse, um sie gelegentlich zu drücken oder an ihnen zu ziehen. Sollte der Würgereiz noch immer überwältigend sein, lösen Sie einfach mit den Händen Ihren Mund ab und tauchen auf, um Luft zu schnappen.

## Die goldenen 70er: Deep-Throating

Ein Porno mit einem eingängigen Titel reichte aus, um allerorts unbedarfte Lutscher zu Opfern unrealistischer Erwartungen und eines angeknacksten Selbstvertrauens zu machen. Wer es für erforderlich hält, bei jeder Abwärtsbewegung alle 15 Zentimeter zu schlucken, hat offensichtlich noch nie jemandem einen geblasen. Nebenbei bemerkt ist gelegentliches Schwertschlucken immer wieder ein beeindruckender Partygag. Wenn Sie beim Blowjob nach und nach lernen, sein bestes Stück bis zum Anschlag zu schlucken, können auch Sie der Pornostar werden, von dem Ihr Partner immer geträumt hat. (Allerdings wird sich der Reiz des Neuen für Sie beide aller Wahrscheinlichkeit nach recht schnell abnutzen.)

Um ihn wirklich vollständig wegzustecken, müssen Sie den natürlichen 90-Grad-Winkel Ihres Rachens vergrößern. Die oben aufgezählten Tipps zur Vermeidung des Würgereizes werden Ihnen dabei helfen. Außerdem können die folgenden beiden Stellungen Ihren kombinierten Nahrungs- und Liebes-

### Zu viel des Guten

Wenn es um Blowjobs geht, ist Durchhaltevermögen des Empfängers *keine* Tugend. Fellatio macht Spaß, ist aber gleichzeitig auch harte Arbeit; nach 20 Minuten ist es nur noch harte Arbeit. Erlösen Sie die edle Spenderin (oder den edlen Spender), indem Sie sich zur rechten Zeit geschlagen geben (d. h., denken Sie nicht an Fußballstatistiken oder an Ihre Großmutter, wenn Sie kurz davor sind zu kommen). Außerdem wird sich Ihre Partnerin (oder Ihr Partner) wie ein Star fühlen, wenn Sie in Rekordzeit zum Höhepunkt gelangen.

kanal für einen Express-Trip bis zu Ihrem Gaumenzäpfchen ausdehnen (wenngleich Ihnen keine der beiden Positionen einen optimalen Zungeneinsatz auf der sensiblen Unterseite seines Penis ermöglicht):

- Setzen Sie sich mit dem Gesicht zu seinem Penis auf seine Brust (sodass Ihr Seestern ihn anstarrt). Wenn es Ihnen lieber ist, können Sie auch einen 69-er daraus machen und sich auf sein Gesicht setzen – vorausgesetzt, das ist für Sie beide hinsichtlich Ihrer Körperproportionen möglich, und Sie lassen sich allzu leicht ablenken. Halten Sie seinen Penis an der Wurzel fest, um ihn zu dirigieren. Sie werden wahrscheinlich feststellen, dass er in dieser Position gegen Ihre Zunge drückt (und nicht gegen Ihren Gaumen, wie es der Fall ist, wenn Sie in die entgegengesetzte Richtung blicken).
- Legen Sie sich auf dem Rücken ins Bett und lassen Sie den Kopf über die Bettkante hängen. Je nach Höhe des Bettes, stellt oder kniet sich Ihr Partner neben das Bett, sodass sich sein Penis auf Mundhöhe befindet (die Höhe lässt sich mit Hilfe von Kissen anpassen). Legen Sie die Hände auf seine Oberschenkel, um die Tiefe und Geschwindigkeit seiner Stöße kontrollieren zu können. Genießen Sie den Anblick schaukelnder Nüsse.

### Stellungswechsel

Die folgenden Stellungen sind zwar nicht unbedingt Deep-Throat-förderlich, eignen sich aber hervorragend für den gelungenen Allround-Blowjob:

- Legen Sie sich beide auf die Seite. Ihr Kopf ruht mit dem Gesicht zu seinem kleinen Freund auf einem Kissen – so hat er mehr Bewegungsfreiheit, und Sie müssen weniger hart arbeiten. Knien oder setzen Sie sich vor ihn, während er steht. Männer lieben es, wenn vor dem Altar gebetet wird.

- Versuchen Sie es mit Irrumation oder *face fucking*, wie es im englischen Sprachraum auch charmant genannt wird: Legen Sie sich dazu auf den Rücken und betten den Kopf auf ein Kissen, während Ihr Partner sich in Liegestütz-Stellung über Sie beugt und behutsam Ihren Mund penetriert. Währenddessen können Sie sich um seine Hoden, sein Perineum und seinen Anus (siehe unten) kümmern – oder Sie kümmern sich um sich selbst.

**Pluspunkte**

Macht Ihr Blowjob einen müden und leblosen Eindruck? Bedienen Sie sich der folgenden Tipps für eine Generalüberholung Ihrer Fellatio-Technik:

- Suchen Sie ausgiebigen Blickkontakt, aber versuchen Sie nicht, Ihren Partner »niederzustarren«.
- Wenn Sie langes Haar haben, binden Sie es zu einem Pferdeschwanz zusammen, damit er sieht, was Sie tun. Und wenn Sie es richtig hart machen wollen, können Sie sich die Haare auch von ihm mit geballter Faust zurückhalten lassen.
- Wenn Sie langes Haar haben, lassen Sie es herunterhängen, sodass es über sein pulsierendes Gemächt streicht (eine Million Schmachtromane können nicht irren).
- Nehmen Sie seinen Penis und reiben Sie ihn an Ihrem Hals oder klopfen Sie mit ihm gegen Ihre Wange (eine Million Pornofilme können nicht irren).
- Geben Sie ihm auch etwas zum Lutschen, damit er sich nicht

vernachlässigt fühlt, und stecken Sie ihm einen oder zwei Finger in den Mund (vorausgesetzt, Sie haben ihm damit noch nicht die Prostata massiert).

- Reiben Sie seinen Bauch. Fragen Sie nicht, wozu, tun Sie es einfach.
- Kümmern Sie sich um seine Zwillinge.
- Massieren oder reiben Sie sanft sein Perineum.
- Stecken Sie ihm einen geschmierten Finger (ohne langen Nagel) ein Stück weit in den Allerwertesten und massieren Sie seine Prostata, auch bekannt als männlicher G-Punkt, auch bekannt als todsicherer Weg, um ihn zu Ihrem hörigen Sexgefährten zu machen.
- Kneifen Sie ihn in die Brustwarzen, aber nur, wenn Sie wissen, dass er es mag – denn manche Typen können das partout nicht ausstehen.
- Wenn Sie an seinem Penis auf dem Weg nach oben sind, legen Sie an der Spitze eine Pause ein und wippen mit dem Kopf wie ein Wackeldackel für die Hutablage mehrmals vor und zurück, wobei Sie die Zunge gegen sein Frenulum drücken. Die Technik ist die gleiche wie bei der *Alex-Chee-Pflaumen-Rückwärtsrolle* (siehe Seite 66), mit dem Unterschied,

**_Why Don't We Do It on the Road?_**

Zu den Vorzügen des Blowjobs zählt, dass er völlig spontan praktiziert werden kann. In Taxis, Umkleidekabinen, Telefonzellen ... Aufgrund von Zeitknappheit und Passanten sollte sich der Empfänger auf blaue Bälle und die edle Spenderin (oder der edle Spender) auf Schlucken einstellen (gute Camper packen ein, was sie ausgepackt haben).

dass Sie nicht die Hand, sondern den Mund dafür verwenden.

- Reiten Sie sein/e Bein/e, um ihn wissen zu lassen, dass Sie es nicht als Arbeit betrachten, ihm einen zu blasen, sondern als Abenteuer.
- Ziehen Sie sich aus, während er angezogen bleibt, oder umgekehrt.
- Nur für Frauen: Legen Sie während des Geschlechtsverkehrs eine Pause ein, und machen Sie einen Abstecher nach Süden, um etwas Exotik zu schmecken.
- Nur für Profis: Gleiten Sie beim guten alten Auf und Ab behutsam – und wir meinen *behutsam* – mit den Schneidezähnen am Penisschaft entlang. Haben wir schon gesagt *BEHUTSAM*?

### Geben Sie Gas

Nachdem Sie seinem kleinen Freund eine Zeit lang geschmeichelt haben, steigern Sie langsam das Tempo, bis Sie einen Rhythmus gefunden haben, der für Sie beide angenehm ist. Sobald Sie an diesem Punkt angelangt sind, ist es völlig in Ordnung, sein bestes Stück wie die bereits erwähnte Salami auf der einsamen Insel zu behandeln. Und es ist jetzt nicht mehr in Ordnung, ihn nur zu provozieren. Wenn sämtliche verbalen und physischen Zeichen von ihm darauf hindeuten, dass sich der große Moment rasant nähert, dürfen Sie nicht langsamer werden oder die Bewegung drastisch verändern. Am häufigsten beklagen sich Männer darüber, dass ihre Partnerinnen am Ende zu zurückhaltend und zögerlich sind. Tja, vielleicht sollten sie einfach um mehr Härte und Tempo beim Endspurt *bitten*, oder? Blowjob-Unerfahrene haben häufig Angst, eine Verletzung zu verursachen, eine Sauerei zu machen oder wie ein

Idiot auszusehen. Keine Sorge: Er wird Ihnen sagen, wenn es ihm wirklich wehtut, es ist ihm egal, ob er kleckert, und er findet, dass Sie fabelhaft aussehen. Falls Sie noch immer Bedenken haben, müssen Sie eben Instruktionen erbitten, sich diese einverleiben ... und sich anschließend sein Gerät einverleiben. Nur weiter so, Sie machen das toll, und schon bald werden Sie ans Ziel kommen.

### Das Finale

Die Gerüchte über Orgasmen, die mit normalen Blowjobs erreicht werden, sind maßlos übertrieben. Manchmal ist der Druck für den Empfänger zu kommen ebenso groß wie der Druck für Sie, ihn dazu zu bringen, dass er kommt. In diesem Fall hat keiner der Beteiligten Spaß an der Sache. Fühlen Sie sich also nicht gezwungen, ihm unter allen Umständen einen Orgasmus verschaffen zu müssen.

Wenn er es jedoch bis zum Orgasmus schafft, liegt es ganz bei Ihnen, wie Sie das große Finale gestalten. Blowjob bleibt Blowjob, ob Sie nun ausspucken, schlucken oder die Sache mit der Hand zu Ende bringen. Falls Sie sich für die Geysir-Variante entscheiden, sollten Sie sichergehen, dass er Sie warnt, bevor er seine Fontäne ausstößt. Selbst wenn Sie sich eine Portion Proteine einverleiben möchten, ist es gut zu wissen, wann sie serviert wird.

Falls er vergessen sollte, Ihnen auf die Schulter zu tippen, gibt es auch andere Warnzeichen: Sein Penis schwillt an; seine Hoden ziehen sich weiter an den Körper zurück; seine Hüften zucken (falls sie das nicht schon vorher getan haben); seine Muskeln spannen sich an; seine Eichel errötet; seine Atmung wird schwerer; er schreit aus voller Kehle: »Mein Gott, ich komme!«

Viele schwule Männer verzichten auf das Schlucken, weil sie den Anblick mögen – was immer eine gute Ausrede ist. Falls Sie ebenfalls »den Anblick mögen«, wechseln Sie schnell zu einem beidhändigen Handjob oder halten seinen Penis gegen Ihre Wange, während Sie ihn mit einer Hand bearbeiten. Oder Sie legen sich neben ihn, damit Sie auf ihm spielen können wie auf einer Flöte (wobei Sie sich auf das Frenulum konzentrieren) oder lassen ihn die Sache selbst zu Ende bringen. Wenn Sie es *richtig* versaut haben möchten (sowohl im übertragenen als auch im wörtlichen Sinn), nehmen Sie eine Sperma-Dusche. Er wird den Anblick vermutlich mögen – und sich geehrt fühlen.

Wenn Sie den Ablauf eines guten Blowjobs nicht unterbrechen möchten, oder wenn er ein Tarnkappenbomber ist, behalten Sie seinen Penis und das Ejakulat einfach im Mund, bis er sich vollständig entleert hat, dann ziehen Sie sich vorsichtig zu-

**Blowjobs bei Unbeschnittenen**

Es gibt keinen Grund, den kleinen Mann gleich zu skalpieren. Gleiten Sie mit der Zunge unter seine Vorhaut und lassen Sie sie um die Eichel kreisen. Denken Sie daran, dass unbeschnittene Männer dort in der Regel empfindlicher sind. Streifen Sie ihm langsam mit der Zunge oder den Fingerspitzen die Kapuze ab. Während Sie ihm einen blasen, können Sie die Vorhaut nach unten ziehen (leicht oder straff), sie vor- und zurückschieben oder sie einfach machen lassen, was sie will. Achten Sie darauf, die Vorhaut aus dem Weg zu räumen, wenn er kommt, um für freie Bahn beim Abschuss und für einen sauberen Abschluss zu sorgen.

rück und spucken Letzteres in das nächstgelegene Behältnis: in Ihre Hand, in den Mülleimer, in ein Wasserglas, ins Waschbecken, in seinen Mund. Andererseits können Sie natürlich auch schlucken. Das kann echte Intimität vermitteln – darüber hinaus müssen Sie so nicht mit vollem Mund nach dem Mülleimer suchen oder sich mit Aufräumarbeiten aufhalten. Manche mögen sogar den Geschmack und geben als Beweis ein ehrlich gemeintes »Mm, mm, gut« von sich. Falls Sie eher zu den Kostverächtern zählen, können Sie Ihre Geschmacksknospen verschonen, indem Sie ihn so weit wie möglich in den Mund nehmen und sowie er ejakuliert sofort zu schlucken beginnen.

### Steigen Sie auf die Bremse

Halten Sie inne, sobald er gekommen ist – unserer Erfahrung nach tut es ihm weh, wenn Sie es nicht tun –, es sei denn, Sie wissen, dass er zu der Sorte Männer gehört, die auf Post-Orgasmus-Action stehen. Behalten Sie ihn jedoch für einige Sekunden oder auch länger bewegungslos im Mund – das wird ihn daran erinnern, wie ihm seine Grundschullehrerin in der zweiten Klasse über den Kopf gestreichelt hat.

## Schluss mit dem Tunnelblick: Die Kunst des Cunnilingus

Gegessen wird, was auf den Tisch kommt. Die Frage ist nur, wie. Vielleicht will Ihre bevorzugte Vagina an Montagen regelrecht verschlungen werden, während sie an Donnerstagen nur angeknabbert werden möchte. Vielleicht bevorzugt sie immer direkten Zunge-Kitzler-Kontakt, besteht vielleicht aber auch darauf, dass Ihre Zunge nur um den Kitzler herumschleicht, ohne ihn dabei tatsächlich zu berühren. Nehmen Sie Rücksicht auf Ihre Partnerin, aber nicht auf *Magnolien aus Stahl*-Art. Finden Sie heraus, was sie mag und was nicht, indem Sie behutsam an Ihre Grenzen vorstoßen und sich wieder zurückziehen, wenn *sie* sich zurückzieht. Sie müssen Geduld haben: Frauen wollen nicht gedrängt werden. Genau genommen können viele von ihnen gar nicht gedrängt werden – sie brauchen gleichmäßige, ausgedehnte Stimulation, um zu kommen. Tun Sie also so, als hätten Sie den ganzen Tag Zeit.

## Stellung beziehen

Es besteht keine Notwendigkeit, mit ausgefallenen Stellungen zu experimentieren: Wenn sich Ihre Partnerin auf den Rücken legt und Sie zwischen ihren Beinen Platz nehmen, können Sie eigentlich gar nichts falsch machen. Um den Hautkontakt zu vergrößern und mehr Kontrolle zu haben, ziehen Sie sie zu sich heran, indem Sie die Arme um ihre Oberschenkel oder ihren Po schlingen (entweder von oben oder von unten, je nachdem, ob sie die Beine angewinkelt hat oder nicht). Ihr ein Kissen unter den Allerwertesten zu schieben, verbessert den Winkel für Ihre Erkundungstouren. Außerdem signalisieren Sie damit, dass Ihnen das körperliche Wohlbefinden Ihrer Partnerin am Herzen liegt und Sie so lange wie nötig dort unten zu bleiben gedenken. Unter Umständen möchte sie auch ein Kissen für den Kopf – denn auch Mädels sehen gern zu.

Hier einige Stellungsvarianten:

- Sie zieht die Knie zur Brust, um sich Ihnen ganz zu öffnen.
- Gestatten Sie Ihrem Nacken eine Pause, indem Sie sich neben sie knien und sich ihr von oben nähern (siehe Abb. Seite 97 oben).

- Ihre Partnerin reguliert die Spannung ihrer Schamlippen und Klitoris, indem sie sich auf allen vieren über Sie kauert (die gute alte »Setz dich auf mein Gesicht«-Stellung).
- Sie setzt sich auf die Bettkante oder auf einen Stuhl, und Sie knien sich zwischen ihre Beine.
- Sie steht mit gespreizten Beinen, während Sie sich von unten nähern. (Vermutlich wird sie sich dabei irgendwo festhalten müssen.)
- Sie legen sich beide auf die Seite, wobei Ihr Kopf auf der

Innenseite ihres Oberschenkels ruht und sie Ihnen die Beine so über die Schultern legt, dass ihre Waden auf Ihrem Rücken zu liegen kommen (siehe Abb. Seite 97 unten).

- Sie befindet sich auf allen vieren, und Sie kommen von hinten wie ein Hund, der das Hinterteil eines Artgenossen beschnuppert.

### Auf Umwegen

Auch wenn Sie nicht mit Geduld gesegnet sind, sollten Sie nicht sofort auf Tauchstation gehen. (Es sei denn, Sie befinden sich noch immer in der rot beleuchteten Toilette einer schäbigen Bar im Bahnhofsviertel, und mittlerweile warten 20 Betrunkene darauf, pinkeln gehen zu können.) Provozieren Sie gnadenlos. Pirschen Sie sich durchs Gebüsch an (falls vorhanden). Sie müssen sie nicht einmal sofort ihrer Unterwäsche berauben; betätigen Sie sich zunächst daneben oder von außen. Sorgen Sie für Abwechslung, schließlich möchten Sie sie nicht einschläfern, sondern wachrütteln. Knabbern Sie ein bisschen an ihren Hüften und folgen Sie mit der Zunge den Kurven ihres Beckens. Nähern Sie sich so weit, dass Sie mit dem Mund das Schamhaar Ihrer Partnerin berühren, nicht aber ihre Haut. Einige Minuten in dieser Position in Verbindung mit Ihrer Atemluft auf ihren Schamlippen werden sie ausreichend in Fahrt bringen. Anmerkung: Wir sagten *Atemluft* – blasen Sie niemals Luft in die Vagina, da dies zu einer tödlichen Luftembolie führen kann!

### Ran an den Speck

Wir sind noch nicht am Kitzler angekommen, aber Sie können schon mal die Zunge zücken. Vergessen Sie nicht, dass wir noch immer beim Provozieren sind. Lassen Sie die Zunge zwischen ihren Schenkeln und ihren äußeren Schamlippen kreisen und arbeiten Sie sich langsam zu ihren inneren Schamlippen vor. Dort angekommen, fahren Sie in den Vertiefungen zwischen den äußeren und inneren Lippen auf und ab, zunächst sanft, dann mit zunehmendem Druck. Gleiten Sie mit der flachen Zunge langsam und gleichmäßig vom Perineum zum Schamhügel. Saugen Sie an den Schamlippen, zuerst auf einer Seite, dann auf der anderen. Küssen Sie sie, als würden Sie ihren Mund küssen. Knabbern Sie sanft (wir meinen *sanft*) an ihr. Befeuchten Sie die ganze Region mit Speichel, und sorgen Sie dafür, dass sie feucht bleibt.

### Kitzler, wir kommen

Kitzler gibt es in allen Formen und Größen: Manche sind kleiner als andere, manche ragen unter ihrer Kapuze hervor wie erigierte Brustwarzen, manche zeigen nie ihr Gesicht (und sind deshalb bisweilen verdammt schwer ausfindig zu machen). Wenn der Kitzler Ihrer Partnerin ein schüchterner Zeitgenosse ist, legen Sie eine Hand auf ihren Schamhügel und drücken ein wenig, um ihn zu überreden, aus seinem Versteck zu kommen. Sobald er sich in Ihrem Blickfeld befindet, berühren Sie ihn mit der Zungenspitze und verharren einen Moment in dieser Position. Dann beginnen Sie, den Kitzler langsam mit der Zunge hin- und herzubewegen, wobei Sie ihn ununterbrochen leicht berühren. Anschließend nehmen Sie ihn in den Mund und lassen die Zunge um ihn kreisen. Unter Umständen spüren Sie, wie er in Ihrem Mund anschwillt. Vielleicht gefällt es Ihrer Partnerin, wenn Sie leicht an ihrem Kitzler saugen, aber versuchen Sie nicht, ihr dort unten einen Knutschfleck zu verpassen. Kümmern Sie sich auch um den Bereich neben und unter dem Kitzler.

**»L« für Lust?**

Schlaue Linguisten diskutieren gern über die Vor- und Nachteile des »Alphabetisierens«. Falls Sie es nicht mitbekommen haben: Darunter versteht man, das Alphabet mit der Zunge entweder auf den Kitzler selbst zu schreiben oder auf den gesamten Vaginalbereich (und dabei gelegentlich den Kitzler bei den t-Querstrichen oder den i-Punkten zu streifen). Befürworter behaupten, die unvorhersehbaren Winkel und Kurven seien äußerst effektiv, während Gegner es für zu abgedroschen halten.

Vergessen Sie nicht, ab und zu Rücksprache mit Ihrem Chef zu halten, während Sie in Ihre Arbeit vertieft sind. Lassen Sie Ihren Kopf von ihr lenken. Holen Sie Feedback von ihr ein. Wenn sie nach drei oder vier Minuten noch immer völlig gleichgültig ist, müssen Sie unter Umständen den Winkel, die Position oder den Druck der Zunge ändern. Hat sie eine »Lieblingsseite«? Wenn sie ein Bein anzieht und das andere ausgestreckt lässt, haben Sie besseren Zugang.

Vermeiden Sie Gewackel in Pornomanier (mit herausgestreckter Zunge, das Gesicht meilenweit entfernt, damit die Kamera genug zu sehen bekommt), denn das wirkt oft kühl und distanziert. Gehen Sie mit dem ganzen Gesicht auf Tauchstation. Geben Sie ihrem Kitzler einen Eskimokuss mit der Nase – und zwar nicht nur mit der Nasenspitze; Druck mit dem Nasenrücken kann die Welt für sie erbeben lassen. Oder wie wär's, wenn Sie mit dem Kinn reiben? (Männer sollten daran denken, dass Bartstoppeln kribbeln können – was allerdings auch durchaus angenehm sein kann.) Tun Sie so, als würden Sie ihr ein unnachgiebiges, nonverbales »Mm-mm« erteilen, indem Sie den Kopf rasch schütteln (mit ausgestreckter oder eingefahrener Zunge). Oder Sie halten den Kopf still, packen ihre Perle mit den Schneidezähnen und schnippen sie mit der Zunge hin und her.

### Auf eigene Gefahr

Die folgenden Übungen eignen sich nur für Fortgeschrittene. (Okay, *so* gefährlich sind sie auch wieder nicht.)

- Legen Sie Zeige- und Mittelfinger links und rechts neben ihren Kitzler und beugen Sie beim Lecken unter leichtem Druck die Finger aufeinander zu und wieder voneinander fort.
- Scheuen Sie sich nicht, geräuschvoll zu sein. Ein gelegentliches »Mmm« fühlt sich nicht nur gut an, sondern lässt auch Ihre Partnerin wissen, dass Sie Spaß an der Sache haben. Ein wenig summen ist ebenfalls nicht schlecht, vorausgesetzt, Sie brechen dabei nicht in Gelächter aus – und Ihre Partnerin bricht dabei nicht in Gelächter aus.
- Heißer Tee und zerstoßene Eiswürfel sind Hausmittel, die auch bei *ihr* Wirkung zeigen werden. Bleiben Sie aber mit allem, was Zucker enthält, von ihrer Mumu fern, um Infektionen zu vermeiden, und wenden Sie Eis nur von außen an, um im empfindlichen Scheideninneren keinen Schaden anzurichten.
- Suchen Sie von Zeit zu Zeit Blickkontakt, aber fixieren Sie sie nicht – lassen Sie ihr die Freiheit, völlig abzuschalten.
- Machen Sie Gebrauch von Ihren tatenlosen Händen: Streicheln Sie Ihren Bauch oder Schamhügel, ziehen Sie an Ihren Schamlippen oder Schamhaaren, massieren Sie sanft ihr Pe-

rineum, spielen Sie mit ihren Brüsten, gleiten Sie mit den Fingerspitzen über alle Körperregionen, die Sie erreichen können.

- Setzen Sie Ihre Zunge als Ersatz-Salami ein. Nein, Sie brauchen dabei keinen Waschlappen wie Kiss-Bassist Gene Simmons, da sich der Großteil ihrer Nervenenden im äußeren Drittel ihrer Vagina befindet.
- Stecken Sie ihr liebevoll einen geschmierten, gut manikürten Finger in den Anus oder massieren Sie Letzteren von außen. (Halten Sie Finger, die bereits ihren Hintereingang besucht haben, von ihrer Vagina fern.)
- Betrachten Sie Vibratoren und Dildos als gute Schiffskameraden, die an Deck arbeiten, während Sie sich unter Deck nützlich machen.
- Ziehen Sie den Abschnitt »Handarbeit für sie« (Seite 70) zu Rate und kombinieren Sie ihn mit diesem Kapitel.

## Langsam und gleichmäßig macht das Rennen

Wenn das Verhalten Ihrer Partnerin darauf schließen lässt, dass Sie alles richtig machen, heißt das nicht unbedingt, dass Sie Tempo oder Druck steigern sollten. Halten Sie lieber an Bewährtem fest. Viele Frauen kommen nämlich bei gleichmäßigem Tempo und Druck; unvermittelte Unterbrechungen oder Rhythmuswechsel kurz vor dem Zieleinlauf können der »Gehe zurück auf Los«-Karte beim Monopoly gleichkommen. Frauen brauchen unter Umständen bis zu 30 Minuten, um einen Zustand maximaler Erregung zu erreichen. Sie brauchen sich aber nicht zu beklagen – schließlich wurden Sie dazu geboren, ihnen dabei unter die Arme zu greifen.

Doch auch wenn Sie das Schicksal dazu bestimmt hat, heißt das nicht, dass Sie dabei nicht ermüden. Schließen Sie hin und wieder den Mund und gönnen Sie Ihrem Kiefer eine Pause; massieren und dehnen Sie Ihre Lippen, bis Sie sich wieder bereit fühlen, den Mund weit zu öffnen. Stimulieren Sie Ihre Partnerin abwechselnd mit Zunge und Penis, wenn Sie ein Mann sind, aber betrachten Sie Ihre Zungenübungen nicht ausschließlich als vorbereitende Maßnahme, ihr Ihren Lümmel unterzujubeln. Wo wir gerade beim Thema sind: Legen Sie beim Geschlechtsakt regelmäßige Cunnilingus-Pausen ein, um für Abwechslung zu sorgen.

### Endspurt

Auch wenn Sie die oben genannten Ratschläge befolgen (Sie kleiner Musterschuler), kann es Ihnen passieren, dass Ihre Partnerin nicht zum Höhepunkt kommt. Erzwingen Sie ihn nicht: Sie haben sich wacker geschlagen, und wir sind uns ziemlich sicher, dass sie verdammt viel Spaß dabei hatte. Andererseits ist der gekonnte Zungeneinsatz manchmal der *einzige* Weg, einer Frau einen Orgasmus zu bescheren. Angenommen, die Erde bebt für sie, und Sie merken, wenn es so weit ist, dann sollten Sie aufhören, an ihrem Kitzler herumzufummeln – unter Umständen ist er während des Orgasmus noch empfindlicher, und starke Reibung kann schmerzhaft sein. Wie die Hoden beim Mann zieht sich die Eichel der Klitoris unter ihre Kapuze zurück, bevor die Frau kommt. Was auch immer passiert, lassen Sie jetzt nicht ab! Üben Sie weiterhin Druck auf den Kitzler aus oder halten Sie ihn behutsam zwischen den Lippen, bis die Zuckungen nachlassen. Und werden Sie nicht panisch, wenn sie Ihren Kopf in den Schwitzkasten nimmt – machen Sie einfach weiter wie bisher und beten Sie.

Calvin Klein Klein
Calvin Kl

# 6. Verkehrsregeln

## Das Koitus-Abc

Das Tierreich, Pornofilme und der höchstwahrscheinlich mittelmäßige Sexualkundeunterricht, den Sie in der Schule genossen haben, sind völlig ungeeignet, um etwas über Geschlechtsverkehr zu erfahren. Wer sich an diesen Quellen orientiert, wird zu der Überzeugung gelangen, dass Sex und Geschlechtsverkehr ein und dasselbe sind, und dass Geschlechtsverkehr nach der Presslufthammer-Methode funktioniert. Wo bleibt die Romantik? Wo bleibt die Abwechslung? Wo bleiben die Feinheiten? Wo bleibt die Klitoris?

Für Kerle ist die Formel für lustvollen Geschlechtsverkehr in der Regel einfach: Lümmel reinstecken, zustoßen, noch etwas mehr zustoßen, kommen. Leider kommen nur wenige glückliche Frauen, die Stimulation des Gebärmutterhalses mögen, bei dieser Gleichung auf ihre Kosten. Und Hetero-Männern sei gesagt: Sie sind vermutlich mit keiner davon verabredet.

Weniger als 30 Prozent aller Frauen kommen durch den Koitus allein zum Orgasmus – und wir haben den Verdacht, dass die Hälfte von diesen 30 Prozent schwindelt (schämt euch). Das ist auch kein Wunder, wenn man den riesigen Abstand zwischen Kitzler und Scheideneingang bedenkt (also wirklich, Mutter Natur). Ein Penis oder Dildo könnte sich trotz bester Absichten den ganzen Tag lang abrackern, ohne dabei auch nur einmal mit dem Kitzler in Kontakt zu kommen, was für die meisten Frauen Voraussetzung für einen Orgasmus ist. Wenn Sie jedoch den Winkel verändern, einen Finger (egal, wessen

Finger) zu Hilfe nehmen oder mit einem Vibrator gemeinsame Sache machen, bestehen durchaus Aussichten auf Erfolg. Und wir wollen auch den G-Punkt (siehe den Abschnitt »Auf Du und Du mit dem G-Punkt«, Seite 162) nicht vergessen, einen *weiteren* Schlüssel zum Orgasmuserfolg, der sich tatsächlich im *Inneren* der Vagina befindet. Andererseits nützt es wenig, irgendetwas einzuführen und vor- und zurückzubewegen. Der G-Punkt bevorzugt eine nicht zu tiefe Penetration in einem ganz bestimmten Winkel.

Bevor wir mit all diesen Techniktipps gewappnet in die Kiste steigen, wollen wir noch eine Lektion in Beischlaf-Benimmregeln über uns ergehen lassen: Stufen Sie den Geschlechtsakt nicht so weit über allen anderen sexuellen Aktivitäten ein, als würde es sich dabei um die einzige Sache handeln, nach der Ihnen der Sinn steht. Vergessen Sie jedoch nicht, der Kopulation den nötigen Respekt zu zollen; schließlich begeben Sie sich dabei in den Fortpflanzungszyklus. Und denken Sie niemals, Sie hätten ein Anrecht auf bzw. die Verpflichtung zu Geschlechtsverkehr – egal, wie unartig oder nackt Sie bereits sind. Wenn Sie Zweifel haben, fragen Sie (das gilt auch für Sie, meine Damen), denn wenn Sie erst einmal zusammen im Bett liegen, gibt es keine dummen Fragen – außer vielleicht: »Wie heißt du gleich noch mal?«

Also, los geht's.

## Knocking on Heaven's Door

Für die Besucher unter Ihnen: Dass Sie eingeladen wurden, heißt noch lange nicht, dass Sie offene Türen sofort einrennen müssen. Halten Sie sich eine Weile am Eingang auf, läuten Sie mehrmals die Türglocke. Benutzen Sie Ihr Ding oder Ihren Dildo wie einen Finger oder eine Zunge, indem Sie damit den Schamlippen und dem Kitzler etwas Aufmerksamkeit schenken. Machen Sie von Ihren Händen Gebrauch, um Ihren Ständer zu steuern und bei Laune zu halten. (Ausflüge in Richtung Hintertür sind allerdings tabu – die Bakterien, die sich dort aufhalten, sind vorne nicht willkommen.)

Wenn es Zeit wird, in die gute Stube zu kommen, können Sie oder Ihre Partnerin die Schamlippen mit den Fingern etwas spreizen oder den Penis oder Dildo mit der Hand dirigieren. Sie können entweder mit einem Ruck eindringen (achten Sie jedoch darauf, dass alles gut geschmiert ist, siehe das Kapitel »Wie geschmiert«, Seite 405) oder sich Zeit nehmen, um zu provozieren. Tasten Sie sich Zentimeter um Zentimeter vor. Dringen Sie ein Stück weit ein und ziehen Sie sich wieder zurück, dringen Sie ein Stück weiter ein und ziehen Sie sich abermals zurück und so weiter und so fort.

Und für Sie beide gilt: Sehen Sie sich in die Augen, okay? Das macht die Sache persönlicher.

## So wird's gemacht

- Machen Sie es in Zeitlupe: Vollgas-Vögeln wird nur dazu führen, sie unempfindlich und ihn überempfindlich zu machen. Sie sollten sich beide lieber für rhythmische, würdevolle Bewegungen wie beim Ballett entscheiden.
- Trauen Sie sich auch Quickies: Auch Mädels mögen es spontan. In leeren U-Bahn-Abteilen, in der Restauranttoilette während der Mittagspause, im Aufzug, im Auto an der Raststätte, in der letzten Reihe im fast leeren Kino, im Hausflur

auf dem Weg ins Restaurant, im Treppenhaus auf dem Rückweg vom Restaurant, auf dem Sofa, fünf Minuten vor Beginn Ihrer Lieblingsfernsehsendung ... wenn wir es uns genau überlegen, streichen Sie Letzteres – Fernsehen sollte *niemals* Vorrang gegenüber Sex haben.

- *You Can Leave Your Hat on:* Völlige Nacktheit ist nicht unbedingt Voraussetzung für tollen Sex. Übrig gebliebene Klamotten verleihen dem Sex etwas Dringliches. Und das ist heiß.
- Machen Sie Gymnastik: Männer können ihren Lümmel bewegen, indem sie die Beckenmuskeln anspannen. Frauen können ihre Beckenmuskulatur benutzen, um den kleinen Freund ihres Partners kräftig zu drücken (siehe das Kapitel »Fit fürs Bett«, Seite 397) für Übungen zur Stärkung der Beckenmuskulatur).
- Machen Sie einen auf Elvis: Viele Leute glauben, rein und raus wäre gleichbedeutend mit vor und zurück. Stellen Sie sich vor, Sie würden sich zu lateinamerikanischer Musik bewegen. Lassen Sie die Hüften kreisen. Schwenken Sie sie hin und her. *Rock around the Cock.*
- Machen Sie halblang: Geschlechtsverkehr ist kein Wettrennen zum Gebärmutterhals. Die meisten Nervenenden der Vagina befinden sich im äußeren Drittel, wo auch der G-Punkt liegt (siehe Seite 165). Stellen Sie sich vor, der männliche Penis würde unmittelbar unterhalb der Eichel enden (keine Sorge, wir sagten *vorstellen*), und dringen Sie nur mit diesem Teil ein (bzw. umschließen Sie nur diesen Teil). Das stellt kein großes Opfer dar: Die meisten Penisnervenenden befinden sich in der Eichel, und die Vagina ist am Scheideneingang am empfindsamsten. Hier geht also keiner leer aus!

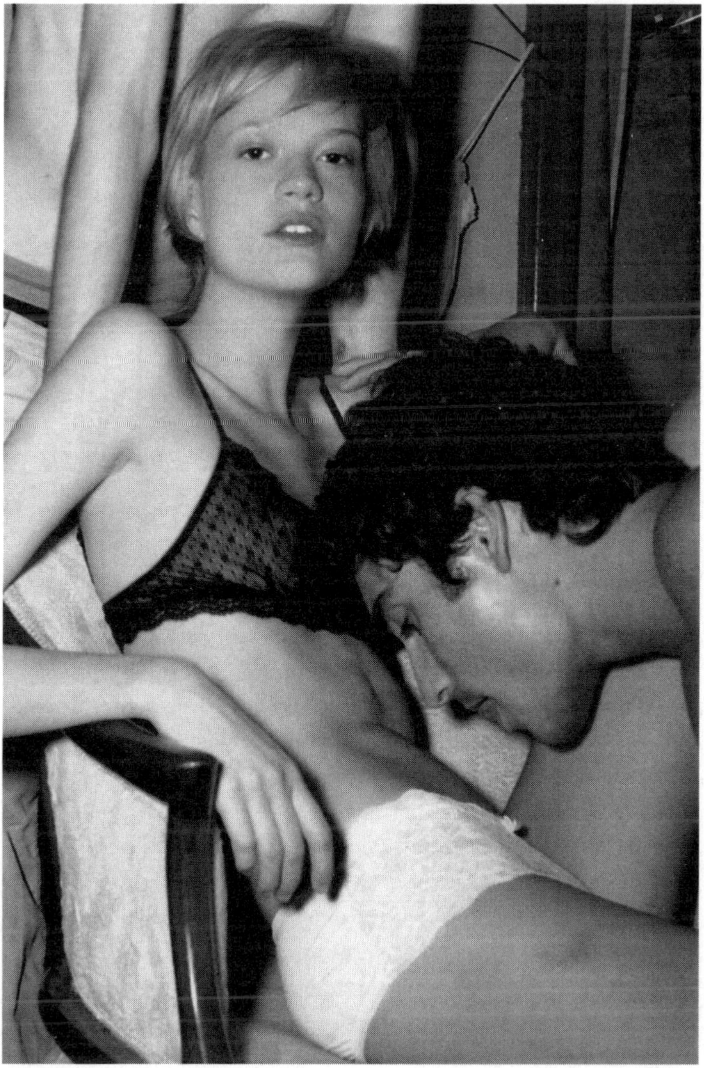

- Machen Sie Teamwork: Stimulieren Sie ihren Kitzler mit der Hand, benutzen Sie ein Spielzeug, *tun* Sie etwas. Stimulieren Sie seine Hoden, sein Perineum und seinen Anus mit den Fingern, benutzen Sie ein Spielzeug, *tun* Sie etwas.
- Küssen Sie sich. Basta.

**Wer wird denn gleich rotsehen? – Sex während der Periode**

Wenn sie ihre Periode hat, ist in Sachen Sex noch längst nicht aller Tage Abend – Mädels haben ständig Sex während ihrer Periode. Für viele Frauen ist es die geilste Zeit im Monat. Und Orgasmen können menstruationsbedingte Krämpfe lösen. Wir kennen sogar Leute, die mit menstruierenden Frauen Oralverkehr haben! Es sei denn, Ihre Religion verbietet es Ihnen, oder Sie haben brandneue, blütenweiße Ralph-Lauren-Bettwäsche, gibt es auch wirklich keinen Grund, das nicht zu tun. Außer vielleicht die Tatsache, dass das Vorhandensein von Blut die Gefahr der Ansteckung mit bestimmten sexuell übertragbaren Krankheiten und Infektionen erhöht (und vor allem die Gefahr, dass sich die Frau eine Unterleibsentzündung zuzieht, da die Erreger mit Hilfe von Blut tiefer in den Fortpflanzungsapparat gelangen können, siehe den Abschnitt »Unterleibsentzündungen«, Seite 303). Wenn Sie deshalb Bedenken haben, sollten Sie eben (wie eigentlich immer) ein Kondom benutzen. Auch wenn man normalerweise beim Cunnilingus nicht zu einem Dental Dam greift, kann es nicht schaden, während der Periode eines zu benutzen – eventuelle Krankheitserreger sind im Menstruationsblut stärker konzentriert als im Scheidensekret. Außerdem sollten Sie sich nicht von dem weit verbreiteten Irrglauben fehlleiten lassen,

Frauen könnten während ihrer Tage nicht schwanger werden; das Risiko ist zwar geringer, aber immer noch groß genug, um Verhütung zu rechtfertigen.
Vielleicht sind Ihre Bedenken aber auch eher ästhetischer als pragmatischer Natur. Vielleicht befürchten Sie, die postkoitale Umarmung könnte einer Szene aus *Das Kettensägenmassaker* gleichen. Bei den meisten Frauen beschränkt sich die Blutung während einer Periode auf wenige Teelöffel, also halten Sie sich an ihren Spitzentagen zurück, und von einem Blutbad kann keine Rede sein. Oder sie versucht es mit dem Instead-SoftCup, der für bis zu zwölf Stunden in die Vagina eingesetzt werden kann; er stellt eine Alternative zu Tampons oder Binden dar und kann auch beim Geschlechtsverkehr in der Scheide verbleiben (er dient aber *nicht* der Empfängnisverhütung). Ein Bad entfernt einen Teil des überschüssigen Bluts, zumindest äußerlich, also fallen Sie über sie her, wenn sie aus der Wanne steigt, und springen Sie anschließend gemeinsam hinein, um sich zu säubern. Oder machen Sie es einfach unter der Dusche.
Vielleicht leiden Sie ja auch unter dem jugendlichen Irrglauben, Menstruation sei eine schmutzige, unnatürliche Sache. (Wir kennen alle den Witz: »Wie kann man jemandem vertrauen, der sieben Tage lang blutet, ohne zu sterben?« – wahnsinnig komisch!) Oder Ihre eigene Mutter – Gott behüte! – hat Ihnen das Gefühl vermittelt, Ihre Periode sei etwas, für das Sie sich schämen müssten. Werden Sie erwachsen, legen Sie ein dunkles Handtuch aufs Bett und genießen Sie den Farbeffekt! Oder Sie schalten einfach das Licht aus: Feucht und glitschig bleibt feucht und glitschig. Basta!

## So wird's nicht gemacht

- Machen Sie es nicht in einem Vakuum: Da ist nicht genug Platz! Aber Spaß beiseite, vögeln Sie, wie die Situation es ergibt. Vielleicht fangen Sie nach einem Streit, bei dem die Fetzen geflogen sind, plötzlich an, sich leidenschaftlich zu küssen – jetzt Kerzen anzuzünden und das Massageöl zu holen würde vermutlich die Stimmung ruinieren. Ziehen Sie sich stattdessen an den Haaren, zerkratzen Sie sich den Rücken, rammeln Sie wie die Karnickel, beschimpfen Sie sich! Vielleicht haben Sie beide aber auch soeben beschlossen, ein Kind zu zeugen – in diesem Fall ist langsamer, zärtlicher, sentimentaler Blümchensex in der Missionarsstellung wahrscheinlich völlig in Ordnung.
- Machen Sie es sich nicht zur Auflage, es »Liebe machen« nennen zu müssen: Vor allem, wenn Ihnen das genauso auf die Nerven geht wie uns. Wir bevorzugen: ficken, vögeln, bumsen, pimpern, pudern, knattern, knallen, nageln, rammeln, es treiben, eine Nummer schieben …
- Machen Sie nicht immer bloß auf Softie: Nein, wir sprechen nicht von eurem Lümmel, Jungs. (Meine Güte, seid ihr empfindlich.) Die meisten Kerle unterschätzen, wie sehr viele Frauen ab und zu eine härtere Gangart genießen. Sie brauchen nicht darauf zu warten, dass Sie sich streiten, um sich beim Sex an den Haaren zu ziehen und den Rücken zu zerkratzen. Und flippen Sie nicht gleich aus, wenn Ihre Partnerin Sie bittet, ihr die Hände sanft um den Hals zu legen. Das bedeutet nicht unbedingt, dass sie auf erotische Asphyxiation steht. Vermutlich gefällt ihr einfach nur der psychologische Effekt.
- Machen Sie sich ein Mal keine Gedanken über Fußball (oder

Eiskunstlauf): Wenn Sie mental abwesend sind, merken Sie nicht, falls Ihr Werkzeug wund wird.

- Machen Sie nicht alles nach, was Sie lesen: Die Vorlieben Ihrer Partnerin oder Ihres Partners, wie unerwartet sie auch sein mögen, haben immer Vorrang vor »offiziellen« Sextipps – auch wenn sie aus diesem Buch stammen.

## Wie kommt man beim Geschlechtsverkehr immer gleichzeitig zum Orgasmus?

Wir haben *keine* Ahnung.

## Stellung beziehen

Im *Kamasutra* sind 64 verschiedene Stellungen beschrieben. Wir werden gar nicht erst versuchen, damit zu konkurrieren. Wissen Sie, warum? Weil es das kleine Geheimnis von Geschlechtsverkehr ist, dass jede erdenkliche Stellung nichts weiter als eine kreative Interpretation einer der fünf Grundstellungen ist: Missionarsstellung, Frau oben, von hinten, auf der Seite liegend, im Stehen. Wenn Ihnen das Benennen der über 100 Varianten dieser fünf Stellungen jedoch das Gefühl vermittelt, Sie wären Sting, dann tun Sie sich keinen Zwang an.

Auch wir wollen einigen unserer Lieblingsvarianten schlaue Namen geben – verklagen Sie uns ruhig. (Sie können uns auch dafür verklagen, dass wir auf langweilige Mann-Frau-Abbildungen zurückgegriffen haben, um die im Folgenden aufgeführten Stellungen möglichst knapp zu beschreiben.)

## Der dreizackige Gabellöffel

***Kategorie:*** Von hinten/auf der Seite liegend.

***Wie:*** *1. Schritt:* Er dringt in Löffelstellung in sie ein. *2. Schritt:* Sie dreht den Oberkörper von ihm weg und winkelt sich um 90 Grad ab, während er ausgestreckt auf der Seite liegen bleibt. *3. Schritt:* Sie legt das obere Bein über seine Hüfte, setzt den Fuß flach aufs Bett und legt die Schultern so ab, dass sie den Kopf zu ihm drehen und Blickkontakt aufnehmen kann.

***Vorteile:*** Die normale Löffelstellung schränkt die Bewegungsfreiheit ein und verhindert tiefes Eindringen – der Gabellöffel schafft Abhilfe!

***Nachteile:*** Die Möglichkeit zum Blickkontakt geht zu Lasten des Körperkontakts.

***Varianten:*** Sie wollen noch mehr?

***Wann:*** Aus frühmorgendlichem Kuscheln wird spätmorgendlicher Verkehr.

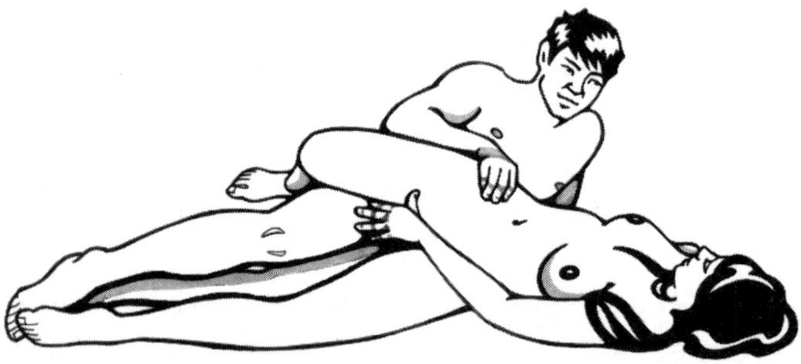

### Punkt-G-nau

***Kategorie:*** Frau oben.

***Wie:*** Er liegt auf dem Rücken; sie sitzt auf ihm (kniend oder in der Hocke) und lehnt sich nach hinten, wobei sie sich mit den Händen abstützt. Er macht eine Faust und legt sie sich so auf den Bauch, dass sie ihren Kitzler daran reiben kann. Sie kann hinter sich greifen und mit seinen Nüssen spielen. Er kann die Beine anziehen, damit sie sich daran anlehnen kann.

***Vorteile:*** Er erreicht dabei ihren G-Punkt; sie kontrolliert Tiefe und Tempo; für sie fühlt es sich auch dann gut an, wenn sein Penis nur halb erigiert ist; er hat eine schöne Aussicht.

***Nachteile:*** Sein Dödel rutscht leicht heraus. Sein Dödel lässt sich unter Umständen nicht stark genug verbiegen. Sein Dödel kann bei dieser Gelegenheit abbrechen. Außerdem fühlen sich viele Frauen bei dieser Stellung von der Verantwortung unter Druck gesetzt, das Tempo bestimmen zu müssen – geben Sie ihr also zu verstehen, dass sie sich Zeit lassen kann.

***Varianten:*** Sie dreht sich um 180 Grad (*sehr* vorsichtig), sodass sie ihm den Rücken zuwendet.

***Wann:*** Sie hat soeben eine Gehaltserhöhung bekommen.

### Entschuldigung, kennen wir uns?

***Kategorie:*** Von hinten.

***Wie:*** Beide stehen; sie beugt sich über die Sofalehne, den Schreibtisch oder den Küchentisch (sodass sich ihr Oberkörper im rechten Winkel zu ihren Beinen befindet), und er dringt von hinten in sie ein. Er vergisst *nicht*, mit der Hand oder einem Spielzeug um sie herumzufassen.

***Vorteile:*** Knieschonender als die klassische Hundestellung und genauso »unartig«; er erreicht dabei ihren G-Punkt und kann tief eindringen.

***Nachteile:*** Es gibt keine.

***Variationen:*** Sie beugt sich über einen großen Berg Kissen auf dem Bett.

***Wann:*** Er hat Geburtstag.

### Ist dieser Stuhl noch frei?

***Kategorie:*** Frau oben.

***Wie:*** Er sitzt auf einem Stuhl, auf dem Sofa oder auf dem Bett (im Schneidersitz, kniend oder mit gespreizten Beinen); sie sitzt (oder hockt) mit dem Gesicht zu ihm auf seinem Schoß. Sie kann einen Fuß auf dem Boden abstellen (d. h., ein Bein über die Bettkante oder die Sofalehne legen), um sich abzustützen. Wenn es sich um einen schmalen Stuhl handelt, kann sie sich mit beiden Füßen abstützen.

***Vorteile:*** Sie kann sich ihrem G-Punkt zuliebe nach hinten lehnen und ihm dabei schmachtend in die Augen sehen.

***Nachteile:*** Die Bewegungsfreiheit ist eingeschränkt.

***Varianten:*** Sie setzt sich mit dem Rücken zu ihm auf seinen Schoß. Das ist zwar weniger freundlich, vergrößert jedoch die Wahrscheinlichkeit, dass ihr G-Punkt stimuliert wird.

***Wann:*** Sie möchten Ihr neues Auto einweihen.

### Das Geflecht

***Kategorie:*** Auf der Seite liegend.

***Wie:*** Sie liegen beide mit verschlungenen Beinen einander zugewandt auf der Seite.

***Vorteile:*** Er hält länger durch; diese Stellung ist praktisch, wenn ein deutlicher Größenunterschied besteht, und eignet sich für weniger tiefes Eindringen (falls ihr Gebärmutterhals eine

Verschnaufpause braucht); ihre Oberschenkel reiben an seinem Penis; Sie befinden sich bereits in der postkoitalen Kuschelposition, wenn Sie fertig sind.

***Nachteile:*** Kräftiges Zustoßen ist kaum möglich.

***Varianten:*** Sex auf der Seite liegend lässt sich kaum komplizierter praktizieren.

***Wann:*** Sie teilen sich einen sehr kleinen Schlafsack in einem sehr kleinen Zelt.

### Zimmer mit Aussicht

***Kategorie:*** Im Stehen.

***Wie:*** Sie lehnt sich mit dem Rücken gegen eine Wand, und er stellt sich mit dem Gesicht ihr zugewandt vor sie; angenommen, sie ist kleiner, kann sie sich mit einem oder beiden Füßen auf einen niedrigen Sockel stellen – auf einen Schemel, einen Couchtisch, eine Treppenstufe, ein Telefonbuch, einen folgsamen Hund. Sie sollte das Becken nach vorn schieben, damit er leichter in sie eindringen kann.

***Vorteile:*** Die Stellung vermittelt Ihnen das Gefühl, als könnten Sie es nicht erwarten, wie in der heißen Sexszene in *Unter Null*, die Sie als Kind gesehen und seitdem immer wieder nachzustellen versucht haben.

***Nachteile:*** Sie müssen beide gut in Form sein, um durchzuhalten, und Sie müssen sich vielleicht so sehr darauf konzentrieren nicht umzufallen, dass Sie nicht die stehenden Ovationen, äh, Orgasmen bekommen, die Sie sich eigentlich verdient hätten.

***Varianten:*** Sie schlingt die Beine um seine Taille und die Arme um seinen Hals, damit ihr Gewicht gleichmäßig zwischen ihm und der Wand verteilt ist. Oder sie setzt sich auf eine hüfthohe Theke, ein Fensterbrett oder das Waschbecken, während er sich mit dem Gesicht ihr zugewandt vor sie stellt.

***Wann:*** Ihre Partnerin oder Ihr Partner ist gerade von einer Geschäftsreise, einem Militäreinsatz oder vom Einkaufen nach Hause gekommen.

**Prinzessin auf der Erbse**

***Kategorie:*** Von hinten.

***Wie:*** Er liegt mit leicht gespreizten und leicht angewinkelten Beinen auf dem Rücken; sie liegt auf ihm, ebenfalls auf dem Rücken, und stellt die Füße neben seinen Beinen ab.

***Vorteile:*** Geeignet für frühmorgendlichen Verkehr, wenn beide Mundgeruch haben.

***Nachteile:*** Keiner hat eine gute Aussicht. Tiefes Eindringen ist unmöglich (wir bewegen uns hier im »Ist er schon drin, Schatz?«-Bereich). Er fühlt sich erdrückt. Geringe Bewegungsfreiheit. Überhaupt keine Kitzlerstimulation (Sie brau-

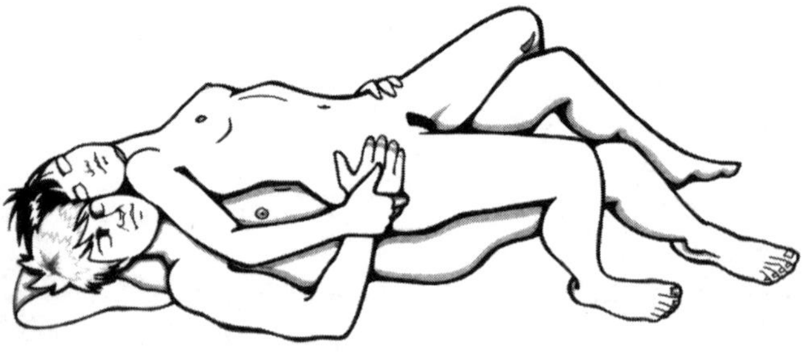

chen beide Ihre Hände, um die Balance zu halten). Sollen wir noch fortfahren?

***Varianten:*** Sie liegt steif wie ein Brett mit ausgestreckten Beinen auf ihm; er greift unter ihren Achseln durch, winkelt die Arme an und macht Miniklimmzüge. (Wenn Sie *dabei* kommen, wären Sie die Erste.)

***Wann:*** Sie machen es in der freien Natur, der Boden ist hart (unter anderem), und er ist ein Gentleman.

### Kopf über Fuß

***Kategorie:*** Missionarsstellung.

***Wie:*** Er liegt oben, dreht sich jedoch um 180 Grad, sodass sein Kopf zu ihren Füßen zeigt.

***Vorteile:*** Unter Umständen gefällt ihr der veränderte Penetrationswinkel; sie hat uneingeschränkten Zugang zu seiner Hintertür; er kann an ihren Zehen lutschen.

***Nachteile:*** Er hat keine besonders schöne Aussicht; Sie sind weit voneinander entfernt. Wenn er die Art von Ständer hat, die direkt nach oben in Richtung Bauch zeigt, wird es nicht funktionieren.

***Varianten:*** Einer von Ihnen dreht sich, sodass Sie sich wieder in die Augen sehen können.

***Wann:*** Sie möchte ein Kreuzworträtsel machen, und er möchte die Sportschau sehen.

### Das Rote Kreuz

***Kategorie:*** Von hinten/auf der Seite liegend.

***Wie:*** Sie liegt auf dem Rücken, das linke Bein ausgestreckt, das rechte angewinkelt. Er liegt auf der Seite und hat ihr das Gesicht zugewandt. Sein Körper befindet sich im rechten Winkel zu ihrem, sodass sich seine und ihre Genitalien am

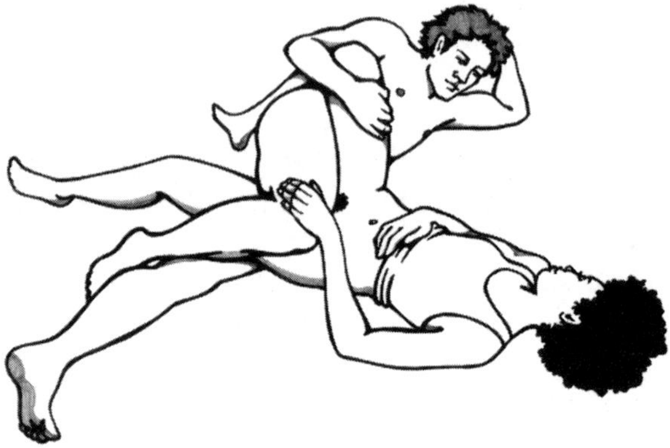

Schnittpunkt treffen. Er streckt das linke Bein unter *ihrem* linken Bein aus; sie legt das angewinkelte rechte Bein über *sein* rechtes Bein, das er ausgestreckt über ihr linkes legt.

***Vorteile:*** Er hält lange durch; diese Stellung eignet sich hervorragend, um ihren Kitzler mit einem Vibrator zu stimulieren; Sie liegen beide bequem.

***Nachteile:*** Egal, wie oft Sie diese Beschreibung lesen, Sie müssen trotzdem ins Bett gehen, um sie zu kapieren. (Oder ist das ein »Vorteil«?)

***Varianten:*** Er kann genau sehen, was vor sich geht, wenn er sich auf dem linken Ellbogen aufstützt und sie das rechte Bein unter seiner linken Achsel durchschiebt. Machen Sie ein sprichwörtliches Rotes Kreuz daraus, wenn sie ihre Tage hat (siehe »Wer wird denn gleich rot sehen?«, Seite 109).

## Geteilte Freude ist doppelte Freude (Vorzeige-Kamasutra-Stellung)

***Kategorie:*** Von Missionarsstellung zu Frau oben.

***Wie:*** Sie sitzen auf einer Decke im Freien unter dem Sternenhimmel. *1. Schritt:* Sie lehnt sich zurück und stützt sich auf

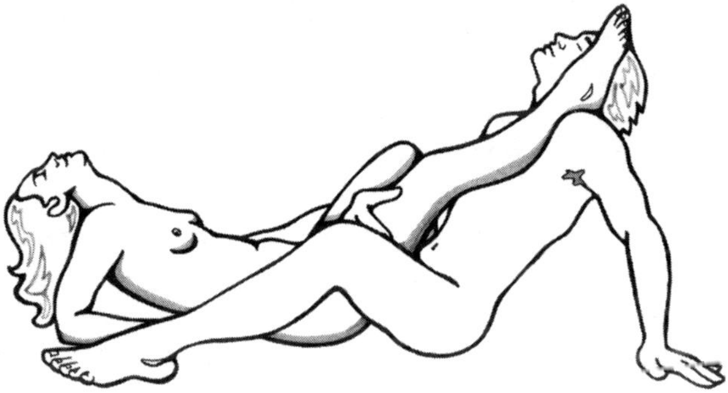

den Ellbogen oder auf einigen Kissen auf. *2. Schritt:* Er sitzt mit dem Gesicht zu ihr zwischen ihren Beinen. *3. Schritt:* Sie legt das linke Bein mit einer Hand über seine rechte Schulter. Seine rechte Hand liegt auf ihrem rechten Oberschenkel. *4. Schritt:* Sie lässt ihr Bein los (das auf seiner Schulter liegen bleibt) und stützt sich wieder auf beide Ellbogen, während er sie mit beiden Händen oberhalb der Hüften greift, sie zu sich herzieht und dabei in sie eindringt – oh, ja! *5. Schritt:* Irgendwann nimmt sie das linke Bein von seiner Schulter und bringt das rechte Bein in Position. *6. Schritt:* Richten Sie den Blick gen Himmel und suchen Sie nach Orion.

***Vorteile:*** Sie werden dank Ihrer Verbindung mit dem Himmel unendliche Kraft und Erhabenheit verspüren.

***Nachteile:*** Unter Umständen sind 20-minütiges Aufwärmen und ein Yoga-Anfängerkurs erforderlich.

***Varianten:*** Machen Sie es in Ihren vier Wänden – wobei Ihnen dabei vielleicht die unendliche Kraft und Erhabenheit entgeht.

***Wann:*** Wenn Sie unbedingt auf Blümchensex bestehen, ist das vermutlich eine gute Methode.

## Der Golden-Dildo-Award für die beste »neue« Stellung

### Der Doppeldecker (alias koitale Justierungs-Technik)

***Kategorie:*** Missionarsstellung.

***Wie:*** Siehe unten. Und noch einmal. Lesen Sie es so oft, bis Sie es begriffen haben.

***Vorteile:*** Tolle Kitzlerstimulation während des Geschlechtsverkehrs. Dem ist nichts hinzuzufügen.

***Nachteile:*** Gebrauchsanweisung erforderlich.

***Varianten:*** Halten Sie sich an die unten aufgeführten Instruktionen, aber mit ihr obendrauf.

***Wann:*** Sie sind verliebt. Oder Sie sind mit einer Genießerin oder einem Genießer zusammen.

Irgendwann Anfang der neunziger Jahre behauptete ein Sexualwissenschaftler namens Edward Eichel, er habe eine brandneue Methode entdeckt, mit der beim Geschlechtsverkehr in der Missionarsstellung simultane Orgasmen garantiert seien! Offensichtlich hatte er eine leicht übertriebene Selbsteinschätzung (ansonsten hätte man ihm den Nobelpreis verliehen oder zumindest ein sehr großes Gebäude nach ihm benannt), aber es spricht trotzdem einiges für diese Stellung. Die Idee dahinter besteht darin, für klitorale Stimulation während des Geschlechtsverkehrs zu sorgen, und dagegen ist nichts einzuwenden. Tatsächlich existiert Eichels »Erfindung« bereits seit es das *Kamasutra* gibt – er schrieb einfach nur die Gebrauchsanweisung. Doch es gilt, eine harte Nuss zu knacken – das Einmaleins der koitalen Justierungs-Technik (K. J. T.) klingt eher nach Kalkulation als nach Kopulation.

Dafür, dass Eichel sein Buch geschrieben hat, werden wir ihm den Goldenen Dildo verleihen. (Aber wenn wir noch ein Wort davon hören, Eddie, dass die K. J. T. »göttlich inspiriert«

oder die »einzig wahre Methode« sei, holen wir ihn uns wieder zurück, verstanden?)

Hier ist Ihre Mission, also nehmen Sie sie in Angriff:

**1.** Er beginnt in der Missionarsstellung und rutscht dann einige Zentimeter auf ihr nach oben (d. h. in Richtung Kopfende des Betts), sodass sein Becken genau über dem ihren zu liegen kommt. Dabei sollte sein Penis gegen ihren Schamhügel drücken und sich nur mit der Spitze in ihrer Vagina befinden. Tiefes Eindringen ist in dieser Stellung unmöglich, aber genau das ist Sinn und Zweck der Sache. Das Ziel heißt stetige Reibung, was Ihnen erst dann einfach und natürlich vorkommen wird, sobald Sie Ihren Rhythmus gefunden haben (siehe 4a), doch der Aufwand lohnt sich.

**2.** Er streckt die Beine aus, und sie schlingt die Beine so um seine Oberschenkel, dass ihre Fesseln auf seinen Waden zu liegen kommen. Sie streckt die Beine so weit wie möglich, was ihr später dabei hilft, mit dem Becken Druck auszuüben.

**3.** Er entlastet die Ellbogen und umfasst mit den Händen ihre Schultern, indem er unter ihren Achseln hindurchgreift. Sein Gewicht lastet auf ihr, und sein Kopf liegt neben dem ihren auf dem Kopfkissen. (Abgesehen davon, dass sich sein Penis in ihrer Vagina befindet, gleicht das Ganze einer innigen Umarmung.) Sein Oberkörper sollte völlig entspannt sein; beide sollten darauf achten, die Wirbelsäule so gerade wie möglich zu halten.

**4.a** Sie sollten darauf achten, das übliche hektische Rein und Raus durch eine langsame, wogende Hüftbewegung zu ersetzen: Sie beginnt, indem sie das Becken von ihm weg neigt (d. h., nach unten in die Matratze drückt), sodass sein

1–3

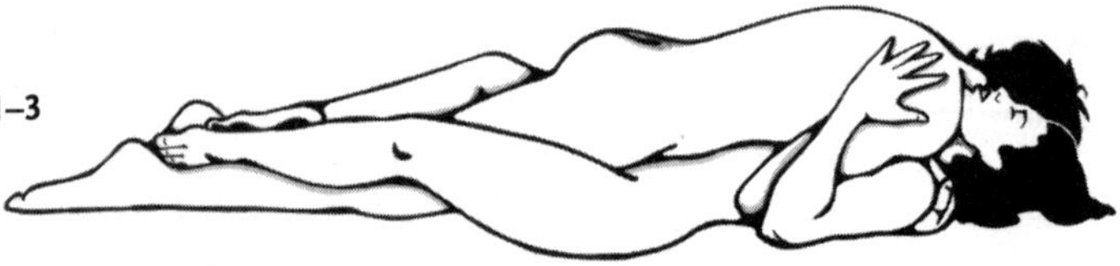

4a

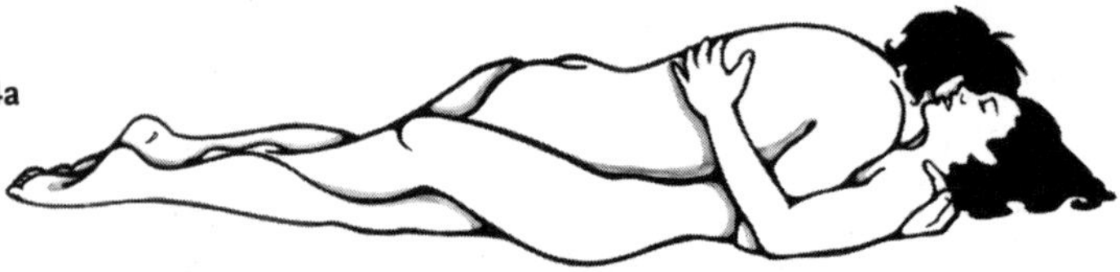

Penis fast ganz aus ihr herausrutscht und mit der Wurzel gegen ihren Kitzler drückt. Dann ist er an der Reihe: Er drückt das Becken nach unten, sodass er auf ihr ein Stück nach unten rutscht und ganz in sie eindringen kann; sie neigt das Becken dabei ganz leicht nach oben, um ihn hereinzulassen. Und dann ist wieder sie an der Reihe, dann wieder er, und so weiter und so fort. Jedes Mal, wenn er sein bestes Stück herauszieht, sollte er sich *nach vorne* bewegen, damit sein Becken ein oder zwei Handbreit weiter oben auf ihr zu liegen kommt. Die Spitze seines Penis befindet sich dabei gerade noch in ihrer Vagina, und seine Wurzel drückt gegen ihren Kitzler. Vergessen Sie nicht, dass es genau darum geht: um ständigen Druck auf den Kitzler.

**4.b** Um den richtigen Rhythmus zu finden, sollten Sie darauf achten, dass derjenige, der Druck ausübt, beim anderen auf etwas Widerstand stößt – das wird Ihnen dabei helfen, synchron hin- und herzuschaukeln. Dabei sollten Sie weniger an »rein/raus«, sondern an »Druck/Gegendruck« denken.

(Als säßen Sie sich in einer hübschen Pärchenschaukel auf einer Veranda gegenüber und würden hausgemachte Limonade trinken.) Und denken Sie daran: *Sie* sollte das Tempo bestimmen.

5. Sie kann jedes Mal, wenn er ganz in sie eindringt, die Becken- und Oberschenkelmuskulatur anspannen; auf diese Weise steigern sich für sie Reibung und Stimulation, und er könnte dabei fast vergessen, wie er heißt.
6. Lassen Sie sich Zeit. Eine Menge Zeit. Steigern Sie nicht – wir wiederholen, *nicht* – das Tempo. Es geht hier nicht um Rekorde. Und denken Sie daran: Ladys first.

**Lobrede auf die Missionarsstellung**

Die Missionarsstellung hat einen schlechten Ruf: Sie gilt als langweilig, einfallslos, altmodisch, bla, bla, bla. Sie wird von prüden Hausfrauen, religiösen Menschen und verklemmten Sexualwissenschaftlern als »anständige Stellung« propagiert. Aber jede Stellung ist das, was man aus ihr macht. Wenn Sie der Meinung sind, bei der Missionarsstellung nähme die Frau ihre klassische Position ein, halten Sie offenbar nicht viel von Frauen. Wenn Sie der Meinung sind, sie sei etwas für Faulpelze, sind sie vermutlich nicht richtig bei der Sache. Und wenn Sie der Meinung sind, sie sei nichts für Sie, brauchen Sie vielleicht einfach noch etwas Übung.

Die Missionarsstellung lässt sich in gewisser Weise mit Tofu vergleichen: Sie ist extrem vielseitig – Sie brauchen ihr nur Ihre eigene Geschmacksnote zu geben. Und es gibt keinen Grund, das nicht zu tun: Sie ermöglicht Ihnen mehr Körper-, Blick- und Lippenkontakt als jede andere Stellung. Allerdings sollten die Damen die Missionarsstellung nicht als Vorwand benutzen, um sich nur auf die faule Haut zu legen und ihn die ganze Arbeit machen zu lassen. Hier einige Tipps, wie Sie Ihre Missionarsstellung beim nächsten Mal etwas aufpeppen können:

- Halten Sie Händchen, um den Romantik-Faktor zu erhöhen.
- Sie steuert seine Hüften mit den Händen, um ihn ganz nach ihrem Geschmack zu lenken.
- Kissen unter ihrem Allerwertesten wirken Wunder, was tieferes Eindringen betrifft, von ihrem gesteigerten Liegekomfort ganz zu schweigen.
- Sie streckt und/oder schließt die Beine, um die Reibung an den Schamlippen zu erhöhen, was die klitorale Stimulation steigert (Volltreffer!).
- Je weiter sie die Beine anzieht, desto tiefer kann er in sie eindringen (allerdings können Sie dann Ihrem Kitzler schon mal zum Abschied winken). Sie kann die Beine auch anwinkeln und die Füße auf seinen Pobacken ablegen oder die Beine um seine Taille schlingen. Wenn sie richtig gelenkig ist, kann sie ihm die Beine über die Schultern legen und ihm mit den Waden die Ohren wärmen. Wenn sie nicht gelenkig ist, sollte sie das besser nicht versuchen.
- Er kniet sich zwischen ihre Beine und hebt ihr Becken an, wobei er seine Oberschenkel als Auffahrt auf seine Liebes-Autobahn benutzt – einen freieren Ausblick auf den Vorgang der Penetration bekommt er sonst höchstens, wenn er sie mit einem Dildo verwöhnt oder sich einen Porno ansieht.
- Er hält still, wenn Sie das Steuer übernimmt: Sie stößt zurück, sie spannt ihre Beckenmuskulatur an, sie lässt die Hüften kreisen.

## Liebesschmerz

Ein Stechen oder Brennen während oder nach dem Geschlechtsverkehr kann auf Anstoßen am Gebärmutterhals, zu starke Reibung, zu wenig Schmierung, eine Sperma-, Latex- oder Gleitmittelallergie, ein Gleitmittel mit Nonoxynol-9, eine gereizte Dammschnittnarbe, Hormonmangel (z. B. nach der Menopause oder nach dem Entbindung) oder eine Geschlechtskrankheit zurückzuführen sein. Mehr dazu finden Sie im Teil »Sex für Profis«, Seite 249. Wenn Sie spezielle Fragen haben, sollten Sie Ihren Arzt konsultieren.

Enfamil

# 7. Durch die Hintertür

## Alles über den Analverkehr

Freud hat uns die Suppe gründlich versalzen, indem er Analsex neben vielen anderen Dingen, die Spaß machen, auf seine lange Liste mit gesellschaftlichen Tabus setzte. Er räumte zwar ein, dass es ein wichtiger und unerlässlicher Teil in der Entwicklung des Kindes sei, vom eigenen Popo fasziniert zu sein, doch bei Erwachsenen bezeichnete er dieselbe Neigung als unreif und anormal. Warum sollten nur Kinder Spaß haben? Geben Sie es doch zu: Es gibt kaum etwas Befriedigenderes, als einen großen Braunen abzuseilen. Außer Niesen kommt wahrscheinlich keine Körperfunktion einem Orgasmus so nahe.

Freud ist allerdings nicht der einzige Spielverderber; es gibt jede Menge Gründe, warum viele Menschen auch ein Jahrhundert später bei dem Gedanken an Analsex noch mentale Verstopfung bekommen. Homophobie zählt zu den häufigsten Gründen: Hetero-Männer (und sogar ihre Partnerinnen) befürchten, dass ihn das Benutzen seines Ausgangs als Eingang »schwul machen« oder zumindest verweichlichen könnte – was auf einer langen, bescheuerten Tradition strikt definierter Geschlechterrollen begründet ist. Bakteriophobiker befürchten, dass die Angelegenheit zu schmutzig sein könnte – nicht im erotischen Sinn. Spießer befürchten, dass es zu schmutzig sein könnte – im erotischen Sinn. Angsthasen fürchten einen ausgeleierten Schließmuskel und Inkontinenz. Und manche Leute mögen die Farbe Braun nicht.

Papperlapapp, sagen wir. Erstens ist die Chance, von Analsex schwul zu werden, ungefähr genauso groß, wie wenn Sie sich *Meine liebe Rabenmutter* auf Video ausleihen. (Und ob Sie es glauben oder nicht, viele schwule Männer nehmen nie den Hintereingang.) Zweitens kann es für Macho-Schwachköpfe eine dringend nötige Lektion in Geschlechterrollentausch bedeuten, von ihrer Partnerin einmal (entschuldigen Sie die Ausdrucksweise) ordentlich den Arsch voll zu bekommen. Außerdem gibt es einfache Methoden, für Sauberkeit zu sorgen, sodass sich Ihr Schlafzimmer nicht in einen bräunlichen Katastrophenschauplatz verwandelt. Spießer sollten besser als alle anderen wissen, wieviel Spaß es macht, Tabus zu brechen. Und mit Muße, Kommunikation, Schmierung und liebevoller Zuwendung kann Analsex Ihren Schließmuskel sogar stärken.

Die einzige Ausrede für den Verzicht auf Analsex ist Unkenntnis. Also sollten wir diesen Sachverhalt schnellstens *rektifizieren*, nicht wahr?

***Aus der Abteilung »Das hätten wir selbst nicht besser sagen können«:***

**Analsondierung**

»Nichts sorgt langfristig für mehr Problembewusstsein und Entspannung, als sich anzugewöhnen, sich beim Duschen oder Baden regelmäßig einen oder zwei Finger in den Anus einzuführen. Tasten Sie mit der Fingerspitze Ihre beiden Schließmuskel ab. Spannen Sie diese Muskeln beim Einatmen kurz an und entspannen Sie sie wieder beim Ausatmen. Beenden Sie die Prozedur, indem Sie das Innere Ihres Afters kurz mit einer sanften, kreisenden Bewegung massieren.«

Dr. Jack Morin, *Anal Pleasure & Health*

## Was zum Teufel geht da drin vor sich?

Hätte es doch nur eine Episode der Schulfernsehserie *Schoolhouse Rock* gegeben, in der ein sprechender Dildo erklärt, wie sich der Verdauungstrakt in eine erogene Zone verwandelt. Vermutlich hätte das etwa so geklungen:

Als Erstes wollen wir den After kennen lernen, das Mauerblümchen an unserem verlängerten Rücken. Da er eine größere Konzentration von Nervenenden aufweist als jedes andere Körperteil mit Ausnahme der Genitalien, wartet er nur darauf, den Schokoladen-Cha-Cha-Cha zu tanzen. Hinter seinem runzeligen Gesicht befinden sich zwei ringförmige Schließmuskel, die den zwei bis drei Zentimeter langen, röhrenförmigen Afterkanal bilden. Mit seinem dehnbaren Hautgewebe ähnelt der After einem extrem flexiblen Universalgröße-Gummihandschuh: Man würde nie denken, dass man die Hand hineinbekommt, aber dann klappt es doch! Wenn man den After besucht, trifft man zuerst auf den äußeren Schließmuskel, der vom Zentralnervensystem gesteuert wird (d. h., man kann ihm sagen, was er zu tun hat, und er wird meistens darauf hören). Zwei bis drei Zentimeter weiter drinnen befindet sich der innere Schließmuskel, für den das vegetative Nervensystem zuständig ist (d. h., er macht mehr oder weniger, was er will, ob es uns gefällt oder nicht).

Als Nächstes kommt die Serpentinenstraße des Rektums, das zehn bis 15 Zentimeter lang und aufgrund seiner zwei Kurven S-förmig ist. Die erste Kurve der Straße liegt in der Nähe des Ausgangs und wird vom äußeren Schließmuskel gebildet, der sich zusammenzieht, wenn wir müssen, damit wir uns nicht in die Hosen machen. Wenn nichts darauf wartet, hinausgelassen zu werden, und wir gelernt haben, dort unten

**Das Handwerkszeug**

Die folgenden Dinge sollten sich immer in Reichweite befinden, wenn Sie die B-Seite spielen:

- eine Toilette: Scheiße im Trompetenrohr! Vielleicht sind Sie gerade in höchster Ekstase, wenn der braune Bär anklopft (vor allem, wenn Sie sich nicht ordentlich vorbereitet haben). Auch wenn es sich nur um einen Fehlalarm handelt, kann es nicht schaden, eine Weile auf dem Topf sitzen zu bleiben, um ganz sicherzugehen.
- dunkle Handtücher: Handtücher sorgen für saubere Bettlaken und einfaches Entfernen von überschüssigem Gleitmittel. *Dunkle* Handtücher verhindern Katastrophen, falls sich das Gleitmittel braun verfärben sollte. (Was übrigens ungewöhnlich ist: Es geht hier eher darum, das Gewissen zu beruhigen, als um eine tatsächliche Notwendigkeit.) Sie könnten aber auch einfach die Bettlaken in die Schmutzwäsche stecken, wenn Sie fertig sind.
- Kondome: Halten Sie mehrere davon bereit, falls eines reißen sollte oder Sie sich zwischendurch »frisch machen« möchten. Dunkle Kondome können dabei helfen, den Ekel-Faktor zu verringern (obwohl sie eventuell auftretendes Blut verschleiern können, über das Sie unbedingt Bescheid wissen sollten). Andererseits treten Braun und Rot (insbesondere Letzteres) *selten* auf – vorausgesetzt, Sie haben alle unsere Anweisungen befolgt. Manche Leute verwenden ein Kondom für Frauen (das so genannte »Femidom«) aus Polyurethan auch im After, allerdings *ohne* den inneren

Ring (siehe den Abschnitt »Das Kondom für Frauen«, Seite 328). Da das Kondom für Frauen nicht wie ein herkömmliches Kondom über den Penis gestülpt, sondern in den After gesteckt wird, können Sie leichter zwischen den verschiedenen Körperöffnungen wechseln.

- Latex-Handschuhe: Sie bieten beiden Partnern Schutz vor Geschlechtskrankheiten, ermöglichen ein geschmeidigeres Eindringen, schützen das Hautgewebe im After vor Rissen und sind das perfekte Accessoire für Ihre Arzt-Patient-Fantasien.
- Dental Dams (Latexvierecke, ursprünglich eine Erfindung der Oralchirurgie): Unerlässlich für sicheres Rimming. Sheer Glydes wurden speziell zu diesem Zweck entwickelt – und sind offiziell genehmigt. Ein zerschnittener Latex-Handschuh oder ein Stück Frischhaltefolie (keine dünnen Billigprodukte) erfüllt den gleichen Zweck.
- Hygienetücher: Einige Toilettenpapierhersteller produzieren feuchte Tücher mit Aloe: »Frische Sauberkeit, dermatologisch getestet, pH-hautneutral, alkohol- und farbstofffrei.« Ja, so steht es auf der Schachtel.
- ein Papierkorb: Vorzugsweise mit Müllbeutel. Irgendwo müssen Sie all die benutzten Kondome, Handschuhe, Dams und Hygienetücher ja entsorgen.
- eine Enya-CD: Neun von zehn Anal-Enthusiasten zufolge die perfekte musikalische Begleitung. (Wenn Sie Musik-Faschist sind, können Sie stattdessen Portishead auflegen.)

locker zu lassen, entspannt sich der Schließmuskel und streckt die S-förmige Biegung für nicht-S-förmige Penisse und Dildos. Die zweite, weniger scharfe Kurve der Straße kommt einige Zentimeter später. Im Afterkanal herrscht Parkverbot (es sei denn, man gehört zu denjenigen, die den Gang zur Toilette immer hinausschieben) – er ist ausschließlich als Durchfahrt konzipiert. Der *Enddarm* ist die Stelle, an der die Fäkalien einen Stopp einlegen. Er befindet sich unmittelbar vor dem Rektum, etwa 20 bis 25 Zentimeter vom Anus entfernt. Wenn etwas von der Größe eines Penis (z. B. ein Penis) in den After eingeführt wird, ist in der Regel spätestens im Rektum Schluss. (Und was dieses Buch betrifft, ist an dieser Stelle ebenfalls Schluss.)

Wenn wir einen Kaktus pflanzen, passiert Folgendes: Der Kot wartet im Enddarm, bis er bereit ist, auf seine letzte Reise zu gehen. Wenn der Enddarm ihn verabschiedet, setzt der rektale Reflex ein: Der innere Schließmuskel entspannt sich automatisch, während sich der äußere Schließmuskel anspannt und die S-Kurve verengt. Sobald wir bereit sind, entspannen wir unseren äußeren Schließmuskel und sagen der Wurst auf Wiedersehen.

Wenn wir erregt sind (was beim Abseilen eines großen Braunen der Fall sein kann oder auch nicht), passiert Folgendes: Das Hautgewebe des Afters wird stärker durchblutet, was dazu führt, dass es errötet. (Hey, wenn die Genitalien das tun, ist es schließlich auch sexy.) Der Afterkanal wird unter Umständen etwas feuchter und beginnt zu schwitzen, und die Schließmuskel zucken und ziehen sich zusammen – vor allem, wenn sie direkt stimuliert werden. Diese Kontraktionen fühlen sich gut an und noch besser, wenn sie auf Widerstand in Form eines Fingers oder Penis stoßen.

## Tunnelpflege

So sollte es funktionieren, vorausgesetzt, Sie bauen keinen Mist. Aber Sie sind ein Mensch, und Menschen bauen Mist. Deshalb möchten wir Ihnen im Folgenden einige Tipps geben, wie Sie Ihren Hintern in Form bringen, damit er allzeit bereit ist.

- Man ist, was man isst: Ballaststoffe sind so ziemlich das Beste, was Sie für Ihr Sexleben tun können. Auch wenn Sie keinen Ratschlag in diesem Buch befolgen außer diesem, hat es sich gelohnt, es zu lesen – ehrlich. Eine tägliche Dosis Ballaststoffe schützt vor Verstopfung und Durchfall und sorgt für große, feste Kunstwerke. Das bedeutet freie Fahrt auf der Verdauungsautobahn und eine saubere Ausfahrt (d. h., weniger Abwischen). Zu den Naturprodukten, die viele Ballaststoffe enthalten, zählen Apfel- und Kartoffelschalen, Vollkornmehl, Hülsenfrüchte, Nüsse, Dörrpflaumen, frisches Obst und Gemüse. Sie können Ihre Ernährung aber auch mit wasserlöslichen Ballaststoffen wie Flohsamenwegerichpulver, Guarkernmehl oder Pektin ergänzen. Künstlich hergestellte Verdauungsverbesserer wie Metamucil funktionieren ebenfalls. (Hinweis für Übereifrige: Diese Vorschläge eignen sich ausschließlich zur oralen Einnahme; unternehmen Sie keine Zäpfchen-Experimente mit den genannten Produkten.)
- Zweckorientiert essen: Nahrung braucht ungefähr einen Tag, um durch den Verdauungstrakt zu wandern – planen Sie also voraus, wenn Sie wissen, dass Sie jemand durch die Hintertür besuchen wird. Fangen Sie bereits 24 Stunden vorher an, leicht zu essen. Halten Sie sich zurück, was Milchprodukte, Fleisch und Lebensmittel mit Konservierungsstoffen betrifft.

**Analanatomie**

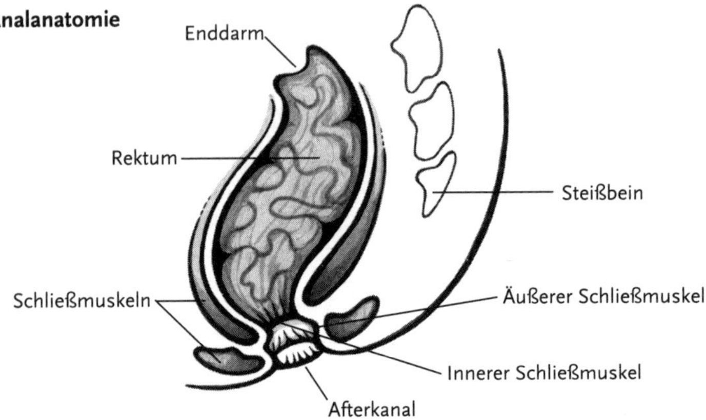


Und wenn Sie wissen, dass Ihnen etwas Blähungen beschert, dann essen Sie es eben nicht, in Gottes Namen.

- Ballast abwerfen: Wir wissen, dass Sie etwas Besseres zu tun haben, als den lieben langen Tag auf dem Lokus zu verbringen, aber wenn Sie es sich ständig verkneifen, wird der rektale Reflex träge. Das hat zur Folge, dass der innere Schließmuskel nicht mehr weiß, wann er sich entspannen kann. Das führt dazu, dass Sie jedes Mal, wenn Sie auf der Schüssel sitzen, drücken und kämpfen und stöhnen müssen. Das hat Schmerzen, Hämorrhoiden, Tränen und merkwürdige Blicke vom Nachbarn in der nächsten Toilettenkabine zur Folge. Wenn Sie also mal müssen, dann *müssen* Sie.
- Dampf ablassen: In der Kirche, beim ersten Date oder beim Bewerbungsgespräch einen fahren zu lassen zeugt von schlechten Manieren, aber seine überschüssige Luft stets für sich zu behalten, kann zu Muskelverspannungen führen.
- Gehen Sie allein auf Höhlenexpedition: Es mag sich sehr nach New Age anhören, aber den eigenen Anus in- und aus-

wendig zu kennen (ja, wir meinen, sich selbst den Finger in den Hintern zu stecken), bedeutet, im wahrsten Sinne des Wortes aus erster Hand zu erfahren, was dort drinnen vor sich geht. Auf diese Weise bereitet man sein Hinterteil auf Besuche vor und bringt ihm bei, sich dabei zu amüsieren. Fühlen Sie mit einem eingeführten Finger, wie sich tiefes Atmen, Entspannen und Muskelkontrolle auf den Status quo (d. h. die beiden Schließmuskel und den Afterkanal) auswirken. Sie werden feststellen, dass es sich anfühlt, als müssten Sie, obwohl Sie nicht müssen. Experimentieren Sie, womit Sie wollen und womit Sie nicht wollen. Benutzen Sie als Steigerung einen Dildo (optional). Keine Sorge, dabei wird nichts auf Dauer gedehnt: Sie trainieren einfach Ihre Muskeln und bringen ihnen bei, sich zu entspannen, damit sie nicht nur sicher, sondern auch sehr, sehr wohltuend infiltriert werden können.

- Machen Sie sich keinen Stress: Wenn Sie besorgt oder verärgert sind, wenn Ihnen die Schultern wehtun, wenn Sie die Zähne zusammenbeißen und sich Ihr Magen umdreht – warum sollte Ihre Rosette ungeschoren davonkommen? Betrachten Sie Analsex als Massagetherapie.

**Absacker**

Keine Panik, falls er schlaff wird, wenn Sie an seine Hintertür klopfen. Das ist völlig normal und liegt vermutlich nur daran, dass er ausnahmsweise einmal nicht an sein bestes Stück denkt, sondern ganz und gar damit beschäftigt ist, wie gut sich sein Allerwertester anfühlt. Entweder ist es das, oder er kriegt gerade die Krise, weil er glaubt, er wird schwul.

## Hausputz

Okay, es ist nicht von der Hand zu weisen, dass täglich schmutziger, stinkender Kot Ihr Hinterteil verlässt, doch das heißt nicht, dass Sie keine blitzblanke Rosette haben können, die sogar Meister Proper gerne lecken würde – manchmal zumindest.

Aber immer der Reihe nach: Wenn Sie dort unten herumstochern möchten, sollten Sie sicherstellen, dass keine Verkehrshindernisse im Weg sind. Je kürzer es her ist, dass Sie einen Kaktus gepflanzt haben, desto sauberer, freier und leichter werden Sie sich fühlen. Falls Sie gerade weichen Stuhlgang haben, empfiehlt es sich, das Rückwärtseinparken auf einen späteren Zeitpunkt zu verschieben. Ist jedoch alles im grünen Bereich, sollten Sie die alles entscheidende Dusche nehmen. Stecken Sie einen eingeseiften Finger dorthin, wo nie die Sonne scheint. Wiederholen Sie den Vorgang, falls erforderlich. (Vergessen Sie jedoch nicht, anschließend ausgiebig mit Wasser nachzuspülen, da Seifenrückstände lästig sein können.) Falls Sie eine richtig schlimme Bakteriophobie haben, können Sie auch in der Dusche bleiben und Ihre Nummer unter fließendem Warmwasser schieben (Sie müssen nur wesentlich mehr Gleitmittel benutzen; siehe unten). Feuchte Baby-Hygienetücher ohne Duftstoffe (inzwischen auch im praktischen Erwachsenen-Format erhältlich) eignen sich gut zur Vor-, Zwischen- und Endreinigung. Und beugen Sie Infektionen vor: Vergessen Sie nicht, alles, was auf Tauchstation geht (Hände, Penisse, Zungen, Dildos, Gurken, etc.), gründlich mit antibakterieller Seife zu waschen (okay, für den Mund tut's auch Zahnpasta). Und waschen Sie dieselben Sachen anschließend erneut, bevor sie anderen Orten einen Besuch abstatten (einer Vagina, einem

**Randbemerkung**

Erregung unterstützt anale Entspannung, verzichten Sie also nicht auf das Vorspiel. Sobald Sie jedoch bereit sind einzudringen, sollten Sie die Finger von anderen besonders empfindlichen Körperregionen lassen – in eine Brustwarze zu kneifen, einen Kitzler zu kitzeln oder einen Penis zu streicheln, kann ungelegene Schließmuskelkontraktionen hervorrufen. Wenn Sie erst einmal in der guten Stube sind, ist wieder alles erlaubt.

Mund, einem anderen Po). Wenn Sie die oder der glückliche Besuchte sind, sollten Sie anschließend unbedingt einen Hausputz machen – Gleitmittel und Ejakulat können mikroskopisch kleine Fäkalbakterien an Stellen transportieren, wo sie nicht willkommen sind.

Sie haben noch immer kein wirklich frisches Gefühl? In diesem Fall können Sie auf die gute alte Klistierspritze zurückgreifen, deren Wirkung allerdings umstritten ist. Herkömmliche Klistierspritzen sind darauf ausgelegt, besonders widerspenstigem Stuhl Beine zu machen – man injiziert eine Lösung, hält sie einige Minuten unter Verschluss und öffnet dann die Schleusen. Handelsübliche Klistierspritzen enthalten in der Regel eine chemische Lösung, die das Hautgewebe im After reizen und das empfindliche bakterielle Gleichgewicht stören kann (weshalb die meisten Klistierspritzenfans die chemische Lösung durch lauwarmes Wasser ersetzen).Untersuchungen haben gezeigt, dass Einläufe (auch die Wasservariante) die Wahrscheinlichkeit von HIV-Übertragung erhöhen können. Und wenn Sie sich zu sehr an Klistierspritzen gewöhnen, werden Sie irgendwann an den Punkt gelangen, wo Sie nicht mehr darauf verzichten können. Also überlegen Sie es sich gut.

Wenn Sie darauf bestehen, Ihren Allerwertesten durchzuspülen, empfehlen wir zur Reinigung nach dem Toilettenbesuch einige vorsichtige Spritzer warmes Wasser mit einer Pumpe zur Ohrenspülung. Eine kleine Menge sollte genügen, um eventuelle Kotreste zu entfernen und eine übermäßige Reizung des Enddarms sowie das Auslaufen von Flüssigkeitsresten beim Sex zu verhindern.

Wenn Sie noch *immer* kein wirklich frisches Gefühl haben, ziehen Sie Folgendes in Betracht: Sex ist schmutzig. Zumindest dann, wenn er richtig praktiziert wird, wie bereits Woody Allen sagte. Duschen, Einläufe, Ballaststoffe und gute Topfgewohnheiten sind allesamt einen Dreck wert, wenn Sie eine tief verwurzelte Abneigung gegen Analsex haben. Kommen Sie darüber hinweg.

## Butterweich

Sie müssen ein Gleitmittel benutzen – ohne Wenn und Aber. Der Anus ist nicht selbstschmierend, und Speichel oder Vaginalsekret sind der Aufgabe nicht gewachsen. Außerdem sollten Sie niemals zum Abschmierdienst zwischen dem Anus und anderen Körperöffnungen hin- und herwechseln. Versuchen Sie es mit dickflüssigen Gleitmitteln auf Wasserbasis wie ID (im praktischen Pumpspender), Probe Thick & Rich oder Slippery Stuff Gel, die Latex im Gegensatz zu Öl nicht angreifen. Lassen Sie die Finger von Gleitmitteln mit betäubenden Inhaltsstoffen (z. B. Analease), da alle Ihre Schmerz- und Lustsensoren voll einsatzbereit sein sollten. Und seien Sie nicht knickerig – Gleitmittel dick aufzutragen wird den Weg ins Badezimmer zwar vielleicht zu einer etwas rutschigen Angelegenheit machen, aber den Weg zur analen Ekstase ebnen. (Mehr über Gleitmittel siehe im Kapitel »Wie geschmiert«, Seite 405.)

**Tipps für den Empfänger**

- Bevor Sie irgendetwas anderes tun, möchten Sie vielleicht erst einmal einen Orgasmus haben. Falls Sie eher der verklemmte Typ sind, wird das Ihre Muskeln entspannen.
- Schamhaare am After – und die haben wir alle – können gestutzt werden, falls Sie Angst haben, dass sie lang genug sind, um im Weg zu sein.
- Öffnen Sie Ihrem Gast die Hintertür, indem Sie etwas »pressen« (als wollten Sie geräuschlos einen fahren lassen – versuchen Sie es einfach). Das schafft Raum für Besucher.
- Atmen Sie tief durch wie in der Yogastunde. Das entspannt die Muskeln – auch die in Afternähe.
- Sie brauchen keine Landefeuer: Führen Sie Besucher einfach mit der Hand in die gute Stube.
- Seien Sie im Moment des Eindringens mit den Gedanken bei der Sache: Lenken Sie sich selbst (oder Ihre Muskeln) nicht ab, indem Sie an sich herumfummeln, bis der Zeppelin gelandet ist.
- Sobald der Besucher es sich gemütlich gemacht hat, können Sie versuchen, willkürlich Ihre Schließmuskel anzuspannen. Das Synchronisieren dieser Kontraktionen mit den unwillkürlichen Kontraktionen beim Orgasmus kann diesen verlängern.

Die einzige Ausnahme in Bezug auf die Gleitmittel-auf-Wasserbasis-Regel gilt für den Fall, dass Sie bei einem *Mann* von hinten durch die kalte Küche kommen und *kein* Latex-Kondom benutzen (d. h., Sie benutzen entweder ein Polyurethan-Kondom oder Sie reiten ohne Sattel) – dann, und nur dann, geben wir ihnen die Erlaubnis, Gleitmittel auf Ölbasis wie Crisco (ein Fisting-Favorit, siehe das Kapitel »Fisting«, Seite 173) oder Massageöl zu verwenden. (Vergessen Sie jedoch nicht, dass Kondome und Handschuhe *immer* mit von der Partie sein sollten, bis sich beide Partner auf alles haben testen lassen. Mehr dazu finden Sie im Kapitel über Geschlechtskrankheiten ab Seite 249.) Und hier kommt die Begründung: Erstens greift Öl Latex-Kondome an und zweitens gerät Gleitmittel, wenn es in großen Mengen verwendet wird, *überallhin*, die Vagina eingeschlossen; da man Öl nicht einfach abwaschen kann, besteht die Gefahr von vaginalen Infektionen – daher die »Nur für Männer«-Klausel. Doch auch in diesem Fall sind wir keine großen Befürworter: Öl kann die Drüsen im After blockieren und Infektionen hervorrufen; es enthält oft Duftstoffe, die Reizungen verursachen können; und es kann Latex-Handschuhe angreifen, obwohl diese dicker sind als Kondome. Wenn Sie Handschuhe, die nicht aus Latex sind, Polyurethan-Kondome (siehe den Abschnitt »Materialien«, Seite 320) oder einen sterilisierten Dildo benutzen, kann Öl tatsächlich dabei helfen, den Tiger in den Tank zu bekommen: Es ist ein wesentlich beständigeres Gleitmittel als Varianten auf Wasserbasis; es ist geruchstilgender; und es macht die kosmetische Reinigung schneller und einfacher (d. h., ein trockenes Tuch während oder nach der Nummer entfernt mit einem Wischen eventuelle Bremsspuren).

**Tipps für den Spender**

- Bieten Sie Ihren eigenen Po zuerst an: Wenn Sie austeilen möchten, sollten Sie auch bereit sein einzustecken. Das gilt insbesondere für die homophoben Hetero-Machos unter Ihnen.
- Kanalisieren Sie das Pawlow-Prinzip, und konditionieren Sie Ihre Partnerin oder Ihren Partner so, dass sie oder er Analsex mit intensivem Genuss gleichsetzt: Reiben Sie sanft ihre oder seine Rosette (oder stecken Sie den kleinen Finger hinein), wenn sie oder er kommt.
- Wenn die Empfängerin oder der Empfänger noch nie etwas im Allerwertesten stecken hatte, versuchen Sie es nicht – wir wiederholen, *nicht* – gleich beim ersten Mal mit Analverkehr mit einem Penis oder Dildo. Haben Sie denn vergessen, dass die Schildkröte *immer* gewinnt?
- Verlassen Sie nicht überstürzt die gute Stube, ohne sich höflich zu verabschieden: Ein schneller und plötzlicher Abgang kann dazu führen, dass sich die Muskeln stärker verspannen und verkrampfen als sonst. Selbst wenn die Empfängerin oder der Empfänger schreit: »Raus mit dir!«, sollten Sie sich immer ruhig und friedlich zurückziehen.
- Keine faulen Ausreden. Machos und Männermagazine wollen einen glauben machen, der beste Weg durch die Hintertür sei der, so zu tun, als hätte man nach dem Vordereingang gesucht und ihn verfehlt. DAS IST ÖDE! Und es tut verdammt weh. Und es ist einer der Gründe, warum viele Frauen nicht viel von Analverkehr, Machos und Männermagazinen halten.

## Fingerfertig

Gratulation, Sie sind dort angelangt, wo es beginnt, Spaß zu machen! Wenn Sie und Ihre Partnerin oder Ihr Partner unseren Ratschlägen bis hierhin gefolgt sind, haben Sie beide einen brandneuen Liebestunnel zu erkunden. Aber warten Sie noch einen Moment, bis Sie Ihren Penis oder Dildo schwingen. Zuerst müssen Sie den Po in Stimmung bringen: Schließen Sie Freundschaft mit ihm, verwöhnen Sie ihn, zeigen Sie ihm Ihre Zuneigung. Ein leichter Klaps hier, ein kurzes Reiben des Perineums dort, eine Menge Gleitmittel überall.

Nehmen Sie dann einen gut manikürten, gut geschmierten Finger und sagen Sie der Rosette mit einer sanften, kreisenden Bewegung hallo. Sie wird die Begrüßung erwidern. Halten Sie Ihre Partnerin oder Ihren Partner auf dem Laufenden, indem Sie dabei ununterbrochen wie ein guter Gynäkologe sprechen. Fummeln Sie an der Öffnung oder in ihrer unmittelbaren Umgebung herum, bis Sie spüren, dass sie sich entspannt. Dann schieben Sie den Finger bis zum ersten Knöchel (direkt hinter dem Fingernagel) hinein und machen eine Pause, damit beide Beteiligten es würdigen können, dass soeben eine Grenze überschritten wurde. Sobald Sie sich hinter dem inneren Schließmuskel befinden, steuern Sie auf den Nabel zu.

An diesem Punkt Ihrer Reise möchten wir Ihren Finger im unteren Teil des Rektums willkommen heißen. Wir wünschen Ihnen einen angenehmen Aufenthalt. Kommen und gehen Sie nach Belieben Ihrer Partnerin oder Ihres Partners und probieren Sie dabei verschiedene Bewegungen mit unterschiedlichem Druck aus.

Was den nächsten Schritt betrifft, gibt es zwei verschiedene Finger-Lager: Die Ein-Finger-Puristen und die Poly-Finger-

Fans. Erstere befürchten, dass zwei oder mehr Finger den unerfahrenen Schließmuskel überfordern könnten, und empfehlen nach dem ersten Finger auf einen Dildo oder Penis (die beide keine Knöchel haben) umzusteigen. Letztere argumentieren, dass zusätzliche Finger, die nach und nach zum Einsatz kommen, einfacher zu manövrieren sind, den Schließmuskel auf größere Werkzeuge vorbereiten und weniger einschüchternd wirken als ein Penis oder Dildo. Überlassen Sie dem After die Entscheidung.

Zu ihrem Vergnügen: Kreisen Sie ihr Territorium ein, indem Sie ihr einen Finger in die Vagina stecken und einen weiteren in den Anus. Drücken Sie von beiden Seiten gegen die Wand, die sich Vagina und Rektum teilen. Denken Sie aber daran, die Finger nicht zu tauschen. Eine Hand ausschließlich für den Anus zu reservieren und die andere für die Vagina, kann dabei hilfreich sein.

Zu seinem Vergnügen: Die Wurzel seines Penis erstreckt sich einige Zentimeter weit in seinen Körper und kann sowohl über das Perineum als auch über den Afterkanal stimuliert werden. *Und* sieben bis acht Zentimeter tief drinnen befindet sich sein heiliger Gral – die berühmte Prostata alias männlicher G-Punkt. Sie ist die große Belohnung von Mutter Natur für Männer, die für ein wenig anale Aktion offen sind. Wenn Sie seinen magischen Knopf drücken möchten, sagen Sie ihm, dass er sich auf den Rücken legen soll, stecken den Zeigefinger mit der Handfläche nach oben fast bis zum Anschlag hinein, zielen in Richtung Nabel, krümmen den Finger und reiben sanft mit der Fingerkuppe. Anfangs können Sie die Prostata zwar vielleicht nicht spüren, aber wenn er sich dem Orgasmus nähert, wird sie größer und härter.

## Zubehör, Zubehör, Zubehör

Unterschätzen Sie nie, welchen Spaß es macht, sich etwas Menschengemachtes in den Hintern zu schieben. Sexspielzeuge betrügen nicht, sind nicht nur etwas für Lesben und werden Sie auch nicht zur Notaufnahmen-Legende machen (vorausgesetzt, Sie lesen die Anweisungen). Nein, Spielzeuge sind Ihre Freunde. Sie sind hervorragende Partner beim Vorspiel und zur Steigerung der sexuellen Erregung bei allen Arten von Sex – insbesondere die weichen, flexiblen Spielzeuge, die speziell für den Hintereingang konzipiert sind. Wir möchten nochmals darauf hinweisen, dass dabei nichts *gedehnt* wird, sondern dass es nur darum geht, sich an das Gefühl zu gewöhnen, ausgefüllt zu werden, und zu lernen, sich um einen Gegenstand zu entspannen. *Vibrierende* Spielzeuge sind nicht nur stimulierend, sondern helfen auch beim Entspannen. Beachten Sie jedoch: Gleitmittel auf Silikonbasis können Spielzeuge aus Silikon angreifen – also überprüfen Sie die jeweiligen Inhaltsstoffe. Am allerwichtigsten ist jedoch, dass jedes Spielzeug, das den Hintereingang nimmt, am unteren Ende einen ausgestellten Rand besitzt, damit es nicht verloren geht: Eine geschmierte Billardkugel eignet sich nicht. Zerbrechliche Dinge sind ebenfalls ungeeignet, wie etwa eine Glühbirne. (Falls Sie diesen Abschnitt lesen, weil Ihnen vor kurzem eine kleine Karotte im Allerwertesten abhanden gekommen ist, setzen Sie sich einfach auf den Topf und drücken Sie – irgendwann wird sie den Weg nach draußen finden. Falls Ihnen jedoch vor kurzem ein Spielzeuglastwagen im Allerwertesten stecken geblieben ist, sollten Sie sich auf den Weg zur Notaufnahme machen – Sie brauchen professionelle Hilfe.) Mehr über spezielles Analsex-Zubehör finden Sie im Kapitel »Toys 'R' Us«, Seite 183.

## Schwere Geschütze

Okay, jetzt dürfen Sie Ihre Rute auspacken. Wenn Sie mit einem etwas kleineren Exemplar ausgestattet sind, ist jetzt Ihr großer Augenblick gekommen. Ganz egal, ob Sie mit etwas Kleinem, Echtem oder mit etwas Großem, Unechtem (oder mit etwas Riesigem, Lebendigem oder mit etwas Winzigem, Aufblasbarem) arbeiten, die folgenden Tipps sind in jedem Fall nützlich. Der Einfachheit halber bezeichnen wir die Gegenstände immer als Penis und gehen davon aus, dass sie auch die Größe eines Penis haben (d. h., keine 40 Zentimeter langen Rammböcke, die den Enddarm anrempeln und ihm ordentlich die Laune verderben könnten). Wir sprechen allerdings nicht von einer ganzen Hand – falls Sie experimentierfreudig sind, lesen Sie das Kapitel »Fisting«, Seite 173.

Reiben Sie sich den Penis mit Gleitmittel ein. Reiben Sie den Anus Ihrer Partnerin oder Ihres Partners erneut mit Gleitmittel ein. Klopfen Sie mit Ihrem Penis an der Hintertür an, um Ihren Besuch anzukündigen. Sie sollte Ihre Begrüßung mit Kontraktionen erwidern. Wenn Sie sehen oder spüren, dass sie sich entspannt und öffnet, ist Ihre Chance gekommen. Sollten Sie bereits einen Finger drin haben, können Sie ihn wie einen Schuhlöffel benutzen. Dies ist nicht der Zeitpunkt für freihändige Kunststücke; halten Sie Ihren Penis, um ihn behutsam – *behutsam* – nur mit der Eichel einzuführen. Oder Sie halten still und warten, bis sich Ihre Gastgeberin oder Ihr Gastgeber auf Sie zubewegt, um Sie einzulassen, und dabei das Tempo selbst bestimmt.

Popp-Quiz: Welche Richtung sollten Sie einschlagen, nachdem Sie den Afterkanal hinter sich gelassen haben? Richtig, zielen Sie auf den Nabel! Kurz darauf werden Sie auf die erste

Kurve des Rektums stoßen (Winkel A). Wenn Ihre Partnerin oder Ihr Partner von der robusten, schweigsamen Sorte ist und das wortlos hinnimmt, sollten Sie die Sache selbst in die Hand nehmen und mit dem Penis einige Zentimeter hinter dem inneren Schließmuskel in Richtung Wirbelsäule abbiegen (Winkel B), damit Sie nicht in einer Sackgasse enden.

Winkel A

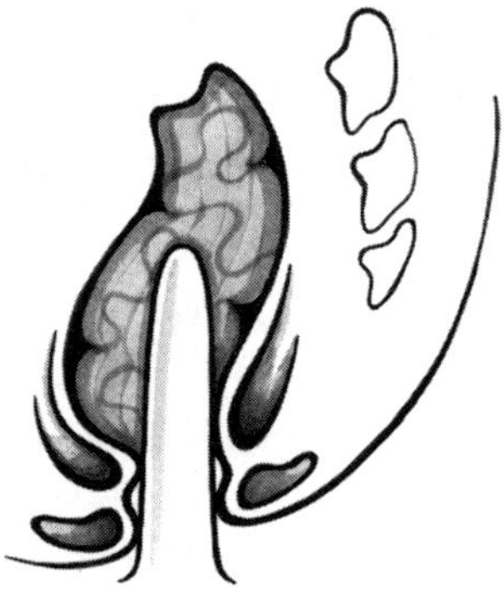

Winkel B

## Pole Positions

Die Wahl der Stellung für den Besuch durch die Hintertür sollte der Gastgeberin oder dem Gastgeber überlassen werden. Jede der unten aufgeführten Stellungen hat ihre ganz speziellen Vorteile in Bezug auf Kontrolle, Aussicht oder Penetrationstiefe, also vögeln Sie einfach herum, und finden Sie heraus, was für Sie beide am besten funktioniert. Hinweis: Selbst wenn die oder der von hinten Beglückte einen Kopfstand macht, solange Beine und Oberkörper einen rechten Winkel bilden, begradigt sich das Rektum ein wenig. Falls sich Ihre Partnerin oder Ihr

**Die nicht ganz unbefleckte Empfängnis**

Eher dem Buchstaben als dem Sinn des Gesetzes zu folgen und sich zur Bewahrung der Jungfräulichkeit ausschließlich auf Analverkehr zu beschränken, ist eine unter katholischen Schulmädchen weit verbreitete Praktik – zumindest in der Fantasie schmutziger alter Männer. Zweifellos weit verbreitet ist der Fehlglaube, dass auf diese Weise eine Schwangerschaft ausgeschlossen werden kann. Etwa acht Prozent der Paare, die Analverkehr als Methode der Empfängnisverhütung einsetzen, produzieren dabei Nachwuchs. Man spricht dabei von »indirekter Befruchtung« (das Sperma gelangt über das Perineum in die Vagina).

Partner gern wie ein Stück Fleisch fühlt, kann sie oder er sich über die Sofalehne oder über einen Tisch beugen – was gleichzeitig eine Möglichkeit zum Festhalten bietet. Und vergessen Sie nicht, Ihre untätigen Hände entweder in Ihren eigenen erogenen Zonen oder in denen Ihrer Partnerin oder Ihres Partners zum Einsatz zu bringen.

## Missionarsstellung

***Wie:*** Besucher oben, Gastgeber/in unten; ermöglicht mittleres bis tiefes Eindringen.

***Vorteile:*** Blickkontakt (gut geeignet für Fesselspiele, nonverbale Kommunikation und »Wer hält dem Blick länger stand«-Wettbewerbe); komfortabel für besonders faule Gastgeber/innen.

***Nachteile:*** Die/der Gastgeber/in fühlt sich unter Umständen nach einer Weile erdrückt.

***Varianten:*** Die/der Gastgeber/in kann sich ein Kissen unter den Allerwertesten legen, die Beine anziehen und dem Besucher über die Schultern legen.

## Löffelstellung

***Wie:*** Beide Partner liegen auf der Seite, mit dem Gesicht in eine Richtung.

***Vorteile:*** Eingeschränkte Bewegungsfreiheit des Besuchers verhindert plötzliche (d. h. schmerzhafte) Stöße; äußerst praktisch, wenn beide Partner besonders faul sind; weniger »pornomäßig« für prüde Zeitgenossen.

***Nachteile:*** Kein romantischer Blickkontakt möglich.

***Varianten:*** Versuchen Sie, sich in dieser Stellung anzusehen.

## Hundestellung

***Wie:*** Sie wissen, wie der Hase läuft. Ermöglicht tiefe Penetration.

***Vorteile:*** Der Höhlenforscher kann sehen, wohin er unterwegs ist; die Wahrscheinlichkeit ist größer, dass der Penis ihren G-Punkt trifft (indirekt) oder seine Prostata erreicht; beste Stellung, um die S-Kurve zu begradigen; Sie treiben es wie *Hunde*.

***Nachteile:*** Unbequem, wenn Sie sehr unterschiedlich groß sind; der Besucher verliert unter Umständen die Beherrschung (aufgrund der großen Bewegungsfreiheit) und stößt mit zu viel Schmackes zu; Sie treiben es wie *Hunde*.

***Varianten:*** Sie stehen beide (die/der Gastgeber/in bückt sich, als wollte sie/er in der Dusche ein Stück Seife vom Boden aufheben); die/der Gastgeber/in legt sich flach auf den Bauch (für geringere Penetrationstiefe).

### Die glückliche Landung

***Wie:*** Die/der Gastgeber/in sitzt oben, der Besucher liegt flach auf dem Rücken; geringe bis große Penetrationstiefe, je nach Lust und Laune der/des Sitzenden.

***Vorteile:*** Die/der Gastgeber/in hat die *totale* Kontrolle; der Besucher kann sich zurücklehnen und die Vorstellung genießen.

***Nachteile:*** Die/der Gastgeber/in muss unter Umständen die Po-Muskulatur anspannen, was die Entspannung des Schließmuskels verhindert.

***Varianten:*** Probieren Sie dieselbe Stellung aus, indem die/der Sitzende dem Untermann den Rücken zuwendet.

## Das Kleingedruckte, erster Teil: Blut & Schmerz

Hören Sie auf, wenn es wehtut – Sadomasochismus behandeln wir erst in einem späteren Kapitel. Und wir sprechen hier nicht von wohltuenden Schmerzen, wie das Ausdrücken eines widerspenstigen Pickels oder die Massage eines Muskelkaters. Wir sprechen von *echten* Schmerzen, wie sich einen Finger in der Autotür einzuklemmen, einen Nierenstein zu haben oder sich Celine Dion anhören zu müssen. Wenn es drückt und zwickt, machen Sie irgendetwas falsch. Irren ist menschlich – auch beim Sex.

Dasselbe gilt für Alkoholgenuss. Wir erkennen Alkohol als legitimes Schmiermittel beim Sex an – wer hat noch nie nach drei Martinis mit einer stürmischen Nummer auf dem Küchenboden die Nachbarn geweckt? Allerdings sollten Sie nie so benebelt sein, dass Sie nicht mehr zwischen guten und schlechten Schmerzen unterscheiden können. Für Möchtegern-Darmrutscher gilt: Planen Sie nicht, Ihr schweres Geschütz im empfindlichen Analbereich aufzufahren, wenn Sie sich ordentlich einen hinter die Binde gegossen haben.

Beim Analverkehr sollte nicht mehr Blut im Spiel sein als nach ausgiebigem Zähneputzen. Wenn Sie alles richtig machen, sollte eigentlich *überhaupt* kein Blut im Spiel sein. Um ganz sicherzugehen, sollten Sie sofort aufhören, wenn Sie rotsehen. Wenn die Blutung länger als ein paar Tage andauert, sollten Sie einen Arzt aufsuchen.

Falls Sie sich unmittelbar nach dem Akt etwas wund fühlen, haben Sie vermutlich nicht genug Gleitmittel benutzt, waren zu ungestüm oder haben dieses Kapitel nicht von Anfang an gelesen. Keine Sorge, Sie werden sich wieder erholen. Gönnen Sie sich einfach ein warmes Bad, verhätscheln Sie Ihr Hinterteil, und verzichten Sie einige Tage auf Analverkehr. Falls Sie sich noch längere Zeit nach dem Akt etwas oder richtig wund fühlen, haben Sie sich unter Umständen eine Geschlechtskrankheit eingefangen. Suchen Sie in diesem Fall ebenfalls einen Arzt auf.

## Das Kleingedruckte, zweiter Teil: Infektionen

Wir geben es ja zu: Kacke *ist* ein bisschen schmutzig. Die Bakterien, die sich im Stuhl von völlig gesunden Menschen einnisten, können Infektionen oder Schlimmeres verursachen, wenn sie – auch in Form mikroskopisch kleiner Partikel – auf andere Regionen (Mund, Vagina, Penis) übertragen werden. Das zeigt einmal mehr: Es ist nie verkehrt, sich zu schützen (Dams beim

***Aus der Abteilung***
***»Das hätten wir selbst nicht besser sagen können«:***
**Rimming**

»Lecken oder nicht lecken – das heißt, am Arsch –, das ist hier die Frage. Meine Cocktailparty-Umfragen haben alle dasselbe ergeben: Nicht viele Männer sind bereit, den Anus ihrer Partnerin zu lecken. Ich war etwas überrascht, das zu erfahren, da die meisten Frauen es mögen, wie ich gehört habe, und zwar sehr. Schließlich hat der Körper nicht allzu viele Öffnungen; man möchte meinen, die Leute würden alle, die es gibt, ausnutzen wollen (denken Sie nur an die Vorteile, die es hat, drei anstatt zwei Martinis zu trinken). Doch tatsächlich ist es so, dass die meisten Männer zwar bereit sind, jeden Körperteil einer Frau zu vögeln – den After, die Brüste, die Achseln, die Kniekehlen –, sich aber zieren, wenn es darum geht, die Zunge in das Ausscheidungsorgan zu stecken. Nicht dass ich das nicht verstehen würde – Kot hat einen schlechten Ruf, und Laien denken offenbar, dass Rimming mehr mit Fäkalien zu tun hat, als tatsächlich der Fall ist (was mich übrigens über die Hygienegewohnheiten der Neinsager spekulieren lässt). Doch Angst und Übertreibung beiseite, was würde man nicht alles tun, um Lust zu bereiten? Etliche Hits haben die Wüsten aufgezählt, die man für sein Herzblatt durchqueren würde, und die Berge, die man erklimmen würde, warum also, frage ich, ist es so einschüchternd, einen Anus zu lecken? Wenn wir in Rom sind, sollen wir uns wie Römer verhalten. In Südostasien isst so mancher gebratene Termiten. Und im Bett mit der wahren Liebe? Schließen Sie es nicht aus.«

Jack Murnighan, *Jack's Naughty Bits*

Rimming, Handschuhe beim Fisting, Kondome beim Popo-Poppen). Sexspielzeuge, Finger und alle anderen Körperteile, die mit dem Analbereich in Kontakt kommen, sollten gründlich mit antibakterieller Seife und Wasser gewaschen werden, bevor sie irgendetwas anderes berühren. Was das Rimming betrifft: Mundspülung verleiht Ihnen zwar einen frischen Atem, aber es ist nicht wissenschaftlich erwiesen, dass sie auch die Ausbreitung von Bakterien verhindert.

Spielen im Hinterhof ist auch eine recht effektive Methode zur Übertragung von Geschlechtskrankheiten wie HIV, Hepatitis (A, B und unter Umständen auch C), Herpes, Gonorrhöe, Harnröhren- und Scheidenentzündungen und Genitalwarzen. Die Erreger werden durch infiziertes Blut, infizierten Kot oder Hautkontakt übertragen – auch wenn es nicht zur Penetration kommt. Wenn es doch zur Penetration kommt, treten im Afterkanal oder im Rektum mikroskopisch kleine Tröpfchen auf, was Analverkehr zu einer Gratwanderung macht (es ist die riskanteste Form von Sexualität zwischen Männern).

Kot kann des Weiteren parasitäre Infektionen wie Amöbiasis oder Giardiasis sowie Bakterien wie Salmonellen, Campylobacter oder Shigella übertragen. Rimming ist für diese Infektionen besonders förderlich. Und obwohl es bislang keine medizinisch erwiesenen Fälle von HIV-Übertragung durch Rimming gibt, kann ein Stück Frischhaltefolie nie schaden. Winzige Mengen Blut im Stuhl sowie Verletzungen des Hautgewebes im After setzen das Rimming einem Risiko aus. Bei HIV-positiven Menschen kann eine Infektion mit Bakterien wie Shigella das Immunsystem schwächen. Weitere Informationen zu sexuell übertragbaren Krankheiten finden Sie im »Pflichtlektüre-Kapitel«, Seite 249.

## Nachwirkungen

Sollten Sie unmittelbar im Anschluss das Gefühl haben, auf die Toilette zu müssen, zeugt es nicht von schlechten Manieren, wenn Sie sich entschuldigen (aber kommen Sie wieder zurück). Werfen Sie benutzte Kondome umgehend weg. Kuscheln Sie.

# 2. Teil:

# Sex für Fortgeschrittene

**Trick 17 und mehr**

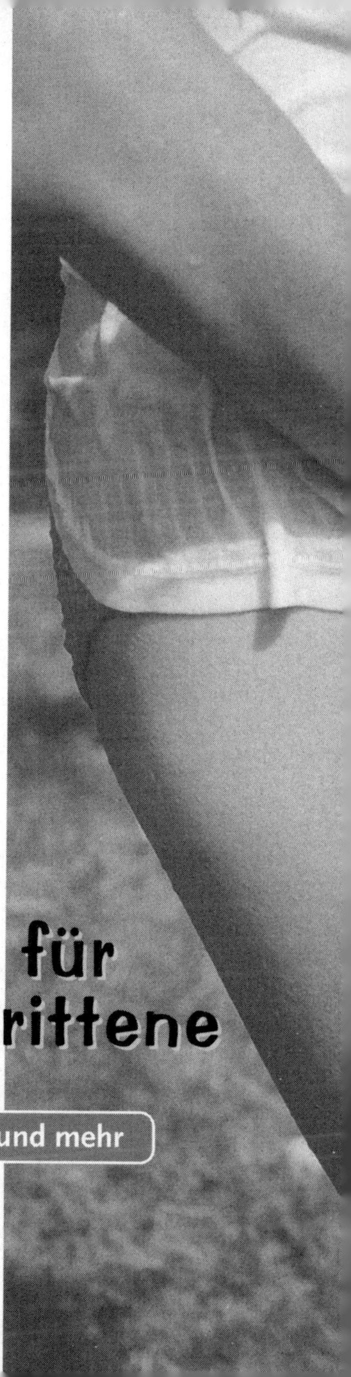

# 8. Überschäumende Lust auf Knopfdruck

## Das Mysterium des G-Punkts und der Ejakulation bei Frauen

*Haben alle Frauen einen G-Punkt?*
**Ja.**
*Mögen es alle Frauen, wenn ihr G-Punkt stimuliert wird?*
**Nein.**
*Können Frauen ejakulieren?*
**Ja.**
*Ejakulieren sie Urin?*
**Nein.**
*Ist Ejakulation bei Frauen eine Folge von G-Punkt-Stimulation?*
**In der Regel.**
*Kann ich mir als Frau (oder meiner Partnerin) beibringen zu ejakulieren?*
**Vielleicht.**
*Warum lecken Katzen ihre Muschis?*
**Weil sie dazu in der Lage sind!**

Wenn es doch nur so leicht wäre. Verstehen Sie uns bitte nicht falsch – diese Antworten haben alle ihre Richtigkeit, führen jedoch unweigerlich zu hundert weiteren Fragen. (Sie sind ganz schön fordernd.)

Bevor wir versuchen, sie alle zu beantworten, möchten wir eines klarstellen: Mit »G-Punkt« meinen wir nicht einen magischen Knopf, der allen Frauen auf der ganzen Welt jedes Mal, wenn er gedrückt wird, orgiastische Wonnen beschert; genauso wenig meinen wir damit die ganz persönliche Lieblingsstelle Ihrer Freundin (ganz egal, ob sich diese bei ihr in der Vagina oder unter der Achsel befindet). Nein, der G-Punkt ist ein besonders empfindlicher Bereich, der durch Druck auf die obere Scheidenwand stimuliert werden kann – und ihn zu reizen, kann zum Orgasmus und/oder zur Ejakulation führen oder auch nicht. Wie fast alles beim Sex, hängt es ganz davon ab.

Der G-Punkt wurde von der Öffentlichkeit öfter hochgejubelt und wieder fallen gelassen als Mike Tyson. Und dann gibt es noch diejenigen, die sich um keinen von beiden scheren. Die Diskussion (oder der Mangel daran) basiert auf dem Mangel an ernsthaften medizinischen Untersuchungen auf diesem Gebiet. Oh, und natürlich auch auf Sexismus – viele Leute finden ejakulieren nicht besonders ladylike. Der G-Punkt und die Ejakulation bei Frauen sind die missverstandenen Teenager der Sexwelt.

Doch die beiden nicht vollständig zu verstehen, heißt nicht, dass man sich nicht an ihnen erfreuen darf. Genau genommen gefällt uns die Vorstellung, noch nicht alles über Sex zu wissen. Das sorgt dafür, dass wir uns auf etwas freuen können.

### Der G-Punkt – eine schwierige Geburt

Wir haben den achtziger Jahren Schulterpolster, Wham! und den Begriff »G-Punkt« zu verdanken. Davor war die Forschung auf diesem Gebiet ziemlich dürftig. In den vierziger Jahren fand der bekannte Sexguru Alfred Kinsey heraus, dass die meisten Frauen, die sich gern die Muschi massieren ließen, sie sich am liebsten an der oberen Scheidenwand massieren ließen. Da es Kinsey jedoch nur um den Kitzler ging, verzichtete er darauf, seine Erkenntnisse zu veröffentlichen. Die fünfziger Jahre brachten uns den guten alten deutschen Gynäkologen Ernst Gräfenberg, der als erster moderner Wissenschaftler das erotische Potenzial des Urethralschwamms erkannte, der durch die obere Scheidenwand zu spüren ist (siehe Abb. Seite 165). Doch die Welt war nur für eine Orgasmusrevolution bereit, und Kinseys Kitzler machte das Rennen. Erst Anfang der achtziger Jahre knüpften die beiden Sexualwissenschaftler John Perry und Beverly Whipple dort an, wo Gräfenberg aufgehört hatte, reproduzierten seine Ergebnisse und gaben der heißen Zone Ernst zu Ehren den Namen »G-Punkt«.

## Was ist der G-Punkt?

Wenn Sie über den G-Punkt sprechen möchten, müssen wir uns über die Harnröhre unterhalten. Oh, da kommt Freude auf! Die Harnröhre ist der dünne Kanal, der Urin von der Blase zur Harnöffnung transportiert. Letztere befindet sich bei Frauen zwischen Kitzler und Scheideneingang. Die Harnröhre verläuft unmittelbar über der oberen Scheidenwand, ähnlich wie eine Deckenleitung, und ist von schwellfähigem Gewebe umgeben, das als Urethralschwamm bezeichnet wird und einer Rohrisolierung gleicht. Dieser Schwamm beherbergt einige »paraurethrale« (was so viel heißt wie »in der Nähe der Harnröhre«) und einige »periurethrale« (was so viel heißt wie »in der Umgebung der Harnröhre«) Drüsen und Kanäle, die Sekret beziehungsweise Flüssigkeit (Ejakulat) absondern. Der G-Punkt ist von Medizinern zwar nie genau lokalisiert worden, gilt aber gemeinhin als Teil des Urethralschwamms, der durch die obere Scheidenwand zu spüren ist, zwischen dem ersten

Drittel und der Hälfte des Wegs nach drinnen. In der Regel handelt es sich dabei um einen ovalen Bereich von zirka zwei Zentimeter Länge. (Manche gehen allerdings auch davon aus, dass sich der G-Punkt über den *gesamten* Urethralschwamm erstreckt.) Wenn eine Frau erregt ist, füllen sich der Urethralschwamm mit Blut und seine Drüsen mit Flüssigkeit, was dazu führt, dass er anschwillt und sich verhärtet – weshalb viele Frauen (oder ihre Partner) den G-Punkt nur dann orten können, wenn sie richtig in Fahrt sind.

Der Urethralschwamm oder G-Punkt, wenn Sie so möchten, wird manchmal – was allerdings umstritten ist – auch als »weibliche Prostata« bezeichnet. Tatsache ist, dass Fötusse unabhängig davon, zu welchem Geschlecht sie bestimmt sind, alle zunächst weiblich sind. Erst in der siebten oder achten Schwangerschaftswoche macht sich das Y-Chromosom für die Jungs stark. Aus demselben Embryogewebe, aus dem sich bei Jungen später die Prostata entwickelt, entstehen bei Mädchen paraurethrale und periurethrale Drüsen. Neue Untersuchungen legen nahe, dass es sich bei dem weiblichen Urethralschwamm mit seinen Drüsen und Kanälen nicht um überflüssiges Gewebe handelt, sondern um ein eigenständiges, funktionsfähiges Organ (siehe »Ejakulation bei Frauen«, Seite 165).

### Auf Du und Du mit dem G-Punkt

Warnung: Das Befolgen der folgenden Tipps wird Ihnen zwar dabei helfen, den G-Punkt zu lokalisieren, ist aber keine Garantie dafür, dass Sie und er die besten Freunde werden. Einigen Frauen ist das Gefühl zu intensiv, andere empfinden es schlichtweg als unangenehm. Manche Frauen genießen es nur an bestimmten Tagen im Monat, während es bei anderen schmerzhafte Erinnerungen an ehemalige Blasenentzündungen wachruft. Das bedeutet weder, dass Ihre Abwasserleitungen defekt sind, noch heißt es, dass Sie irgendein anderes »Problem« haben.

Die Stimulation des G-Punkts beinhaltet, Druck auf die Harnröhre auszuüben, also ist es nur natürlich, dass Sie dabei das Gefühl haben, für kleine Mädchen zu müssen. Genauso wie es eine gute Vorbereitung auf Analsex ist, selbst mit einem Finger auf Höhlenerkundung zu gehen, kann ein wenig eigenhändige Recherche am G-Punkt nicht schaden, ehe Sie Ihren Partner oder Ihre Partnerin ranlassen. Denn genau wie Ihnen ein Finger im Po die Illusion nimmt, einen Kaktus pflanzen zu müssen, wird Ihnen ein Finger am G-Punkt die Illusion nehmen, einen Kaktus gießen zu müssen (vorausgesetzt, Sie *waren* bereits auf der Toilette).

Um an den eigenen G-Punkt zu gelangen, bedarf es einiger Koordination, vor allem, wenn Sie kurze Arme haben. Zu den besten Stellungen zählen: auf dem Rücken liegend, die Beine angezogen und mit einem weichen Kissen unter dem Hintern; auf dem Bauch liegend; in der Hocke; oder auf allen vieren. Sobald Sie eine gute Position eingenommen haben, führen Sie einen oder zwei Finger so in Ihre Mumu ein, dass der oder die Fingerballen nach oben gegen die vordere Scheidenwand drücken. Im Gegensatz zur übrigen Scheidenwand, die glatt ist, sollte es sich dort etwas rau und runzelig anfühlen. Sollten Sie Probleme haben sich zurechtzufinden, können Sie einige Gläser Wasser trinken, sich in die Dusche stellen oder auf den Topf setzen, einen oder mehrere Finger einführen und dort positionieren, wo Sie Ihren G-Punkt vermuten und dann pinkeln – wenn Sie den Urin durch die Harnröhre fließen spüren, befinden Sie sich an der richtigen Stelle.

Sie haben den G-Punkt noch *immer* nicht mit den Fingern

aufgespürt? Wechseln Sie die Fronten: Setzen Sie die Suche fort, indem Sie Ihr Augenmerk darauf legen, wie sich der Druck im Inneren Ihres Körpers auswirkt. Es spricht auch nichts dagegen, auf hilfsbereite Freunde zurückzugreifen, wie zum Beispiel auf den »Crystal Wand«, einen 25 Zentimeter langen, S-förmigen und erstaunlich fotogenen Dildo aus durchsichtigem Acryl, der speziell dafür entwickelt wurde, schnurstracks auf Ihren G-Punkt zuzugehen (wenn Ihnen das nicht gefällt, können Sie ihn immer noch als provokative Couchtisch-Dekoration verwenden). Oder auf den »G-Spotter«, einen praktischen Aufsatz für den »Magic Wand« von Hitachi, das klassische Rückenmassagegerät. (Ab Seite 196 finden Sie weitere Vorschläge für Ihre Spielzeugsammlung.) Oder auf andere Freunde, die selbst Finger besitzen und sich wahrscheinlich leichter um Ihren G-Punkt kümmern können als Sie selbst.

Sobald Sie am G-Punkt angekommen sind, ist – unabhängig davon, wie Sie dorthin gelangt sind – direkter, anhaltender und ziemlich kräftiger Druck vonnöten. Da Sie den G-Punkt *durch* die Scheidenwand stimulieren, müssen Sie nicht auf Zehenspitzen um ihn herumschleichen, wie Sie es vielleicht beim Kitzler tun. Versuchen Sie, auf ihn zu drücken, ihn zu massieren oder an ihm zu ziehen (mit der guten alten »Komm her«-Fingerbewegung) – und lassen Sie sich dabei Zeit. Nehmen Sie wie bei allen vaginalen Arbeiten Gleitmittel und Latex zu Hilfe und schneiden Sie sich die Fingernägel.

Tut uns Leid, Jungs, aber Finger und Spielzeuge haben bessere Chancen, den G-Punkt zu treffen, als ein Penis. (Kann Ihr Penis »Komm her« sagen? Wohl kaum.) Allerdings sind manche Geschlechtsverkehrstellungen – bei denen die Frau oben sitzt oder von hinten penetriert wird, während sie auf dem Bauch oder auf der Seite liegt – G-Punkt-freundlicher als ande-

**G-Punkt-Selbstuntersuchung**

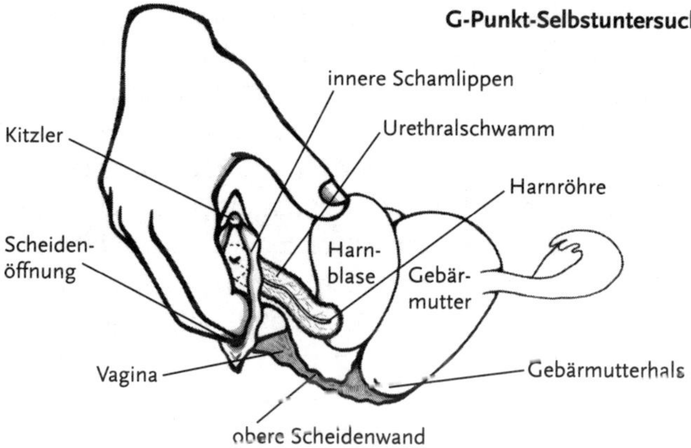


re. Tut uns ebenfalls Leid, Jungs, aber den Gebärmutterhals zu rammen funktioniert nicht – der G-Punkt bleibt dabei auf der Strecke. Das Erfolgsrezept ist, nur ein Stück weit einzudringen, auf ihren Nabel zu zielen und die Hand zur Navigation zu Hilfe zu nehmen. Sehen Sie? Wir haben Ihnen doch gesagt, dass es nicht immer auf die Größe ankommt. Andererseits kommt es für die Frauen, die ihren G-Punkt erst dann spüren, wenn sie wirklich ausgefüllt sind, doch darauf an. (Apropos ausgefüllt: Wenn Sie wissen möchten, wie Sie eine ganze Hand hineinbekommen, lesen Sie das Kapitel »Fisting«, Seite 173.)

## Mit allen Wassern gewaschen: Ejakulation bei Frauen

Wenngleich viele Zyniker die Ejakulation bei Frauen als eine weitere New-Age-Modeerscheinung abtun, ist sie bereits seit Jahrhunderten dokumentiert. Schon für die alten Griechen –

Aristoteles eingeschlossen – war Ejakulation bei Frauen eine Selbstverständlichkeit. Einige von ihnen glaubten sogar, sie sei Voraussetzung für eine Schwangerschaft. Außerdem taucht sie in traditioneller japanischer Erotikkunst, alten chinesischen Sexratgebern, im *Kamasutra* und in den Schriften des Arztes Galen aus dem zweiten Jahrhundert auf. Ihr schlechter Ruf entstand erst im 18. Jahrhundert, als sich die Kunst und die Medizin auf die *Unterschiede* zwischen dem weiblichen und dem männlichen Körper konzentrierten. Im 20. Jahrhundert behaupteten sogar Masters und Johnson, die Meister des positiven Sexdenkens, die Ejakulation bei Frauen sei nichts weiter als stressbedingte Urin-Inkontinenz, und Chirurgen operierten tatsächlich ejakulierende Frauen, um ihr »Problem« zu beseitigen. Auch heute noch sorgt das Phänomen bei vielen Menschen für Verwirrung, Scham oder Bestürzung. Doch dafür gibt es uns.

Das Phänomen weiblicher Ejakulation ist deshalb so schwer zu untersuchen, weil sie von Frau zu Frau stark variiert. Manche Frauen spritzen quer durchs Zimmer, andere hinterlassen nur einen großen nassen Fleck auf dem Bettlaken – zwischen ein paar Tröpfchen und mehreren Fontänen ist alles drin. (Dann gibt es natürlich noch die »Superejakulatorinnen« aus Pornovideos, die mehrere Tassen füllen, aber wer glaubt schon, was man in Pornovideos zu sehen bekommt?) Manche Frauen ejakulieren unmittelbar vor einem G-Punkt-Orgasmus, andere ejakulieren unabhängig vom Orgasmus. Manche ejakulieren gleichzeitig mit einem G-Punkt-Höhepunkt, wieder andere können nur mit Hilfe externer klitoraler Stimulation ejakulieren (obwohl G-Punkt-Stimulation in gewisser Weise das »Sesam öffne dich« für die Schleusentore ist). Manche Frauen ejakulieren überhaupt nicht ... oder vielleicht doch? Eine Theorie

**Darf ich es trinken?**

Natürliches Vaginalgleitmittel ist eine Übertragungsflüssigkeit, das heißt, es kann HIV-Erreger enthalten, wenn die Frau infiziert ist, Urin jedoch nicht. Was das Ejakulat betrifft, gibt es noch keine gesicherten Erkenntnisse, also sollte man besser auf Nummer sicher gehen, und es als Übertragungsflüssigkeit betrachten.

besagt, dass *alle* Frauen Ejakulat produzieren, es aber aus verschiedenen Gründen nicht wissen: Weil sie es mit Scheidensekret oder Urin verwechseln; weil sie den Drang, sich gehen zu lassen, unterdrücken und es später unwissentlich beim Pinkeln ausscheiden; oder weil sie so wenig davon produzieren, dass es unbemerkt herauströpfelt.

## Was zum Teufel ist das?

In Bezug auf weibliches Ejakulat stimmen alle (zumindest alle, die an seine Existenz glauben) in dem Punkt überein, dass es während des Orgasmus oder bei starker Erregung aufgrund von Kontraktionen der Beckenmuskulatur und/oder überfüllten Drüsen über die Harnröhre ausgeschieden wird. Trotzdem handelt es sich definitiv *nicht* um Urin. Unter Umständen enthält es *Spuren* von Urin (schließlich tritt es durch die Harnöffnung aus). Vielleicht urinieren manche Frauen beim Orgasmus aber auch leicht, wenn sie ihre Blase nicht kürzlich entleert haben. Aber die Flüssigkeit, von der wir hier sprechen – dünnflüssig, wässrig, transparent oder milchig, leicht süßlich, aber auf keinen Fall beißend im Geschmack –, ist definitiv keine Pisse.

Einige Wissenschaftler sagen, es handele sich dabei um pro-

***Aus der Abteilung***
***»Das hätten wir selbst nicht besser sagen können«:***

**Injakulation**

»Taoisten, Schamanen und Tantra-Jünger schwören, dass der Orgasmus beim Mann ohne Samenerguss durch strategischen Druck auf das Perineum – auch unter dem Begriff *Injakulation* bekannt – zur Bewusstseinserweiterung führen kann, von explosiven Orgasmen ganz zu schweigen. Also entschloss ich mich, mein Glück zu versuchen, und legte los. Als ich mich nach ein paar Minuten dem Punkt näherte, an dem es kein Zurück mehr gibt, lokalisierte ich die Stelle, die Taoisten den ›Eine-Million-Dollar-Punkt‹ nennen. Ich drückte fest zu und spürte ein starkes, anhaltendes Pulsieren. Kurz vor dem Orgasmus wurde das Pulsieren unrhythmisch, und ich steigerte mich zu einem panikartigen Rubbeln. Dann, unmittelbar bevor ich normalerweise das Bettlaken besudele, sah ich für einen kurzen Augenblick das, was all die Mittvierziger mit Pferdeschwanz bekehrt hatte. Die Steigerung zum Orgasmus war vorübergehend intensiver als sonst, doch dieses Gefühl verschwand ebenso schnell wieder, wie es gekommen war. Ich drückte noch ein oder zwei Minuten lang fest zu, wobei ich mich auf das Nachlassen des Drucks in meinem Werkzeug konzentrierte. Ich nahm die Finger von meinem Fahrgestell und stützte mich – von der Tortur beunruhigt und alles andere als überwältigt – auf die Ellbogen. Dann stellte ich wie von den Injakulations-Befürwortern propagiert fest, dass ich sofort die ›nächste Runde‹ beginnen konnte und tat es auch mehrmals hintereinander, bis ich mich langweilte und deprimiert fühlte. Der wirkliche Schock kam, als ich die Toilette aufsuchte und feststellen musste, dass auf meinem Urin mehr Schaum war als auf einem Glas Guinness. Mit anderen Worten: Ich war in meiner Blase gekommen. So ein Mist.«

Grant Stoddard,
»Ich tat es für die Wissenschaft«-Versuchskaninchen

statische Flüssigkeit aus den paraurethralen Drüsen, andere behaupten, es sei chemisch veränderter Urin aus der Blase. Wieder andere sagen, es handele sich um eine Kombination aus beidem. Wenn Sie das nächste Mal das Privileg haben, mit weiblichem Ejakulat konfrontiert zu werden, schnüffeln Sie daran, und entscheiden Sie selbst.

Das überzeugendste Argument, das wir bislang gehört haben, stammt aus einem Artikel, den Rebecca Chalker in *The Clitoral Truth* zitiert – Pflichtlektüre für alle, in deren Leben es eine Klitoris gibt. Eine Sexualwissenschaftsstudentin, die zufällig auch eine erfahrene Ejakulatorin war, nahm mehrmals vor dem Masturbieren ein Medikament zur Entspannung der Harnblase ein (das den Urin blau verfärbt). Wenn sie ejakulierte, war die ausgeschiedene Flüssigkeit entweder klar oder nur leicht blau getönt; wenn sie anschließend pinkelte, war der Urin jedoch jedes Mal leuchtend blau ... Heureka!

## Wasser, marsch! Tipps für Geysire in spe

Das Letzte, was Frauen brauchen, ist eine weitere lächerliche Erwartung in Sachen Sex, die man(n) an sie stellt, aber die folgenden Tipps können trotzdem dazu beitragen, die Ejakulatorin in Ihnen zu wecken:

- Versuchen Sie es zunächst im Alleingang: Auf diese Weise ist der Druck geringer, und Sie können sich so lange Zeit lassen, wie Sie möchten, ohne irgendjemanden zu langweilen.
- Lassen Sie sich gehen: Sie werden das Gefühl haben, pinkeln zu müssen, aber machen Sie sich keine Sorgen, dass Sie ins Bett machen könnten – wenn Sie vorher auf der Toilette waren, sollte es keine Probleme geben. Und selbst wenn etwas Urin dabei ist, ist das wirklich ein Problem? Goldene Duschen sind sexy.
- Drücken Sie: Gehen Sie einen Schritt weiter, indem Sie regelrecht drücken, wenn Sie den Drang verspüren zu urinieren, als würden Sie bei einem Pinkelwettbewerb teilnehmen und in Führung gehen wollen.
- Machen Sie »Trockenübungen« mit Urin: Stimulieren Sie Ihren G-Punkt, wenn Sie merken, dass Sie pinkeln müssen. Lassen Sie es einfach fließen, wenn der Drang zu stark wird. Wenn Sie zunächst mit Urin üben, lernen Sie, sich ohne Rücksicht auf Verluste gehen zu lassen. Sobald Sie bereit sind, Ihr Ejakulat eigene Wege gehen zu lassen, tun Sie genau dasselbe – nachdem Sie Ihre Blase entleert haben.
- Halten Sie den Ausgang frei: Ein großes Sexspielzeug, ein Penis oder eine Hand können die Harnöffnung blockieren. Sorgen Sie so gut es geht für freie Bahn, ohne die Stimulation zu unterbrechen.
- Kommen Sie in Fahrt: Stark erregt, von Lust überkommen und in den Fängen des Verlangens zu sein, hat verschiedene Auswirkungen: (1) Ihr G-Punkt ist leichter auffindbar und erträgt stärkeren Druck, sodass Sie ausgiebiger experimentieren können; (2) Ihre Beckenmuskulatur ist entspannter, was es Ihnen erleichtert, sich gehen zu lassen; (3) Ihre Chancen steigen, dass Sie einen Orgasmus haben, der zu Kontraktio-

nen der Beckenmuskulatur führt, die wiederum das Ausscheiden der Flüssigkeit unterstützen; (4) Sie sind stark erregt, von Lust überkommen und in den Fängen des Verlangens!

- Kommen Sie zuerst: Ejakulieren wird unter Umständen einfacher, wenn Ihre Lendengegend nach einem explosiven Orgasmus bereits aufgewärmt und entspannt ist.
- Sorgen Sie dafür, dass das Saubermachen zum Kinderspiel wird: Legen Sie Handtücher, eine wasserdichte Folie (die Sie in der Inkontinenz-Abteilung Ihrer Apotheke finden) oder ein gepolstertes Vinyl- oder PVC-Laken (in den meisten Sexshops erhältlich) unter. Oder Sie tun es in der Badewanne; warmes Wasser wird Ihnen beim Entspannen helfen.
- Trinken Sie Wasser: Wenn Sie Durst haben, geizt Ihr Körper mit allen Flüssigkeiten, Ejakulat eingeschlossen.

# 9. Fisting

## Faustregeln für Pazifisten

Ach, die einfachen Freuden des Lebens: Lange Strandspaziergänge bei Sonnenuntergang machen, die Sonntagszeitung im Bett lesen, jemandes komplette Hand bis zur Dickdarmkrümmung im Rektum stecken haben ...

Fisting (auch »Faustfick« genannt) ist zwar vielleicht nicht das Erste, was Ihnen einfällt, wenn Sie an ein romantisches Stelldichein denken, aber es kann eine extrem erfüllende – und ausfüllende – Erfahrung sein. Das Vertrauen, die Kommunikation und die Zeit, die sowohl für vaginales als auch für anales Fisting nötig sind, setzen normalerweise Intimität mit einem großen »I« voraus. Und für weibliche Faustkämpfer ist es die einzige Möglichkeit, tatsächlich *in* ihren Partnern zu sein.

Die meisten Leute lassen sich zwei verschiedenen Fisting-Lagern zuordnen: Auf der einen Seite diejenigen, die es noch nie versucht haben und es »eklig« finden, und auf der anderen Seite diejenigen, die es versucht haben und es »cool« finden. Der beste Weg, um die Kluft zwischen den beiden Lagern zu schließen, ist, einige der Mythen, die darum entstanden sind, zu entmystifizieren – wie zum Beispiel die Gerüchte über Vaginen von Kathedralen-ähnlichen Dimensionen, über die Unvermeidlichkeit von Inkontinenz oder darüber, dass man sich den Weg mit der geballten Faust bahnen muss (mehr dazu im Folgenden). Gut informiert zu sein ist eine Voraussetzung für sicheres Fisting. Die Größe spielt in diesem Fall tatsächlich eine Rolle, und nicht alle Paare sind dazu in der Lage. (Der 1,95 Meter große Footballspieler und seine 1,55 Meter kleine Ballerinafreundin werden sich vermutlich mit einer Zukunft ohne vaginales Fisting abfinden müssen.) Doch mit Geduld und Übung können viele Paare den Liebesbergbau zu einem lohnenden Teil ihres Sexlebens machen.

Fisting ist nicht nur etwas für Freaks!

## Sicherheitshinweise

- Es gibt angenehme und unangenehme Schmerzen. Fisting mag sich zunächst komisch anfühlen, sollte aber nicht dazu führen, dass Sie lauthals »Au!« schreien. Hören Sie beim ersten Anzeichen von unangenehmen Schmerzen auf.
- Finger weg vom Stoff: Alkohol und Drogen betäuben Ihre Schmerzreflexe, beeinträchtigen Ihr Urteilsvermögen und lassen Sie verblöden. Beide Partner müssen im Vollbesitz ihrer geistigen und körperlichen Kräfte sein, wenn sie mit der Hand auf Tauchstation gehen.
- Lassen Sie das Licht an: Sie müssen sehen, was Sie tun. (Aber nicht die Neonröhren an der Decke – *so viel* müssen Sie auch wieder nicht sehen.)
- An alle Neulinge: Legen Sie sämtliche Ringe und Armreifen ab.
- Stutzen Sie Ihre Nagelhäute und feilen Sie sich die Nägel kurz. Richtig kurz. Falls Sie sich noch kratzen können, wenn es juckt, sind sie zu lang.
- Halten Sie uns für verrückt, aber wir schlagen vor, bereits beim kleinsten Anzeichen von Blut aufzuhören, auch wenn es nicht wehtut (alte Hasen sagen, dass während und nach analem Fisting immer mit leichten Blutungen zu rechnen ist). Wenn die Schmerzen und Blutungen länger als einen Tag anhalten, sollten Sie einen Arzt aufsuchen.

- Manche Experten empfehlen, nach vaginalem bzw. analem Fisting einige Tage auf Vaginal- bzw. Analverkehr zu verzichten, damit etwaige innere Abschürfungen verheilen können.
- Für den passiven Partner ist Fisting eine emotional und körperlich heikle Erfahrung; dem aktiven Partner vermittelt es ein starkes Machtgefühl. Da es für beide ein unglaublich intensives Erlebnis sein kann, sollten Sie sich genau überlegen, ob Sie sich darauf einlassen möchten, wenn Sie kein Vertrauensverhältnis haben, das es Ihnen ermöglicht, sich bei solchen Machtspielen wohl zu fühlen. (Der Aspekt des Kräftemessens erklärt auch, weshalb Fisting vor allem in BDSM-Kreisen beliebt ist; siehe das Kapitel »Bizarres für Normalos«, Seite 209.)

## Handwerkszeug

***Gummihandschuhe*** helfen Infektionen und die Ausbreitung von Krankheitserregern zu vermeiden, die von Abschürfungen an den Händen oder am Hautgewebe in den Hohlorganen verursacht werden. Außerdem ermöglichen Handschuhe ein geschmeidigeres Rein und Raus. Latex eignet sich am besten, vorausgesetzt, keiner der Beteiligten hat eine Latex-Allergie; in diesem Fall sollten Sie sich für ein synthetisches Material entscheiden. Benutzen Sie für vaginales Fisting keine gepuderten Handschuhe, da Talkum Reizungen und unter Umständen sogar Gebärmutterkrebs verursachen kann. Ellbogen-lange Gummihandschuhe sind ein nettes Accessoire für formellere Fisting-Gelegenheiten, auch wenn sie Ihrer Partnerin oder Ihrem Partner damit eine Heidenangst einjagen können.

***Aufhängung (optional):*** Viele Leute, die sich regelmäßig analem Fisting hingeben, bevorzugen irgendeine Form der Aufhängung – Gurtzeug, eine Hängematte, an der Zimmerdecke befestigte Schlingen oder Steigbügel –, die ihnen hilft, eine zweckdienliche Position beizubehalten. (Versuchen *Sie* mal, eine Stunde lang mit einer Faust im Hintern auf allen vieren stillzuhalten.) Wenn Ihnen das Budget für Bondage-Zubehör fehlt, tut es auch ein Berg Kissen.

***Gleitmittel:*** Je mehr, desto besser. Vorzugsweise in einem Pumpspender zur einfachen, einhändigen Anwendung. Und halten Sie Wasser bereit, um eingetrocknetes Gleitmittel wieder flüssig zu machen. Benutzen Sie ein unparfümiertes Produkt auf Wasserbasis, da Öl Latexhandschuhe angreift und Produkte auf Petroleumbasis die Schleimhaut beschädigen können. Zähflüssigere Gleitmittel wie »Probe« sind standfester als bekannte Produkte wie »KY-Jelly« und »Astroglide«. Trotzdem sind einige der Meinung, dass selbst dickflüssigere Gleitmittel auf Wasserbasis nicht das Gelbe vom Ei sind, wenn es um Analaktion geht. »Crisco«, ein pflanzliches Backfett, ist ebenso ein Favorit in der Homoszene wie »J-Lube«, ein Schmiermittel aus der Tiermedizin. Ersteres greift Latex zwar an, aber seine Befürworter sagen, dass Handschuhe wesentlich widerstandsfähiger sind als Kondome und einiges einstecken können.

***Zeit:*** Je mehr, desto besser.

***Kommunikation:*** Je mehr, desto besser.

## Vaginales Fisting

Die Vagina ist wie ein VW-Käfer: Im Inneren ist mehr Platz, als man denken würde. Wenn eine Frau erregt ist, dehnen sich die inneren zwei Drittel ihrer Vagina aus. Aus diesem Grund ist

Vorspiel absolut unabdingbar (ganz zu schweigen davon, dass es von guten Manieren zeugt). Zu Fisting kommt es oft nach intensiver Handarbeit (siehe Seite 70) – der Handwerker möchte mehr von dem spüren, was dort drin vor sich geht, und die von Hand Bearbeitete will einfach *mehr*. Aber man sollte es nicht aufs Geratewohl versuchen. Bereiten Sie sich vor wie alle guten Pfadfinder, die tief in den Wald vorstoßen.

### Tipps für Gefistete

- Besorgen Sie sich ein Buch über Fisting und lesen Sie es gemeinsam mit Ihrem Partner.
- Legen Sie sich mit angezogenen Beinen auf den Rücken oder stützen Sie sich auf Knien und Ellbogen ab. Die erste Stellung lässt sich leichter längere Zeit beibehalten, für die zweite ist unter Umständen etwas zum Festhalten oder Aufstützen erforderlich. Egal, wofür Sie sich entscheiden, stellen Sie sicher, dass es bequem für Sie ist, denn während des Fistings können Sie nicht einfach aufstehen, um sich etwas zu trinken zu holen.
- Atmen Sie. Tief. Atmen Sie bei jeder Bewegung Ihres Partners aus, entweder auf dem Weg nach drinnen oder auf dem Weg nach draußen – es hilft Ihnen, Ihre Muskeln zu entspannen.
- Sie können Ihre Vaginalmuskulatur einsetzen – was Hebammen »drücken« nennen – um der Hand zu einem würdevollen Abgang zu verhelfen.
- Rechnen Sie nicht damit zu kommen. Das Gefühl mag zu ungewohnt oder zu intensiv sein, um Sie auf und über diesen Hügel zu befördern.

## Tipps für Fister

- Wenn Ihre Partnerin auf dem Rücken liegt, sollte Ihre Handfläche nach oben zeigen, als wollten Sie ein Pony füttern. Wenn sie sich auf allen vieren befindet, sollte Ihre Handfläche nach unten zeigen, als wollten Sie dem Pony den Kopf tätscheln. Wenn Sie auf der Seite liegt ... na ja, Sie können sicher eins und eins zusammenzählen.
- Beginnen Sie mit einem Finger – *nie mit der ganzen Hand* – und steigern Sie sich langsam auf zwei, drei und vier Finger. Wenn sich Ihre Partnerin mit vier Fingern wohl fühlt, legen Sie den Daumen von unten an die ausgestreckten Finger, um mit der Hand einen Entenschnabel zu formen (so schmal wie möglich, als wollten Sie einen eng sitzenden Armreif überstreifen). Die Hand hin- und herzudrehen und dabei vor- und zurückzubewegen, macht das Eindringen eventuell leichter.
- Wenn Sie in die Vagina eindringen, wird sich Ihre Hand aller Wahrscheinlichkeit von selbst zu einer Faust formen (achten Sie darauf, dass sich der Daumen in der Faust befindet). Wenn das nicht automatisch geschieht, machen Sie bewusst eine Faust, bevor Sie vollständig eindringen.
- Sobald Sie drin sind, machen Sie eine lange, dramatische Pause und halten sich völlig still, um den »Wahnsinn, die Faust ist drin«-Moment voll auskosten zu können. Ihre Partnerin braucht unter Umständen ebenfalls einen Moment, um sich an das Gefühl zu gewöhnen.
- Denken Sie daran, dass sich für Ihre Partnerin *nichts* zart anfühlt, wenn sie eine ganze Hand in sich hat. Also achten Sie darauf, nur kleine, fließende Bewegungen zu machen, indem Sie die Faust ballen und wieder öffnen, sie drehen, mit ihr »anklopfen« und/oder sie behutsam vor- und zurückbewegen. *Manche* Frauen mögen *manchmal* Druck auf den Ge-

**Der Mythos von der lockeren Frau**

Sexmythos #327: Frauen, die sich fisten lassen, sind locker, sowohl moralisch als auch körperlich. Ganz im Gegenteil – wenn eine Frau lernt, ihre Muskeln zu entspannen, und ihr Partner sich ihr mit dem nötigen Respekt und genügend Gleitmittel nähert, kann Fisting ihre Vaginalmuskeln sogar stärken. (Mehr über sexuelle Fitness und vaginale Elastizität finden Sie im Kapitel »Fit fürs Bett«, Seite 397.)

bärmutterhals (abhängig vom Zyklus). Aber seien Sie vorsichtig – Sie bewegen sich dort auf sehr dünnem Eis. Hinweis: Ihre Faust sollte die ganze Zeit über auf Tauchstation bleiben.

- Tragen Sie immer wieder Gleitmittel auf. Wie Sexperten es formulieren: Zu viel ist fast genug.
- Erkundigen Sie sich wiederholt nach ihrem Wohlbefinden, als würden Sie auf Provisionsbasis arbeiten und sie wäre Ihre Kundin.
- Sie sollten sich ebenso langsam und vorsichtig aus Ihrer Partnerin zurückziehen, wie Sie in sie eingedrungen sind: indem Sie auf dem Weg nach draußen die Faust wieder zu einem Entenschnabel formen. Ziehen Sie die Hand *niemals* unvermittelt heraus. Falls sie Muskelkontraktionen oder einen Orgasmus hatte, hat ihre Vagina Ihre Hand unter Umständen luftdicht verpackt; lösen Sie das Vakuum mit einem Finger Ihrer freien Hand auf.
- Nehmen Sie sie in die Arme. Fisting kann eine überaus intensive und emotionale Erfahrung sein – wir haben gehört, dass es im Anschluss daran schon zu Tränen, Schüttelfrost und spiritueller Erleuchtung gekommen sein soll.

## Anales Fisting

Zur Vorbereitung und für Sicherheitshinweise sollten Sie das gesamte Kapitel über Analsex (Seite 129) lesen. Kein Murren aus der letzten Reihe – das ist keine Hausaufgabe; betrachten Sie es als Voraussetzung für Ihr freiwilliges Höhlenabenteuer. Ehrlich, Sie müssen all das wirklich wissen. Bitte lassen Sie uns hier nicht noch einmal bei Adam und Eva anfangen.

Sobald Sie Ihre Wissenslücken geschlossen haben, können Sie anales Fisting genauso angehen wie vaginales Fisting (siehe die oben aufgelisteten Tipps), mit dem Unterschied, dass Sie alle Hinweise noch genauer nehmen sollten. Da der Afterkanal und das Rektum nicht selbstschmierend sind und weniger elastisch, verletzungsempfindlicher und weniger an Gegenverkehr gewohnt sind als die Vagina, sind *mehr* Gleitmittel, *mehr* Kommunikation und *mehr* Geduld erforderlich.

Aber wir möchten den Anus nicht als eine zweitklassige, wartungsaufwändige Vagina abstempeln, deshalb hier einige wichtige und exklusive Tipps für die ganz besondere Begegnung zwischen Hand und Anus:

- Wenn Sie Ihren Allerwertesten dazu überredet haben, ein Sexspielzeug von sieben bis acht Zentimetern Durchmesser zu beherbergen, sind Sie vermutlich bereit für eine Faust – zumindest werden Sie nie bereiter sein.
- Fragen Sie jedes Mal um Erlaubnis, wenn Sie noch ein Stück tiefer in Ihre Partnerin oder Ihren Partner eindringen möchten. Wenn Sie eine positive Antwort bekommen, können Sie beim Ausatmen ein Stück vorrücken.
- Die Hundestellung eignet sich hervorragend, vorausgesetzt, die oder der Gefistete kann sich irgendwo aufstützen.

- Wenn Sie unsere Anweisungen befolgt und alles gelesen haben, sollten Sie Folgendes bereits wissen, aber es kann nicht schaden, es noch einmal zu wiederholen: *Dringen Sie nicht mit der geballten Faust ein.* Drücken Sie stattdessen die ausgestreckten Finger gegeneinander, und legen Sie den Daumen von unten dagegen, um einen Entenschnabel zu formen. Machen Sie erst dann eine Faust, wenn Sie im Dunkeln angekommen sind.
- Sie weiter als bis zum Handgelenk eindringen zu lassen lässt unser Gewissen (und unser Anwalt) nicht zu. Falls Sie sich für Dickdarmerkundung erwärmen können, sollten Sie *Trust, the Hand Book: A Guide to the Sensual and Spiritual Art of Handballing* von Bert Herman lesen – er hat damit das Einmaleins des analen Fistings geschrieben, und wir können da nicht mithalten.
- Erwarten Sie nicht, beim ersten Mal die ganze Hand hineinzubekommen. Erwarten Sie nicht, beim 15. Mal die ganze Hand hineinzubekommen. Es ist noch kein Fister vom Himmel gefallen.

# 10. Toys 'R' Us

## Spielzeug für Erwachsene

Die Idee, sich zum sexuellen Lustgewinn Gegenstände auf oder in den Körper zu stecken, ist so alt wie die Menschheit. Abbildungen von Dildos tauchen in altsteinzeitlicher Kunst, auf antiken griechischen Vasen und in chinesischen Gemälden aus dem 19. Jahrhundert auf. Jahrhundertelang verschrieben Ärzte Frauen, die angeblich unter »Hysterie« litten, einer von der Unfähigkeit (oder Unwilligkeit) bei normalem Mann-Frau-Rein-Raus-Sex Vergnügen zu empfinden verursachten psychischen Krankheit, die Anwendung von Dildos und wiesen sie eigenhändig in deren Gebrauch ein. Offenbar war es derart anstrengend für die Ärzte, es diesen Damen zu besorgen, dass sie in den achtziger Jahren des 19. Jahrhunderts einen mechanischen Vibrator erfanden, der ihnen die Arbeit abnahm. Niemand schien sich daran zu stören, bis sich die Pornoindustrie in den zwanziger Jahren diese »medizinischen Geräte« für ihre sündigen Zwecke zu Eigen machte. Danach dauerte es weitere 30 Jahre, bis die *American Psychiatric Association* aufwachte, Frauenfeindlichkeit witterte und Hysterie von ihrer offiziellen Liste von Psychosen strich.

Das soll nicht heißen, dass heutzutage im Land der Sexspielzeuge eitel Sonnenschein herrscht. In Japan ist es zum Beispiel verboten, Gegenstände herzustellen, die einem Penis nachempfunden sind – daher das Überhandnehmen wirklich gut gemachter, mit seltsamen Gesichtern oder Tierköpfen verzierter Spielzeuge. Und in Texas dürfen Dildos nur zu »pädagogischen Zwecken« verkauft und erworben werden. In manchen Geschäften muss man für seine ehrenwerten Absichten sogar mit einer Unterschrift garantieren.

Aber Sie wohnen vermutlich nicht in Texas, Sie Glückspilz, was bedeutet, dass es viel einfacher für Sie ist, sich eine ordentliche Ausrüstung zu besorgen. Das Internet (sein großes Herz sei gesegnet) liefert nicht nur die Sexualkunde, die Sie gern in der Schule gehabt hätten, sondern ermöglicht auch diskretes, schamfreies Einkaufen (insbesondere für Texanerinnen und Texaner). Größeres Fachwissen bedeutet höhere Ansprüche, was wiederum Produkte von besserer Qualität und gut beleuchtete, seriöse Geschäfte bedeutet, in denen man sie kaufen kann. In der Tat machen immer mehr Paare gemeinsam einen abendlichen Sexspielzeug-Einkaufsbummel (was in der Regel weniger erschreckend ist, als die Partnerin oder den Partner bei einem romantischen Stelldichein mit einem 35 Zentimeter langen Dildo zu überraschen). Selbstverständlich gibt es immer noch Leute, die Sexspielzeuge als Krücken, als unlauteren Wettbewerb oder als Werkzeuge des Teufels (insbesondere in Texas) betrachten. Aber schlaue Leute wissen, dass sie aus gutem Grund *Spielzeuge* heißen.

Im Folgenden geben wir Ihnen einen Überblick über die Ausrüstung, mit der Sie den Mount Orgasmus erklimmen können.

## Dildos

Sie sind in der Regel größer als ein Butt-Plug, kleiner als ein Brotkasten und funktionieren wie ein Pimmel. Manche sind fleischfarben und haben in etwa die Größe des besten Stücks Ihres letzten Freunds, andere haben Zebrastreifen und unrealistische Pornoproportionen. Wieder andere sind S-förmig und sind ausschließlich auf die G-Punkt-Stimulation (sowohl ihrer als auch seiner; siehe Seite 196 und 206) ausgelegt. Mit einem Dildo können Sie beim Masturbieren ausprobieren, welche Form der Penetration für Sie am besten funktioniert (in Bezug auf Winkel, Technik, etc.). Dildos können außerdem zusammen mit der Partnerin oder dem Partner als Extra beim Oralsex oder bei der Handarbeit verwendet werden. Ihr Partner kann sich mit Hilfe eines Dildos ein Bild davon machen, wie es aussieht, wenn sein Penis dort drin ist. Und Dildos stellen einen geeigneten Ersatz dar, falls er eine Pause braucht (d. h., wenn er bereits gekommen ist, wenn er noch nicht kommen will, wenn er gerade Kraft für die zweite Runde sammelt). Dildos vibrieren zwar nicht, aber Penisse vibrieren schließlich auch nicht.

### Dildogeschirre

Mit einem Dildogeschirr können Sie sich Ihren Dildo wie einen Penis umschnallen. In der Regel wird ein so genannter »Strap-on« (so der Fachbegriff für die Kombination aus Geschirr und Dildo) von Frauen getragen, die auch einmal Eindringling spielen wollen (oder sich nur ihren brandneuen Ersatzpimmel lutschen lassen möchten). Sofern Ihr Dildo am unteren Ende einen ausgestellten Rand besitzt, wird er in die meisten Dildogeschirre passen. Die Leder-, Nylon- oder Gummiriemen werden fest angezogen, damit der Dildo (in der Regel aus Silikon) nicht zu stark wackelt und sein unteres Ende angenehm gegen den Kitzler der Trägerin drückt. Viele Dildogeschirre sind mit kleinen, strategisch geschickt platzierten Taschen versehen, in denen sich winzige Vibratoren zur zusätzlichen Kitzlerstimulation befinden – entweder den der Trägerin oder den der Partnerin (wenn beide Frauen sind). Manche Dildogeschirre berücksichtigen auch die Bedürfnisse der Trägerin, indem sie mit einem zweiten, nach innen gerichteten Dildo ausgestattet sind, der in die Vagina oder den Anus eingeführt wird. Männer können ebenfalls ein Dildogeschirr anlegen, wenn sie es ihrer Partnerin mit einem kleineren oder größeren Exemplar als ihrem eigenen besorgen möchten. Für Männer eignen sich insbesondere Dildogeschirre mit zwei Riemen, die aussehen wie ein Suspensorium und Rücksicht auf ihre Nüsse nehmen. Dildogeschirre mit einem Riemen lassen sich wie ein Tanga anziehen und erfreuen sich bei den Damen größerer Beliebtheit. Es gibt sogar Strap-ons für den Oberschenkel: Kaufen Sie sich zwei davon und vögeln Sie sich gegenseitig.

### Vibratoren

Eigentlich sind Vibratoren nichts anderes als Dildos, die den Cha-Cha-Cha richtig schnell tanzen. Wie Nasen und Ohren gibt es sie in allen Formen und Größen, von der summenden, tennisballgroßen Kugel auf einem Stab bis zum süßen kleinen Delphin. Diese Kugeln und Tierchen haben zahllosen Frauen ihren ersten Orgasmus beschert und sind für viele die einzige Möglichkeit, um überhaupt zum Höhepunkt zu kommen. Kein Grund sich zu schämen. Ganz im Gegenteil, wenn Sie noch nie einen Vibrator ausprobiert haben, sollten Sie unbedingt einmal einen Versuch starten. Werde ich es mögen, fragen Sie? Hier sind einige weitere Fragen, die Sie sich stellen sollten, bevor Sie in einen Vibrator investieren:

*Möchte ich klitoral oder vaginal stimuliert werden? Oder beides?*
Manche Vibratoren sind ausschließlich auf klitorale Stimulation von außen ausgelegt (vor allem diejenigen, bei denen »Rückenmassagegerät« auf der Verpackung steht), manche können auch in der Vagina angewendet werden, andere verfü-

gen über Verlängerungen, sodass sie gleichzeitig für Penetration und Kitzlerstimulation benutzt werden können. Letztere eignen sich besonders gut für Lesben: Eine der beiden Partnerinnen kann sich sowohl an Vibrationen im Körperinneren als auch an klitoraler Stimulation erfreuen, während sich die andere mit dem Gesicht zu ihr auf sie setzen und sich dabei ebenfalls klitoral stimulieren lassen kann.

*Werde ich meinen Vibrator überwiegend im Bett oder im Büro benutzen?*

Wenn Sie vorhaben, Ihre Neuerwerbung auf dem Nachttisch aufzubewahren, ist ein Modell mit Stromversorgung über die Steckdose vermutlich die bessere Wahl. Seine Vibrationen sind stärker, und es wird Sie nicht im Stich lassen, wenn Sie es am dringendsten brauchen. (Wenn Sie das Kabel in Ihrer Bewegungsfreiheit einschränkt, besorgen Sie sich ein kabelloses Modell mit aufladbaren Akkus.) Für unterwegs benötigen Sie einen kleineren, batteriebetriebenen Vibrator. In Japan und Deutschland hergestellte Modelle haben in der Regel eine längere Lebenserwartung als amerikanische. Aber Finger weg von Duracell-Batterien – ihre lobenswerte Turbo-Power kann bei kleinen Liebesmotoren zum Kolbenfresser führen.

*Nehme ich mir viiieeel Zeit beim Duschen?*

Einige batteriebetriebene Vibratoren sind wasserdicht – Sie können sie getrost mit in eine Badewanne mit warmem Wasser, duftendem Schaum und Rosenblüten nehmen.

*Wie schnell und stürmisch will ich rubbeln?*

Manche Vibratoren haben nur zwei Stufen – »An« und »Aus« –, wohingegen sich bei anderen das Tempo stufenlos verstellen

**Materielle Welt**

In alten Zeiten bestanden Dildos aus Holz, Elfenbein, Onyx, Gold und was die Natur sonst noch zu bieten hatte. Heutzutage werden Sexspielzeuge in der Regel aus verschiedenen menschengemachten Materialien hergestellt. Bei der Benutzung sind einige wichtige Regeln zu beachten: Reinigen Sie ihr Spielzeug nach jeder Anwendung gemäß der Gebrauchsanleitung. Verleihen Sie Ihr Spielzeug nicht wahllos (Ihre ehemalige Kindergärtnerin wird dafür Verständnis haben). Benutzen Sie ausschließlich Gleitmittel, die sich mit dem Material vertragen, aus dem Ihr Spielzeug besteht (Gleitmittel auf Silikonbasis greift Spielzeuge aus Silikon an). Bewahren Sie Ihr Spielzeug an einem sauberen, kühlen und trockenen Ort auf, wie zum Beispiel in einer speziell dafür vorgesehenen Schachtel, einem Geheimfach oder einer Sandwichdose (ohne Sandwich, versteht sich). Aber das Wichtigste, woran Sie denken müssen, ist Folgendes: Wenn Ihr Spielzeug porös ist (d. h. absorbierend) – und das sind die meisten –, sollten Sie ihm jedes Mal, wenn Sie es benutzen, ein Kondom überstreifen, vor allem, wenn Sie es irgendwo einführen ...

***Silikon*** ist glatt, wasserabweisend und nicht absorbierend, nimmt Körperwärme an und verursacht selten Allergien; es ist teurer als andere Materialien, aber sein Geld wert.

***Cyberskin*** (virtuelle Haut) ist aufgrund ihrer fleischähnlichen Struktur beinahe unheimlich und äußerst porös und muss unmittelbar nach jeder Anwendung gründlich gereinigt werden.

***Synthetischer Gummi*** ist eher weich und warm, preiswert und überall erhältlich, ist andererseits aber porös, hat eine kurze Lebensdauer, kann allergische Reaktionen hervorrufen und riecht wie, na ja, wie Gummi eben riecht.

***Latex*** aus Naturkautschuk wird in erster Linie für Kondome und Handschuhe, gelegentlich aber auch für Sexspielzeuge verwendet, lässt sich nicht mit Ölen kombinieren und kann allergische Reaktionen verursachen.

***Hartplastik*** ist billig, überall erhältlich und einfach zu reinigen, da es nicht porös ist, hat aber unter Umständen scharfkantige Nahtstellen und ist nicht besonders haltbar.

***Vynil oder Weichplastik*** ist leicht und günstig, aber auch porös.

***Hartacryl oder Lucite*** ist steinhart, nicht porös und wird häufig für Spielzeuge zur Stärkung der Beckenmuskulatur verwendet.

***Weichacryl*** ist – Überraschung, Überraschung – weich und deshalb porös (wie der Kopf des »Magic Wand« von Hitachi; siehe Tabelle ab Seite 196).

***Leder*** ist selten, teuer und schwer zu reinigen.

lässt, damit Sie nach Bedarf Gas geben können. Sollte selbst die niedrigste Stufe noch zu viel des Guten sein, versuchen Sie es mit Ihren Jeans oder einem Kissen als Dämpfer. Manche Vibratoren wackeln, mache rotieren, manche verdrehen sich, manche surren, manche lecken sogar. Aber keiner von ihnen wird Sie jemals anlügen.

*Bin ich bereit, in mein Vergnügen zu investieren?*

Die *Good Vibrations* werden ein Loch von zehn bis hundert Euro in Ihren Geldbeutel reißen – aber sie sind jeden Cent wert.

Wenn Sie nicht davor zurückschrecken, 80 Euro für ein Paar schmerzhafte Highheels hinzublättern, warum sollten Sie dann zögern, denselben Betrag dafür auszugeben, Ihr erotisches Potenzial freizusetzen? (Das ist eine rhetorische Frage.)

*Habe ich dünne Wände und einen neugierigen Nachbarn?*
Manche Vibratoren summen leise wie die Flügel eines Kolibris, andere klingen wie das erstickte Winseln einer sterbenden Kuh. Wenn Sie zusammen mit Ihrem Partner oder Ihrer Partnerin einen Vibrator benutzen und Sie (oder er oder sie) sich beim Sex schon durch das leiseste Geräusch gestört fühlen, sollten Sie sich für ein diskretes Modell entscheiden. Wenn Sie mit Ihrem Vibrator allein sind, empfehlen wir Ihnen, es richtig krachen zu lassen.

*Sehen Sie sich gern Vorher-Nachher-Shows im Fernsehen an?*
Wenn ja, wird Ihnen das gefallen: Mit den entsprechenden Zubehörteilen können Sie fast jedem Vibrator neues Leben einhauchen. Das vermittelt Ihnen das Gefühl, als hätten Sie ein brandneues Spielzeug zum halben Preis erstanden. Machen Sie Ihren Vibrator länger und besser! Verwandeln Sie Ihren passiven, externen Vibrator in einen aggressiven Eindringling!! Verschaffen Sie sich die Kitzlerstimulation, auf die Sie bislang verzichten mussten!!! Erreichen Sie jedes Mal Ihren G-Punkt!!!!

### Ben-Wa-Kugeln

Die moderne Version von Ben-Wa-Kugeln besteht aus zwei nicht miteinander verbundenen Kugeln, die Sie sich in die Muschi stecken können, bevor Sie einen Spaziergang machen oder seilhüpfen. *Weit* überschätzt. Wenn Sie sich schon unbedingt Kugeln einführen müssen, entscheiden Sie sich für Duotone-

Kugeln – die durch eine Nylonschnur miteinander verbunden sind – und machen Sie dann einen Spaziergang. Besser noch, Sie besorgen sich die vibrierende Variante und bleiben im Bett.

**Butt-Plugs (bewegungslos oder vibrierend)**

Butt-Plugs (»Postöpsel«) sind im Grunde genommen nichts anderes als gedrungene, seltsam geformte Dildos, die am unteren Ende auseinander laufen (damit sie sich nicht verirren). Sie sind darauf ausgelegt, eingeführt zu werden, um sich von Ihrem Allerwertesten umarmen zu lassen. Lassen Sie den Butt-Plug in Ruhe, nachdem Sie ihn sich eingeführt haben, und setzen Sie das Petting, den Geschlechtsverkehr oder den Abwasch fort. (Oder schieben Sie ihn ein bisschen hin und her, wenn Ihnen das lieber ist.) Er wird nicht von selbst herausspringen wie ein Toast aus dem Toaster, also entfernen Sie ihn vorsichtig, sobald Sie bereit sind, Platz für etwas Fleischigeres zu machen. Oder drehen Sie sich einfach auf die Seite, und schlafen Sie ein, wenn Sie fertig sind.

**Analkugelstäbe**

Analkugelstäbe sehen aus wie eine Spielzeughalskette, die Grundschüler im Werkunterricht gebastelt haben – mehrere kleine Kugeln (es gibt allerdings auch die extragroße Version), die durch eine dünne Nylonschnur miteinander verbunden sind. Die glatte Silikon-Version kann zur Sterilisation einfach abgekocht werden, ist aber so teuer in der Herstellung, dass sie nur noch auf Kundenwunsch gefertigt wird. Wenn Sie die (preisgünstige) Plastik-Variante kaufen, sollten Sie alle Nahtstellen mit einer Nagelfeile glätten. Für manche ist das Beste an den Kugeln das Gefühl, sie sich eine nach der anderen hineinzudrücken; die (meisten) anderen bevorzugen es, sie unmittelbar vor dem Orgasmus herauszuziehen. Aber reißen Sie nicht an ihnen wie an einem Heftpflaster, denn das Aftergewebe ist empfindlich und beginnt schnell zu weinen.

## Penisringe

Ein Penisring (aus Leder, Gummi oder Metall) staut das Blut im Penis und kann für eine länger andauernde und härtere Erektion sorgen – schließlich würden die meisten das Durchhaltevermögen fast immer der Größe vorziehen. Außerdem steigert ein Penisring die Empfindlichkeit des besten Stücks, weshalb manche Männer damit schneller kommen. Ironisch, finden Sie nicht? Ein Ring sorgt unter Umständen dafür, dass sich der Penis nicht nur größer anfühlt, sondern auch größer aussieht (und praller und adrig und geschwollen und leicht violett – was sich in der Regel besser anhört, als es sich anfühlt). Vibrierende Penisringe, die für klitorale Stimulation sorgen (oder noch besser, vibrierende Penisringe mit *Fernsteuerung*) können dazu beitragen, dass Ihre Partnerin Ihren Penis etwas mehr ins Herz schließt. Wenn Ihnen das jedoch zu technisiert ist, versuchen Sie es mit einem einfachen Gummi-Modell, das über einen für Ihre Partnerin strategisch günstig platzierten Knubbel verfügt. Falls Sie ein Egoist sind, drehen Sie ihn Ihren Nüssen zuliebe um 180 Grad. Penisringe mit strukturierter Oberfläche können zur zusätzlichen Stimulation auch auf Dildos oder an Handgelenken (beim Fisting) benutzt werden.

Penisringe aus Gummi sind sehr billig und flexibel, aber auch porös (d. h., sie können nicht sterilisiert werden) und sollten deshalb nicht mit wechselnden Partnerinnen oder Partnern benutzt werden. Unter Umständen sitzen sie auch nicht fest genug. Leder ist super, wird aber ziemlich schnell relativ siffig. Metall finden wir einfach nur schlecht, weil man einen Penisring aus Metall zwar sterilisieren kann, aber nicht ohne weiteres wieder abbekommt. (Falls Sie diesen Abschnitt lesen, weil gerade ein Metall-Penisring Ihren kleinen Freund würgt, versuchen Sie, ihn mit Hilfe von Eis zu entfernen – so sollten Sie ihn letztendlich herunterbekommen. Wenn das Eis nur Ihren Pimmel abkühlt, machen Sie sich auf den Weg in die Notaufnahme.)

Und so legen Sie einen Penisring an: Beginnen Sie in schlaffem oder halb erigiertem Zustand. Schieben Sie die Zwillinge nacheinander durch, gefolgt von ihrem schlappen Vater. Vielleicht möchten Sie aber auch nur Daddy alleine beglücken – in diesem Fall streifen Sie den Ring einfach über die Peniswurzel. Wenn Sie Mutter auch eine Freude bereiten möchten, besorgen Sie sich einen Penisring mit strukturierter Oberfläche. Falls der Ring an Ihren Schamhaaren zieht, könnte es nicht schaden, sie zu stutzen. Und Neulinge sollten sich die fünf goldenen Penisring-Regeln merken:

1. Der Ring darf nicht zu fest sitzen.
2. Benutzen Sie keinen Ring, der sich nicht leicht anlegen und wieder entfernen lässt.
3. Behalten Sie einen Penisring nie länger als 20 Minuten am Stück an (beim ersten Mal nicht länger als zehn Minuten) – schließlich unterbrechen Sie die Blutversorgung Ihres besten Stücks.
4. Nehmen Sie ihn ab, wenn es wehtut.
5. Schlafen Sie nicht ein, und fallen Sie nicht in Ohnmacht, während Sie einen Penisring tragen, sonst könnte Ihr Hannes abfallen. (Gut, abfallen wird er zwar vermutlich nicht, aber er könnte bleibende Schäden davontragen.)

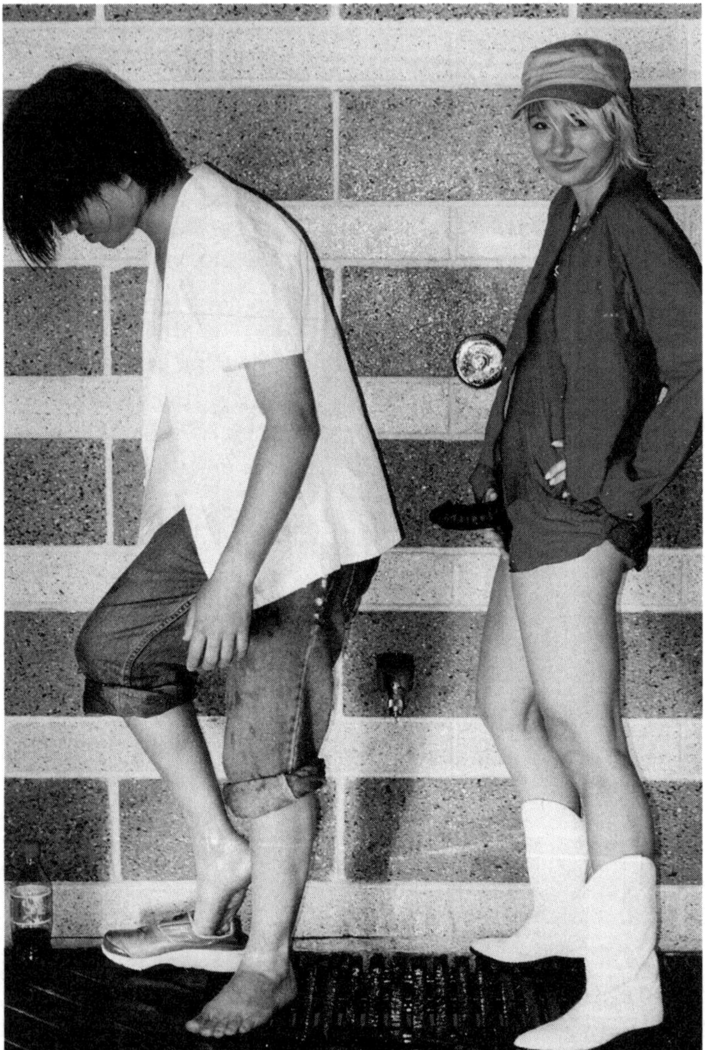

## Weitere Spielzeuge für Jungs

Vibratoren sind nicht nur etwas für Frauen. Wir kennen jede Menge Männer, die den Lieblingsvibrator ihrer Freundin »versehentlich verloren« oder eine Penispumpe (siehe »Penispumpen«, Seite 386) zweckentfremdet haben. Inzwischen gibt es Spielzeuge, die speziell für Pullermänner entwickelt wurden; in der Regel handelt es sich dabei um vibrierende, Körperöffnungen nachempfundene »Manschetten«, in die man seinen Lümmel steckt. Die Auswahl für Männer ist noch recht begrenzt, und sämtliche Modelle sind stark verbesserungswürdig – Sie müssen also die Augen schließen und Ihrer Fantasie freien Lauf lassen. So genannte »French Ticklers« (Manschetten, die aussehen wie ein übergewichtiges Gummi-Stachelschwein) bringen keinem der beiden Sexualpartner besonderen Lustgewinn, aber die lustig aussehenden Knubbel werden Ihr Teil in einem neuen Licht erscheinen lassen, das unter Umständen von Ihren, äh, »Unzulänglichkeiten« ablenkt. Falls Sie wirklich einmal für einen Tag einen Pornostarpenis haben möchten, können Sie es mit einer Verlängerung aus Weichplastik oder Cyberskin (siehe Seite 188) versuchen. So gewinnen Sie an Länge und Umfang, eventuell jedoch auf Kosten des Gefühls. Und erwarten Sie nicht, dass Ihre Freundin oder Ihr Freund in Begeisterungsstürme ausbricht, wenn Sie ihren Gebärmutterhals rammen oder seinen Dickdarm verstopfen.

Wissenswertes über BDSM-Spielzeuge (d. h. Dildogeschirre und Peitschen) sowie Zubehör und Outfits für Rollenspiele erfahren Sie im Kapitel »Bizarres für Normalos«, Seite 209.

Auf den nächsten Seiten haben wir einige der besten und beliebtesten Sexspielzeuge für Sie zusammengestellt, die Sie im gut sortierten Fachhandel erhalten.

| | ***Bezeichnung/Typ*** | ***Größe*** | ***Beschreibung*** |
|---|---|---|---|
|  | **Hitachi Magic Wand (»Zauberstab«)**<br>Vibrator<br>(Netzteil) | Länge 30 cm, Durchmesser 6,5 cm | Beliebtes »Rückenmassagegerät« mit zwei Geschwindigkeitsstufen, Hartplastikgriff und weichem Massagekopf; zur externen Genitalstimulation, die aufgrund ihrer Stärke auch im Körperinneren zu spüren ist. |
| 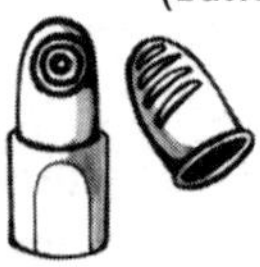 | **Fukuoku 9000**<br>Vibrator<br>(Batterie) | Länge 7 cm | Dieser Gummi-Fingerhut mit 9000 Vibrationen pro Minute sitzt wie eine zweite Haut und wird mit drei auswechselbaren »Fingerballen« und einem Etui geliefert. |
| 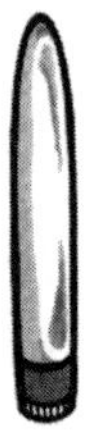 | **Smoothie**<br>Vibrator<br>(Batterie) | Länge 15 bis 16,5 cm, Durchmesser 2,5 bis 4 cm | Ein »traditioneller«, leiser Kunststoffvibrator für externe Stimulation und Penetration. Erhältlich in verschiedenen Farben, mit Tiermustern oder als wasserdichte Version in »Mac«-Optik. |
|  | **Nubby G**<br>Vibrator<br>(Batterie) | Länge 11,5 cm über Krümmung gemessen, Durchmesser 2,5 cm | Die stumpfe Spitze des gekrümmten flexiblen Gummischafts zielt auf den G-Punkt, während der knubbelige Ring am unteren Ende den Scheideneingang verwöhnt. |

| ***Pro und Contra*** | ***Anlass*** | ***Preis*** |
|---|---|---|
| **Pro:** Hält jahrzehntelang und kann mit einem preisgünstigen flexiblen Aufsatz (z. B. dem »G-Spotter« für ca. 15 Euro) nachgerüstet und zur Penetration genutzt werden.<br>**Contra:** »Weckt die Nachbarn auf«-mäßig laut, sieht nicht besonders sexy aus und fühlt sich für manche unter Umständen zu kräftig an (falls es so etwas gibt). | Sie sind allein zu Hause und brauchen etwas, auf das Verlass ist. | Ca. 65 Euro |
| **Pro:** Diskret, leicht, kabellos und perfekt für klitorale Stimulation während jeder Art von Sex.<br>**Contra:** Nur eine Geschwindigkeitsstufe und ein Fingeraufsatz bei dieser Version. Im »Power Pack« sind drei vibrierende Aufsätze; der wasserdichte »Massagehandschuh« hat fünf vibrierende Finger und mehrere Geschwindigkeitsstufen. | Nachdem Sie sich eine *Star Trek*-Episode zu viel angesehen haben, müssen Sie Ihre Borg-Fantasie ausleben. | Ca. 40 Euro |
| **Pro:** Wird Ihre Kinder nicht erschrecken, wenn sie ihn in der Schublade finden.<br>**Contra:** Keine hilfreichen Krümmungen oder Kitzleraufsätze – als hätte ihn ein Mann erfunden, der sichergehen wollte, dass er nicht mit seinem besten Stück konkurrieren kann. | Sie sind ein/e Sexmissionar/in und versuchen jemanden zu bekehren, der Angst vor Spielzeugen hat. | Ca. 35 Euro |
| **Pro:** Viele Spielzeuge zur G-Punkt-Stimulation sind zu weich, um zu funktionieren – *dieses nicht*!<br>**Contra:** Mit seiner trüben Färbung sieht der Nubby G aus, als hätten Sie ihn gebraucht gekauft. | Sie haben Plastikfolie aufs Bett gelegt, Ihre Blase entleert und sind bereit, Ihren Liebessäften freien Lauf zu lassen (siehe den Abschnitt »Mit allen Wassern gewaschen«, Seite 165). | Ca. 30 Euro |

| | ***Bezeichnung/Typ*** | ***Größe*** | ***Beschreibung*** |
|---|---|---|---|
| 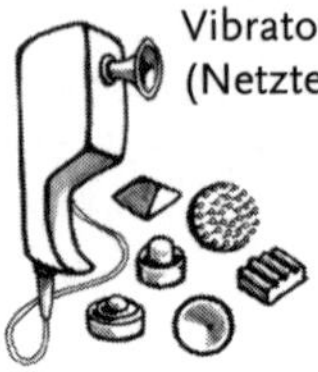 | **Wahl 7-in-1**<br>Vibrator<br>(Netzteil) | Länge 16,5 cm | Langlebiger, superleiser Elektrovibrator aus Kunststoff mit sieben verschiedenen Aufsätzen, darunter ein Saugnapf, der jeden leblosen Dildo in einen Teufelskerl verwandelt. |
|  | **Rabbit Pearl**<br>Vibrator<br>(Batterie) | Länge 12,5 cm, Durchmesser 4 cm | Der Winkel des rotierenden flexiblen Schafts lässt sich so einstellen, dass er auf den G-Punkt zielt, in der Mitte rollen Plastikkugeln umher, die das äußere Drittel der Vagina bei Laune halten, und zwei Hasenohren stimulieren mit einstellbarer Geschwindigkeit den Kitzler. |
| 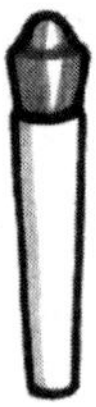 | **Apollo**<br>Vibrator<br>(Batterie) | Länge 15 cm, Durchmesser 4 cm | In Japan hergestellter stabförmiger Vibrator mit verschiedenen Geschwindigkeitsstufen; für externe und interne Stimulation geeignet. |
|  | **Aqua Allstar**<br>Vibrator<br>(Batterie) | Länge 12,5 cm (mit Zwischenstück verlängerbar), Durchmesser 4,5 cm | Sowohl der weiche Gummischaft als auch der vorstehende stumpfe Knubbel vibrieren; für externe und interne Stimulation geeignet. |

| *Pro und Contra* | *Anlass* | *Preis* |
|---|---|---|
| **Pro:** Wird Sie nie langweilen.<br>**Contra:** Sieht aus wie ein Küchengerät. | Sie sind allein zu Hause, brauchen etwas, auf das Verlass ist, und haben sehr dünne Wände. | Nur über amerikanische Onlineshops, z. B. www.babeland.com, 29 $ |
| **Pro:** Kommt aus Japan und hat deshalb gute Qualität.<br>**Contra:** Kommt aus Japan und hat deshalb ein seltsames Gesicht. | Ihr Liebster hat Ihnen vor kurzem das Herz gebrochen, Sie haben sich gerade *Magnolien aus Stahl* angesehen und eine Tafel Schokolade gegessen – bald wird alles wieder gut sein. | Ca. 30 Euro |
| **Pro:** Der stärkste batteriebetriebene Vibrator in dieser Preisklasse – und ohne lustige Gesichter!<br>**Contra:** »Oh, tut mir Leid, ich dachte, das wäre dein Tamponspender.« | Wenn er beim Security-Check am Flughafen nicht konfisziert wird, heißt es spätestens in 8000 Meter Höhe »Toilette besetzt«. | Nur über amerikanische Onlineshops, z. B. www.babeland.com, 24 $ |
| **Pro:** Von allen preisgünstigen Doppelvibratoren bietet Ihnen dieser am meisten für Ihr Geld – und er ist wasserdicht!<br>**Contra:** Keine Gimmicks oder tollen Extras, mit denen Sie vor Ihren Freundinnen angeben können. | Sie sitzen mit Ihren beiden Privatskilehrern und einer Flasche Champagner in der Badewanne einer Skihütte in St. Moritz. (Man darf doch noch träumen, oder?) | Nur über amerikanische Onlineshops, z. B. www.babeland.com, 80 $ |

| | ***Bezeichnung/Typ*** | ***Größe*** | ***Beschreibung*** |
|---|---|---|---|
|  | **Hello Kitty Vibe**<br>Vibrator<br>(Batterie) | Länge 14 cm | Kitschiger, aber gut gemachter einstufiger Kunststoff-Vibrator zur externen Stimulation mit mittelstarken Schwingungen. |
|  | **The Butterfly**<br>Vibrator<br>(Batterie) | Länge 7 cm, Breite 5 cm | Tragbarer Kunststoff-Vibrator im Schmetterlingsdesign mit elastischen Beingurten, der beim Geschlechtsverkehr (und anderen Spielereien) für klitorale Stimulation sorgt. Auch als Gänseblümchen, Delphin und Libelle erhältlich. |
|  | **Platinum Vibe**<br>Vibrator<br>(Batterie) | Länge 14 cm, Durchmesser 4 cm, Gewicht 700 g | Kräftiger, eleganter Metall-Vibrator zur Stimulation und Penetration, dessen Furchen an ein Softeis erinnern. |
|  | **Pocket Rocket**<br>Vibrator<br>(Batterie) | Länge 10 cm | Leiser Kunststoff-Vibrator im Taschenformat mit auswechselbaren strukturierten Aufsätzen zur externen Stimulation. (Die wasserdichte Variante heißt »Water Dancer«.) |

| ***Pro und Contra*** | ***Anlass*** | ***Preis*** |
| --- | --- | --- |
| **Pro:** »Unartiges Schulmädchen«-Faktor. **Contra:** »Unartiges Schulmädchen«-Faktor. | Sie suchen nach dem perfekten Zurück-in-die-Schulzeit-Accessoire. | Ca. 30 Euro |
| **Pro:** So schick, dass er fast schon ein Modeaccessoire für Ihren Kitzler ist – und er stimuliert Letzteren auch noch während des Geschlechtsverkehrs. **Contra:** Wenn Sie zu der Sorte Frauen gehören, die Shopping hassen, werden Sie ihn vielleicht zu girliemäßig finden. | Auf der Einladung zum Junggesellinnenabschied steht »Reizwäsche mitbringen«, aber Sie möchten lieber ein Sexspielzeug mitnehmen. | Ca. 30 Euro |
| **Pro:** Coole Industrieästhetik. **Contra:** Wird Sie unter Umständen an Ihre Bauhaus-Phase erinnern. | Sie flüchten bei einem spätabendlichen Rockkonzert nach heftigem Abtanzen in der Arena auf die Toilette (vorausgesetzt, Sie schaffen es, den Vibrator an den Sicherheitsleuten vorbeizuschmuggeln). | Nur über amerikanische Onlineshops, z. B. www.blowfish.com, 40 $ |
| **Pro:** Ihr Freund wird sich richtig groß vorkommen. **Contra:** Gibt es nicht, also gehen Sie schon und besorgen Sie sich einen. | Jederzeit, überall. | Ca. 30 Euro |

| | ***Bezeichnung/Typ*** | ***Größe*** | ***Beschreibung*** |
|---|---|---|---|
|  | **Duotone Vibe** Vibrator (Batterie) | Kugeldurchmesser 4 cm | Zwei miteinander verbundene, mit einstellbarer Geschwindigkeit vibrierende Kugeln, die zum einfachen Einführen mit einer geleeartigen Beschichtung überzogen sind und sich zur G-Punkt-Stimulation und zur Stärkung der Beckenmuskulatur eignen. |
|  | **Little Flirt** Butt-Plug | Länge 8 cm, Durchmesser 2,5 cm | Erinnert an einen (sehr) kleinen Bowlingkegel mit Fuß aus festem Silikon. |
|  | **Ultraviolett-Analkugelstab** Analkugelstab | Länge 27,5 cm, 5 Kugeln mit 2 cm Durchmesser, 5 Kugeln mit 2,5 cm Durchmesser | Feste, über eine flexible Stange miteinander verbundene Gummi-Kugeln zum Einführen in den After. |
|  | **Spiralstöpselset** Als Butt-Plug, Dildo und/oder zur Kitzler-Stimulation geeignet | Länge 9,5 cm, Durchmesser von 2,2 bis 3 cm | Die Rippen dieses Dildogeschirr-kompatiblen Silikon-Stöpsels sorgen für Stimulation und halten ihn nach dem Einführen in Position; der winzige Vibrator aus Hartplastik kann von unten in den Stöpsel eingesetzt oder separat benutzt werden. |

| ***Pro und Contra*** | ***Anlass*** | ***Preis*** |
|---|---|---|
| **Pro:** Wenn Ihnen Ben-Wa-Kugeln zwar grundsätzlich zusagen, aber zu langweilig sind, könnten Ihnen vibrierende Liebeskugeln gefallen. **Contra:** Nicht mehr wirklich zeitgemäß. | Ihr einfühlsamer Freund namens Ian hat sie Ihnen »einfach so« geschenkt. | Ca. 30 Euro |
| **Pro:** Sanfter als Johnson's Baby-Shampoo. **Contra:** »Ist er schon drin?« | Sie machen das erste Mal Bekanntschaft mit Ihrem Allerwertesten und möchten einen guten Eindruck hinterlassen. | Ca. 20 Euro |
| **Pro:** Einfacher zu reinigen als Plastik-Kugeln und ohne Nahtstellen, die geglättet werden müssen. **Contra:** Nur in leuchtendem Violett erhältlich. | Ihr/e zimperliche/r Partner/in möchte keinen Finger zur Verfügung stellen, hat aber nichts dagegen, dass eine dritte Partei hinzugezogen wird. | Ca. 15 Euro |
| **Pro:** Der einzige kabellose, vibrierende Butt-Plug aus Silikon auf dem Markt! **Contra:** Unterschiedliche Reinigungsanweisungen für Butt-Plug und Vibrator. Hoher Wartungsaufwand nervt. | Sie sind Po-spezialist/in und müssen auf eine stinklangweilige Bürofeier. (Wenn Sie unentdeckt bleiben möchten, lassen Sie den Vibratoreinsatz besser zu Hause.) | Nur über amerikanische Onlineshops, z. B. www.goodvibes.com, 31 $ |

| | ***Bezeichnung/Typ*** | ***Größe*** | ***Beschreibung*** |
|---|---|---|---|
|  | **Fleshlight**<br>Masturbationsmanschette | Innenlänge 25 cm | In drei verschiedenen Formen erhältlich: als Mund, Vagina oder Anus. Stecken Sie einfach Ihren kleinen Freund in die Öffnung aus Cyberskin und bewegen Sie die Manschette auf und ab. |
|  | **Gummy Bear Ring**<br>Penisring | Dehnbar bis 6,5 cm Durchmesser | Lässt sich fest (und mit etwas Gleitmittel einfach) an der Peniswurzel oder an einem Dildo befestigen und verwöhnt die Partnerin mit seinem elastischen Knubbel. |
|  | **Orbit Ring Vibe**<br>Vibrierender Penisring (batteriebetrieben) | Dehnbar bis 10 cm Durchmesser | Leise vibrierender, weicher Gummiring (mit verschiedenen Geschwindigkeitsstufen) zur Stimulation ihres Kitzlers und seiner Hoden beim Geschlechtsverkehr. Auch in Verbindung mit einem Dildo oder am Handgelenk zu verwenden. |
|  | **Tweezer Clamps**<br>Nippelklemmen mit Kette | 8 cm lange Klammern, 30 cm lange Kette | Gepolsterte Kunststoffklammern, die mit einer Kette verbunden sind und einfach von leicht bis fest verstellt werden können. |

| ***Pro und Contra*** | ***Anlass*** | ***Preis*** |
|---|---|---|
| **Pro:** Liefert Gesprächsstoff beim Abendessen.<br>**Contra:** Erfordert *eine Menge* Fantasie. | Sie haben sich den Arm gebrochen. | Ca. 60 Euro |
| **Pro:** Billig, simpel und nicht Furcht erregend.<br>**Contra:** Könnte für eine essbare Süßigkeit gehalten werden. | Der vorstehende Knubbel an Ihrem Penis ist abgefallen. | Ca. 6 Euro |
| **Pro:** »Vibrierende klitorale Stimulation beim Geschlechtsverkehr? Bin ich im Paradies?«<br>**Contra:** Fühlt sich unter Umständen an, als würde jemand Ihren Pimmel nach unten ziehen und so lange kitzeln, bis Sie um Gnade winseln. | Ihre neue Freundin ist beim Geschlechtsverkehr noch nie gekommen, und Sie möchten Schande über alle ihre Exfreunde bringen. | Nur über amerikanische Onlineshops, z. B. www.babeland.com, 48 $ |
| **Pro:** Fallen nicht ab.<br>**Contra:** Könnte Sie an Ihren letzten Zahnarztbesuch erinnern. | Sie waren ein sehr böses Mädchen (oder ein sehr böser Junge) und müssen an Ihre Unartigkeit erinnert werden. | Ca. 15 Euro |

| Bezeichnung/Typ | Größe | Beschreibung |
|---|---|---|
| **The Crystal Wand**<br>Dildo<br> | Länge 25 cm, 2,2 cm Durchmesser | Durchsichtiger, S-förmiger Stab aus Acryl, der speziell auf die Stimulation des G-Punkts oder der Prostata ausgelegt ist. |
| **Champ**<br>Dildo<br> | Länge 16 bis 19 cm, Durchmesser 3 bis 5 cm | Qualitativ hochwertiger, flexibler Silikon-»Penis«, der sich aufgrund seiner sanften Krümmung sowohl vaginal als auch anal verwenden lässt. |
| **Soft Pack**<br>Schlaffer Dildo (mit »Eiern«)<br> | Länge 9 bis 17,5 cm | Naturgetreue Penis-Hodensack-Prothese aus Cyberskin, die in der Unterhose getragen wird. In verschiedenen Farben und vier Größen erhältlich. |
| **Terra Firma Harness**<br>Dildogeschirr<br> | Passt bis 142 cm Hüftumfang | Dildogeschirr mit einstellbaren Gurten, an dem sich Dildos jeder Größe und Form befestigen lassen. Erhältlich aus Leder, Nylon und Vinyl. |

| ***Pro und Contra*** | ***Anlass*** | ***Preis*** |
|---|---|---|
| **Pro:** Wird mit Samtetui und 7-seitiger Gebrauchsanweisung geliefert.<br>**Contra:** Sie müssen gut zielen können. | Sie sind eine Märchenprinzessin und betören mit Ihrem Zauberstab Ihren magischen Punkt in Ihrer geheimnisvollen Höhle und, oh, ist das nicht wie im Märchen …? | Ca. 60 Euro |
| **Pro:** Es kommt eben *doch* auf die Größe an.<br>**Contra:** Ihr Freund könnte Minderwertigkeitskomplexe bekommen. | Sie wünschen sich das nachweihnachtliche Völlegefühl ohne Kalorien. | Nur über amerikanische Onlineshops, z. B. www.babeland.com, 66 $ |
| **Pro:** Die beste Möglichkeit zu erfahren, wie es ist, ein Mann zu sein, ohne sich einer Geschlechtsumwandlung zu unterziehen.<br>**Contra:** Nicht zur Penetration geeignet … Mist! | Es ist Drag-King-Night, und Sie möchten es mit den Profis aufnehmen. | Nur über amerikanische Onlineshops, z. B. www.babeland.com, je nach Größe 13 bis 18 $ |
| **Pro:** Erhältlich aus Nylon, falls Sie es billig mögen, aus »Sternnebel«-Vinyl, wenn Sie es glamourös mögen, und aus Leder, wenn Sie es unartig mögen. Das Zwei-Gurt-System lässt der Trägerin alle Möglichkeiten offen, was immer gut ist.<br>**Contra:** Lässt sich nicht mit einem zweiten Dildo für die Trägerin ausstatten, hat keine Tasche für einen kleinen Vibrator. | Ihr Freund war ein sehr böses Mädchen und muss an seine Unartigkeit erinnert werden. | Nur über amerikanische Onlineshops, z. B. www.libida.com, je nach Material ca. 32 bis 50 $ |

# 11. Bizarres für Normalos

## BDSM für den Hausgebrauch

Was macht tollen Sex *toll*? Das hitzige Streben nach Erfüllung? Der Triumph der Beharrlichkeit über alle Hindernisse? Die absichtliche und geplante Verführung? Das Unerwartete, das Unvorhersehbare, das Ungewisse? Das psychologische Drama des Augenblicks? Das Brechen von Tabus? Ja. Ja. Ja, ja, ja, *ja*!

Wenn Ihrem Sexleben eines dieser oder alle Elemente fehlen, wird sich unter Umständen irgendwann Langeweile breit machen. Vielleicht hat Ihre Langzeitbeziehung den sprühenden Funken von einst verloren, vielleicht sind Sie auch selbst zum Gewohnheitstier mutiert und verfallen auch mit neuen Partnern immer wieder in denselben alten Trott. Wie fänden Sie es, wenn wir Ihnen sagen würden, dass Sie all die Spannung von früher zurückbekommen und sogar noch einen *draufsetzen* können? Wie fänden Sie es, wenn wir Ihnen sagen würden, dass Sie Ihre Fantasien Wirklichkeit werden lassen können, sicher und diskret, ganz ohne Geld, wenn Sie sich nur ein wenig Mühe geben?

Vergessen Sie alles, was Sie über BDSM (d. h. *Bondage-Discipline-Sado-Maso,* »Fesselspiele-Unterwerfung-Sadomasochismus«) wissen – oder vielmehr zu wissen glauben. Nein, um daran Spaß zu haben, müssen Sie keinem dubiosen Club beitreten, müssen nicht die Trekkie-Sprache lernen und müssen auch nicht im Hauptfach Theaterwissenschaften studiert haben. Sie müssen nicht einmal auf Schmerzen oder Lederoutfits stehen. In diesem Kapitel geht es nicht darum, »normalen« Sex zu den Akten zu legen, sich einen neuen »Lifestyle« anzueignen, einer »Gemeinde« beizutreten oder ein »Freak« zu werden. Es geht nur darum, Sex heißer zu machen. Es geht darum, Ihren dunkleren, vielleicht sogar leicht beunruhigenden Wünschen Ausdruck zu verleihen, indem Sie unbekannte Sinneseindrücke erfahren, mit Fesselspielen experimentieren, sich verkleiden (oder entkleiden) und in andere Rollen schlüpfen – und dabei Verkehr haben oder auch nicht. Es geht darum, Schräges zu einem Teil Ihres Alltagssexlebens zu machen ... Okay, vielleicht auch nur zu einem Teil Ihres Wochenend- oder Urlaubssexlebens.

Übernehmen Sie aus diesem Kapitel nur das, was Sie möchten. Manche Leute bevorzugen die physischen Aspekte von BDSM, andere stehen eher auf die mentale Komponente. Beim Spielen gibt es keinen richtigen oder falschen Weg (außer was Sicherheit und gegenseitiges Einverständnis betrifft) – es kommt ausschließlich darauf an, was Sie und Ihre Partnerin oder Ihren Partner antörnt. Machen Sie sich keine Gedanken, was andere darüber denken oder sagen könnten. Nur weil Sie leicht bizarre Neigungen besitzen, heißt das noch lange nicht, dass Sie nicht alle Tassen im Schrank haben oder unter einem Kindheitstrauma leiden. Nur weil Sie sich gerne fesseln, den Hintern versohlen und »Schlampe« nennen lassen, heißt das noch lange nicht, dass Sie eine schlechte Feministin sind. Nur weil Sie Ihren Freund gern im Spaß vergewaltigen, heißt das noch lange nicht, dass Sie kriminell veranlagt sind.

Die eigenen Grenzen zu verschieben, um richtig in Fahrt zu kommen, bedarf gründlicher Planung. Außerdem setzt es Vertrauen, Kommunikation und etwas Liebe (ohne sie lässt sich das Gegenteil – ein wenig sadistischer Hass – nicht erzeugen) voraus. Deshalb ist das Experimentieren mit Grenzen in einer langjährigen Beziehung einfacher, sicherer und in der Regel auch befriedigender. Wir werden Ihnen an dieser Stelle also keine Einführung in anonyme Machtspiele und keinen Überblick über SM-Clubs geben. (Dafür gibt es schließlich Erotikmagazine im Fernsehnachtprogramm, oder?) Lesen Sie dieses Kapitel mit Ihrer oder Ihrem Liebsten, und entscheiden Sie dann, wer heute Abend wen bedient.

## Machtspiele

Thomas Jefferson hat gesagt: »Für reine Gedanken ist Macht nicht verlockend.« Aber wer möchte schon rein sein? Okay, Tommy J. hatte natürlich Recht: Die Extreme von Macht – uneingeschränkte Machtbefugnis und völliger Machtverzicht – wollen nicht wirklich zu einer demokratischen Gesellschaft passen. Doch Machtspiele und Machtwechsel gehören zu jeder Beziehung, insbesondere zu sexuellen Beziehungen. Wir verbringen so viel Zeit damit, die Machtverhältnisse außerhalb des Schlafzimmers zu stabilisieren, dass es ziemlich spannend sein kann, sie *im* Schlafzimmer aus dem Gleichgewicht zu bringen oder sogar über den Haufen zu werfen. Dort, im Privaten, ist der Missbrauch von Macht völlig in Ordnung. Sie können also böse sein oder unseretwegen auch schwach – wir werden es nicht weitersagen.

Explizit mit Macht zu spielen geht weiter, als die Initiative zu ergreifen oder im wörtlichen Sinn »obenauf« zu sein. Und so funktioniert es: Einer der Partner, den wir den »Aktiven« nennen möchten, übernimmt die totale Kontrolle; der andere, den wir den »Passiven« nennen möchten, gibt sich ihm hin. Und zwar *bedingungslos*. Vielleicht fesselt der Aktive den Passiven und provoziert ihn so lange, bis er selbst bereit ist zu kommen. Oder vielleicht war der Passive sehr, sehr unartig und muss übers Knie gelegt und ordentlich versohlt werden. Oder der Aktive könnte sich dafür entscheiden, den Passiven zu seinem Sexsklaven zu machen, der ihm jeden Wunsch erfüllt und bereitwillig seinen sexuellen Fantasien Folge leistet, ohne Fragen zu stellen und ohne zu zögern. Keines dieser Szenarien muss sich besonders hardcoreartig gestalten – wenn Sie der Chef sind, können Sie sich zum Beispiel von Ihrer Partnerin oder Ihrem Partner auch nur ein Bad einlassen, sanft die Haare waschen, Weintrauben füttern und auf Kommando küssen lassen. Andererseits können Sie Ihrem Spielgefährten aber auch mit einem Nylonseil Hände und Füße fesseln, die Augen verbinden, ihn ins Bad sperren, ab und zu die Tür öffnen und ihn mit einer behandschuhten Hand *fast* zum Orgasmus bringen, um die Tür dann wieder zu schließen und ihn in seinem süßen Schmerz darben zu lassen.

### Warum unterwürfig sein?

Dominiert zu werden heißt, sich einem anderen völlig auszuliefern (was schon allein sexy *klingt*). Sie bieten Ihrer Partnerin oder Ihrem Partner Ihren Körper zu deren oder dessen Vergnügen an, doch das bereitet auch *Ihnen* Vergnügen – die Sache beruht also auf Gegenseitigkeit. Unterwürfigkeit befreit von Verantwortung, Schuldgefühlen und Komplexen. Man vollzieht die sexuellen Handlungen, mit denen man konfrontiert wird, nicht unbedingt weil man *will* (ha, ha, ha), sondern weil man *muss*. Was für eine Freiheit! Man ist eine Marionette, steht aber trotzdem im Mittelpunkt des Interesses – paradiesische Zustände für jede verhinderte Primadonna. Wenn Sie ohnehin darauf stehen, festgehalten und gekitzelt zu werden, warum setzen Sie dann nicht noch eins drauf? Wir sprechen von Verteidigungsstufe I. Sie können sich im Augenblick verlieren. Sie müssen nicht nachdenken. Sie müssen nur das tun, was man Ihnen sagt. Das soll nicht heißen, dass Sie passiv sind. Sie sind empfindsam, empfänglich, aufgeschlossen, *dankbar*. Und es besteht keine Verbindung zwischen Ihrem sozialen, ökonomischen oder mentalen Status quo und Ihrer Machtpräferenz. Dominiert zu werden ist nicht entwürdigend; es macht Spaß!

### Warum dominant sein?

Zu dominieren heißt, die volle Verantwortung dafür zu übernehmen, wann, wo, wie oft und wem was passiert. Sie übernehmen die Kontrolle, weil Sie *genau* wissen, was Sie wollen, und *genau* wissen, was Ihre Partnerin oder Ihr Partner verdient hat – und Sie lassen nicht zu, dass sie oder er Ihnen einen Strich durch die Rechnung macht. Sie können all die Charakterschwächen ausleben, mit denen Sie sich im wirklichen Leben keine Freunde machen: Geiz, Stolz, Unmäßigkeit, Unkeuschheit, Trägheit, Zorn ... eigentlich alle sieben Todsünden bis auf Neid, denn Sie beneiden niemanden, schon gar nicht Ihre Partnerin oder Ihren Partner. Vergessen Sie Elvis: Lieben Sie nicht zärtlich, sondern grausam! Gebrauchen Sie Ihre Partnerin oder Ihren Partner, missbrauchen Sie sie oder ihn – in diesem sicheren und kontrollierten Rahmen ist das in Ordnung. Sie brauchen nicht einmal etwas zu tun; foltern Sie einfach mit Verweigerung, lassen Sie sie oder ihn schmutzige Sachen sagen, sich zur Schau stellen oder betteln. Während Sie tun können, wonach Ihnen der Sinn steht, haben Sie ironischerweise immer das Vergnügen Ihrer Partnerin/Ihres Partners im Hinterkopf, denn absolutes Vertrauen ist schließlich ein wertvolles Geschenk. Es beruht also alles auf Gegenseitigkeit, verstehen Sie?

### Warum sich festlegen?

Sie müssen sich nicht auf eine Rolle festlegen – jeder hat etwas von einem Tyrannen *und* von einem Schwächling in sich. In »traditionellen« sexuellen Beziehungen wechseln die Machtverhältnisse oft *während* eines Stelldicheins – warum sollte das im Lauf einer BDSM-Beziehung anders sein? (In Expertenkreisen heißt es sogar, dass ehemalige Passive die besten Aktiven sind.) Allerdings spricht nichts dagegen, die Sache einen Abend lang völlig einseitig zu gestalten. Es wird dabei helfen, dass alles glatt und in geregelten Bahnen läuft; außerdem müssen Sie auf diese Weise keine emotionalen Verrenkungen machen (was bei jeder Art von Sex hinderlich ist).

## Kommunikation

Das Absurde an Machtspielen ist die Tatsache, dass sie eigentlich auf gegenseitigem Einvernehmen basieren. Natürlich gibt der passive Part die Kontrolle ab, aber er (oder sie) tut es aus freien Stücken. Machtwechsel müssen auf Gegenseitigkeit beruhen, unter Gleichberechtigten stattfinden und ohne Druck oder Manipulation der Beteiligten ablaufen (all das passiert *innerhalb* einer geplanten Session). Bringen Sie das beiläufig, aber bestimmt zur Sprache. Wenn Sie dieses Kapitel nicht gemeinsam lesen (wie wir es Ihnen nahe gelegt haben), lassen Sie Ihre Partnerin oder Ihren Partner es lesen, und sehen Sie, ob ihr oder ihm dabei ein Licht aufgeht.

Kommunikation ist der Grundstein jeder Beziehung – eine BDSM-Beziehung macht da keine Ausnahme. Beide Partner müssen herausfinden, was sie wollen und was sie nicht wollen, wozu sie bereit sind und wozu sie niemals bereit wären, wie ein

Abend nach ihren Vorstellungen beginnen sollte und, noch wichtiger, wie er enden sollte (mit einem Knall oder mit einem Klagelaut?). Je besser Sie vorbereitet sind, bevor Sie zur Sache kommen, desto geringer ist die Gefahr, dass es *währenddessen* oder *danach* zu Missverständnissen oder Enttäuschungen kommt. Manche Leute befürchten, dass offene Aussprache die Angelegenheit jeglicher Spontaneität berauben wird, da heißer, befriedigender Sex einfach »passieren« sollte. Doch was könnte die Stimmung mehr vermiesen, als von der Partnerin oder vom Partner ein Halsband angelegt zu bekommen und gezwungen zu werden, eine Dose Hundefutter zu essen, wenn man eindeutig ein Katzentyp ist? Bei dieser Art von Sex geht es in erster Linie darum, sich entspannen zu können, sich im Augenblick zu verlieren und seine Fantasien auszuleben, ohne von störenden Pannen oder Unannehmlichkeiten (zumindest von ungeplanten) wieder auf den Boden der Tatsachen geholt zu werden.

Wir meinen damit nicht, dass Sie sich hinsetzen und ein 80-seitiges Drehbuch mit Regieanweisungen und zu erwartenden Produktionskosten verfassen sollen. Betrachten Sie die Planung als einen Teil des Spaßes: Schreiben Sie sich schmutzige E-Mails, unzweideutige Briefe oder Listen mit Befehlen und Verboten; holen Sie sich Anregungen aus erotischen Büchern und Filmen; kaufen Sie all die Accessoires, die Sie gern benutzen würden, anstatt darauf zu hoffen, dass Ihre Partnerin oder Ihr Partner Ihre Gedanken lesen wird. Seien Sie kompromissbereit, aber geben Sie nie klein bei. Sobald Sie Ihre jeweiligen Vorlieben kennen gelernt und einen Rhythmus entwickelt haben, werden Sie nicht jedes Mal einen Spielplan ausarbeiten müssen. Vielleicht werden Sie einen Geheimcode entwickeln, der bedeutet: »Heute Abend heißen bizarren Sex!« – ein bestimmtes Outfit, ein Handzeichen oder einfach nur eine mündliche Nachricht, die lautet: »Heute Abend heißen bizarren Sex!«

## Emotionale Sicherheit und Verantwortungsbewusstsein

Wir haben es bereits gesagt, und wir sagen es noch einmal (obwohl wir nur ungern Analogien zur Schauspielerei herstellen): Werden Sie sich über Ihre Motivation klar. Versichern Sie sich, dass sie selbstbewusst ist und nicht selbstzerstörerisch. Versuchen Sie nicht, mit BDSM eine angeknackste Beziehung zu retten – dafür gibt es Paartherapie. Wenngleich manche Missbrauchsopfer SM als nützlich für ihre emotionale Genesung empfinden, handelt es sich dabei um ein gefährliches Terrain, das nur mit einem liebevollen, langjährigen Partner und einem Berater hinter den Kulissen betreten werden sollte. Sind Sie jähzornig oder unsicher? Dann lassen Sie die Finger davon. Selbst wenn Sie mit beiden Beinen im Leben stehen und über jede Menge Selbstachtung und Selbstvertrauen verfügen, kann es eine intensive, sogar eine erschreckende Erfahrung sein, mit Machtspielen zu experimentieren. Es kann versteckte Ängste und dunkle Seiten ans Licht bringen. Es kann dazu führen, dass Sie sich hilflos und verletzlich fühlen (vor allem, wenn Sie es richtig machen). Das ist starker Tobak. Aber genau das macht es ja *so gut*.

Blinder Eifer schadet nur, aber Sie sind schließlich nicht blind – also seien Sie rücksichtsvoll, höflich und vorsichtig. Das setzt voraus, dass Sie weder betrunken noch high sind. (Ein oder zwei Gläser Wein können dazu beitragen, Sie in Stimmung zu bringen, aber ein Vollrausch und japanische Fesseltechniken passen einfach nicht zusammen.) Das heißt, als die oder der Passive müssen Sie sich darauf verlassen können, dass die oder der Aktive zum richtigen Zeitpunkt aufhört; und als die oder der Aktive *wissen* Sie, wann der Zeitpunkt gekommen ist, um aufzuhören. Sie müssen darauf vorbereitet sein, dass nicht alles so läuft, wie Sie es geplant oder sich erhofft haben; wenn versehentlich Grenzen überschritten werden, *muss* für Nachsorge gesorgt sein – anschließend miteinander darüber zu sprechen und zu kuscheln ist unabdingbar.

Die goldene BDSM-Regel: Spielen Sie nur mit Leuten, die fair spielen, denn Ihr/e Ex, die oder der Sie beim Fremdgehen erwischt hat, wird sich vielleicht aus dem Staub machen, nachdem sie oder er Ihnen Handschellen angelegt und die Augen verbunden hat.

## Die einzige Situation, in der »nein« nicht »nein« heißt

Machtspiele wären keine Machtspiele, wenn Sie Ihrer Partnerin oder Ihrem Partner dabei nicht sagen könnten: »Bitte aufhören, oh Gott, es reicht!«, *ohne* es so zu meinen. Aus diesem Grund brauchen Sie ein »Sicherheitswort«, wenn es Ihnen zu viel wird. Jeder braucht einen Fluchtweg, auch Sie, egal, wie sehr Sie Ihrer Partnerin oder Ihrem Partner vertrauen. Eigentlich geht es gar nicht um Vertrauen – es geht darum, dass Sie beim Orgasmus dieselben Laute von sich geben und denselben Gesichtsausdruck haben, wie wenn Sie sich den Zeh anstoßen. (Ohne ein Sicherheitswort zur Tat zu schreiten ist eine Gratwanderung – halten Sie uns für Weicheier, aber wir halten davon gar nichts.) Übliche Sicherheitswörter sind »rot« (mit dem entsprechenden »grün« für »mehr« und »gelb« für: »Eine kleine Verschnaufpause, bitte«) und das gute alte »Sicherheitswort«. Wir bevorzugen allerdings »Schluss« wie in: »Schluss mit lustig.«

## Bondage-Grundlagen

Bondage – dieses Wort ruft sofort Bilder von verstört dreinblickenden Grufties mit schlechtem Augen-Make-up, blasser Haut und Kruzifixschmuck wach. Doch der Gebrauch von Fesseln ist eine der einfachsten, preiswertesten und vielfältigsten Möglichkeiten, um eines der vorhersehbarsten Naturschauspiele etwas unvorhersehbarer zu gestalten. Ob Sie die Band *Siouxsie and the Banshees* mögen oder nicht.

Je nachdem, wer wen fesselt, kann Bondage ein Gefühl von Kontrolle und Verantwortlichkeit oder von Hilflosigkeit vermitteln – doch in beiden Fällen werden die egoistischen Wünsche beider Partner erfüllt, vorausgesetzt, jeder ist mit seiner Rolle zufrieden. Kunstvolle, Houdini-sichere Fesseln erhöhen den Einsatz beim Machtroulette, aber oft reicht schon der einfache, eher symbolische Akt des Zusammenbindens von Handgelenken mit einer kräftigen, aber zugegebenermaßen auflösbaren Fessel. Unter Umständen bedarf es nicht einmal körperlicher Fesseln, sondern nur eines autoritären Kommandos wie: »Rühr dich nicht von der Stelle!«

Wenn Sie Schwierigkeiten haben, zum Orgasmus zu gelangen – weil Sie sich zu sehr unter Druck setzen oder weil Sie sich egoistisch vorkommen, wenn Ihre Partnerin oder Ihr Partner zu viel Zeit für Sie opfert, und Sie sich schließlich völlig aus

**Die Wahrheit über Handschellen**

Wenn Ihre Liebste oder Ihr Liebster Handschellen angelegt bekommen muss, sollten Sie nicht das Paar Polizeihandschellen aus der Schublade holen, das Sie haben mitgehen lassen, nachdem Sie in Alabama wegen Analverkehr verhaftet worden sind. Gebräuchliche Handschellen wurden nicht mit koitalen Hintergedanken entworfen, sondern in erster Linie für den Gefangenentransport – daher ihr hohes Schmerzpotenzial. Aus diesem Grund benutzen sie auch die hartgesottensten Bondage-Fans lediglich wegen der Optik. Wenn auf Metall-Handschellen Druck ausgeübt wird, sind sie mehr als unbequem: Unter Umständen können sie sogar dauerhafte Nerven- oder Knochenschäden verursachen. Falls Ihr Outfit ohne ein Paar dieser silbernen Armreifen jedoch einfach nicht komplett ist, halten Sie sich an die folgenden Regeln: Achten Sie darauf, dass sie nicht zu fest sitzen (die Handgelenke sollten sich frei darin bewegen können), vermeiden Sie Zug auf die Handschellen (es handelt sich dabei nicht um eine Leine), üben Sie keinen Druck auf sie aus (sich mit den Händen unter dem Körper auf den Rücken zu legen ist tabu) und greifen Sie etwas tiefer in die Tasche, Sie alter Geizkragen! Kaufen Sie keine mit Kleeblatt-Schlüssel, da schon die geringste Erschütterung dazu führen kann, dass der billige Schiebeverschluss des »Doppelschloss«-Mechanismus verrutscht, und sich die Handschellen verengen oder öffnen. Qualitätsprodukte (wie etwa von der Firma Peerless) kosten um die 30 Euro und verfügen über einrastende Druckknöpfe, die dafür sorgen, dass sich die Größe nicht verstellt und Sicherheit und Spaß gewährleistet sind.

dem Konzept bringen lassen –, sind Sie wie geschaffen dafür, den passiven Part zu übernehmen. Lassen Sie einfach alles mit sich geschehen. Körperliche Einschränkung kann schon an sich ein gutes Gefühl sein, wie etwa durch eine dicke Decke im Winter oder durch das Blutdruckmessgerät beim Hausarzt. Manchmal trägt der vergebliche Kampf mit den Fesseln zur Dramatik bei. Manchmal geht es bei Bondage nur um die Ästhetik – dicke Handgelenksmanschetten aus Leder sind beim MTV-Publikum nicht ohne Grund so beliebt. Manchmal stehen auch künstlerische und handwerkliche Aspekte im Vordergrund, wenn das Flechtwerk aus Schlaufen und Knoten komplizierter ist als die auf dem Handarbeitsbasar preisgekrönte Stickarbeit Ihrer Großmutter. Bondage passt außerdem hervorragend zu Rollenspielen – und zu Spaghetti.

**Materialien**

Seil – so edel, so elegant, so vielseitig, so verfügbar. Sie können es entweder im nächstbesten Baumarkt kaufen oder, wenn Sie gern extravagant sind, bei Ihrem freundlichen Fachhändler für Seglerbedarf. Weiches, glänzendes, gedrehtes (oder geflochtenes) Nylon ist stabil, komfortabel und scheuert nicht. Es bleibt sauber, hält lange und lässt sich leicht lösen (manchmal vielleicht sogar *zu* leicht). Die Enden von Nylon können Sie vor dem Ausfransen bewahren, indem Sie sie vorsichtig mit einer Kerzenflamme anschmelzen. (Heben Sie die Kerze für Spielereien mit heißem Wachs auf – siehe den Abschnitt »Gefühlsspiele«, Seite 233.) Falls Sie es von der Optik und vom Gefühl lieber etwas rauer hätten, können Sie es mit einer Baumwoll-Wäscheleine versuchen, die geschmeidig ist und sich fest knoten lässt (manchmal vielleicht sogar *zu* fest; siehe »Sicherheitstipps«, Seite 228). Das Ausfransen der Enden können Sie verhindern, indem Sie sie in Klebstoff oder Nagellack tauchen oder sie mit Isolierband oder Zwirn umwickeln. Hanfseil ist reißfest, kratzt aber auf der Haut. Egal, für welches Material Sie sich entscheiden, besorgen Sie sich etwa 30 Meter, die Sie in mehrere Stücke von drei bis zehn Meter Länge schneiden; kürzere Stücke eignen sich zum Fesseln der Füße und Hände, längere Stücke für Ganzkörperfesselungen. Je dicker das Seil, desto geringer die Gefahr von Durchblutungsstörungen: Wählen Sie eine Dicke zwischen einem und vier Zentimetern.

Leukoplast oder Isolierband können wie ein Seil verwendet werden – legen Sie alte, in Stücke gerissene Klamotten, Bettlaken oder Plastikfolie als Schutz zwischen Klebeband und Haut (außer bei PVC-Klebeband, das aus weichem, recyclebarem Kunststoff besteht und nicht auf der Haut oder Kleidung kleben bleibt, sondern nur an sich selbst haftet). Da Klebeband die Körpertemperatur erhöht, vor allem in Verbindung mit einer Unterlage aus Plastikfolie, müssen Sie darauf achten, dass der oder die Gefesselte nicht überhitzt. Halten Sie eine stumpfe, hautschonende Verbandsschere zur schnellen Befreiung bereit.

Speziell für Bondage-Zwecke gibt es Manschetten aus Leder oder Stoff, mit denen sich alle möglichen Körperteile (z. B. Handgelenke, Fesseln, Oberschenkel) miteinander oder mit anderen Bondage-Accessoires (z. B. Ketten, Haken) verbinden lassen. Sie verfügen über integrierte Schnallen oder nachträglich zu befestigende Verschlüsse wie D-Ringe, Vorhängeschlösser, Federklammern, Karabinerhaken oder sogar Kabelbinder. Dickere, weichere Manschetten (insbesondere mit Vlies oder Fell gepolsterte) sind deutlich bequemer, vor allem wenn Sie vorhaben, so richtig zur Sache zu gehen. Qualitativ hochwertige Manschetten sind teurer, aber auch stabiler, haltbarer und optisch ansprechender.

Ketten sorgen für solide Verbindungen zwischen weicheren Fesseln (benutzen Sie eine Kette nie so, wie Sie ein Seil verwenden würden; siehe »Sicherheitstipps«, Seite 228). Da jedes Kettenglied als Befestigungspunkt dienen kann, sind die Verstellmöglichkeiten beinahe endlos. Ziehen Sie ein Stück Kette unter Ihrem Bett hindurch, und befestigen Sie die Enden von beiden Seiten an Gelenksmanschetten, um Ihre »Geisel« mit allen vieren von sich gestreckt auf die Matratze zu fesseln. Wo wir gerade beim Thema sind, so genannte »Streckwerkzeuge« dienen dazu, um Körperteile (z. B. Beine) zu spreizen und das Gefühl entstehen zu lassen, man befände sich »auf dem Präsentierteller«. Basteln Sie sich Ihr eigenes Streckwerkzeug, indem Sie im Eisenwarenhandel ein Metallrohr mit zirka einem Meter Länge und zwei Zentimeter Durchmesser besorgen, durch das Sie eine Kette ziehen. Die Enden der Kette befestigen Sie auf beiden Seiten des Rohrs (achten Sie darauf, dass es keine scharfen Kanten hat) an den Manschetten. Oder Sie befestigen die Ketten oder Seile an stabilen, an den Wänden oder der Decke angebrachten Haken. Grundsätzlich empfehlen wir keine Art der Aufhängung (zu gefährlich), aber wenn Sie nicht darauf verzichten möchten, sollten die Haken so stabil sein, dass sie ordentlichen Zug verkraften. Und vergessen Sie nicht, eine Hängematte oder einige Topfpflanzen an die Haken zu hängen, wenn Ihre Eltern zum Kaffee vorbeikommen.

In jeder Wohnung und jedem Haus gibt es zahllose Utensilien, die nur darauf warten, zu Bondage-Zwecken benutzt zu werden: Tische (testen Sie vorher, ob sie Ihr Gewicht tragen), Matratzen (oder besser noch Bettgestelle), Treppengeländer, Hängematten, Toiletten (wenn Sie eine wirklich schmutzige Fantasie haben), Hocker und natürlich Stühle (am besten aus Holz mit vielen Verstrebungen). Und befreien Sie sich bei der

Positionierung von Ihrem Tunnelblick; die Sitzfläche eines Stuhls ohne Armlehnen kann beispielsweise als lebloses Knie dienen, über das Sie Ihre unartige Partnerin oder Ihren unartigen Partner legen.

Falls Ihnen all das zu aufwändig ist, nehmen Sie einfach eine Krawatte, eine lange Socke, einen geflochtenen Ledergürtel, einen Wollschal oder ein Stofftaschentuch für spontane Fesselspiele. Egal, welche Art von Fesseln Sie binden, gehen Sie sicher, dass Sie alle unsere Sicherheitstipps beachten.

### Seiltechniken

Im Folgenden sind einige grundlegende Fesseltechniken für »Meine erste Bondage-Szene« beschrieben. Wenn Sie es gern etwas trickreicher hätten (d. h. Zusammenbinden aller Gliedmaßen, Fesseln im Schritt) sollten Sie in einen speziellen Bondage-Wegweiser wie Jay Wisemans *Erotic Bondage Handbook* investieren oder sich heimlich das Pfadfinder-Knotenhandbuch Ihres Neffen ausleihen.

***Seil-Handschellen*** (Gliedmaße an Gliedmaße): Am besten beginnen Sie mit den Handgelenken, wenn die Handflächen aufeinander liegen. Durch Zusammenschnüren der Finger entsteht eine natürliche Lücke zwischen den Handgelenken. Nehmen Sie knapp zwei Meter Seil, und legen Sie die Mitte über die beiden Gliedmaßen, die Sie zusammenbinden möchten. Wickeln Sie beide Enden mehrmals (mindestens drei oder vier Mal) um beide Gliedmaßen, wobei Sie darauf achten sollten, die Spannung gleichmäßig über die Haut zu verteilen und ein wenig Luft zwischen den Gliedmaßen zu lassen (mindestens vier bis fünf Zentimeter), damit die Durchblutung nicht unterbrochen wird. Wenn noch etwa 30 Zentimeter übrig sind, kreu-

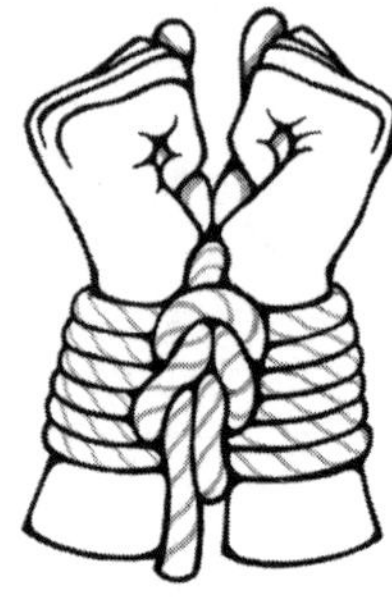

zen Sie die beiden Enden in der Mitte zwischen den Gliedmaßen (nicht seitlich über einer Gliedmaße). Anschließend wickeln Sie die Enden in entgegengesetzter Richtung ein oder zwei Mal um das Seil zwischen den Gliedmaßen (Sie wickeln jetzt im rechten Winkel zur ursprünglichen Wicklung wie bei einem Band um ein Geburtstagsgeschenk). Ziehen Sie vorsichtig an den beiden Enden, um die Wicklung gleichmäßig zu straffen, und verknoten Sie sie mit einem Kreuzknoten. (Wenn zwischen den Handgelenken genug Platz ist, können Sie im rechten Winkel in entgegengesetzter Richtung zur ursprünglichen Wicklung weiterwickeln, bis das Seil zu Ende ist, und erst dann einen Knoten machen.) Um einen Kreuzknoten zu machen, legen Sie das rechte Ende über und um das linke; das rechte Ende sollte sich jetzt in Ihrer linken Hand befinden, das linke in Ihrer rechten. Nehmen Sie das Ende, das sich in Ihrer linken Hand befindet, und legen Sie es über und um das rechte. Das Ergebnis sollte eine symmetrische Schlaufe innerhalb einer Schlaufe sein. (Verwechseln Sie den Kreuzknoten nicht mit dem so genannten Hausfrauenknoten, der asymmetrischen Drüber-Drunter-Variante, mit der Sie sich die Schnürsenkel binden und die dazu neigt, sich von selbst zu lösen.) Wenn Sie fertig sind, sollte zwischen Haut und Seil noch so viel Platz sein, dass Sie problemlos einen Finger dazwischenschieben können. Die oben beschriebene Fesseltechnik funktioniert an den Fußgelenken genauso.

***Die Doppel-Seil-Handschellen:*** Nehmen Sie ein Stück Seil doppelt, sodass sich auf einer Seite die beiden Enden befinden und

auf der anderen eine Schlaufe. Wickeln Sie das doppelte Seil einmal um die Gliedmaßen. Stecken Sie die beiden Enden zwischen den Gliedmaßen (nicht über eine Gliedmaße) durch die Schlaufe, ziehen Sie sie in dieselbe Richtung zurück, aus der sie gekommen sind, und beginnen Sie zu wickeln (wobei Sie die beiden Enden weiterhin zusammenhalten). Nach einigen Wicklungen, wenn noch ungefähr 30 Zentimeter Seil übrig sind, stecken Sie die beiden Enden abermals durch die Schlaufe. Anschließend ziehen Sie die Enden in entgegengesetzte Richtungen (im rechten Winkel zu den ersten Wicklungen) und zwischen den Gliedmaßen hindurch. Wickeln Sie so lange weiter, bis das Seil zu Ende ist, und sichern Sie es mit einem Kreuzknoten (siehe Abb.).

***Wo willst du hin?*** (Gliedmaße an Gegenstand): Am einfachsten ist es, zwei Seile zu verwenden: Eines zum Umwickeln der Gliedmaße(n), das andere zur Verbindung dieser Wicklung mit dem Gegenstand. Binden Sie beispielsweise mit einem Stück Seil eine Handschelle; ziehen Sie dann das andere Stück durch die Handschelle und befestigen Sie die beiden Enden dieses Stücks am Gegenstand. Wenn Sie eine Gliedmaße umwickeln, können Sie das Seil auch durch einen Metallring ziehen, den Sie als Befestigungspunkt für das Verbindungsseil benutzen. Oder Sie umwickeln die Gliedmaße mit einem großen Halstuch oder einem anderen Stück Stoff und ziehen anschließend das Verbindungsseil durch alle Wicklungen, wobei Sie darauf achten sollten, dass ein Fingerbreit Platz zwischen Haut, Fessel und Seil bleibt. Wenn Sie ein Ende des Verbindungsseils an der

Umwicklung angebracht haben und das andere zum Beispiel an einem stabilen Bettpfosten befestigen, sollten Sie einen haltbaren Knoten machen, der dem Zug Ihrer Gefangenen oder Ihres Gefangenen standhält, sich aber bei Bedarf leicht lösen lässt (zum Beispiel einen halben Stek mit Schleife oder einem zweifachen halben Stek – lesen Sie dazu in Ihrem praktischen Pfadfinder-Handbuch nach). Spezielle Gelenkmanschetten mit integrierten Schlaufen oder Befestigungsseilen eignen sich ebenfalls (aber kaufen Sie sich keine Billigprodukte, die schnell kaputtgehen). Bei all den beschriebenen Methoden sollten Sie Ihr Hauptaugenmerk darauf richten, dass (1) die Wicklung sich bei Zug nicht um die Gliedmaße festzieht und (2) der Gegenstand nicht auf die oder den Gefesselte/n fällt.

***Japanische Unterarmfessel:*** Bei einer beliebten Methode aus Japan werden die Arme U-förmig hinter dem Rücken gefesselt, sodass die Hände jeweils zum Ellbogen des anderen Arms zeigen. Das Seil wird dabei um die Handgelenke gewickelt. Da die Wicklung nicht wie bei einigen der oben beschriebenen Techniken nachgespannt wird, muss etwas fester gewickelt werden. Besonders wichtig ist dabei, die Spannung gleichmäßig zu verteilen und einen Fingerbreit Luft zu lassen. Anschließend wird mit einem Kreuzknoten gesichert (siehe Abb.). Um die Hände oben zu halten und für freien Zugang zum Allerwertesten zu sorgen, nehmen Sie ein längeres Stück Seil und ziehen die beiden Seilenden – nachdem Sie den Knoten gemacht haben – unter den Achseln durch, führen sie über

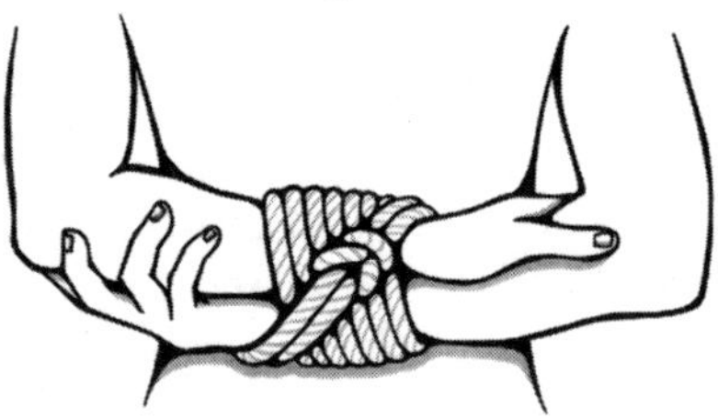

die Schultern nach hinten und verknoten sie am Genick abermals. (Legen Sie niemals ein Seil vorne um den Hals!) Seilführungen über die Schultern, die zur Aufnahme von Zugbelastungen dienen, werden als »Jochgeschirr« bezeichnet und können mit Fußfesseln verbunden werden (im Gegensatz zum unten beschriebenen Brustgeschirr, das dem Zug nicht standhält).

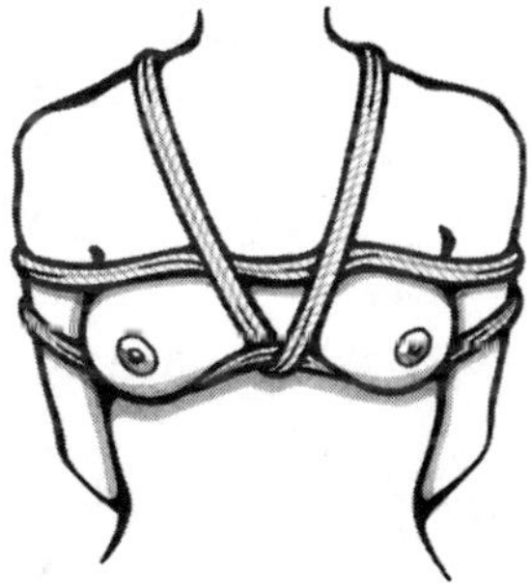

***Brustgeschirr:*** Nehmen Sie ein langes Stück Seil doppelt und platzieren Sie die Schlaufe in der Mitte des Rückens Ihrer Partnerin zwischen den Schulterblättern. (Wenn ihre Hände auf dem Bauch zusammengebunden sind und sie die ganze Zeit über auf dem Rücken liegt, positionieren Sie die Schlaufe ein Stück neben der Wirbelsäule.) Während Ihre Partnerin die Arme ausgestreckt seitlich an den Körper legt, wickeln Sie ihr das doppelte Seil oberhalb der Brüste um die Arme und den Oberkörper. Fädeln Sie die beiden Seilenden am Rücken durch die Schlaufe, und wickeln Sie das doppelte Seil in entgegengesetzter Richtung unterhalb der Brüste um den Oberkörper, bis Sie wieder an der Schlaufe ankommen. Fädeln Sie die beiden Seilenden abermals durch die Schlaufe. Um aus der Wicklung ein Jochgeschirr zu formen, führen Sie die beiden Seilenden unter einer Achsel hindurch (unterhalb der Brustwicklung) nach oben über die Schulter, hinten um den Hals herum, nach vorn um die andere Schulter und dann unter der anderen Achsel (unterhalb der Brustwicklung) wieder nach hinten zur Schlaufe. Trennen Sie die beiden Enden, fädeln Sie eines davon durch die Schlaufe und machen Sie einen Kreuzknoten. Um ein Bikinigeschirr zu wickeln, nachdem Sie die Brust umwickelt haben, legen Sie beide Seilenden über eine Schulter, ziehen sie zwischen den Brüsten unter der horizontalen Wicklung unter den Brüsten durch und führen sie wieder nach oben über die andere Schulter zur Schlaufe; anschließend machen Sie einen Kreuzknoten.

### Sicherheitstipps

Falls Sie es nicht schon den komplizierten Anweisungen entnommen haben: Bondage ist eine Kunstform, eine Kunstfertigkeit, eine *Wissenschaft*. Wenn Sie die folgenden Sicherheitstipps missachten, setzen Sie nicht nur Ihr Sexleben aufs Spiel, sondern riskieren auch Ihr *Ableben*.

- ***Tabus für Neulinge:*** Verschwenden Sie keinen Gedanken an Aufhängen, Kreuzigen, Piercing, Branding, Stromspiele, etc. All das ist nur etwas für Profis, für die BDSM eine Lebenseinstellung ist (d. h., nichts für Sie, zumindest noch nicht).
- ***Knoten knüpfen:*** Wenn Sie ein Seil benutzen, sollten Sie in der Lage sein, Ihre Partnerin oder Ihren Partner schnell wieder zu befreien. Zum Verknüpfen von zwei Seilenden empfiehlt sich ein einfacher Kreuzknoten. Wenn Sie das Ende eines Seils an einem Gegenstand befestigen, benutzen Sie am besten Schlaufen, sodass ein kurzes Anziehen an einem Ende des Seils den Knoten (z. B. einen zweifachen halben Stek) sofort löst.
- ***Fesselfestigkeit:*** Binden Sie die Fesseln nicht zu eng, vor allem an Gelenken, wo sich größere Arterien oder Venen unmittelbar unter der Haut befinden (wie etwa an den Hand- und Fußgelenken, den Ellbogen, Knien, Achseln, Oberarmen, etc.). Je härter und unflexibler die Fessel, desto lockerer

sollte sie sitzen. Egal, welche Art von Fessel Sie verwenden, Sie sollten immer einen oder zwei Finger zwischen Fessel und Haut schieben können. Wenn Sie zwei Körperteile aneinander fesseln (z. B. Handgelenk an Handgelenk), müssen Sie beim Wickeln darauf achten, dass etwas Spielraum dazwischen ist.

- ***Spannungsverteilung:*** Verteilen Sie die Spannung über einen möglichst großen Bereich, um eine zu starke Beanspruchung bestimmter Muskeln oder Gelenke zu vermeiden. Breite, gepolsterte Manschetten sind nie verkehrt. Wenn Sie mit einem Seil arbeiten, sollten Sie mehrere Wicklungen (eine reicht nie aus) gleichmäßig verteilen und darauf achten, dass sie nicht überlappen und dass genug Spielraum zwischen Seil und Haut bestehen bleibt; eine einzelne, abschließende Wicklung um *alle* anderen Wicklungen sorgt für besseren Halt, ohne die Bequemlichkeit und die Sicherheit zu beeinträchtigen.
- ***Durchblutung:*** Ein eingeschlafener Körperteil ist in der Regel keine willkommene Abwechslung. Die oder der Fesselnde sollte alle zehn bis 15 Minuten kontrollieren, ob neben den Fesseln eine Abkühlung oder Verfärbung der Haut festzustellen ist. Wenn die oder der Gefesselte ein unangenehmes Prickeln oder ein Taubheitsgefühl wahrnimmt, sollte sie oder er sich zu Wort melden. Wenn Sie diese einfachen Regeln nicht beachtet haben und eine Gliedmaße völlig taub wird, entfernen Sie die Fesseln, halten Sie die Gliedmaße nach unten, massieren Sie den tauben Bereich, um die Durchblutung anzuregen, und decken Sie die Gliedmaße zu, um sie zu wärmen.
- ***Nerven:*** Wenn Sie jemanden falsch fesseln, können wichtige Nervenbahnen beschädigt werden, was sich meist in Form

von stechenden, punktuellen Schmerzen bemerkbar macht. Lösen Sie die Fesseln sofort, um ernsthafte Schädigungen des Nervensystems zu verhindern!

- ***Fesselzugfestigkeit:*** Schwindelgefühle aufgrund von Durchblutungsstörungen (ob durch fehlerhaftes Fesseln oder durch längeres Ausharren in einer Position) oder Blutandrang im Kopf aufgrund einer besonders intensiven Empfindung kann zu Ohnmacht führen. Achten Sie deshalb unbedingt darauf, dass Sie Fesseln benutzen, die im Notfall das Gewicht der gefesselten Person tragen und sich auch unter Zug sofort lösen lassen. (In Sexshops oder im Baumarkt erhältliche Karabinerhaken, mit denen sich ein Seil oder eine Kette an Gegenständen befestigen lässt, eignen sich hervorragend.) Andererseits sollten Fesseln aber auch dem Zappeln und Strampeln der gefesselten Person standhalten; wenn sie zu locker sitzen, können sie durchscheuern oder sich plötzlich lösen.
- ***Stellungen:*** So genanntes *Sensual Bondage* beraubt die gefesselte Person ihrer Bewegungsfreiheit, ohne ihr körperliche Qualen zu bereiten. Beim so genannten *Endurance Bondage* wird die gefesselte Person gestreckt, eingeengt oder verdreht, um ihr kontrolliert körperliche Unannehmlichkeiten zu bereiten. Letzteres sollte nur mit äußerster Vorsicht und nur über eine kurze Zeitspanne – maximal eine halbe Stunde – angewandt werden. Sie können den Zeitraum verlängern, wenn Sie dafür sorgen, dass die gefesselte Person die Stellung häufig wechseln kann und ausreichend Bewegungsfreiheit hat (manchmal reichen ein paar Zentimeter), um die Körperhaltung zu verändern. Zu viel Bewegungsfreiheit kann allerdings dazu führen, dass im Eifer des Gefechts irgendetwas verrutscht. Die Bauchlage auf dem Bett ist am

unkompliziertesten, aber lassen Sie jemanden, der gefesselt auf dem Bauch liegt, trotzdem nie allein. Stellungen im Stehen sind etwas kniffliger, da hier das Risiko besteht umzufallen, sich schneller ein Taubheitsgefühl einstellt und die Belastung für die Gelenke größer ist. Wenn die gefesselte Person die Arme über dem Kopf hat, sollten Sie darauf achten, dass sie am Ellbogen abgewinkelt sind. Und hängen Sie niemals jemanden an den Armen oder Beinen auf.

- ***Falsches Fesselmaterial:*** Seidenschals und -strümpfe sehen zwar gut aus, sind aber gefährlich, da sie sich unter Belastung zuziehen und sich dann eigentlich nur noch durch Aufschneiden lösen lassen. Lederriemen sehen ebenfalls gut aus, schneiden aber ein und sind verdammt schwer zu entknoten. Meiden Sie außerdem dünne Seile, Zwirn, Faden und Telefon- oder Elektrokabel, weil sie leicht die Durchblutung beeinträchtigen können.
- ***Halsbänder:*** Wickeln Sie niemals jemandem irgendetwas um den Hals und hängen Sie auf gar keinen Fall jemanden am Hals auf. Kaufen Sie ein spezielles Halsband für Menschen (Hundehalsbänder sind ungeeignet, da Hunde einen wesentlich kräftigeren Hals haben). Lassen Sie zwischen Haut und Halsband mindestens zwei Fingerbreit Platz. Üben Sie keinen Druck auf den Adamsapfel aus. Im Grunde genommen sollte auf die Vorderseite des Halses überhaupt kein Druck ausgeübt werden, also ziehen Sie auch nicht von hinten – falls Sie jemanden an der Leine führen möchten, sollte diese vorn befestigt sein.
- ***Atmung:*** Achten Sie darauf, niemandem die Atemwege zu blockieren oder ihn vollständig zu knebeln – vor allem, wenn er unter Asthma oder einer Erkältung leidet. Und seien Sie vorsichtig, dass Sie beim Knebeln keinen Würgereiz auslö-

sen. Nichts kann die Stimmung stärker dämpfen als Erbrochenes.

- ***Aufsichtspflicht:*** Überlassen Sie eine gefesselte Person nie sich selbst. Wenn es Teil Ihres Spiels ist, Ihre Partnerin oder Ihren Partner allein zu lassen, machen Sie einen dramatischen Abgang, behalten sie oder ihn aber trotzdem im Auge. Falls sie oder er sich in einer besonders anstrengenden Stellung befindet oder geknebelt ist, sollten Sie sich alle paar Minuten davon überzeugen, dass alles in Ordnung ist.
- ***Kontrolle:*** Wer am Ruder ist, hat letztendlich auch die Verantwortung für die Sicherheit aller Beteiligten. Erkundigen Sie sich regelmäßig nach dem Wohlbefinden Ihrer Partnerin oder Ihres Partners, ermutigen Sie sie oder ihn, Ihnen Taubheits- oder Schwindelgefühle mitzuteilen, achten Sie auf Abkühlung aufgrund eingeschränkter Durchblutung und auf jegliche Anzeichen dafür, dass sie oder er im Begriff steht auszuflippen.
- ***Fehlersuche:*** Seien Sie vorsichtig bei Gelenkschmerzen, Herzproblemen, Rückenschmerzen, Asthma, sexuell übertragbare Krankheiten und Infektionen, etc.
- ***Befreiung:*** Legen Sie keine Fesseln an, von denen Sie nicht wissen, wie sie schnell wieder entfernt werden können. Wenn Sie eine abschließbare Fessel benutzen, legen Sie den Schlüssel in Reichweite ab, *bevor* Sie das Schloss zuschnappen lassen. Halten Sie für Klebeband, Plastikfolie, besonders hartnäckige Knoten oder für den Notfall, wenn es besonders schnell gehen muss, eine stumpfe Verbandsschere bereit.
- ***Sicherheitsausrüstung:*** Stellen Sie ein Sicherheitspaket zusammen, das aus der oben erwähnten Verbandsschere, einem Satz Zweitschlüssel für sämtliche Schlösser und abschließbaren Manschetten, einem Erste-Hilfe-Set, Wasser

und Safer-Sex-Produkten besteht. Positionieren Sie es in Reichweite. Sie kommen sich dabei zwar vielleicht bescheuert vor, aber wie jeder weiß: Dumm fickt gut.

- ***Neue Partner:*** Lassen Sie sich niemals beim ersten Date fesseln. Wo wir gerade dabei sind: Schauen Sie nicht direkt in die Sonne, spielen Sie nicht auf belebten Straßen, halten Sie die Hand nicht in kochendes Wasser und springen Sie nicht von Brücken.

## Gefühlsspiele

Von der chinesischen Wasserfolter haben Sie gehört, oder? Manchmal können die gewöhnlichsten Empfindungen, wenn sie wiederholt oder unerwartet auftreten, qualvoll sein – oder qualvoll schön. Mit verschiedenen Materialien und Temperaturen auf der Haut Ihrer Partnerin oder Ihres Partners zu spielen ist so, als hätten Sie ein brandneues Paar Hände, mit denen Sie sie oder ihn betasten können – vor allem, wenn sie oder er sich keinen Zentimeter bewegen kann. (Befehlen Sie ihr oder ihm, sich hinzulegen und sich vorzustellen, es mit Edward mit den Scherenhänden zu machen.) Sorgen Sie für Abwechslung: Streifen Sie ihr oder ihm zuerst mit einer Haarbürste oder einem Schlagzeugbesen über den Rücken, dann mit einem Seidenschal; zuerst mit den Fingernägeln, dann mit einem Tierpelz; zuerst mit Tigerbalsam, dann mit einem Eiswürfel, etc. (Stecken Sie jedoch kein Eis in irgendwelche Körperöffnungen außer dem Mund, da es das empfindliche Gewebe beschädigen kann.)

Das Nonplusultra beim Gefühlsspiel ist natürlich heißes Wachs. (Vor allem in Kombination mit Eiswürfeln.) Die Kerzen, die Sie normalerweise beim romantischen Blümchensex anzünden, sind auch für sprichwörtlich heiße Spielchen äußerst praktisch. Passen Sie nur auf, dass Sie ganz normale weiße Paraffin-Haushaltskerzen verwenden, da gefärbte Kerzen, Duftkerzen und Bienenwachskerzen mit höherer Temperatur brennen. Und benutzen Sie keine Kerze, die seit drei Stunden auf Ihrem Nachttisch gebrannt hat, denn auch ihr Wachs wird zu heiß sein (Sie sind zwar gemein, aber *so* gemein auch wieder nicht). Legen Sie ein Handtuch über Ihre edle DKNY-Bettwäsche, halten Sie die Kerze mindestens 30 Zentimeter über Ihre Partnerin oder Ihren Partner und lassen Sie das Wachs hinuntertröpfeln, einen Tropfen nach dem anderen – je weiter das Wachs fallen muss, desto kühler ist es bei der Landung. Reiben Sie es in die Haut ein, um das Brennen ein wenig zu lindern. Und denken Sie daran, sich ab und zu selbst etwas Wachs auf die Hand tropfen zu lassen, damit Sie merken, wenn es unerträglich heiß wird. Lassen Sie *niemals* Wachs ins Gesicht oder auf die Genitalien tropfen. Wenn Ihr Partner der zottige Typ ist, will er sich vielleicht vorher rasieren (am Vortag, um Reizungen zu vermeiden), damit das Wachs nicht in den Haaren hängen bleibt. Und wenn Sie schließlich fertig sind, können Sie sich darum zanken, wer das getrocknete Wachs abpulen darf. *Das* macht Spaß.

### Sinnesentzug

Erinnern Sie sich noch an *Auf den ersten Blick* mit Val Kilmer und Mira Sorvino? Nein? Gut. Val spielt darin einen blinden Massagetherapeuten, und Mira erliegt seinen magischen Händen. Dahinter verbirgt sich folgende Idee: Da er seines Sehvermögens beraubt ist, besitzt er einen überragenden Tastsinn. Diese Form des Sinnesentzugs können Sie beim Sex auch fingieren. Das hört sich wie ein Experiment aus dem Psycholabor an, nicht wahr? Je mehr Sinne Sie Ihrer Partnerin oder Ihrem Partner entziehen, desto intensiver wird sie oder er das empfinden, mit dem Sie sie oder ihn beglücken (im günstigsten Fall mit tollem Oralsex). Wenn Sie sie oder ihn aller Sinne mit Ausnahme des Tastsinns berauben, wird sie oder er das Gefühl haben, als existierten auf dieser Welt allein Ihr Mund und ihre oder seine Genitalien.

Beginnen Sie mit einer Augenbinde – mit einem Halstuch, einem Schal, einer Bandage, einer Augenmaske, wie man sie auf Langstreckenflügen bekommt, etc. Verknoten Sie die Augenbinde seitlich am Kopf, damit Ihre Partnerin oder Ihr Partner nicht auf dem Knoten liegen muss. Hinweis für Neulinge in Sachen Machtspiele: Wenn Ihrer Partnerin oder Ihrem Partner die Augen verbunden sind, können Sie nach Belieben experimentieren (mit Wachs, Haarbürsten, Handschellen, Spanking, usw.), ohne sich Gedanken darüber machen zu müssen, ob Sie dabei albern aussehen. Ohrenstöpsel oder Kopfhörer dämpfen Geräusche, sodass Ihre Partnerin oder Ihr Partner Sie nur hören kann, wenn Sie ihr oder ihm ganz nahe kommen. Und Knebeln ist mittlerweile salonfähig geworden: Es zwingt einen, langsam und bewusst zu atmen, und man hat etwas, in das man hineinbeißen kann. Außerdem räumt es jeden Zweifel darüber aus, wer der Chef ist. Achten Sie jedoch darauf, Ihre Partnerin oder Ihren Partner niemals so stark zu knebeln, dass sie oder er keinen Mucks mehr machen kann – beim Knebeln geht es eher um das Prinzip (»Cool, ich habe einen Knebel im Mund«) als um das Ergebnis (»Verdammte Scheiße, ich kriege keine Luft mehr«). Schieben Sie den Knebel *unter* die Zunge, und vergessen Sie nicht, sicherheitshalber ein nonverbales Kommando zu vereinbaren, wie zum Beispiel das Fallen-

**Unbekannte Flugobjekte**

Die wichtigste Regel bei Flugreisen mit BDSM-Sexspielzeugen lautet, sie nicht im Handgepäck zu verstauen. Wenn Sie schon keine Nagelfeile mitnehmen dürfen, wird man Ihre neunschwänzige Katze vermutlich auch nicht akzeptieren. Hinzu kommt, dass direkt am Flugsteig vor den Augen aller Mitreisenden hin und wieder stichprobenartige Kontrollen des Handgepäcks gemacht werden. Wenn bei bereits eingechecktem Gepäck Kontrollen gemacht werden, wird man als Passagier in der Regel von einem Mitarbeiter der Fluggesellschaft oder des Flughafen-Sicherheitsdienstes zur Seite gebeten, aber gelegentlich wird auch direkt am Schalter kontrolliert. Wir nehmen an, dass das erfahrene Sicherheitspersonal schon eine Menge »Massagegeräte« zu Gesicht bekommen hat, doch wenn ihnen ein Gegenstand unbekannt ist und *wirklich* eigenartig vorkommt, wird man Sie unter Umständen bitten, seinen Zweck zu erklären. Es empfiehlt sich, den Gegenstand in seiner Originalverpackung zu transportieren, damit sich unangenehme Fragen erübrigen. Falls Sie nicht mehr im Besitz der Originalverpackung Ihrer Prachtstücke sind, können Sie sich damit behelfen, sie in einer Tüte mit der Aufschrift »Theaterrequisiten« zu transportieren, was unserer Ansicht nach keine Lüge ist. Oder noch besser, Sie versenden sie mit UPS oder FedEx. Falls Ihnen das zu aufwändig ist, können Sie an Ihrem Reiseziel auch eine Apotheke (für scharfe Gegenstände), einen Baumarkt (für Seile und Ketten) oder einen Supermarkt (für Frischhaltefolie) aufsuchen, um sich eine provisorische Einweggarnitur selbst gemachter BDSM-Spielzeuge zusammenzustellen.

lassen des Tischtennisballs, den sie oder er in einer gefesselten Hand hält. (Den dazugehörigen Schläger können Sie zum Spanking benutzen – siehe Seite 238.)

## Schmerz lass nach

Sie möchten leiden? Tja, leiden kostet. Und Sie bezahlen mit *Schweiß*. Machtspiele müssen nicht immer wehtun, aber letzten Endes werden Sie sich vielleicht wünschen, dass all die körperlichen Aufmerksamkeiten mit etwas mehr *Nachdruck* bekundet werden. Die Art von Schmerz, von der wir hier sprechen, fühlt sich nicht wie Schmerz an. Zumindest fühlt sie sich nicht so an, wie von einem Stuhl zu fallen oder gegen eine Tür zu laufen. Schmerz, den man sich *wünscht*, ist ein ganz anderes Ungeheuer. Sie brauchen nicht den Eindruck zu haben, Ihr Leben sei wertlos und alles sei bedeutungslos, um sich mit diesem Ungeheuer anzufreunden. Sie haben doch sicher schon einmal vom so genannten *Runner's High* gehört, oder? Dasselbe passiert hier: Der Schmerz sendet Signale an das vegetative Nervensystem, das Endorphine produziert und die Herzfrequenz, die Atemfrequenz und den Blutdruck erhöht. All das kann sowohl die sexuelle Lust steigern als auch Schmerzen lindern und in eine intensive Empfindung verwandeln. Je erregter Sie sind, desto größeren Schmerz können Sie ertragen. Sind Sie schon einmal morgens mit violetten Blutergüssen in Form von Fingerabdrücken an den Innenseiten Ihrer Oberschenkel aufgewacht und hatten keinen blassen Schimmer, was in der Nacht passiert ist? Man muss keine Tracht Prügel verabreicht bekommen, um Schmerzen als Kick zu empfinden – manchmal reicht es schon, wenn ein wenig an der Innenseite des Oberschenkels geknabbert, in die Brustwarze gekniffen oder an den Haaren gezogen wird. Gleichmäßig zu atmen, ein paar Geräusche von sich zu geben und die Muskeln zu entspannen, trägt dazu bei, mehr ertragen zu können. *Mehr*, verdammt. Wenn alles vorbei ist bis auf die Tränen danach, machen Sie sich eine Tasse Tee, und kuscheln Sie gemeinsam unter einer mollig warmen Decke.

***Nippelklemmen:*** Klemmen (oder ganz gewöhnliche Wäscheklammern) können Sie überall dort benutzen, wo sich Haut einklemmen lässt, aber die Brustwarzen sind die bei weitem am häufigsten eingeklemmten Körperteile. (Es sieht einfach erotischer aus als Klammern an den Zehen.) Jede Drittklässlerin, die schon eine Mädchenrauferei hinter sich hat, kann Ihnen sagen: Je weniger Haut Sie einzwicken, desto schmerzhafter ist es. Somit gilt: Je breiter die Klemme, desto gedämpfter der Schmerz. Allerdings sollten Sie die Klemmen nach spätestens 20 Minuten wieder abnehmen (man kann leicht die Zeit vergessen, da die Brustwarzen ziemlich schnell gefühllos werden). Der *wirkliche* Schmerz stellt sich ein, wenn Sie sie entfernen und das Blut zurückfließt. Die oder der »Geklemmte« sollte beim Entfernen am besten ausatmen, um möglichst entspannt zu sein. Eine Flut an Schimpfwörtern ist ein nettes Beiwerk. Die oder der »Klemmer/in« kann anschließend die Nippel massieren, was den Schmerz zunächst verstärken, ihn aber langfristig schneller lindern wird. Vorausgesetzt, Sie möchten den Schmerz überhaupt lindern.

***Spanking:*** Geben Sie ruhig zu, dass Ihnen das gefällt. Manche Leute sparen sich Spanking für Rollenspiele auf (siehe Seite 244), denn wer hat es mehr verdient, gezüchtigt zu werden, als ein unartiges Schulmädchen oder ein unartiger Schuljunge? Vielleicht werden Sie aber auch feststellen, dass eine ordentliche Tracht Prügel eine gute Überleitung zum Rollenspiel darstellt. Andere genießen einfach die Geräusche oder die rötliche Färbung und das Prickeln der Pobacken. Legen Sie Ihre Partnerin oder Ihren Partner übers Knie oder über die Sofalehne, tun Sie es beim Sex, binden Sie sie oder ihn fest oder drücken Sie sie oder ihn gegen die Wand. Achten Sie nur darauf, dass Sie sie oder ihn so züchtigen, als meinten Sie es ernst: Nichts verdirbt die Atmosphäre mehr, als ein unsicherer, rückgratloser Vollstrecker. Wenn das Spanking länger dauern soll, müssen Sie Ihr Opfer ein wenig aufwärmen: Beginnen Sie mit leichten Schlägen und steigern Sie sich schrittweise. Halten Sie sich an die fleischigen Körperregionen und meiden Sie Schläge aufs Steißbein, auf die Wirbelsäule, die Kniekehlen, den unteren Teil der Oberschenkel und auf Gelenke. Wenn Sie einen Mann züchtigen, sollten Sie vor allem eine Stelle verschonen: Selbst der böseste aller bösen Buben hat es nicht verdient, einen Klaps auf die Hoden zu bekommen. (Böse Mädchen werden Schläge auf den Schamhügel dagegen genießen, da sie im ganzen Genitalbereich nachhallen. Manche sollen dabei sogar schon gekommen sein.) Nachdem Sie mit dem Austeilen fertig sind, ist es eine nette Geste, wenn Sie sich liebevoll um das geplagte Hinterteil kümmern; Sie können aber auch die ganze Zeit über zwischen Schlägen und Streicheleinheiten wechseln.

Schläge ins Gesicht sind eine heikle Angelegenheit, doch gerade das macht sie so heiß. Vor allem für Frauen gelten sie als absolutes Tabu. Gehen Sie sparsam damit um und auch nur dann, wenn Sie vorher (explizit oder implizit) die Erlaubnis erhalten haben. Bereiten Sie sich auf ausgiebiges Kuscheln im Anschluss daran vor.

***Auspeitschen und geißeln:*** Spanking ist harte Arbeit für die Hände. Warum, glauben Sie, benutzten Lehrerinnen und Lehrer an katholischen Schulen Rohrstöcke? Hier kommen Peitschen, Geißeln und Schlegel ins Spiel. Falls Ihnen der Kauf von speziellen Spanking-Accessoires unangenehm ist, seien Sie erfinderisch: Holzlöffel, Küchenspachtel, Farbrührhölzer und Tischtennisschläger sind allesamt praktische Hilfsmittel. Rohrstöcke natürlich ebenso. Doch es lohnt sich, das Angebot im nächstgelegenen Sexshop in Augenschein zu nehmen – manche Werkzeuge verfügen sogar über spezielle Muster, die auf der kürzlich getätschelten Muschi hübsche Figuren wie zum Beispiel Sterne hinterlassen.

Betrachten Sie das Spanking als eine andere Art, Ihre Partnerin oder Ihren Partner zu berühren – denn eine Berührung kann sanft und provokativ oder kräftig und schmerzvoll sein. (Meiden Sie wie bei Schlägen mit der Hand Gelenke, Knochen und empfindliche Organe.) Je breiter das Werkzeug, desto »satter« fühlt es sich an; schmale Werkzeuge wie etwa eine Peitsche sorgen für einen eher stechenden Schmerz. Auch hier sollten Sie sich langsam steigern und einen gleichmäßigen Rhythmus entwickeln. Legen Sie nach jedem Schlag eine Pause ein, damit Ihre Partnerin oder Ihr Partner die Beherrschung wieder finden kann, oder wechseln Sie zwischen harten Schlägen und lindernden Streicheleinheiten ab (vorausgesetzt, das verdirbt ihr oder ihm nicht die Fantasie, für das Stehlen von Pflaumen bestraft zu werden). Die oder der Gezüchtigte sollte sich darauf konzentrieren, gleichmäßig zu atmen (auch wenn die Versuchung groß ist, den Atem anzuhalten) und die Muskeln zu entspannen. Streichen Sie ihr oder ihm behutsam mit den Fingernägeln über die Haut, nachdem Sie die Bestrafung abgeschlossen haben. Glauben Sie uns, das kommt gut an.

Natürlich ist der Unterschied zwischen leichten Fingerübungen mit Küchenutensilien und einer ordentlichen Tracht Prügel ungefähr so groß wie der zwischen Regionalliga und Champions League. Gelegentliches Auspeitschen ist ein gefährliches Unterfangen – wenn Sie 100 Euro für eine schicke Lederpeitsche oder Reitpeitsche ausgeben, sollten Sie auch etwas Zeit investieren zu lernen, wie man damit umgeht (wir haben weder Zeit noch Lust, es Ihnen zu erklären). Sexshops bieten oft Kurse an – fragen Sie Ihren freundlichen Verkäufer, ob er Ihnen einen empfehlen kann. Oder machen Sie sich im Internet auf einschlägigen Websites kundig.

## Vorhang auf

Hier ist sie schon wieder: die verdammte Analogie zum Theater. Doch lassen Sie sich nicht entmutigen. Im Folgenden geht es vielmehr darum, die richtige Atmosphäre zu schaffen und in Stimmung für bizarre Spielchen zu kommen, als für die Aufnahmeprüfung an der Schauspielschule zu üben. Mit dem Unterschied, dass Sie die richtige Atmosphäre nicht mit romantischen Kerzen und Musik von Kenny G, sondern mit PVC und Dirty Talk schaffen.

### Verbale Schweinereien

Wer hat sich noch nicht gefragt: »Wie soll ich meine schmutzigen Fantasien in Worte fassen, ohne mich dabei zum totalen Idioten zu machen?« Darauf gibt es keine simple Antwort und auch keine Anleitung zum Auswendiglernen. Dirty Talk lässt sich wie Babysprache außerhalb des Schlafzimmers kaum übersetzen. Auf dem Papier wirkt er *immer* gnadenlos bescheuert und klischeehaft, egal, wie kreativ er auch sein mag. Zum Beispiel: *Deine enge kleine Muschi ist soooo süß und saftig, du dre-*

*ckige kleine Schlampe! Warte nur ab, ich quetsche sie dir aus wie eine dicke, reife Orange, du Miststück ...* Sehen Sie, was wir meinen?

Die Grenze zwischen sexy und doof ist äußerst schmal. Wenn Ihre Partnerin oder Ihr Partner Sie als stillen Typ kennt, wird eine Flut von Obszönitäten, die sogar die Osbournes erröten lassen würde, vermutlich nicht die gewünschte erotische Wirkung erzielen. Sie müssen sich langsam herantasten. Andererseits müssen Sie natürlich auch irgendwo beginnen. Das Einfachste ist, über Sex zu sprechen, während man ihn hat, anstatt zu versuchen, ein Pornodialogskript zu improvisieren. Im Folgenden haben wir einige genauere Richtlinien für unerfahrene Dirty Talker zusammengestellt; sobald Sie die Grundlagen beherrschen, können Sie sie am Telefon anwenden, wenn Ihre Partnerin oder Ihr Partner auf Reisen ist.

- Genießen Sie nicht die Stille: Wir wetten, Sie stöhnen begeistert, ja sogar unkontrolliert, wenn Ihnen Ihre Liebste oder Ihr Liebster den Rücken massiert. Geräusche können das Vergnügen vergrößern, Feedback geben und das Ego streicheln. Wenn Sie anfangs noch keine vollständigen Sätze bilden können, konzentrieren Sie sich einfach darauf, etwas mehr Laute von sich zu geben als sonst. Stöhnen Sie lauter, seufzen Sie lauter. Sagen Sie »ja« mit mehr Begeisterung. Und, in Gottes Namen, sprechen Sie den Namen Ihrer Partnerin oder Ihres Partners aus.
- Sprechen Sie über alles *außer* Sex: Es ist amüsant pervers, eine normale Unterhaltung über den Tag im Büro zu führen, während man rammelt wie die Karnickel oder ordentlich den Hintern versohlt bekommt. Außerdem gewöhnt man sich dabei daran, im Eifer des Gefechts zu sprechen.

- Fragen Sie Ihre Partnerin oder Ihren Partner nach ihren oder seinen Wünschen: Auf diese Weise schlagen Sie drei Fliegen mit einer Klappe: Sie finden genau heraus, was sie oder er will (man nennt das »Kommunikation«); Sie führen beiläufig Konversation während Ihrer Sexsessions ein, und Sie stellen fest, mit welcher Art von Sprache sie oder er sich wohl fühlt (siehe nächster Punkt).
- Sprechen Sie die Sprache Ihrer Partnerin oder Ihres Partners: Zumindest anfangs. Wenn er oder sie ihn »Schniedel« nennt, sollten Sie ihn nicht »Schwanz« nennen; wenn sie oder er sie »Mumu« nennt, sollten Sie sie nicht »Fotze« nennen (genauer gesagt, sollten Sie sie nie so nennen). Machen Sie sich keine Sorgen über die Kreativität Ihres Vokabulars. Beschränken Sie sich auf den Grundwortschatz. Sobald Sie die Sprache der Liebe besser beherrschen, können Sie fantasievoller werden.
- Stellen Sie Ihrer Partnerin oder Ihrem Partner bestimmte Fragen: Wenn sie oder er eher schüchtern ist, bringen Sie sie oder ihn mit einigen Fragen zum Sprechen, die mit »ja« oder »nein« zu beantworten sind: »Willst du, dass ich …?« Füllen Sie die Lücke! Vielleicht könnten Sie aber auch einfach nur sagen: »Willst du, dass ich deine Lücke fülle?«
- Erzählen Sie: Sagen Sie Ihrer Partnerin oder Ihrem Partner genau, was Sie tun, während Sie es tun. Oder kurz bevor Sie es tun. Oder, falls Sie sie oder ihn wirklich provozieren möchten, sagen Sie was Sie tun werden, und lassen Sie sie oder ihn zappeln. Wahrscheinlich wird sie oder er dann darum flehen, was – siehe da – mehr Dirty Talk bedeutet.
- Lassen Sie sich beschreiben, wie sich das, was Sie gerade tun, anfühlt: Vorausgesetzt, Sie sind sicher, dass es sich gut anfühlt. Wenn Sie Ihre Partnerin oder Ihren Partner gerade oh-

ne Gleitmittel in den Allerwertesten vögeln und dabei fragen: »Wie fühlt sich das an, Baby?«, werden Sie vermutlich zu hören bekommen: »Beschissen!«

- Sagen Sie Ihrer Partnerin oder Ihrem Partner, was sie oder er tun soll: Falls Sie heute der Boss sind, fällt das in Ihren Verantwortungsbereich. Selbstverständlich können Sie ihr oder ihm einfach sagen, dass sie oder er zehn Minuten am Stück verbale Schweinereien von sich geben soll.
- Sagen Sie es selbstbewusst: Wenn es Ihnen peinlich ist, es zu sagen, wird es Ihrer Partnerin oder Ihrem Partner ebenfalls unangenehm sein. Stehen Sie zu Ihrem Dirty Talk.

### Rollenspiele

Was Keanu Reeves kann, können Sie schon lange. In verschiedene Rollen zu schlüpfen und unterschiedliche sexuelle Szenarien darzustellen ist erotische Unterhaltung vom Feinsten. Darüber hinaus lassen Rollenspiele Spanking und Machtspiele natürlicher erscheinen: Es mag komisch wirken, wenn Sie Ihrem Göttergatten eine Tracht Prügel verabreichen, aber was passiert, wenn Sie sein fieser Babysitter sind und er sich weigert einzuschlafen? Wählen Sie Ihre Rolle im Hinblick auf Ihre Absichten: Huldigung, Erniedrigung, Demütigung, Dienstbarkeit, Unterjochung, Widerstand, etc. Versuchen Sie es mit Kombinationen wie Lehrer – Schülerin, Präsident – Praktikantin, Arzt – Patientin, Bademeister – reiche Schlampe, böser Polizist – Autofahrerin, Model – Fotograf, Vampir – Jungfrau, Pirat – Matrose, Stalker – Star, Kidnapper – Geisel, Finanzbeamter – Steuerbetrüger, etc. (Lassen *Sie* sich doch etwas weniger Klischeehaftes einfallen.) Wenn Sie es *richtig* schmutzig haben möchten, spielen Sie Papas kleines Töchterchen oder Muttersöhnchen, oder vielleicht sogar Vergewaltiger und Opfer (das ist schon okay, aber prahlen Sie nicht damit herum, denn Sie könnten auf Unverständnis stoßen). Wenn Ihnen diese Szenarien zu theatralisch sind, versuchen Sie es mit Wrestling, Striptease oder Fangspielen nach dem Motto: »Du darfst mich ficken, wenn es dir gelingt, mich zu fangen.« Vielleicht genügen Ihnen aber auch die Rollen »Person, die Kommandos gibt« und »Person, die tut, was man ihr sagt«.

Rollenspiele bedürfen einer Portion Gutgläubigkeit, doch dasselbe gilt auch für romantische Komödien, Lottospielen oder Heiraten. Erzählen Sie gemeinsam eine Geschichte, werfen Sie sich in Schale, verwenden Sie Requisiten. Wenn Sie das Familienfoto auf Ihrer Kommode daran erinnert, wer Sie wirklich sind, mieten Sie sich ein Hotelzimmer. Gehen Sie verkleidet in die Öffentlichkeit, um die Sache *richtig* interessant zu machen (aber nehmen Sie Rücksicht auf Ihre Mitbürgerinnen und Mitbürger). Eine kleine Pimmel-Nüsse-Fessel unter der Kleidung kann einen Sklaven zum Beispiel ständig an seine niedrige Stellung erinnern. Oder schicken Sie Ihre Partnerin auf die Toilette, wenn Sie in einer Bar sind, sagen Sie ihr, dass sie ihre Brustwarzen mit einem Eiswürfel aus ihrem Gin Tonic einreiben soll, und verlangen Sie sichtbare Resultate, wenn sie zurückkommt. Rollenspiele können einige Minuten oder einige Tage dauern (ähnlich wie manche Ehen). Wenn Sie sich albern vorkommen (und das werden Sie), können Sie versuchen, die Geschichte mit einem ordentlichen Spanking zu beginnen – in der Regel erscheint es natürlicher, wenn Rollenspiele sich aus körperlicher Aktivität entwickeln, und nicht umgekehrt. Falls sich einer von Ihnen besonders albern vorkommt, kann etwas Sinnesentzug (siehe Seite 234) dabei helfen, die Rolle anzunehmen.

## Verkleiden

Wussten Sie, dass alle heimlich unartigen braven Mädchen Karneval lieben, weil sie dann Netzstrümpfe und Bunny Tails tragen können? Genau darum geht es beim Verkleiden: Eine Ausrede dafür zu haben, um seinen dunklen Fantasien zu frönen. Verkleiden kann Teil eines Rollenspiels sein oder ein Weg, um in Stimmung für eine schräge Nummer zu kommen. Manche bezeichnen es auch als Kleiderfetisch, was nichts anderes bedeutet, als dass es einem hilft, in Fahrt zu kommen, wenn man bestimmte Sachen anzieht (oder zusieht, wie die Partnerin oder der Partner bestimmte Sachen anzieht) – ganz egal, ob es sich dabei um High Heels, ein Latex-Bustier oder eine Schuluniform handelt. Beim Verkleiden geht es natürlich nicht immer um Machtspiele, aber die beiden sind oft Bettgefährten. Zu den häufigsten Kleiderfetischen gehören Leder-, Latex-, PVC- und Pelzbekleidung, High Heels, Stiefel, Handschuhe, Korsette und Reizwäsche – Kleidungsstücke und Materialien, die verschiedene Körperteile auf unterschiedliche Weise einschnüren, verwöhnen, betonen, umformen, anheben oder umschließen. Wenn es zu Ihrer Fantasie gehört, Ihrer Partnerin oder Ihrem Partner besagte Kleidungsstücke vom Leib zu reißen, sollten Sie sich in Secondhandläden nach billigen Einwegklamotten umsehen. Halten Sie dabei auch nach Uniformen aller Art Ausschau – wer weiß, Ihren UPS-Paketboten zu vögeln, ist schließlich gar nicht so weit hergeholt.

# 3. Teil:

## Sex für Profis

Safer Sex und sexuelle Fitness

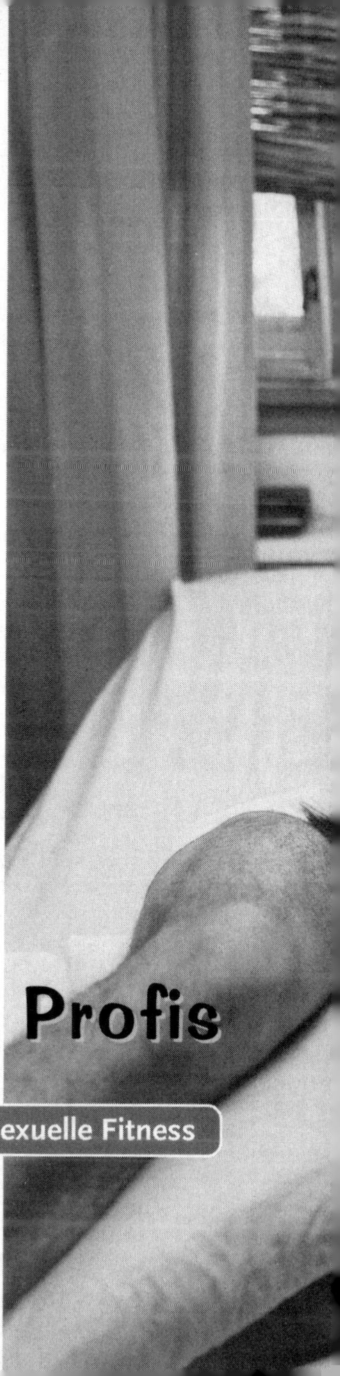

# 12. Das Pflichtlektüre-Kapitel

**Niemand ist gegen Geschlechtskrankheiten gefeit!**

Kommen Sie bloß nicht auf die Idee, dieses Kapitel zu überspringen, denn was auch immer Sie wissen, ist nicht genug. Unsere sexbesessene Gesellschaft leidet unter kollektiver Selbstverleugnung – die USA haben die höchste Geschlechtskrankheitsrate aller Industrienationen, weil wir unsere heißen, feuchten Fantasien strikt von der kalten, rauen Realität trennen. Obwohl die beiden wie Fish and Chips zusammenpassen. Scham und Dummheit hindern viele Menschen daran, offen über Sex zu sprechen und sich um die eigene Gesundheit und die Gesundheit derer zu kümmern, die sie lieben oder begehren. Wenn im Durchschnitt jeder Fünfte eine Geschlechtskrankheit hat, könnte Ihre fiese Bemerkung über den Tripper in Gegenwart Ihrer Freunde durchaus jemandes Gefühle verletzen. Und wenn jeder Dritte sich irgendwann mit einer Geschlechtskrankheit ansteckt, könnte die fiese Person, mit der Sie gerade gevögelt haben, durchaus Ihre Genitalien verletzt haben.

Wissen Sie, warum häufiger Partnerwechsel so abwechslungsreich ist? Weil jeder Partner oder jede Partnerin eine andere sexuell übertragbare Krankheit haben könnte. Da mehr als 30 verschiedene Geschlechtskrankheiten zur Auswahl stehen, und Millionen von Menschen infiziert sind, ist Sex eine Art russisches Roulette: Je mehr Menschen Ihr Bett teilen, desto größer ist die Gefahr, dass Sie sich eine sexuell übertragbare Krankheit einfangen. Das heißt allerdings nicht, dass Sie sich nicht auch bei Ihrem allerersten Sexualpartner etwas holen können. Grundsätzlich gilt also: Wer rammelt, riskiert. Selbst wenn Sie vorhaben, bis an Ihr Lebensende ausschließlich mit Ihrer Sandkastenliebe in die Kiste zu steigen, setzen Sie sich dem Risiko einer Geschlechtskrankheit aus, wenn Sie nicht aufpassen. Genau genommen setzen Sie sich auch wenn Sie aufpassen einem Risiko aus, da Kondome nicht vor allem schützen (z. B. vor Herpes oder menschlichen Papillomviren, die zwar behandelt, aber nicht geheilt werden können). Sogar beim Küssen, der unschuldigsten und intimsten sexuellen Handlung, kann man sich mit Herpes und Hepatitis anstecken. Deshalb spricht man auch von »Saf*er* Sex« im Komparativ: Weil es »sicheren Sex« nicht gibt. (Außer vielleicht Cyber Sex und Gruppenmasturbation.)

Wenn Sie ein sexuell aktiver Mensch sind, möchten wir sogar behaupten, dass Sie sich bereits der einen oder anderen Gefahr ausgesetzt haben – ob Sie es wissen oder nicht. Vielleicht sind Sie momentan nicht infiziert, vielleicht aber doch (weshalb Sie sich testen lassen sollten). Doch wie überdreht, fatalistisch, melodramatisch und fanatisch wir auch sein mögen, es wird Sie nicht davon abhalten, sexuell aktiv zu sein, richtig? Das dachten wir uns schon. Aber vielleicht, ganz vielleicht, werden Sie noch einmal darüber nachdenken, ob Sie die Salami nicht lieber eintüten und die unbequemen Fragen stellen sollten.

Wussten Sie schon, dass die meisten sexuell übertragbaren Krankheiten keine Symptome hervorrufen? Überhaupt keine! Also Schluss mit diesem »Ich hatte nie Probleme, also bin ich sauber«-Schwachsinn. Hier ist noch etwas zum Nachgrübeln: Die meisten Geschlechtskrankheiten erhöhen das Risiko einer

**Leseanleitung für dieses Kapitel**

Vielleicht haben Sie schon eine Menge über sexuell übertragbare Krankheiten gehört, aber wie viel ist davon tatsächlich hängen geblieben? Wir haben dieses Kapitel geschrieben, damit etwas hängen bleibt. Dazu bedienen wir uns eines allgemein verständlichen, nicht medizinischen Jargons, beantworten praxisbezogene Fragen, die von den Lehrbüchern oft nicht beantwortet werden, und machen sogar den einen oder anderen Witz. Tun Sie sich den Gefallen und lesen Sie dieses Kapitel zu Ende. Es könnte Ihnen den Arsch retten – im wahrsten Sinn des Wortes. Beim Lesen sollten Sie Folgendes im Hinterkopf behalten:

- Wenn wir von »Sperma« sprechen, meinen wir damit auch das so genannte »Präejakulat« (auch als »Lusttropfen« bekannt).
- Wenn wir von »Schleimhaut« sprechen, meinen wir warme, feuchte Körperregionen wie die Vagina, die Schamlippen, die Harnröhre, die Urethralöffnung (wozu auch die äußerste Spitze des Penis gehört), den Anus, den Mund, die Augen und verletzte Haut.
- Wenn wir von »mechanischen Barrieren« sprechen, meinen wir Kondome, das Kondom für Frauen und Dental Dams.
- Wenn wir davon sprechen, dass Sie dieses Kapitel zu Ende lesen sollen, meinen wir das auch so. Wie schon Sokrates sagte: »Das ungeprüfte Leben ist nicht lebenswert.«

HIV-Infektion. Und noch etwas: Wenn Sie mehrere Infektionen gleichzeitig haben (was durchaus vorkommt), können sich diese gegenseitig verstärken. Für sexuell übertragbare Krankheiten gilt nicht dasselbe wie für Windpocken – die meisten kann man sich mehrmals einfangen.

Hier ein weiteres Beispiel aus der Abteilung »Ungerechtigkeiten der Liebe«: Frauen sind stärker gefährdet, aufgrund von Geschlechtskrankheiten ernsthafte gesundheitliche Probleme und chronische Erkrankungen davonzutragen, während Männer oft nur infiziert sind, und zwar ohne Symptome und Komplikationen – offenbar ist ein Zweig mit zwei Beeren weniger anfällig als ein ganzer Busch. Obwohl sich Männer weniger Sorgen darüber zu machen brauchen, dass ihr bestes Stück abfallen könnte, als Frauen eine Fehlfunktion ihres Fortpflanzungsapparats befürchten müssen, sollten sie die Verantwortung für das Unheil übernehmen, das sie über all die Vaginen bringen. Hey, wer liebt, muss leiden, Leute.

Eine sexuell übertragbare Krankheit bedeutet nicht unbedingt das Ende einer Beziehung; die Art und Weise, wie mit ihr umgegangen wird, unter Umständen schon. Ob aus Unachtsamkeit, Unwissenheit oder Uneinsichtigkeit – sexuell übertragbare Krankheiten werden aus allen möglichen Gründen kaschiert. Vielleicht sind Sie der Meinung, das Übertragungsrisiko wäre in Ihrem Fall so gering, dass es nicht erwähnenswert ist. Vielleicht möchten Sie nicht Gefahr laufen, Ihr neues Herzblatt zu verlieren. Vielleicht denken Sie, dass Sie ausreichende Schutzmaßnahmen treffen. Vielleicht wissen Sie einfach nicht, was Sie haben. Keine dieser Ausreden hält vor dem Gericht der Liebe stand – zumindest nicht vor dem, bei dem wir den Vorsitz haben. Doch es besteht ein Unterschied, ob Sie jemandem verheimlichen, dass Sie Herpes haben (der Ihnen ein Leben lang erhalten bleibt), oder ob Sie jemandem verheimlichen, dass Sie vor zehn Jahren Chlamydien hatten, die mit Antibiotika behandelt wurden. (Weitere Informationen finden Sie in den Abschnitten über virale und bakterielle Infektionen, Seite 255 bzw. Seite 297.)

Was zwischenmenschliche Beziehungen betrifft, sollten Sie sichergehen, dass Sie die unangenehme und schmerzhafte Unterhaltung über Ihre sexuelle Vergangenheit und die Ihrer potenziellen Partnerin oder Ihres potenziellen Partners führen, bevor Sie zur Tat schreiten, denn anschließend kann sie noch viel unangenehmer und schmerzhafter sein. Ihr Verstand verfügt über die erstaunliche Fähigkeit, alle Bedenken zu verdrängen, sobald Sie körperlich erregt sind. Ihr Urteilsvermögen und Ihre Selbstkontrolle sind noch viel stärker beeinträchtigt, wenn Ihr Körper mit Alkohol und Drogen voll gepumpt ist. Geben Sie die Zügel nicht aus der Hand, seien Sie der Chef, und verlieren Sie nicht die Kontrolle. Denn egal wie knisternd das bevorstehende Stelldichein Ihrer Einschätzung nach werden könnte, es ist es nicht wert, dass Sie sich dabei etwas einfangen, das Ihren Schritt auf Dauer in Brand steckt. Also fragen Sie nach. Und wenn Sie selbst etwas haben, raus mit der Sprache. (Viele Gesundheitsämter bieten einen anonymen Partnerbenachrichtigungsservice an, wenn Sie im Nachhinein eine sexuell übertragbare Krankheit bei sich feststellen und es nicht mehr über sich bringen, die schlechte Nachricht dem anderen mitzuteilen.)

Vielleicht sind wir Träumer, aber wir empfehlen Ihnen, dass Sie sich zuerst gemeinsam testen lassen. Nur weil Sie das Gefühl haben, jemanden zu kennen, bedeutet das nicht, dass Sie beurteilen können, ob sie oder er eine Geschlechtskrankheit hat. Wenn Sie sexuell aktiv sind, sollten Sie sich einmal oder sogar zweimal im Jahr untersuchen lassen – auf sexuell übertragbare Krankheiten. Und damit meinen wir nicht nur einen HIV-Test und einen Papanicolaou-Abstrich (Letzterer dient zur Früherkennung durch menschliche Papillomviren verursachter Krebsgeschwüre, aber nicht zur Diagnose anderer sexuell übertragbarer Krankheiten). Manche Ärzte werden nicht von sich aus Tests vorschlagen (insbesondere bei ihren jungen Patienten – nicht nur Eltern weigern sich zu glauben, dass auch Teenager es gern tun), also machen Sie Ihre Hausaufgaben, informieren Sie sich, welche Risiken Sie eingehen, und nennen Sie die Infektionen, auf die Sie sich untersuchen lassen möchten, beim Namen, wenn Sie zur Routineuntersuchung bei Ihrem Hausarzt, Frauenarzt, im Krankenhaus oder beim Gesundheitsamt sind. Wenn Sie sexuell aktiv sind und *keine* feste Beziehung haben, empfehlen wir Ihnen, sich mindestens ein Mal jährlich auf HIV, Syphilis, Hepatitis B, Chlamydien, Gonorrhöe und Herpes Simplex testen zu lassen; die Damen unter Ihnen, ob Sie sich in einer festen Beziehung befinden oder nicht, sollten außerdem einen Gebärmutterhalsabstrich machen lassen, damit eventuelle Abnormalitäten (die häufig von Papillomviren verursacht werden) festgestellt werden können, und sich einem Trichomoniasis-Test unterziehen (siehe dazu auch den Abschnitt über Trichomoniasis im Kapitel »Ladys First«, Seite 361). Die Untersuchung kann Folgendes beinhalten: eine Sichtprüfung (der Onkel Doktor spielt Guck-Guck mit Ihrem Schritt und verwendet dazu unter Umständen ein spezielles Vergrößerungsglas), einen Abstrich (mit Hilfe eines langen Abstrichtupfers, bei der Frau in der Vagina oder am Gebärmutterhals und beim Mann in der Harnröhre), eine Urinprobe (wozu Sie in einen Becher pinkeln müssen), eine Speichelprobe (zur Untersuchung der Mundflora) und eine Blutuntersuchung (bei der Sie in den Arm gepiekst werden). Der kurzzeitige Schmerz beim berüchtigten Harnröhrenabstrich hält viele Männer davon ab, sich untersuchen zu lassen, aber Abstriche wurden inzwischen weitgehend durch schmerzfreie Urinuntersuchungen ersetzt. Wenn Sie sich nicht sicher sind, ob Sie sich eine sexuell übertragbare Krankheit eingefangen haben, suchen Sie umgehend einen Arzt auf – je früher ein Problem erkannt wird, desto besser kann es behandelt werden.

Fazit: Wenn Sie das Glück haben, sexuell aktiv zu sein, müssen Sie sich über alle Infektionen informieren, die Sie und Ihre Partnerin oder Ihr Partner haben oder haben könnten. Wissen ist Macht, und Macht macht sexy. Dieses Buch ist ein guter Ausgangspunkt. Allerdings haben wir hier nur Platz für die häufigsten, berüchtigtsten und gefährlichsten Geschlechtskrankheiten.

## Virusinfektionen

Wenn Sie sich schon eine sexuell übertragbare Krankheit einfangen, dann bloß keine Virusinfektion – gegen sie gibt es keine Heilmittel und keine Impfstoffe, und sie bleiben Ihnen wie Ihre Verwandtschaft in der Regel bis an Ihr Lebensende erhalten. Wenn es doch passiert, bedeutet das allerdings weder den Weltuntergang noch das Ende von Sex. Mit Hilfe verschiedener Behandlungsmethoden und einigen Veränderungen Ihres Lebensstils werden Sie schon damit zurechtkommen; zig Millionen andere Menschen bewältigen das schließlich auch. Die folgenden drei Abschnitte beschäftigen sich mit den häufigsten Virusinfektionen: menschlichen Papillomviren, Herpes und HIV. Über sie sind die verwirrendsten und widersprüchlichsten Informationen im Umlauf. Im letzten Abschnitt über Virusinfektionen geht es um Hepatitis.

### Menschliche Papillomviren

Menschliche Papillomviren sind die häufigste sexuell übertragbare Krankheit in den Vereinigten Staaten. *Jede vierte Frau* in den USA hat dieses Virus, und Schätzungen zufolge infizieren sich *mehr als 75 Prozent aller sexuell aktiven Menschen* (da könnten Sie dabei sein) irgendwann im Lauf ihres Lebens wissentlich oder unwissentlich mit Papillomviren (wobei sich die meisten Frauen erstmals bei einem ihrer ersten drei Sexualpartner infizieren). Fragen Sie andere Leute, was man unter menschlichen Papillomviren versteht, werden Sie meist nur Achselzucken und hochgezogene Augenbrauen zur Antwort bekommen. Fragen Sie andere Leute, ob Kondome hundertprozentig davor schützen, werden Sie vermutlich ein »Ja« zu hören bekommen – obwohl die Antwort »nein« lauten müsste. Fragen Sie andere Leute, ob sie sich jemals mit Papillomviren infiziert haben, werden sie mit »nein« antworten – obwohl die Antwort in diesem Fall »ja« lauten müsste.

Menschliche Papillomviren gibt es in zig verschiedenen Ausführungen (in ungefähr 100 verschiedenen, wenn Sie es genau wissen möchten). Während Sie sich mit mehreren unterschiedlichen Typen von Papillomviren gleichzeitig infizieren können, ist es eher unwahrscheinlich, dass Sie sich mit einem Typ anstecken, mit dem Sie schon einmal infiziert waren, weil Ihr Körper die Chance hatte, dagegen immun zu werden.

Manche Arten von Papillomviren werden nicht sexuell übertragen und ziehen den Genitalbereich nicht in Mitleidenschaft. Dazu gehören die Arten, die Warzen an den Fußsohlen oder an den Händen verursachen. Doch etwa 30 Arten *können* durch sexuellen Kontakt übertragen werden und nisten sich an der Vulva, in der Vagina, am Gebärmutterhals, im Rektum, im Anus, am Penis oder am Hodensack ein. Einige von ihnen verursachen sichtbare, (überwiegend) äußerliche Genitalwarzen – diese werden meist von »ungefährlichen« Papillomviren verursacht, die langfristig in der Regel keine ernsten Schäden anrichten. Doch die weniger harmlosen sexuell übertragbaren Papillomviren sind ebenfalls unsichtbar (zumindest für Sie) und können abnormale Zellveränderungen hervorrufen – sie gelten als »gefährlich«, weil sie gelegentlich zu Krebsgeschwüren an der Vulva, am Penis, im Anus oder (wie in den meisten Fällen) am Gebärmutterhals führen können. Mit Papillomviren infizierte Frauen sind zehnmal häufiger gefährdet, an Gebärmutterkrebs zu erkranken. (Peniskrebs ist zwar äußerst selten, aber mehr als ein Viertel aller Fälle ist auf Papillomviren zurückzuführen.) Wir werden uns auf die beiden Arten von Papillomviren konzentrieren, die sexuell übertragbar sind (schließlich ist dieses Buch ein Sexratgeber) und Warzen sowie abnormale Zellveränderungen verursachen.

Das Verzwickte an menschlichen Papillomviren ist, dass sie nur sehr schwer feststellbar sind. Die meisten infizierten Menschen zeigen keine Symptome, wissen nichts von ihrer Infektion, die auch nach Routineuntersuchungen undiagnostiziert bleibt, und stecken andere an. Und stecken andere an. Und stecken andere an. Die Inkubationszeit beträgt bis zu sechs Monate, doch das Virus *kann* jahrelang in der Haut ruhen, bevor es (wenn überhaupt) eine Warze sprießen lässt oder Zellveränderungen auslöst. Deshalb ist es oft unmöglich zu bestimmen, bei wem Sie sich angesteckt haben oder wie lange Sie darunter leiden werden: Menschliche Papillomviren bleiben Ihnen unter Umständen bis an Ihr Lebensende erhalten, können aber ebenso gut von einem Tag auf den anderen von Ihrem Immunsystem aus dem Körper vertrieben werden; sie können eine Zeit lang ruhen und nicht ansteckend sein und dann plötzlich ohne Symptome »reaktiviert« werden und ansteckend sein. Solange Sie keine Symptome haben, gibt es auch keine Tests, mit denen Sie sich Gewissheit verschaffen können.

Zucken Sie trotzdem nicht gleichgültig mit den Schultern, sondern lesen Sie weiter.

## Menschliche Papillomviren: Genitalwarzen

Warzen – irgendwas an diesem Wort ist total ... *unsexy*. Vielleicht liegt es ja daran, dass wir es mit Fröschen und Hexen assoziieren. Doch eigentlich sind Warzen gar nicht so schlimm: kleine, harmlose, fleischfarbene Gewächse, die in der Regel keine Schmerzen verursachen und nicht zu Krebs führen. In allem Negativen steckt auch etwas Positives, nicht wahr? (Die Arten von Papillomviren, die Krebs verursachen, werden im Abschnitt »Menschliche Papillomviren: Abnormale Zellveränderungen«, Seite 265 besprochen.)

Nur wenige Arten von Papillomviren verursachen Genitalwarzen, doch diese Arten verbreiten sich wie ein Lauffeuer – jedes Jahr gibt es in den USA zwischen 500 000 und einer Million neue Fälle! Sie sind extrem ansteckend: Etwa zwei Drittel der Menschen, die beim Sex in Berührung mit Genitalwarzen kommen, bekommen anschließend (meistens innerhalb von drei Monaten) selbst welche. Wie üblich sind Frauen dafür anfälliger als Männer. Obwohl sie sich unter Umständen letztlich von selbst wieder zurückbilden, lässt sich nicht beurteilen, welche bleiben und welche verschwinden werden. Deshalb ist es vermutlich das Beste, sie so schnell wie möglich behandeln zu lassen, um die Ansteckungsgefahr zu verringern.

***Symptome:*** Genitalwarzen wachsen zu erhabenen oder flachen, glatten oder unebenen, kleinen oder großen, weichen oder harten, fleischfarbenen oder weißlichen, meist runden Geschwüren heran. Manchmal sehen sie aus wie ein Miniaturblumenkohl (hübsch, nicht wahr?). Sie wachsen allein oder in Gruppen und tauchen oft an mehr als einer Stelle auf. Warzen verursachen normalerweise keine Schmerzen und kein Brennen, können aber ein wenig jucken.

Wenn Sie ein Mann sind, können Sie sie am Penis bekommen, an den Hoden oder sogar in der Harnröhre. Wenn Sie eine Frau sind, können Sie sie an der Vulva, in oder in der Umgebung der Vagina oder am Gebärmutterhals bekommen. Ebenso wohl fühlen sich Warzen in der gesamten Leistengegend sowie am und im Anus. In einigen seltenen Fällen bleiben nicht einmal Mundraum, Rachen, Lippen und Zunge verschont.

In der Regel sieht oder spürt man Warzen, aber bedenken Sie, dass nicht jede Erhebung eine Warze sein muss. Bei einigen Erhebungen handelt es sich um sekundäre Syphilis, Hämorrhoiden, Hautlappen (gutartige Hautgeschwüre), Hautkrebs oder bestimmte Peniserkrankungen mit komplizierten Namen, die man kaum buchstabieren kann. Also entscheiden Sie nicht selbst, sondern konsultieren Sie einen Arzt.

***Wird es schlimmer?*** Nicht immer. Manchmal verschwinden Genitalwarzen von selbst. Manchmal bleiben sie so, wie sie sind. Aber manchmal, wenn Sie sich die Warzen wegwünschen, anstatt sie behandeln zu lassen, wachsen sie weiter, bis sie die Vagina, den Anus, die Harnröhre oder den Rachen blockieren und Schmerzen oder sogar Blutungen verursachen (die wiederum das HIV-Ansteckungsrisiko erhöhen).

Glücklicherweise rufen die meisten Papillomviren, die Warzen verursachen, keine Krebserkrankungen hervor. Aber freuen Sie sich nicht zu früh: Sie können mehr als eine Papillomvirenart zur selben Zeit haben; tatsächlich ist es nicht ungewöhnlich, gleichzeitig mit harmlosen und gefährlichen Papillomviren infiziert zu sein. Ihre Genitalien sind nicht wählerisch und auch nicht besonders anspruchsvoll.

Ein geschwächtes Immunsystem ist für Warzen wie Wasser und Sonnenlicht für Pflanzen – Diabetes, HIV/Aids, eine Chemotherapie, Lymphogranulomatose und sogar schlechte Ernährung und Stress können sie sprießen lassen.

***Übertragung:*** Direkter Hautkontakt beim Vaginal-, Anal- oder (sehr selten) Oralsex mit einer infizierten Person. Und mit »Sex« meinen wir nicht nur den tatsächlichen Verkehr; ein bisschen rummachen kann schon ausreichen. Und ein Kondom schützt unter Umständen nicht, wenn Ihre Partnerin oder Ihr Partner an der Peniswurzel, den Hoden, den Schamlippen oder in der Leistengegend infiziert ist. Hinzu kommt, dass auf Ihren Fingern oder Sexspielzeugen zwar keine Warzen wachsen, sie aber Infektionen zwischen Ihnen und Ihrer Partnerin oder Ihrem Partner transportieren können.

Genitalwarzen werden vor allem dann übertragen, wenn tatsächlich Symptome (d. h. Warzen) sichtbar sind, da äußerliche Anzeichen keine Zweifel aufkommen lassen, dass das Virus »aktiv« ist. Das heißt allerdings nicht, dass sie nicht übertragbar sind, wenn man sie nicht sieht. Beachten Sie Folgendes: Ein gut belüfteter Penis, der im Freien herumbaumelt, bietet Warzen einen wesentlich schlechteren Nährboden als eine feuchte Vagina oder ein mollig warmer Anus. Vergessen Sie nicht, dass die Warze nicht das Virus, sondern nur die Reaktion des Körpers darauf ist. Die Infektion lebt also vielleicht auf seiner Nudel, zeigt aber erst dann ihr wahres Gesicht, wenn sie irgendwo bei *Ihnen* ein gemütlicheres Zuhause gefunden hat.

Normalerweise können Sie von Warzen an den Händen oder Füßen keine Genitalwarzen bekommen und umgekehrt – sie werden von unterschiedlichen Virustypen verursacht, die sehr wählerisch in Bezug auf die Art von Haut sind, auf der sie sich einnisten. Sie sind nicht bi.

**Vergewisserung:** Der große Haken ist der, dass es keinen Bluttest gibt, mit dem sich Viren, die Genitalwarzen verursachen, diagnostizieren lassen. Wenn das Leben doch so einfach wäre. Wenn Sie sichtbare Genitalwarzen haben, können Sie auch nicht feststellen, ob sie durch die menschlichen Papillomviren hervorgerufen werden. Und auch wenn Sie an den fraglichen Stellen etwas entdecken, kann – wie wir bereits erwähnt haben – nur ein Mediziner beurteilen, ob es sich dabei tatsächlich um Warzen handelt (und nicht um irgendeine Hauterkrankung). Folgendes haben Sie zu erwarten:

- Zunächst nimmt der Arzt eine Sichtprüfung vor – bei Frauen in der Regel im Rahmen einer Unterleibsuntersuchung, bei Männern in der Regel nie. Wenn man als männlicher Patient nicht den Verdacht äußert, dass man sich mit Papillomviren angesteckt haben könnte, und keine Ansammlung von Warzen auf dem Lümmel hat, wird man (aus einem völlig unverständlichen Grund) einfach nicht untersucht, *und zwar nicht einmal dann, wenn man nach einem Standard-Papillomvirentest fragt*. Also, Männer, seid auf der Hut: Wer glaubt, er könnte sich infiziert haben, sollte sagen, dass er sich Sorgen wegen menschlicher Papillomviren macht und daraufhin untersucht werden möchte.

- Um vorhandene Warzen besser sehen zu können oder um die Warzen erkennen zu können, die noch nicht aufgeblüht sind (d. h., wenn Sie glauben, Sie hätten sich infiziert, aber noch keine Warzen sichtbar sind), trägt der Arzt mit einem Tupfer verdünnte Essiglösung (Essigsäure) auf die Haut auf, lässt sie fünf Minuten lang einwirken und hält anschließend mit einem Vergrößerungsglas und viel Licht nach weißen Punkten Ausschau. Keine Sorge, das tut kein bisschen weh.
- Wenn auch nur der geringste Zweifel besteht, ob es sich bei den Auswüchsen um Genitalwarzen handelt oder nicht (d. h., wenn sie merkwürdig aussehen oder verfärbt sind), wird der Arzt vielleicht eine Biopsie machen und an der fraglichen Stelle eine Gewebeprobe entnehmen wollen. Das ist ein einfacher ambulanter Eingriff, für den nur eine leichte örtliche Betäubung nötig ist. Unter Umständen fühlt er sich etwas unangenehm an, ist aber durchaus auszuhalten.
- Wenn Sie glauben, Sie hätten äußerliche Warzen, sollten Sie darauf achten, dass der Arzt auch Ihr Inneres kontrolliert: Vagina, Anus, Urethralöffnung. Wie Teenager und Motorradfahrer treten Warzen am liebsten in Gruppen auf.

***Gegenmaßnahmen:*** Wir haben es mit einem Virus zu tun, also wissen Sie, was Sache ist: Es gibt keine Heilung. Vielleicht wird Ihr Immunsystem es selbst mit den Warzen aufnehmen und sie unter Umständen sogar für immer verscheuchen, vielleicht aber auch nicht. Es stehen verschiedene Behandlungsmethoden zur Auswahl, mit denen sichtbare Genitalwarzen entfernt, Symptome bekämpft und das Übertragungsrisiko reduziert werden können. Die jeweilige Behandlung hängt zum einen von der Anzahl, Größe und Lage der Warzen ab, zum anderen von den damit verbundenen Kosten, der Verträglichkeit und den eventuellen Nebenwirkungen. Wenn Warzen behandelt werden, verschwinden sie oft für immer. Manche Menschen (insbesondere Raucher und HIV-Infizierte mit geschwächtem Immunsystem) erleiden allerdings noch lange Zeit danach Rückfälle. Bei den meisten bilden sich die Warzen jedoch nach zwölf bis 18 Monaten von selbst zurück. Einige Warzen bleiben auf Dauer erhalten, ohne ihre Größe zu verändern.

Häufig wird ein chirurgischer Eingriff vorgenommen, vor allem bei einer größeren Anzahl von Warzen, bei Warzen, die sich in Körperöffnungen verbergen und deshalb nur schwer mit Salben behandelt werden können, oder bei Warzen, die besonders hartnäckig sind und immer wieder nachwachsen. Dazu wird die Warze entweder mit flüssigem Stickstoff vereist (Kryotherapie), mit einem kleinen chirurgischen Instrument wie etwa einem Skalpell entfernt (Exzision), mit Hilfe elektrischer Spannung weggeätzt (Elektrokauterisierung) oder mit intensivem Licht geköpft (Lasertherapie). Chirurgische Eingriffe erfordern eine Form der Betäubung (von der Lokalanästhesie bis zur Vollnarkose) und sind deshalb schmerzhaft und teuer. In der Regel dauern sie jedoch nicht lange und werden direkt in der Arztpraxis durchgeführt. Lokale Behandlungsmethoden zielen auf die Zerstörung der Warze ab: Verschiedene verschreibungspflichtige Salben werden direkt auf die Warze aufgetragen und entfernen sie schrittweise. Diese Methode kann überaus schmerzhaft und/oder hautreizend sein. Schließlich gibt es noch die Möglichkeit der Immuntherapie, bei der mit Hilfe von Medikamenten (wie zum Beispiel die Creme »Aldara«) das Immunsystem aktiviert wird. Die Immuntherapie hat die wenigsten Nebenwirkungen, ist schmerzfrei und hat eine geringere Rückfallquote als alle anderen Behandlungsmethoden, weshalb sie nach Möglichkeit der erste Feldzug gegen

Warzen sein sollte. *Wichtiger Hinweis für Do-it-yourself-Freunde:* Warzensalben aus der Drogerie sollten *niemals* im Genitalbereich angewendet werden.

***Schlachtplan:*** Resümee: Wenn Sie sexuell aktiv sind, können Sie sich mit Viren infizieren, die Genitalwarzen verursachen – auch wenn Ihre Partnerin oder Ihr Partner keine sichtbaren Warzen hat und Sie ein Kondom benutzen. Je größer die Zahl Ihrer Sexualpartner, desto größer ist die Gefahr, dass Sie mit menschlichen Papillomviren in Berührung kommen. Aber möchten Sie deshalb auf Sex verzichten? Wir würden meinen, nein. Aus diesem Grund haben wir einige Möglichkeiten zusammengestellt, wie Sie das Risiko der Übertragung von Genitalwarzen verringern können:

- Steigen Sie nicht mit Leuten in die Kiste, die sichtbare Genitalwarzen haben. Warten Sie ab, bis die Warzen erfolgreich entfernt wurden, um das Risiko zu *reduzieren.*
- Streifen Sie ein Kondom über, bevor es zu Hautkontakt kommt, um die Haut zu schützen, die vom Kondom bedeckt ist. Ihre übrige Haut bleibt zwar trotzdem leichte Beute für Viren, aber zumindest sind infektiöse Stellen am Penisschaft verpackt, und das ist besser als nichts. Das Kondom für Frauen schützt besser, da es einen Teil der Schamlippen abdeckt.
- Manche Leute sind der Meinung, wenn sie in der Vergangenheit Genitalwarzen hatten, in letzter Zeit aber keine mehr, brauchten sie ihren potenziellen Sexualpartnern nichts davon zu erzählen – wir sind da völlig anderer Meinung. Seien Sie ehrlich; vielleicht ist es kein großes Problem, aber lassen Sie andere selbst entscheiden.
- Stärken Sie Ihr Immunsystem durch einen gesunden Le-

benswandel, damit Papillomviren-Infektionen keine Chance haben.

- Wo wir gerade beim Thema sind: Verzichten Sie auf Zigaretten. Raucher sind anfälliger für Genitalwarzen und haben häufiger Rückfälle, da ihr Immunsystem schlechter auf menschliche Papillomviren reagiert.
- Wenn Sie sich nach dem Sex mit Seife und Wasser waschen, können Sie die Infektionsgefahr zwar nicht ausschließen, aber *unter Umständen* verringern.

### Menschliche Papillomviren: Abnormale Zellveränderungen

Die »gefährlichen« Arten von menschlichen Papillomviren, die subklinische Zellveränderungen hervorrufen, sind noch hinterhältiger, da man sie nicht sehen kann (das bedeutet »subklinisch«: unsichtbar). Einige von ihnen können sogar Genitalkrebs verursachen (wenn wir von menschlichen Papillomviren und Krebs sprechen, meinen wir in erster Linie Gebärmutterhalskrebs bei Frauen). Bei Männern führen gefährliche Papillomvirenarten nur selten zu gesundheitlichen Problemen wie Penis- oder Analkrebs. Während einige dieser anfänglich subklinischen Infektionen von selbst wieder verschwinden, weil die Betroffenen nach einigen Monaten immun gegen sie werden, verwandeln sich andere in Langzeitinfektionen – und niemand weiß, warum. Normalerweise dauert es Jahre, bis diese abnormalen Zellveränderungen Karzinome verursachen, sodass jährliche Abstriche lange bevor die Situation außer Kontrolle gerät, Warnhinweise für eine Behandlung geben können.

***Symptome:*** Es treten weder erkennbare Symptome noch Schmerzen auf. Aus diesem Grund sind die Viren heutzutage so weit verbreitet.

***Wird es schlimmer?*** Bei Frauen verursachen menschliche Papillomviren häufig abnormale Zellveränderungen am Gebärmutterhals (auch »zervikale Dysplasie« oder »präkanzeröse Zellveränderungen« genannt), die abweichende Abstrichergebnisse liefern. Wenn diese Zellveränderungen nicht überwacht und behandelt werden, *können* sie Krebs verursachen, und das sollten Sie nicht auf die leichte Schulter nehmen. Es gibt noch eine Reihe weiterer ernst zu nehmender Genitalprobleme, die gefährlich werden können, aber sie sind seltener als vierblättrige Kleeblätter. Menschen, die Analverkehr haben (und in manchen Fällen auch Frauen mit ausgeprägter zervikaler Dysplasie) sind stärker gefährdet, durch menschliche Papillomviren an analer Dysplasie oder Analkrebs zu erkranken.

***Übertragung:*** Direkter Hautkontakt bei Vaginal-, Anal- und unter Umständen auch bei Oralsex führt am ehesten zu einer Infektion. (Unsere Definition von »Sex« ist hier abermals sehr weit gefasst – nacktes Sich-aneinander-Reiben zählt dazu.) Die meisten Menschen, die auf diese Weise sexuell aktiv sind, infizieren sich irgendwann im Lauf ihres Sexlebens mit subklinischen Arten von menschlichen Papillomviren, doch nicht jeder (das gilt vor allem für Männer) ist von abnormalen Zellveränderungen betroffen. Manche Experten sind der Meinung, diese Arten von Papillomviren seien weniger ansteckend als sichtbare Genitalwarzen. Andere behaupten, die meisten dieser Infektionen würden vom Immunsystem ausgemerzt, bevor sie zum Problem werden (hoffen wir das Beste). Allerdings lässt sich nicht feststellen, ob die menschlichen Papillomviren völlig verschwunden oder noch latent vorhanden aber nicht zu erkennen sind.

***Vergewisserung (wenn Sie eine Frau sind):*** Wenn Sie Ihren 17. Geburtstag bereits hinter sich haben oder sexuell aktiv sind (je nachdem, was zuerst eintritt) und im Besitz einer Vagina sind, dann müssen, müssen, müssen Sie jedes Jahr einen Abstrich machen lassen. Die Prozedur kennen Sie ja: Sie legen die Beine in die Halterungen und versuchen mit aller Gewalt, entspannt zu bleiben, wenn Ihr Gynäkologe Ihnen ein steriles Spekulum in die Vagina schiebt, um gewissermaßen den Vorhang zu lüften, damit er dann vorsichtig, ganz vorsichtig mit einem kleinen Spachtel oder einen kleinen Bürste am Gebärmutterhals schaben und eine Gewebeprobe entnehmen kann.

Diese Gewebeprobe wird dann zur Untersuchung ins Labor geschickt. Mit dem so genannten Pap-Test lassen sich menschliche Papillomviren zwar nicht exakt bestimmen, aber es können Zellveränderungen festgestellt werden, bevor sie größeren Schaden anrichten (d. h. Krebs verursachen). Eine neue, verbesserte Version des Pap-Tests, der ThinPrep-Pap-Test, liefert Gewebeproben, die im Labor leichter untersucht werden können und zu exakteren Ergebnissen führen. Also fragen Sie bei Ihrem nächsten Besuch beim Gynäkologen explizit danach.

Trotzdem ist das Analysieren von Gewebeproben eine komplizierte Angelegenheit, da existierende Abnormalitäten (a) nicht unbedingt in der Probe enthalten sein müssen und (b) nicht immer leicht zu erkennen sind. Wenn das Ergebnis Verdacht aufkommen lässt, aber die Diagnose unsicher ist, können mit Hilfe eines verhältnismäßig neuen Tests, dem so genannten »Hybrid-Capture-II«-Test, flüssige Proben des genetischen Zellmaterials untersucht werden, um zu bestimmen, ob die Grenzfälle von Zellveränderung tatsächlich von menschlichen Papillomviren verursacht und daher potenziell präkanzerös sind. Manche Krankenversicherungen bezahlen diesen

Test, also fragen Sie Ihren Arzt danach. Aber vergessen Sie nicht, dass selbst ein positiver Test nicht unbedingt ernsthafte Gesundheitsrisiken bedeutet: Sie können mit menschlichen Papillomviren infiziert sein, ohne dass sich beim Pap-Test jemals abnormale Zellveränderungen nachweisen lassen, was eine weitere Behandlung überflüssig macht (obwohl Sie potenziell ansteckend sind – igitt!).

Wenn beim Pap-Test eindeutig präkanzeröse Veränderungen festgestellt werden, wird kein Hybrid-Capture-II-Test durchgeführt, da automatisch angenommen wird, dass menschliche Papillomviren involviert sind, was in der Regel auch stimmt. Bei schwacher Dysplasie wird Sie Ihr Arzt unter Umständen bitten, ihn nach einigen Monaten noch einmal für einen weiteren Pap-Test aufzusuchen, damit die abnormalen Zellen die Chance haben, sich dem Druck ihresgleichen zu beugen und wieder normal zu werden. (In über 80 Prozent der Fälle bildet sich die schwache Dysplasie über einen Zeitraum von zwölf bis 18 Monaten von selbst zurück. Und es ist meistens ungefährlich abzuwarten, da sich Gebärmutterkrebs in der Regel erst nach Jahren entwickelt.) Vielleicht bittet Ihr Arzt Sie aber auch, einen Termin zur Kolposkopie zu vereinbaren, bei der er Ihren Gebärmutterhals unter einem speziellen Vergrößerungsglas untersucht, um festzustellen, wo die abnormalen Zellen ihre Spuren hinterlassen haben. Bei der Kolposkopie wird meist auch eine Biopsie gemacht (eine etwas unangenehme Angelegenheit, bei der ein kleines Stück Gewebe vom Gebärmutterhals entfernt wird), um die Ergebnisse des ersten Pap-Tests bestätigen und Krebs ausschließen zu können.

***Vergewisserung (wenn Sie ein Mann sind):*** Es gibt keine einfache Methode, um Gewissheit zu erlangen. Meistens wird eine Biopsie durchgeführt. Weil Peniskrebs aber äußerst selten ist, weil es schwierig ist, der dicken Penishaut eine brauchbare Gewebeprobe zu entnehmen, und weil Papillomvirentests oft falsche negative Ergebnisse liefern (d. h., Sie sind mit Papillomviren infiziert, aber das Testergebnis sagt nein), wird oft auf den Test verzichtet.

***Gegenmaßnahmen:*** Wir wiederholen uns nur ungern, aber bei menschlichen Papillomviren gibt es keine Heilung. Allerdings freuen wir uns, berichten zu können, dass es einige Behandlungsmethoden für mäßige bis schwere, von menschlichen Papillomviren verursachte zervikale Dysplasie gibt. (Männer mit Dysplasie haben wieder einmal Pech gehabt, allerdings werden sie meist nicht einmal merken, dass sie betroffen sind, und nicht darunter leiden – Unwissen ist ein Segen; ihre Sexualpartnerinnen sind allerdings zu bedauern.) Mit den folgenden Behandlungsmethoden können abnormale Zellen entfernt werden, bevor sie kanzerös werden. Unter Umständen können damit sogar *alle* mit menschlichen Papillomviren infizierten Zellen entfernt (drücken Sie die Daumen) und die Infektionsgefahr zumindest für kurze Zeit gesenkt werden. Welche Behandlungsmethode für Sie in Frage kommt, hängt von einer Reihe von Faktoren ab, wie Lage, Ausdehnung und Grad der Dysplasie, Ihrem Alter, Ihrem Gesundheitszustand, Ihrer Krankengeschichte und so weiter und so fort. Die folgenden Behandlungsmethoden sind nicht gerade angenehm und hinterlassen Wunden, die einige Zeit brauchen, um zu verheilen (was bedeutet, kein Sex für ein paar Wochen), aber sie sind allesamt besser als Krebs: Exzision eines Teils des Gebärmutterhalses mit der elektrischen Schleife (LEEP) oder dem Skalpell (Konisation), Vereisen der Zellen mit flüssigem Stickstoff

(Kryotherapie), Wegätzen des Problems mit Hilfe elektrischer Spannung (Elektrokauterisierung) oder Bearbeiten der Region mit dem Laser. Wenn Sie nur unter leichter Dysplasie leiden, wird sich Ihr Arzt vielleicht dafür entscheiden, Sie in Ruhe zu lassen, da die betroffenen Zellen sich unter Umständen von selbst regenerieren.

***Schlachtplan:*** Sie können diese Arten von menschlichen Papillomviren auf ähnliche Weise bekämpfen wie diejenigen, die sichtbare Genitalwarzen verursachen, indem Sie Kondome benutzen, nicht rauchen und …

- Wenn bei einer Untersuchung abnormale Zellveränderungen im Genitalbereich festgestellt wurden, können Sie Heilige(r) spielen und auf Sex verzichten, bis sie behandelt wurden oder eine weitere Untersuchung bestätigt hat, dass sie von selbst verschwunden sind. Die meisten Ärzte halten das allerdings in den meisten Fällen für keine zweckmäßige Methode: Wenn Sie in einer festen Beziehung leben, hat Ihre Partnerin oder Ihr Partner sich höchstwahrscheinlich bereits bei Ihnen mit dem Virus angesteckt; es kann Monate dauern, bis eine zervikale Dysplasie sich von selbst zurückbildet oder bis Diagnose und Behandlung abgeschlossen sind; und es lässt sich nur schwer sagen, wer betroffen ist, und ob die oder der Betroffene überhaupt ansteckend ist. Viele Ärzte erwarten höchstens, dass Sie Kondome benutzen und nicht zu häufig Ihre Sexualpartner(innen) wechseln.
- Manche Menschen – auch einige Ärzte – sind der Meinung, dass Sie es Ihren potenziellen Bettgefährtinnen oder Bettgefährten verraten müssen, wenn Sie in der Vergangenheit abnormale Zellveränderungen hatten – auch wenn das bereits

einige Zeit zurückliegt –, da diese Art von menschlichen Papillomviren so hartnäckig sind, dass man ihnen kaum aus dem Weg gehen kann. Wir sind allerdings der Meinung, dass jeder selbst entscheiden können sollte.

- Stärken Sie Ihr Immunsystem durch einen gesunden Lebenswandel, damit Infektionen mit menschlichen Papillomviren keine Chance haben. Gebärmutterhalskrebs können Sie vor allem durch eine Ernährung vorbeugen, die reich an Betakarotin und dem als Folsäure bekannten Vitamin B ist: gelbe und orangefarbene Früchte und Gemüsesorten (Mangos, Mais, Kürbisse, Tomaten), dunkelgrünes, blättriges Gemüse (Kohl, Grünkohl), Vollkornprodukte, Bohnen und Erdnüsse.
- Falls es Ihnen ein Trost ist (und davon sind wir überzeugt), führen Sie sich vor Augen, dass die meisten Menschen sich irgendwann im Lauf ihres Sexlebens mit einer oder mehreren Arten von menschlichen Papillomviren infizieren und ein Großteil von ihnen sich dessen nie bewusst wird, weil sie keine sichtbaren Symptome oder ernsthafte gesundheitliche Probleme hervorrufen. Sie sind zwar schlimm, aber *so* schlimm sind sie auch wieder nicht.

## Herpes

Haben Sie Herpes? Möglicherweise. Mehr als ein Fünftel der amerikanischen Bevölkerung ist damit infiziert und *weniger als ein Drittel davon weiß es*. Sind Sie sich sicher? Weshalb halten Sie sich für etwas Besonderes? Wir wetten, Sie haben auch geschworen, niemals Stammgast bei Starbucks zu werden, stimmt's? Zumindest sind Sie in guter Gesellschaft: Einige unserer besten Freunde gehören dem Herpes-Clan an (und einige von ihnen trinken sogar Starbucks-Kaffee).

Herpes ist ein Virus, der ansteckende, schmerzhafte, nässende, wiederkehrende »Komm mir nicht zu nahe«-Entzündungen hervorrufen kann, und zwar entweder an den Genitalien oder am Mund. Es gibt zwei Arten: Das Herpes-simplex-Virus 1 (HSV-1), das gewöhnlich vom Hals aufwärts zu finden ist (Lippen, Mund, Gesicht, Augen), und das Herpes-simplex-Virus 2 (HSV-2), das im Genitalbereich zu Hause ist. Die beiden haben allerdings keine Skrupel, in das Hoheitsgebiet des anderen einzudringen: Das HSV-1 kann durchaus auch in Ihrer Unterwelt auftauchen, und das HSV-2 wurde bereits in nördlichen Regionen gesichtet. (Das HSV-1 ist etwa viermal so häufig wie das HSV-2.) Entzündungen unterhalb der Gürtellinie werden auch als Genitalherpes bezeichnet, während Ausschläge vom Hals aufwärts unter dem Begriff »Fieberbläschen« bekannt sind, aber auch als »Oralherpes« bezeichnet werden (vor allem, wenn Sie Wert auf ein gewisses Schockpotenzial legen). Experten führen die Kreuzung der beiden Arten auf zügellosen Oralverkehr zurück (der in den USA als Freizeitbeschäftigung auf einer Stufe mit Baseball rangiert).

Wenn Sie sich erst einmal mit Herpes angesteckt haben, hält sich dieser für einen Familienangehörigen. Keine Heilung, kein Impfstoff – Sie werden Clubmitglied auf Lebenszeit (mit dem Unterschied, dass Sie keinen Mitgliedsausweis, keine lustigen Mützen und keine Ermäßigungen bekommen). Im Gegensatz zu einigen Ihrer Angehörigen können Sie Herpes allerdings Manieren beibringen: Mit ein wenig Übung, Geduld und verschreibungspflichtigen Medikamenten können Sie die Heftigkeit und Häufigkeit der Attacken mindern und lernen, nicht alles zu teilen (zumindest was das Virus betrifft).

In Amerika gibt es sogar eine Herpes-Telefonberatung (rufen Sie doch einfach mal an, um »hallo« zu sagen; alle Berater, mit denen wir gesprochen haben, waren süß wie Honig) und – kein Scherz – einen Herpes-Dating-Service im Internet (www.mpwh.net, *Meet People With Herpes*).

***Symptome:*** Das erste Anzeichen dafür, dass Sie sich angesteckt haben, ist ein Jucken, gefolgt von einem Brennen, an der Stelle, wo Sie mit dem Virus in Berührung gekommen sind (z. B. Vagina, Schamlippen, Gebärmutterhals, Penis, Hoden, Perineum, Mund, Anus). Dieser Juckreiz tritt in der Regel innerhalb von zwei bis 20 Tagen nach der Infektion auf, manchmal kann es aber auch Jahre dauern, vor allem bei Männern (denn Herpes ist ein geduldiger kleiner Mistkerl). Innerhalb eines Tages, nachdem der Juckreiz begonnen hat, treten wunde Stellen in Erscheinung. Sie beginnen ihr Leben als kleine Bläschen; wenn diese Bläschen aufplatzen (da kommt Freude auf), verwandeln sie sich in nässende Wunden, auf denen sich schließlich Schorf bildet. Vom Jucken bis zum Verkrusten vergeht in der Regel etwa eine Woche; es kann allerdings bis zu drei Wochen dauern, bis die wunden Stellen verschwinden (mit oder ohne Behandlung). Wenn Sie nicht daran herumfummeln, werden auch keine Narben zurückbleiben.

Der erste Ausschlag (und besonders heftige weitere Ausschläge, wobei der erste meistens der schlimmste ist und am langsamsten abheilt) wird unter Umständen von Fieber, von geschwollenen Drüsen in der Nähe der entzündeten Stelle sowie von Schmerzen in der gesamten betroffenen Region begleitet. Wenn Sie Genitalherpes haben, werden Sie beim Urinieren eventuell Schmerzen haben, und zwar unabhängig davon, ob Sie eine Frau oder ein Mann sind.

*Anmerkung:* Frauen sind von Herpes-Symptomen stärker betroffen als Männer, obwohl niemand genau weiß, warum.

Wenn Mädels Herpes im Genitalbereich bekommen, treten oft auch Entzündungen am Gebärmutterhals auf, allerdings nur beim ersten Ausschlag.

***Wird es schlimmer?*** Herpes ist ein Wiederholungstäter: Bei ungefähr der Hälfte aller Menschen, die sich mit Herpes infizieren, bricht er jahrelang immer wieder aus, wenngleich (man sollte sich auch über kleine Geschenke freuen) die Attacken im Lauf der Zeit seltener und schwächer werden. Je heftiger der erste Ausschlag, desto größer die Wahrscheinlichkeit, dass er sich wiederholt. Und das HSV-2 ist im Genitalbereich sogar ein noch schlimmerer Wiederholungstäter als das HSV-1. Bei denjenigen, die zu Rückfällen verdammt sind, tritt der zweite Ausschlag normalerweise drei bis zwölf Monate nach dem ersten auf, in derselben Körperregion. (Da im Genitalbereich jedoch alle Nerven miteinander verbunden sind, können sich die wunden Stellen in tieferen Gefilden bei einem erneuten Ausschlag ein Stück verlagern – zum Beispiel in Richtung Pobacken.) Im ersten Jahr müssen Sie sich auf monatliche Ausschläge gefasst machen; danach müssen Sie mit vier bis fünf Ausschlägen pro Jahr rechnen, je nachdem, wie viel Mühe Sie sich bei der Vorbeugung geben (siehe unten). Bei den meisten Leuten hören die Ausschläge fünf bis sechs Jahre nachdem sie sich das Virus eingefangen haben auf, obwohl ihnen das Herpesvirus bis an ihr Lebensende erhalten bleibt. Nach dem ersten Ausschlag wird Herpes als »latent« bezeichnet, aber Sie können andere dennoch anstecken und müssen jederzeit damit rechnen, dass er wieder ausbricht (was in unseren Ohren nicht gerade latent klingt). Und wenn Sie ein echter Glückspilz sind, bekommen Sie nie einen zweiten Ausschlag – allerdings tragen Sie das Virus trotzdem bis an Ihr Lebensende in sich.

***Übertragung:*** Der Begriff »Herpes« leitet sich von dem griechischen Wort für »kriechen« ab. Und das tut er ständig. Herpes kann immer dann weitergegeben werden, wenn eine wunde Stelle eine Schleimhaut berührt (z. B. Augen, Mund, Anus, Eichel, Schamlippen, Vagina) oder wenn ein Finger oder ein Spielzeug als Verbindung zwischen einer wunden Stelle und einer Schleimhaut fungiert (vorausgesetzt, dass der Finger oder das Spielzeug direkt zur Schleimhaut wandert, denn das Herpes-Virus überlebt in der freien Wildbahn nur wenige Sekunden). Herpes kann außerdem übertragen werden, wenn eine wunde Stelle mit verletzter Haut in Berührung kommt (d. h. mit einer Schnittwunde, einem Hautausschlag oder einer Schürfwunde). Sie können sich also beim Vaginal-, Anal- oder Oralverkehr, beim nackten Aneinanderreiben oder sogar beim Küssen infizieren (je nachdem, wo das Virus bei seinem Wirt lebt). Fast alles, was über einen Händedruck hinausgeht, kann ansteckend sein. Also nehmen Sie keine Süßigkeiten von Fremden an, und auch keine Zungen. Aber es gibt *keine* dokumentierten Fälle, dass sich jemand das Virus über gemeinsam benutzte Gegenstände wie Toilettenbrillen, Badewannen, Handtücher, Zahnbürsten, Lippenstifte, etc. eingefangen hat (dank der kurzen Lebenserwartung des Virus nach dem Verlassen eines warmen Körpers).

Doch das HSV hat einige schmutzige kleine Geheimnisse. Ein Beispiel: Mehr als die Hälfte aller Menschen, bei denen ein HSV-Test positiv ausfallen würde, bekommen *nie* einen Ausschlag. Und noch ein Beispiel: Neuere Untersuchungen haben gezeigt, dass manche Menschen an einigen Tagen im Jahr andere anstecken können, auch wenn sie keinen Ausschlag haben (man nennt das »asymptomatische Übertragung«). Natürlich lässt sich nicht sagen, an welchen Tagen das der Fall ist – das würde die Sache zu einfach machen. Während der wenigen Tage, an denen Sie ansteckend sind, ohne Symptome zu haben, wird das Virus höchstwahrscheinlich von den Körperstellen »überspringen«, an denen normalerweise Ihr Ausschlag sprießt (z. B. am Penis, an den Schamlippen, etc.). Allerdings kann er auch in der näheren Umgebung überspringen – die Forschung auf diesem Gebiet ist noch nicht abgeschlossen. An diesen ansteckenden Tagen können Sie das Virus genauso weitergeben wie an den Tagen, an denen Sie einen Ausschlag haben, das heißt, indem Sie mit einer dieser Körperstellen eine Schleimhaut (Mund, Genitalien, etc.) eines anderen Menschen berühren. Wenn Sie ein Jahr lang mit jemandem vögeln, der Genitalherpes ohne Symptome hat, liegt die Wahrscheinlichkeit, dass Sie sich anstecken, Herpes-Experten zufolge bei etwa eins zu neun (abhängig davon, wie gut Sie sich schützen; siehe unten). Zwar steckt auch die Forschung bezüglich asymptomatischer Übertragung noch in den Kinderschuhen, aber die Wissenschaftler sind sich einig, dass das Ansteckungsrisiko in den ersten sechs Monaten nach dem ersten Ausschlag am größten ist, und dass die Übertragungswahrscheinlichkeit danach von der Häufigkeit der Ausschläge abhängt.

All das könnte dafür verantwortlich sein, dass die Übertragung meist in Abwesenheit von Symptomen stattfindet, ohne das Wissen der Beteiligten. Denken Sie einmal darüber nach: Wenn Sie wunde Stellen haben, sind Sie ganz bestimmt nicht in der Stimmung für Petting, es sei denn, Sie sind sadistisch veranlagt. Aber irgendwie gelingt es dem Herpes trotzdem, sich wie ein Lauffeuer zu verbreiten. Übrigens ist die Wahrscheinlichkeit der asymptomatischen Übertragung bei HSV-1 wesentlich geringer als bei HSV-2, und die meisten Fälle von oralem Herpes werden durch HSV-1 verursacht. Wenn Sie also der impulsive Typ sind, der gern mit völlig Fremden in Bartoiletten herumschnullert, sind Sie weniger gefährdet, sich Herpes einzufangen, als der impulsive Typ, der gern mit völlig Fremden in Bartoiletten herumvögelt.

Doch hier kommt eine gute Nachricht (wir wetten, damit hätten Sie nicht mehr gerechnet): Wenn Sie Oralherpes haben, ist es unwahrscheinlich, dass Sie sich selbst »versehentlich« Genitalherpes verpassen (z. B. indem Sie eine wunde Stelle am Mund berühren und anschließend Ihr bestes Stück, ohne sich vorher die Hände zu waschen), und umgekehrt. Das beruht darauf: Wenn das HSV nicht aktiv ist, treibt es sich in den Nervensträngen am unteren oder oberen Ende Ihrer Wirbelsäule herum, je nachdem, ob Ihr HSV für Ausschläge unterhalb der Gürtellinie beziehungsweise oberhalb des Halses verantwortlich ist. Wenn Sie also HSV-1 haben, das am oberen Ende Ihrer Wirbelsäule wohnt (z. B. Oralherpes), sind Ihre Genitalien ziemlich gut vor einer HSV-1-Infektion geschützt, weil der Rest Ihres Körpers (unterhalb des Halses) Antikörper entwickelt hat. Allerdings bieten HSV-1-Antikörper keinen Schutz gegen HSV-2 und umgekehrt. Wer also an Oralherpes leidet, kann sich bei jemand anderem mit Genitalherpes anstecken. (Neuere Untersuchungen deuten zwar darauf hin, dass HSV-Antikörper einen gewissen Schutz gegen ihren jeweiligen Viruskollegen bieten, aber die Indizien sind zu dürftig, als dass es sich lohnen würde, ein Risiko einzugehen.) Und bedenken Sie, dass Sie Ihre Partnerin oder Ihren Partner auch »versehentlich« mit Genitalherpes infizieren können, wenn Sie Oralherpes haben (z. B., indem Sie Ihren Mund berühren und anschließend die Geschlechtsteile Ihrer Partnerin oder Ihres Partners, ohne sich vorher die Hände zu waschen, oder indem Sie direkt mit dem Mund ihre oder seine Geschlechtsteile berühren).

***Vergewisserung:*** Wenn Sie innerhalb weniger Tage, nachdem eine wunde Stelle auftaucht, zum Arzt gehen, kann dieser eine Flüssigkeitsprobe entnehmen und eine Diagnose erstellen. Sobald die wunde Stelle getrocknet oder verschorft ist, könnte es zu spät für einen solchen Test sein, also sollten Sie so schnell wie möglich zum Arzt gehen.

Wenn Sie keine Symptome aufweisen, kann ein Bluttest Aufschluss darüber geben, ob Sie das Herpesvirus in sich tragen. Ob Sie HSV-1 oder HSV-2 haben, hat nicht den geringsten Einfluss auf die Behandlungsmethode. Deshalb verzichten Ärzte oft darauf, zwischen den beiden zu unterscheiden. Wenn Sie jedoch noch nie einen Ausschlag hatten, ist es gut zu wissen, wo die wunden Stellen *wahrscheinlich* auftreten werden. Also fragen Sie Ihren Arzt nach einem Test, der Namen nennt. Allerdings kann Ihnen kein Test eindeutig sagen, ob Sie oberhalb des Halses oder unterhalb der Gürtellinie infiziert sind; Sie müssen einfach abwarten, bis die wunden Stellen in Erscheinung treten. Sie hassen Überraschungen, stimmt's?

***Gegenmaßnahmen:*** Herpes ist wie eine schlechte Dauerwelle: Man muss einfach lernen, damit zu leben. Ja, es gibt keine Heilung. Sehen Sie es positiv: Herpes wird Sie nicht umbringen, und es gibt auch keinen Grund, warum er Ihrem Sexleben den Garaus machen sollte. Betrachten Sie Ausschläge als Gelegenheiten, sich mit sich selbst zu beschäftigen – lesen Sie all die ungelesenen Ausgaben Ihrer Lieblingszeitschrift, die Sie extra aufgehoben haben, gestalten Sie Ihre Wohnung nach Feng-Shui-Gesichtspunkten um, etc.

Was die Behandlung betrifft, stehen zwei Möglichkeiten zur Wahl: Entweder Sie nehmen täglich Medikamente, oder Sie nehmen sie nur, wenn Sie einen Ausschlag haben (man nennt das »suppressive Therapie« bzw. »episodische Therapie«). Ersteres wird empfohlen, wenn Sie ziemlich regelmäßig Ausschläge haben, das heißt sechs Mal oder öfter im Jahr (denn auch neun von zehn Ärzten sehen ein, dass monatliche Ausschläge nerven). Sollten Sie nur selten von Ausschlägen geplagt werden, können Sie sich glücklich schätzen und die Medikamente zur episodischen Therapie bereithalten. Es lohnt sich, beide Möglichkeiten mit Ihrem Arzt zu besprechen, da die suppressive Therapie unter Umständen auch die Gefahr verringert, dass Sie andere mit Herpes anstecken, wenn Sie keine sichtbaren wunden Stellen haben. Ob Sie HSV-1 oder HSV-2 haben, macht dabei überhaupt keinen Unterschied: Die drei verbreitetsten, offiziell freigegebenen Produkte – Zovirax, Famvir und Valtrex – können alle in Tablettenform zur suppressiven oder episodischen Therapie und gegen Oral- oder Genitalherpes eingenommen werden. Alle drei gleichsam wirkungsvollen Medikamente beschleunigen die Genesung und verringern Heftigkeit und Häufigkeit der Ausschläge.

***Schlachtplan, 1. Teil – Übertragung vermeiden:*** Bei Ausschlägen im Genitalbereich ist es *absolut tabu*, Geschlechtsverkehr zu haben, jemanden oral zu befriedigen und sich oral befriedigen zu lassen. Egal, wie viele Kondome Sie dabei zu benutzen bereit sind, lassen Sie es einfach. Schlagen Sie die Beine übereinander und denken Sie an das letzte Kaffeekränzchen bei Ihrer Großtante. Übrigens, ein »Ausschlag« beginnt in dem Moment, in dem Sie das erste unheilvolle Jucken spüren, und ist erst vorüber, nachdem der Schorf abgefallen und der gesamte Bereich vollständig verheilt ist (den Schorf abzupopeln ist Mogeln, ganz zu schweigen davon, dass es extrem unappetitlich ist). Genau genommen sollten Sie Ihre wunden Stellen nicht einmal berühren, wenn Sie vermeiden möchten, dass sie sich in der näheren Umgebung ausbreiten (wie etwa zu Ihren Augen, wenn Sie Oralherpes haben, oder zu Ihren Oberschenkeln, wenn Sie Genitalherpes haben, etc.) – wenn Sie sie doch berühren, waschen Sie sich die Hände, bevor Sie mit ihnen auf Wanderschaft gehen. Oh, und Sie sollten während eines Ausschlags kein Blut oder Sperma spenden (und den Vorschriften des Roten Kreuzes zufolge sollten Sie auch innerhalb von 48 Stunden nach der Einnahme von Herpes-Medikamenten kein Blut spenden – wenn Sie also eine suppressive Therapie machen, spenden Sie am besten gar kein Blut, basta).

*Zwischen* den Ausschlägen bieten Kondome und Oralsex-Dams einen gewissen Schutz gegen die gefürchtete asymptomatische Übertragung. Für Geschlechtsverkehr gilt: Wenn eine Frau Herpes hat, ist ihr Partner am besten mit einem herkömmlichen Kondom bedient, das seine empfindlichste Schleimhaut, die Harnröhre, schützt. Wenn ein Mann Herpes hat, ist seine Partnerin oder sein Partner zwischen den Ausschlägen mit dem Kondom für Frauen unter Umständen besser geschützt, da es die empfindlichen Schleimhäute etwas besser abdeckt: die Schamlippen, die Vagina und den Anus – der »Eindringling« kann das Virus durchaus auch über die Hoden oder den Po weitergeben.

Allerdings besteht ein großer Unterschied zwischen einem »gewissen Schutz« und »vollständigem Schutz«. Egal, für wie gering Sie das Risiko für Ihre Partnerin oder Ihren Partner halten, Sie dürfen diese Entscheidung nicht allein fällen – also müssen Sie es zur Sprache bringen. (Vielleicht haben Sie das Glück, nur einen leichten Herpes zu haben, aber das heißt noch lange nicht, dass das Virus es mit Ihrer Partnerin oder Ihrem Partner ebenso gut meint.)

***Schlachtplan, 2. Teil – wiederkehrende Ausschläge reduzieren:*** Rückfälle lassen sich nicht völlig vermeiden, aber Sie können die Anfälligkeit Ihres Körpers verringern, indem Sie auf sich und Ihr Immunsystem Acht geben. Ernähren Sie sich ausgewogen, meiden Sie Junk-Food, und nehmen Sie täglich Multivitamin-Tabletten. Zumindest sollten Sie darauf achten, dass Sie genug B-Vitamine, Vitamin C, E und A, Zink, Eisen und Calcium abbekommen. Vitamin E beschleunigt das Verheilen nach Ausschlägen. Wenn Sie auf die Schulmedizin pfeifen, können Sie es auch mit Echinacea versuchen. Schokolade, Limonade, Nüsse (vor allem Erdnüsse), Reis, Kaffee, Tee und alles, was die Aminosäure Arginin enthält, kann Ausschläge fördern, also beherrschen Sie sich, oder lassen Sie die Finger ganz davon. Wenn Sie einen Ausschlag haben, sollten Sie auf jeden Fall auf alles Genannte verzichten. Und nehmen Sie Lysin-Tabletten (die im selben Regal stehen wie die Multivitamin-Tabletten), oder essen Sie lysinhaltige Speisen (Kartoffeln, Milch, Fisch, Leber, Eier, Hefe, Rind- und Lammfleisch), um dem Arginin entgegenzuwirken. Da Sonneneinstrahlung Ausschläge hervorrufen kann, sollten Sie sich einen Sonnenschirm besorgen. Kratzen Sie sich nicht zu fest an den Genitalien und entfernen Sie Ihren Lippenstift vorsichtig – sogar Haarstoppeln, im Gesicht oder im Schambereich, können starke Reizungen hervorrufen. Auch Schlafmangel, Stress und sogar die Periode können Ausschläge auslösen, also entspannen Sie sich, wie schon Frankie Goes To Hollywood empfahlen.

### HIV (*Human Immunodeficiency Virus*, »menschliches Immunschwächevirus«) und AIDS (*Acquired Immune Deficiency Syndrome*, »erworbene Immunschwäche«)

Die große Nummer. Das Schreckgespenst. Der schlimmste Albtraum. Die einzige sexuell übertragbare Krankheit, der jemals ein Broadway-Musical gewidmet wurde. Das scheußliche Ungeheuer, das tatsächlich unter Ihrem Bett wohnt.

Seit AIDS 1981 entdeckt wurde, sind Millionen von Menschen daran gestorben; weitere Millionen warten auf eine Heilungsmethode. Schätzungen zufolge infizieren sich jedes Jahr allein in Amerika mehr als 40 000 Menschen mit HIV, dem Virus, das AIDS verursacht – und etwa die Hälfte dieser 40 000 wurden nicht getestet und haben *keine Ahnung*, dass sie das Virus in sich tragen (und in vielen Fällen auch weitergeben). Vermutlich leben in den Vereinigten Staaten zwischen 800 000 und 900 000 HIV-positive Menschen, von denen mehr als 200 000 nichts von ihrer Infektion wissen. Jeder 250. Amerikaner ist mit HIV infiziert, in New York ist sogar *jeder 30. Erwachsene* infiziert. Aber das wussten Sie ja bereits, oder?

Leider bedeuten alte Neuigkeiten oft neue Unbekümmertheit. (Die hübschen roten Bändchen scheinen bereits ein Hollywood-Mode-Statement der Vergangenheit zu sein.) Dass heutzutage mehr Menschen mit AIDS leben als an AIDS sterben, ist noch lange keine Entschuldigung für Leichtsinn. Und wenn AIDS es nicht mehr so häufig in die Schlagzeilen (oder den menschlichen Körper) schafft wie früher, hat das mehr mit einem Mangel an erwähnenswertem wissenschaftlichen Fortschritt zu tun als mit einem Mangel an schlechten Nachrichten. Wir wären natürlich hocherfreut, wenn dieses Kapitel schneller überholt wäre, als unser Verlag es aktualisieren kann. Infor-

**Der Hetero-Mythos**

Weltweit sind mehr als 60 Prozent aller HIV-Neuinfektionen auf heterosexuellen Sex zurückzuführen. In den Vereinigten Staaten steigt die Zahl der neuinfizierten Heterosexuellen sogar dreimal so schnell an wie die Zahl der neu infizierten homosexuellen Männer. Also seid auf der Hut, Normalos.

**Der Lesben-Mythos**

Nicht alle Lesben sind ihr Leben lang Lesben, wissen Sie? Manche von ihnen haben früher mit Männern (oh, Schreck!) geschlafen. Manche von ihnen nehmen Drogen. Manche von ihnen gehen vielleicht seltener zum Frauenarzt als Hetero-Mädels – weil sie annehmen, ihr Risiko sei geringer, oder weil sie keinen Gynäkologen finden, der mit ihrer sapphischen Lebenseinstellung einverstanden ist, oder weil sie nicht von Schwangerschaftsängsten dorthin getrieben werden, oder weil sie nicht bei ihrer Partnerin krankenmitversichert sind (Schande über unser Gesundheitssystem).

**Der »Alles wird gut«-Mythos**

Ende der neunziger Jahre stieg die Zahl der HIV-Neuinfektionen nach fast zehn Jahren erstmals wieder an. Schieben Sie es auf Selbstgefälligkeit, schieben Sie es auf die allzu fröhliche Werbung für AIDS-Medikamente, schieben Sie es auf die schlechte Aufklärung, schieben Sie es auf die plötzliche Massenverdummung – schieben Sie es worauf Sie wollen, es wird nichts an den Zahlen ändern.

mieren Sie sich über den neuesten Stand der Forschung, über Medikamentenerprobung, etc. Aber warten Sie nicht, bis Sie schwarz werden.

Dieses Kapitel kann nur einen knappen Überblick über HIV und AIDS geben; wenn Ihr Test positiv ausfällt, brauchen Sie mehr Hilfe, als wir Ihnen hier geben können. Im Folgenden finden Sie zumindest all das, was jeder wissen muss, oder genauer gesagt, was jeder bereits wissen sollte – betrachten Sie es als Auffrischung. Falls Sie das zum ersten Mal hören, sollten Sie in Zukunft vielleicht öfter aus Ihrer Höhle kriechen.

### Das HIV- und AIDS-Einmaleins

Wenn Sie die herzzerreißenden Fernsehbeiträge und die Oscar-prämierten Spielfilme gesehen haben, wissen Sie Bescheid: Das menschliche Immunschwächevirus (HIV) mindert die Fähigkeit des Körpers, gegen Krankheiten anzukämpfen, und kann erworbene Immunschwäche (AIDS) verursachen. HIV infiziert und zerstört T-Zellen, bei denen es sich um eine Art von weißen Blutkörperchen handelt, ohne die das Immunsystem nicht auskommt. (Die Anzahl der T-Zellen gibt Auskunft darüber, wie weit die Krankheit bereits fortgeschritten ist und wie stark das Immunsystem in Mitleidenschaft gezogen wurde.)

Wenn das Immunsystem zusammenbricht, wird der Körper anfällig für »opportunistische« Infektionen und Erkrankungen (dasselbe passiert Menschen, die eine Chemotherapie machen, oder Studentinnen, die sich auf Burschenschaftspartys bis zur Besinnungslosigkeit betrinken.) AIDS ist ein virales Syndrom, das heißt eine ganze Gruppe von Erkrankungen (wie Lungenentzündung, verschiedene Arten von Krebserkrankungen und der Übeltäter Nummer eins, Tuberkulose), die Sie letzten Endes umbringen: Ihr belagerter Körper kann sich einfach nicht gegen sie zur Wehr setzen.

***Symptome:*** HIV bleibt wie viele andere Viren (z. B. Herpes) bis an Ihr Lebensende in Ihrem Körper. Bis die ersten Symptome auftreten, vergehen im Durchschnitt *zehn Jahre.* Zehn Jahre! In zehn Jahren kann man eine Menge vögeln. Und man ist vom ersten Tag an ansteckend. Die ersten Symptome – leichtes Fieber, Kopfschmerzen, Müdigkeit, Muskelschmerzen und geschwollene Drüsen – verschwinden oft nach ein paar Wochen wieder und können durchaus übersehen werden (oder mit einem ausgedehnten Kater oder einer heftigen Erkältung verwechselt werden). Im Lauf der Zeit kann eine Reihe weiterer Symptome auftreten; zu ihnen gehören: plötzlicher oder langfristiger Gewichtsverlust, für den es keine Erklärung gibt, chronischer Durchfall, Appetitlosigkeit, anhaltende grippeähnliche Symptome, Soor (eine Pilzerkrankung des Mundraums oder der Zunge, die sich durch einen dicken, gelblich weißen Belag zu erkennen gibt), starke, wiederkehrende Pilzerkrankungen der Vagina, chronische Unterleibsentzündungen (siehe »Unterleibsentzündungen«, Seite 303) und angeschwollene Drüsen. Unter Umständen sind Sie jedoch auch über Jahre hinweg *völlig frei von Symptomen.* Zu den länger währenden Symptomen von HIV gehören: Hautausschläge, violette Wucherungen auf der Haut oder im Mund, erhöhte Anfälligkeit für Blutergüsse, willkürliche Blutungen aus Schleimhäuten oder Hautgeschwüren, Atemknappheit, mentale Probleme (auffallende Persönlichkeitsveränderungen), Verlust von Muskelkraft und Muskelkontrolle, Taubheit oder Schmerzen in Händen und Füßen und unter Umständen Lähmungserscheinungen.

***Wird es schlimmer?*** Wollen Sie es wirklich wissen? Bei etwa der Hälfte aller HIV-Infizierten wird sieben bis zehn Jahre nach der Infektion AIDS (HIV im Endstadium) diagnostiziert. Letzten Endes wird fast jeder HIV-Infizierte auf irgendeine Weise krank. Die offizielle Definition von AIDS ist das Vorhandensein von mindestens einer opportunistischen Infektion und/oder einem T-Zellen-Anteil von weniger als 200. (Bei gesunden Menschen beträgt der T-Zellen-Anteil zwischen 450 und 1200.) Bislang hat sich noch niemand von AIDS wieder erholt; es ist immer tödlich. Punkt.

***Übertragung:*** Übertragen wird HIV und nicht AIDS. Sie können von dem Moment an, in dem Sie sich selbst infiziert haben, andere anstecken und bleiben bis an Ihr Lebensende ansteckend. HIV ist trotz seiner Zähigkeit in Ihrem Körper außerhalb Ihres Körpers ein zerbrechliches kleines Virus, dem man mit ganz normalem Bleichmittel und Wasser den Garaus machen kann (*außerhalb* des Körpers, wohlgemerkt, ehe Sie einen Bleichmittelcocktail hinunterstürzen). HIV wird über Blut (einschließlich Menstruationsblut), Sperma (einschließlich Präejakulat), Vaginalsekret und Muttermilch übertragen. Eine dieser Flüssigkeiten muss in Ihren Blutkreislauf gelangen, damit das Virus sesshaft werden kann. Ungeschützter Vaginal- oder Analverkehr eignet sich dazu hervorragend (unter Umständen genügt schon Oralverkehr, allerdings ist hier die Wahrscheinlichkeit geringer, da die Mundschleimhaut wesentlich zäher ist). Dasselbe gilt für den gemeinsamen Gebrauch von Sexspielzeugen (sofern die Körperflüssigkeit noch nicht eingetrocknet ist, wenn Sie das Spielzeug weiterreichen, kann die Infektion übertragen werden), für verseuchte Nadeln oder für den Fall, dass eine dieser Flüssigkeiten in eine offene Wunde gelangt. Werdende Mütter können HIV im Mutterleib oder bei der Geburt übertragen. Bevor wir so viel über HIV wussten, wie wir es heute tun (zugegebenermaßen wissen wir noch immer nicht viel), wurde das Virus auch bei Bluttransfusionen übertragen. Glücklicherweise passiert das heutzutage fast überhaupt nicht mehr. Andere Körperflüssigkeiten (vorausgesetzt, sie enthalten kein Blut), können HIV *nicht* übertragen (wie etwa Tränenflüssigkeit, Schweiß, Urin, Speichel und Erbrochenes). Aber Sie wissen ja, was Sherlock Holmes über das Anstellen von Vermutungen sagt – also lassen Sie Vorsicht walten. Außerdem kann ausgiebiges Knutschen mit Zungeneinsatz kleine Verletzungen im Mundraum verursachen.

Folgendes kann HIV *nicht* übertragen, auch wenn Ihnen Ihre schizophrene Großtante vor Ihrer Rucksackreise durch Asien etwas anderes gesagt hat: Küssen ohne Zunge, Niesen, Händeschütteln, gemeinsames Essen von einem Teller, gemeinsames Trinken aus einem Glas, Teilen einer Toilette, Blutspenden (Nadeln werden nur einmal benutzt), Insektenstiche, Umarmungen, gemeinsames Ansehen von Schwulenmagazinen im Fernsehen. HIV kann sich nicht in der Luft oder im Essen verbreiten und hat außerhalb des Körpers nur eine kurze Lebenserwartung.

***Vergewisserung:*** Es gibt nur eine Möglichkeit: Lassen Sie sich testen. Wenn Sie sich noch nie haben testen lassen, sollten Sie dieses Buch sofort beiseite legen und sich einen Termin geben lassen. Das meinen wir ernst. Und ersparen Sie uns die alte Ausrede, Sie hätten solche Angst vor dem Ergebnis. Das ist nicht nur feige – das ist der Gipfel der Selbstsucht und Verantwortungslosigkeit. Wenn Sie die Gewissheit tatsächlich nicht ertragen können, dann lassen Sie sich eben nicht testen *und* *verzichten Sie ein für alle Mal auf Sex.* Für den Rest Ihres Lebens. Kein Oralsex, kein gar nichts. Ja, wir dachten uns schon, dass Sie das nicht durchhalten. Also lassen Sie sich testen, verdammt noch mal.

Der HIV-Test ist ein einfacher Bluttest: Im Labor wird die Probe auf HIV-Antikörper untersucht, die auf das Virus hindeuten. Diese Antikörper treten in der Regel innerhalb von vier bis sechs Wochen nach der Infektion in Erscheinung, manchmal lassen sie sich aber auch bis zu sechs Monaten Zeit. Falls Sie vor und nach dem Test gern eine Beratung hätten und Ihr Arzt nicht gerade ein kommunikativer Typ ist, sollten Sie eine Beratungsstelle kontaktieren.

Vielleicht gehen Sie aber auch seit 30 Jahren zu ein und demselben Familienhausarzt. Vielleicht würden Sie den Test lieber diskret machen. Vielleicht möchten Sie nicht, dass das Ergebnis in Ihrer Krankenakte steht. Aber denken Sie nicht, dass das eine Entschuldigung dafür ist, sich nicht testen zu lassen: Sie haben durchaus Möglichkeiten.

Schwangerschaftsberatungsstellen und Gesundheitsämter bieten kostenlose oder bezuschusste HIV-Tests an. Einige bieten »vertrauliche« Tests an, bei denen Ihr Name in keiner Statistik auftaucht, andere bieten »anonyme« Tests an, bei denen sie erst gar nicht nach Ihrem Namen gefragt werden. Sie können sich aber auch bei einem privaten Anbieter testen lassen oder sich ein Selbsttestset für zu Hause besorgen, wenn Sie auf völlige Anonymität Wert legen. Solche Testsets gibt es in Amerika in jedem Drogeriemarkt oder über das Internet – achten Sie jedoch darauf, das Sie ein von den Gesundheitsbehörden freigegebenes Set erwerben, insbesondere, wenn Sie es über das Internet beziehen. »Anonym« ist allerdings nicht gleichbedeutend mit »allein«: Sie sollten niemals ganz allein sein, wenn

Sie das Ergebnis erhalten, selbst wenn Sie sich zu 99,9 Prozent sicher sind, dass es negativ ausfallen wird. Rufen Sie einen Freund an. Befolgen Sie die Gebrauchsanweisung, und machen Sie zusätzlich einen Labortest, falls das Ergebnis positiv ist. Hinweis: Heimtests sind nur Menschen zu empfehlen, die hart im Nehmen sind.

***Gegenmaßnahmen:*** Es gibt keine Heilung und keine Impfung – hatten wir das schon erwähnt? Allerdings können die Auswirkungen der HIV-Infektion mit Hilfe eines teuren antiviralen »Medikamenten-Cocktails« (klingt doch glamourös, oder?) verzögert werden: Es besteht aus Protease-Inhibitoren (Medikamente, die das für die Reproduktion des Virus verantwortliche Enzym blockieren) und antiretroviralen Präparaten (z. B. dem berüchtigten Azidothymidin oder AZT – »berüchtigt« in den Augen derer, die das Musical *Rent* gesehen haben –, das die Reproduktion des Virus in einem anderen Stadium verhindert). Die Medikamenten-Cocktails, die erstmals Anfang der neunziger Jahre erhältlich waren, stellten in gewisser Weise eine Revolution dar, da das HI-Virus sehr schnell gegen einzelne Präparate resistent wird. Der Cocktail kann bereits infizierten Zellen zwar nicht mehr helfen, doch er reduziert die alles entscheidende virale Belastung (d. h. die Anzahl von HI-Viren im Blutkreislauf).

Opportunistische Erkrankungen können ebenfalls behandelt werden (wenn auch nicht immer erfolgreich). Sie können Ihren Teil dazu beitragen, indem Sie gesund leben und Ihrem Immunsystem damit unter die Arme greifen. Am wichtigsten ist jedoch, dass Sie allen Menschen, mit denen Sie jemals Sex hatten, Bescheid geben (es sei denn, Sie sind sich völlig sicher, bei wem Sie sich angesteckt haben; in diesem Fall brauchen Sie nur alle Ihre nachfolgenden Partnerinnen oder Partner zu informieren). Und dann beten Sie, dass deren Tests alle negativ ausfallen.

***Schlachtplan:*** Ob jemand HIV-positiv ist, sieht man ihm nicht an der Nasenspitze an. Sollen wir es noch einmal sagen? Ob jemand HIV-positiv ist, sieht man ihm nicht an der Nasenspitze an. Oft wissen es nicht einmal die Betroffenen selbst. (Schätzungen zufolge tappt einer von drei HIV-Infizierten im Dunkeln.) Also fragen Sie nach. Und verwenden Sie in jedem Fall Kondome. Denn Menschen lügen, Menschen betrügen, und Menschen lassen sich nicht so oft testen, wie sie sollten. (Diaphragmas helfen überhaupt nicht, da das Virus durch die Scheidenwand in den Körper eindringen kann.) Wenn Sie verdammt noch mal die Finger nicht von Drogen lassen können, dann kaufen Sie sich wenigstens Ihre eigenen Spritzen. Und teilen Sie keine persönlichen Dinge, an denen sich Blut befinden könnte, wie etwa Zahnbürsten, Rasierer, Tätowiernadeln, etc.

Wenn es um HIV geht (und wenn es um Sex geht, dann geht es immer auch in gewisser Weise um HIV), gibt es keinen »sicheren« Sex. Allerdings gibt es *Safer* Sex. Es gibt zum Beispiel keine dokumentierten Fälle von HIV-Übertragung durch gemeinsames Masturbieren, Massieren, Handjobs, Knutschen und Oralsex bei Verwendung eines Kondoms oder Dental Dams. Und es gibt nur wenige dokumentierte Fälle von Infektionen durch Zungenküsse, ungeschützten Oralsex und *geschützten* Vaginal- oder Analverkehr. Sie fordern eine Infektion geradezu heraus, wenn Sie ungeschütztem Vaginal- oder Analverkehr frönen. Das macht natürlich viel mehr Spaß als eine »erotische Massage«, aber das ist der Einsatz. Sie müssen sich entscheiden, welches Risiko Sie eingehen möchten.

Übrigens gibt es *keine* Beweise dafür, dass Nonoxynol-9 *irgendeinen* Schutz gegen das HI-Virus bietet (siehe den Abschnitt »Gleitmittel«, Seite 322). Angeblich arbeitet die medizinische Forschung an einem effektiveren Lokalantibiotikum (wie solche Produkte in Fachkreisen genannt werden), aber warten Sie nicht darauf.

Noch eine letzte Sache: Selbst wenn Sie und Ihre Partnerin oder Ihr Partner beide HIV-positiv sind, sollten Sie nicht auf Schutz beim Sex verzichten. Ihre Partnerin oder Ihr Partner könnte eine Art von HIV haben, die resistent gegen bestimmte Medikamente geworden ist, und die Neuinfektion mit dieser Art aufgrund von ungeschütztem Sex könnte sich nachteilig auf Ihre Behandlung auswirken. (Darüber hinaus sind andere sexuell übertragbare Krankheiten für HIV-Infizierte gefährlicher als für andere Menschen.) Freie Liebe gibt es also nicht.

### Hepatitis

Hepatitis, die letzte der berühmten, internationalen Virusinfektionen, existiert in einer wahrhaft alphabetischen Vielzahl von Varianten: A, B, C, D und E. Obwohl sich die verschiedenen Varianten hinsichtlich der Übertragung, Gefährlichkeit und der Folgen (sofern Folgen auftreten) unterscheiden, handelt es sich bei *allen* Varianten um Viruserkrankungen, die die Leber angreifen. Die beiden erstgenannten sind diejenigen, über die wir sprechen, wenn wir von Sex reden. Das Hepatitis-B-Virus (HBV) rangiert dabei ganz oben, was sexuelle Übertragung betrifft. Während Hepatitis A in der Regel kein Langzeit-Störenfried ist, kann Hepatitis B dauerhafte Leberschäden und Leberkrebs verursachen und letztendlich zum Tod führen. Hepatitis C ist ein ähnlich schlimmer Übeltäter wie Hepatitis B, wird aber nur selten durch sexuellen Kontakt übertragen (insbesondere dann nicht, wenn sich die Beteiligten korrekt schützen und beim Sex keine Verletzungen und kein Blut im Spiel sind), weshalb wir Hepatitis C nicht weiter berücksichtigen.

### Hepatitis-A-Virus (HAV)

Dieses Virus fangen sich jährlich etwa 150 000 Menschen ein, indem sie unwissentlich infizierten Kot essen – kein Scherz.

***Symptome:*** Bei den meisten Hepatitis-A-Infizierten treten 15 bis 50 Tage nach der Infektion mehrere der folgenden unangenehmen und manchmal auch schwächenden Symptome auf: grippeähnliche Krankheitszeichen, Bauchschmerzen, dunkel verfärbter Urin und Gelbsucht.

***Wird es schlimmer?*** Eigentlich wird es nur sehr selten schlimmer; gelegentlich dauern die Symptome bis zu einem Jahr an, aber normalerweise verschwinden sie schließlich wieder.

***Übertragung:*** Das Virus gelangt in den Körper einer Person, wenn sie oral etwas zu sich nimmt, das Kot oder Blut (eine winzige Menge genügt) einer infizierten Person enthält. Das Virus kann bei normaler Zimmertemperatur bis zu vier Stunden lang in mikroskopisch kleinen Spuren von Kot an einer Hand, einer Gabel oder einem Hinterteil überleben. Deshalb ist die Ansteckungsgefahr beim Essen in schmuddeligen Lokalen und beim Oralsex (vor allem beim Rimming) besonders groß. Analverkehr, Küssen auf den Mund und das gemeinsame Verwenden von Spritzen können auch zur Übertragung führen.

***Vergewisserung:*** Lassen Sie Ihr Blut auf HAV-Antikörper testen, die etwa vier Wochen nach der Infektion auftauchen.

***Gegenmaßnahmen:*** Es gibt keine Heilung, aber viel Bettruhe und die richtige Ernährung können dazu beitragen, dass Sie sich besser fühlen. Eine Immunglobulin-Injektion (eine sterile Lösung mit Antikörpern aus menschlichem Plasma) innerhalb von 14 Tagen nach der Infektion mit HAV kann das Ausbrechen der Krankheit verhindern. Auch ohne eine solche Injektion sind die meisten Menschen nach spätestens sechs Monaten wieder völlig gesund. Nach der Genesung ist man gegen Hepatitis A immun und kann andere auch nicht mehr anstecken.

***Schlachtplan:*** Fragen Sie Ihren Arzt nach der neuen Kombiimpfung, die vor Hepatitis A *und* B schützt. So können Sie zwei Fliegen mit einer Klappe schlagen. Außerdem sollten Sie sich immer schützen, vor allem beim Oral- und Analsex.

### Das Hepatitis-B-Virus (HBV)

Mit sexueller Übertragung wird vor allem Hepatitis B assoziiert, die chronische Leberprobleme verursachen kann und in etwa 4500 Fällen im Jahr zum Tode führt. Schätzungen zufolge sind in den Vereinigten Staaten derzeit über eine Million Menschen mit HBV infiziert, und jedes Jahr kommen zwischen 140 000 und 320 000 dazu. Fünf bis zehn Prozent der Erwachsenen und etwa 90 Prozent der Babys, die von ihren infizierten Müttern mit Hepatitis B angesteckt werden (und nicht innerhalb einer Stunde nach der Geburt behandelt werden), schleppen das Virus bis an ihr Lebensende mit sich herum und sind so genannte »chronische« Fälle. Diese chronisch Erkrankten können andere in der Regel jederzeit anstecken, auch wenn sie keine Symptome haben. Die restlichen 90 bis 95 Prozent der Erwachsenen genesen vollständig und können andere dann nicht mehr anstecken (ihre Infektionen werden als »akut« bezeichnet).

***Symptome:*** Hepatitis B verursacht die gleichen Symptome wie Hepatitis A – grippeähnliche Krankheitszeichen, dunkel verfärbter Urin, Unterleibsschmerzen und/oder Gelenkschmerzen, *außerdem* Nesselausschlag, lehmfarbenen Stuhl und/oder Arthritis während des frühen Stadiums der Infektion. Falls diese Symptome auftreten (was fraglich ist, da mehr als die Hälfte aller Infizierten niemals Symptome hat), werden diese schleppender in Erscheinung treten als bei Hepatitis A, und zwar erst sechs bis zwölf Monate nachdem Sie sich infiziert haben.

***Wird es schlimmer?*** Im Gegensatz zu Hepatitis A kann Hepatitis B chronisch werden und zu Leberzirrhose, Leberkrebs, Leberversagen und zum Tod führen.

***Übertragung:*** Die Konzentration des Hepatitis-B-Virus im Blutkreislauf ist 100-mal höher als beim HI-Virus, was dafür verantwortlich ist, dass es wesentlich infektiöser ist. Die Übertragung findet statt, wenn Sperma, Scheidensekret, Blut (auch Menstruationsblut), Kot oder Speichel einer infizierten Person mit einer Schleimhaut einer anderen Person in Berührung kommt oder direkt in deren Blutkreislauf gelangt. Wir sprechen also in erster Linie von ungeschütztem Vaginal-, Anal- und Oralverkehr (zwei Drittel der Fälle werden sexuell übertragen), von der gemeinsamen Verwendung von Nadeln oder Röhrchen zum Kokainschnupfen, von Tätowierungen oder Piercings mit infiziertem Werkzeug und von Infektionen im Mutterleib. In seltenen Fällen kann HBV auch durch ausgiebiges Küssen, Insektenstiche und Bluttransfusionen übertragen werden (wobei die heutigen Vorsichtsmaßnahmen von Blutbanken Letzteres beinahe ausschließen). Was Speisen, Getränke und flüchtigen Körperkontakt wie Umarmungen oder

Händeschütteln betrifft, brauchen Sie sich keine Sorgen zu machen.

***Vergewisserung:*** Auch hier reicht ein einfacher Bluttest in der Regel aus. Allerdings kann es zwei bis acht Monate dauern, ehe sich HBV durch einen Bluttest nachweisen lässt.

***Gegenmaßnahmen:*** Um den Ausbruch der Krankheit zu verhindern, wird innerhalb von 14 Tagen nach der Infektion mit HBV eine Dosis Hepatitis-B-Immunglobulin (HBIG) verabreicht, gewöhnlich in Verbindung mit einer Hepatitis-B-Impfung (sofern Sie noch nicht geimpft sind). Für akute (neu erworbene) Fälle gibt es keine Behandlungsmöglichkeit. Allerdings ist akute virale Hepatitis B normalerweise nur von kurzer Dauer (etwa vier bis acht Wochen) und verschwindet dann für immer (d. h., Sie werden keine ernsthaften Leberprobleme bekommen und können andere nicht anstecken). Juhu! Für chronische (hartnäckige) Fälle gibt es heutzutage Lamivudin (Epivir) – das erste Medikament, das speziell zur Behandlung chronischer Hepatitis B entwickelt wurde. Antivirale Interferone stoppen die Reproduktion des Hepatitis-B-Virus.

***Schlachtplan:*** Hepatitis lässt sich durch Impfung verhindern. Jeder kann sich dazu entschließen, sich impfen zu lassen; theoretisch ist man für mindestens zwölf Jahre geschützt, aber besonders gefährdete Personen sollten sich alle fünf Jahre untersuchen lassen, damit festgestellt werden kann, ob eine Wiederholungsimpfung nötig ist. Nach mehreren Impfungen sind Sie auf Dauer sicher.

## Bakterielle Infektionen

Zuerst die gute Nachricht: Bakterielle Infektionen – wie Chlamydien und Gonorrhöe – sind heilbar. Und jetzt die schlechte: Da sie oft keine Symptome verursachen, werden sie häufig unwissentlich übertragen; wenn man sie nicht behandelt, können sie auf Dauer schädigen. Sie erscheinen nicht in den Schlagzeilen, weil die Heilungsmethoden schnell und einfach sind, was aber nicht heißt, dass Sie sich keine Gedanken über bakterielle Infektionen machen sollten.

### Gonorrhöe

Gonorrhöe (alias Tripper), die älteste aller Geschlechtskrankheiten, muss sich hinsichtlich der Infektionsquote nur Chlamydien geschlagen geben. Den vorsichtigsten Schätzungen zufolge gibt es in den Vereinigten Staaten jährlich 600 000 neue Fälle, manche Experten gehen aber auch von stattlichen zwei Millionen aus. Gonorrhöe greift die Harnröhre, die Genitaldrüsen, den After, die Augen, den Mund, den Rachen und/oder die Fortpflanzungsorgane an.

***Symptome:*** 80 Prozent – ja, Sie haben richtig gelesen, 80 Prozent – aller Frauen und zehn Prozent aller Männer mit Gonorrhöe haben keine Symptome. Fehlanzeige. Wenn Sie sich frei von sexuell übertragbaren Krankheiten fühlen und auch so aussehen, heißt das noch lange nicht, dass Sie es auch sind. Falls Sie zu den wenigen Glücklichen gehören, die mit einem oder mehreren der folgenden Symptome gesegnet sind, werden diese aller Wahrscheinlichkeit nach innerhalb von zwei bis 30 Tagen nach der Infektion erstmals in Erscheinung treten und sich anschließend nachdrücklich bemerkbar machen, wenn die Erkrankung nicht behandelt wird. Bei Frauen zeigen sich die ersten Symptome häufig während oder unmittelbar nach ihrer Periode in Form von gelblich grünem Vaginalausfluss, Schmerzen beim Sex oder bei einer Unterleibsuntersuchung, stetigem Harndrang und brennenden Schmerzen beim Urinieren, Unterleibsschmerzen, Schwellungen und Überempfindlichkeit der Vulva, Menstruationsunregelmäßigkeiten und/oder anormalen vaginalen Blutungen. Bei Männern, bei denen die Symptome rascher auftreten, kommt es zu eitrigem Ausfluss aus der Harnröhre sowie zu verstärktem Harndrang und/oder Schmerzen beim Urinieren. Rektale Gonorrhöe ist sogar noch hinterhältiger: Bei *90 Prozent* aller Infizierten treten beim Verrichten großer Geschäfte weder ein Juckreiz im After noch Ausfluss oder Schmerzen auf. Dasselbe gilt für Besuche durch die Hintertür. Orale Gonorrhöe gibt es ebenfalls, allerdings sind insgesamt nur etwa drei Fälle dokumentiert, also drehen Sie nicht gleich durch, wenn Sie das nächste Mal Halsschmerzen haben.

***Wird es schlimmer?*** Gonorrhöe sollte man nicht auf die leichte Schulter nehmen. Wenn sie ignoriert wird, kann sie bei Frauen zu Unterleibsentzündungen (auch PID genannt, siehe »Unterleibsentzündungen«, Seite 303), zu Blasenentzündung (siehe »Urogenitaltraktinfektionen«, Seite 364), zu Gebärmutterhalsentzündung (Zervizitis) und damit verbundenen chronischen Menstruationsproblemen, zu mukopurulenter Zervizitis (eitrig-schleimigen Absonderungen des Gebärmutterhalses), zu einer unter Umständen tödlichen Eileiterschwangerschaft und zu Fehlgeburten führen. Wenn Sie schwanger sind, kann eine Infektion verfrühte Wehen, Augeninfektionen, Arthritis und bakterielle Blutinfektionen Ihres Babys sowie nach der Geburt eine Entzündung der Gebärmutterwand auslösen. Bei Männern können Epidymitis (eine Entzündung der Samenstränge), Unfruchtbarkeit, Prostatitis (Prostataentzündung) und urethrales Narbengewebe auftreten, das zur Verengung oder – Gott behüte – zum Verschluss der Harnröhre führen kann. Chancengleichheit zwischen Frauen und Männern besteht, was Hautläsionen, Arthritis, Unfruchtbarkeit, Herz- und/oder Hirnprobleme sowie ein erhöhtes HIV-Infektionsrisiko betrifft. Und etwa ein Prozent bekommt eine ausgestreute Gonokokkeninfektion (DGI), die dazu führt, dass sich die Gonorrhöe im ganzen Körper ausbreitet.

***Übertragung:*** Gonorrhöe kommt durch ungeschützten oralen, vaginalen oder analen sexuellen Kontakt in Umlauf. Am ehesten fängt man sie sich durch Penetration (Eindringen des Penis oder der Zunge in die Vagina, den Mund oder den Anus) oder durch den Austausch von Körperflüssigkeiten ein, aber auch nacktes Aneinanderreiben kann zur Übertragung führen. Und vergessen Sie nicht, dass der Tripper vom Zeitpunkt der Infektion an bis zum Abschluss der Behandlung ansteckend ist, unabhängig davon, ob Sie Symptome haben oder nicht.

***Vergewisserung:*** Da Sie Gonorrhöe haben können, ohne es zu wissen – unter Umständen sind Sie monatelang frei von Symptomen –, können Sie nur sichergehen, indem Sie sich regelmäßig ärztlich untersuchen lassen. Die Untersuchung beinhaltet entweder einen Urintest (wozu Sie in einen Becher pinkeln müssen) oder einen Abstrich (wozu eine Gewebeprobe aus dem Gebärmutterhals, der Harnröhre, dem After oder dem Rachen entnommen wird). Wenn Sie vermuten, dass Sie rektale Gonorrhöe haben, müssen Sie sich einem speziellen Test unterziehen.

***Gegenmaßnahmen:*** Herauszufinden, dass man Gonorrhöe hat, ist das Schwierigste daran; die Behandlung ist kaum der Rede wert. Eine einzige Dosis oraler Antibiotika (manchmal auch als Injektion), und Sie sollten nach einer Woche über den Berg sein. Sie und Ihr/e derzeitigen Partner/in(nen) sollten sich gleichzeitig behandeln lassen und eine Woche auf Sex verzichten oder zumindest so lange, bis die Symptome verschwinden – je nachdem, was länger dauert. Wenn Sie den Tripper entdeckt haben, weil Symptome aufgetreten sind (z. B., weil es sich angefühlt hat, als würden Sie Feuer pinkeln), sollten sich alle Ihre Partnerinnen oder Partner des vergangenen Monats behandeln lassen (ja, das bedeutet, dass Sie es ihnen sagen *müssen*); wenn er bei einer Routineuntersuchung entdeckt wurde, müssen Sie in Ihrem Tagebuch mindestens zwei Monate zurückblättern – wenn Sie eine gute Bürgerin oder ein guter Bürger sind, sogar ein Jahr. Wundern Sie sich nicht, wenn Sie gleichzeitig gegen Tripper und Chlamydien behandelt werden: Die beiden passen ähnlich gut zusammen wie Dick und Doof (in ungefähr 35 Prozent der Fälle von Gonorrhöe treten auch Chlamydien auf). Außerdem ist es billiger, Chlamydien zu behandeln, als jemanden daraufhin zu testen. Die beiden Infektionen haben sehr ähnliche Symptome, und einige Ärzte haben die schlechte Angewohnheit, sie miteinander zu verwechseln. Übrigens wirken nicht alle Antibiotika gleich gut – gehen Sie also nicht davon aus, dass bereits eine Dosis Sie von *allen* bakteriellen Infektionen befreit.

***Schlachtplan:*** Stülpen Sie Ihrem kleinen Freund ein Kondom über, sobald er seinen Kopf aus der Hose streckt – egal, wohin er unterwegs ist. Und wenn Sie sich mit der Zunge auf Reisen in tiefere Gefilde begeben, packen Sie ein Dental Dam ein.

## Chlamydien

Nein, Chlamydien sind keine Blumen. Chlamydien sind eine bakterielle, sexuell übertragbare Krankheit, die es auf Penis, Vagina, Anus, Harnröhre, Gebärmutterhals, Rachen und Augen abgesehen hat. *Chlamydia trachomatis* ist nicht nur die häufigste Geschlechtskrankheit in den Vereinigten Staaten (mit vermutlich drei bis vier Millionen Fällen jährlich), sondern auch die mit der geringsten Symptomwahrscheinlichkeit. Sie tritt vor allem bei sexuell aktiven Menschen unter 25 auf und wütet auch unter Teenagern. (Offenbar haben Teenager ungeschutzten Sex. Wer hätte das gedacht?)

***Symptome:*** Bei 40 Prozent aller infizierten Männer und bei *85 Prozent* aller infizierten Frauen treten überhaupt keine Symptome auf (womit Chlamydien noch hinterhältiger sind als Gonorrhöe). Sollten doch Symptome auftreten, zeigen sich diese innerhalb von fünf bis 20 Tagen nach der Infektion. Bei Frauen treten unter Umständen ein stärkerer Vaginalausfluss als normalerweise (je nachdem, was für Sie »normal« ist), vaginale Blutungen zwischen den Perioden, Schmerzen und/oder Blutungen während oder nach dem Geschlechtsverkehr, Unterleibsschmerzen, leichtes Fieber, Schmerzen beim Wasserlassen, stetiger Harndrang, Übelkeit, Gebärmutterhalsentzündungen sowie mukopurulente Zervizitis (gelbliche, übel riechende Absonderungen des Gebärmutterhalses) auf. Bei Männern können eitriger oder wässriger/milchiger Ausfluss aus dem Penis, brennende Schmerzen beim Wasserlassen und entzündete und/oder geschwollene Hoden auftreten – die Symptome sind beinahe identisch mit denen bei Gonorrhöe und in der Regel ziemlich schwach. Chancengleichheit zwischen Frauen und Männern besteht hinsichtlich der Gefahr, die Chlamydien zum After oder zu den Augen zu übertragen, was sich anhand von Rötung, Juckreiz und Ausfluss bemerkbar macht.

***Wird es schlimmer?*** Wenn Chlamydien bei Frauen nicht behandelt werden, können sie auf die Eileiter und die Eierstöcke übergreifen und zu einer Unterleibsentzündung führen (siehe folgender Abschnitt), die Unfruchtbarkeit verursachen kann. In den Vereinigten Staaten sind Chlamydien die häufigste Ursache für Unterleibsentzündungen und jährlich für fast eine halbe Million Fälle verantwortlich. Viele Frauen erfahren erst dann, dass sie infiziert sind, wenn sie (zu spät) feststellen, dass sie unfruchtbar sind. Frauen mit Chlamydien sind außerdem *drei bis fünf Mal* gefährdeter, sich mit HIV zu infizieren. Bei Männern können nicht behandelte Chlamydien zwar zu Arthritis und Zeugungsunfähigkeit führen, das Risiko ist allerdings verhältnismäßig gering: Unbehandelte Chlamydien führen in nur ungefähr einem Prozent der Fälle zum so genannten »Reiters-Syndrom« (Gelenkentzündung), und wiederum ein Drittel dieser Fälle verursacht Arthritis. Unfruchtbarkeit bei Männern kann durch Epididymitis – ein fantasievoller medizinischer Begriff für dicke Eier – verursacht werden, die ein weiteres (äußerst schmerzhaftes) Symptom einer fortgeschrittenen Chlamydien-Infektion ist.

***Übertragung:*** Auch hier imitieren Chlamydien ihre Kollegin Gonorrhöe. Sie werden in erster Linie durch Vaginal- oder Analverkehr übertragen, wobei bereits das Aneinanderreiben der Geschlechtsteile genügt – der Austausch von Körperflüssigkeiten ist keine Voraussetzung. Durch Oralverkehr können sie ebenso weitergegeben werden wie durch die gemeinsame Benutzung von Sexspielzeugen.

***Vergewisserung:*** Hier gilt dasselbe wie bei Gonorrhöe, siehe oben.

***Gegenmaßnahmen:*** Ebenso.

***Schlachtplan:*** Ebenso.

## Unterleibsentzündungen

Wir möchten Klartext reden: Eine Unterleibsentzündung ist ein Desaster für den Fortpflanzungsapparat. Es handelt sich um eine fortschreitende Infektion, die schlimme Folgen für das Babyproduktionssystem einer Frau hat: für die Gebärmutter, die Eileiter, die Eierstöcke – kurz gesagt für den gesamten Unterleib. In den Vereinigten Staaten sind Unterleibsentzündungen die häufigste Ursache für Unfruchtbarkeit bei Frauen; mehr als 100 000 werden jedes Jahr aufgrund einer Unterleibsentzündung unfruchtbar. Etwa eine Million Fälle werden jährlich neu diagnostiziert, aber Experten schätzen, dass weitere Millionen – vor allem Mädchen und junge Frauen zwischen 15 und 25 Jahren – sich eine Unterleibsentzündung zuziehen, ohne davon zu wissen. Unterleibsentzündungen sind keine Vorkämpfer, sondern Mitläufer: In der Regel sind sie die Folge einer unbehandelten Geschlechtskrankheit oder Vaginalinfektion. (Das berüchtigte Groupie.) Weitere Informationen über Infektionen, die speziell die Vagina betreffen, finden Sie im Kapitel »Ladys First«, Seite 361.

***Symptome:*** Eine Unterleibsentzündung ist unter Umständen asymptomatisch: Sie können daran erkrankt sein, sich völlig gesund fühlen und wachen eines Tages fix und fertig auf. Wenn Sie Symptome haben, sind diese möglicherweise so schwach, dass Sie sie mit den üblichen Problemen verwechseln, die der Besitz einer Vagina mit sich bringt. In manchen Fällen sind die Symptome dagegen so schlimm, dass Ihnen nichts anderes übrig bleibt, als darunter zu leiden. Sie können nach folgenden Krankheitszeichen Ausschau halten (wobei Sie vor allem auf die beiden ersten, häufigsten achten sollten): Anormaler, »ekliger« Ausfluss aus der Vagina oder der Harnröhre; dumpfe Schmerzen und Schwellungen im Unterleib (beginnend auf einer Seite); Schmerzen oder Blutungen während oder nach dem Sex; lange und schmerzhafte Perioden (d. h. länger und schmerzhafter als sonst) oder vollständiges Ausbleiben der Regel, unregelmäßige Blutungen, Schmerzen beim Eisprung; stetiger Harndrang, brennende Schmerzen beim Wasserlassen oder Harnverhaltung; plötzliches hohes Fieber oder leichtes Fieber, das kommt und geht, Schüttelfrost; geschwollene Lymphknoten (gewöhnlich in der Leistengegend, aber eventuell auch an anderen Stellen); Appetitlosigkeit; Übelkeit/Erbrechen; Schmerzen im Leber- und Nierenbereich; Rücken- oder Beinschmerzen; Mattigkeit; verminderter Sexualtrieb; Depressionen. Männer können sich keine Unterleibsentzündung zuziehen.

***Wird es schlimmer?*** Viel schlimmer: Etwa zehn Prozent aller Frauen, die eine Unterleibsentzündung hatten, können aufgrund zerstörter oder vernarbter Zellen in den Eileitern keine Kinder mehr bekommen. Eine Unterleibsentzündung in der Vergangenheit erhöht das Risiko, sich erneut eine zuzuziehen, da die Abwehrkräfte des Körpers beim ersten Ausbruch eventuell geschwächt wurden. Die Gefahr einer Eileiterschwangerschaft vergrößert sich. Außerdem treten chronische Unterleibsschmerzen auf.

***Übertragung:*** Mikroorganismen (von denen es verschiedene im Zusammenhang mit Unterleibsentzündungen gibt) dringen in die Vagina ein und reisen durch den Gebärmutterhals, die Gebärmutter und die Eileiter wie Rucksacktouristen durch Asien. Mit Gonorrhöe oder Chlamydien in Verbindung stehende Organismen können zum Beispiel beim Sex (nicht unbedingt Geschlechtsverkehr) mit einer infizierten Person oder einem gemeinsam benutzten Spielzeug in die Vagina gelangen, und schon beginnen sie ihren Feldzug! Diese Organismen können auch beim Cunnilingus übertragen werden, allerdings ist die Gefahr hierbei geringer. Manchmal werden aber auch Organismen, die friedlich in Ihrem Allerwertesten hausen, aus dem einen oder anderen Grund plötzlich bösartig und beschließen, nach vorn zu wandern und in Ihrer Vagina zu randalieren. Eine Spirale, Scheidenspülungen und die Menstruation können dazu beitragen, die Organismen tiefer in Ihren Genitaltrakt eindringen zu lassen. Falls Sie eine vaginale Infektion haben, insbesondere eine sexuell übertragene, sollten Sie sie behandeln lassen, bevor sie sich zu einer Unterleibsentzündung auswächst.

***Vergewisserung:*** Es kann Tage oder auch Monate dauern, bis eine Unterleibsentzündung als solche erkannt wird, vorausgesetzt, sie wird überhaupt erkannt. Sie kann nämlich leicht mit einer Blinddarmentzündung verwechselt werden oder mit einer ektopischen Schwangerschaft oder mit geplatzten Eierstockzysten – die Liste ist endlos. Und da eine Unterleibsentzündung durch alle möglichen Organismen verursacht werden kann, gibt es keine spezifische Testmöglichkeit. Die Diagnose gründet sich vorwiegend auf Symptome, auf frühere Infektionen wie Gonorrhöe oder Chlamydien und auf etwaige Unfruchtbarkeit. Eine Unterleibsuntersuchung oder eine mikroskopische Untersuchung und/oder Kultur von vaginalen oder zervikalen Absonderungen führen in der Regel zu einer korrekten Diagnose. In komplizierteren Fällen sind möglicherweise eine Ultraschalluntersuchung, eine Computertomographie oder andere, »eindringliche« Maßnahmen notwendig.

***Gegenmaßnahmen:*** Antibiotika, Bettruhe, vielleicht etwas Hühnersuppe und *kein Sex*. Da Ärzte nicht immer mit Sicherheit sagen können, welche Organismen die Erkrankung verursachen, verschreiben sie Ihnen unter Umständen verschiedene Antibiotika (wie Penicillin, Ampicillin und/oder Tetracyclin), lassen Sie nach einigen Tagen wiederkommen, um festzustellen, ob sie angeschlagen haben, und um Ihnen etwas anderes zu verschreiben, falls nicht. (In schweren Fällen – etwa einem von vier – ist ein chirurgischer Eingriff erforderlich, um Abszesse oder Narbengewebe zu entfernen oder um Fortpflanzungsorgane zu reparieren oder zu entfernen.) Wie üblich sollten sich alle Ihre Sexualpartner der jüngsten Vergangenheit testen lassen, auch wenn sie keine Symptome haben. »Kein Sex« gilt auch für sie, bis alle über den Berg sind.

***Schlachtplan:*** Da eine Unterleibsentzündung unter Umständen asymptomatisch ist, sollten Sie Ihren Arzt bitten, Sie einem speziellen Test zu unterziehen. Lassen Sie sich auf jeden Fall auf Chlamydien und Gonorrhöe untersuchen, die in der Regel für Unterleibsentzündungen verantwortlich sind. Schützen Sie sich immer mit mechanischen Barrieren (Kondomen oder Scheidenpessaren), das heißt: kein direkter Hautkontakt. Und verzichten Sie auf Scheidenspülungen! (Als brauchten Sie dazu einen Grund.)

## Syphilis

Syphilis ist seit Anfang der neunziger Jahre kontinuierlich auf dem Rückzug: Die Zahl der dokumentierten Fälle in den Vereinigten Staaten ist von 135 000 im Jahr 1990 auf 31 500 im Jahr 2000 zurückgegangen (wobei sie im Jahr 2001 mit gut 32 000 Fällen wieder leicht angestiegen ist). Den amerikanischen Gesundheitsbehörden zufolge könnte Syphilis vollständig ausgemerzt werden – allerdings nur dann, wenn wir alle an einem Strang ziehen. Antibiotika können der Krankheit den Garaus machen, doch wenn sie nicht behandelt wird, kann sie für den Rest Ihres Lebens in Ihrem Körper bleiben und zu Entstellungen, neurologischen Störungen oder sogar zum Tod führen. Schluss mit lustig!

***Symptome:*** Die Infektion durchläuft vier Stadien, von denen jedes andere Symptome auslöst, die sich überlagern können und nicht unbedingt der Reihe nach auftreten. Im »Primärstadium« taucht neun bis 90 Tage nach der Infektion mindestens ein *schmerzfreies*, pickeliges, erbsengroßes Geschwür auf, ein so genannter »Schanker«, und zwar genau an der Stelle, an der die Bakterien in Ihren Körper gelangt sind: an den Genitalien, dem Gebärmutterhals, dem Anus, den Lippen, dem Mund, den Brüsten oder sogar an den Fingerspitzen. Manchmal lässt es sich aber auch *nie* blicken. Doch sobald ein Schanker sein Gesicht zeigt, ist er unglaublich, abscheulich ansteckend und brennt geradezu darauf, die Haut einer anderen Person in seine kleinen schmierigen Griffel zu bekommen. Nach ein bis sechs Wochen verheilt er wieder, unabhängig davon, ob er behandelt wurde oder nicht, doch die Bakterien vermehren sich und verteilen sich weiterhin in Ihrem Körper. Zum »Sekundärstadium« gehören die folgenden Symptome, die drei bis sechs

Wochen nach dem Erscheinen des Geschwürs oder der Geschwüre auftreten und bis zu zwei Jahre lang immer wieder auftauchen und verschwinden können: nicht juckende Ausschläge mit braunen, rauen, fingernagelgroßen Flecken in allen Körperregionen (vor allem an den Handflächen und den Fußsohlen), die aktive Bakterien enthalten und die Krankheit übertragen können; grippeähnliche Krankheitszeichen; Haarausfall und Gewichtsverlust; grauweiße wunde Stellen im Mund, im Rachen und am Gebärmutterhals.

***Wird es schlimmer?*** Das dritte Stadium, die so genannte »latente Phase«, tritt zwischen zwei anderen Stadien ein (oder überlappt mit ihnen), wird nicht von Symptomen begleitet (mit Ausnahme kleiner Höcker, die Tumore genannt werden und auf der Haut, auf den Knochen und auf inneren Organen auftauchen können) und dauert zehn bis 20 Tage an. Nach einigen Jahren Latenzzeit ohne jegliche Sekundärsymptome ist man nicht mehr ansteckend. Im »Tertiärstadium« geht es schließlich so richtig zur Sache. Zwei Drittel aller unbehandelten Fälle von Syphilis rufen keine schwerwiegenden Probleme hervor, aber – und das ist ein dick unterstrichenes »aber« – die Syphilis-Bakterien des anderen Drittels greifen innere Organe an und verursachen kleinere Unannehmlichkeiten wie Blindheit, Herzerkrankungen, Lähmungserscheinungen, Schädigungen des Zentralnervensystems, Geistesstörungen und sogar den Tod! Es gibt zwei Dinge, die Trost spenden: Syphilis ist in diesem Stadium nicht ansteckend und muss mit den heutigen Behandlungsmöglichkeiten dieses Stadium erst gar nicht erreichen.

***Übertragung:*** So wird Syphilis nicht übertragen: über Toilettenbrillen, Türklinken, Badewannen, Kleidung und Besteck. (Syphilis-Bakterien sind ziemlich schwächliche Gesellen, die sich an diesen Dingen nicht festhalten können.) Und so *wird* Syphilis übertragen: durch Vaginal-, Anal- oder Oralverkehr, intimen Kontakt und Küssen sowie im Mutterleib. Am infektiösesten ist Syphilis im Primärstadium – wenn wunde Stellen, Warzen oder Ausschläge am Körper der infizierten Person mit dem Mund, den Genitalien, dem Anus oder verletzter Haut einer anderen Person in Berührung kommen –, weshalb sie in erster Linie als sexuell übertragbare Krankheit bekannt ist.

***Vergewisserung:*** Es gibt drei verschiedene Möglichkeiten, wie Sie sich testen lassen können: durch einen Bluttest (die Inkubationszeit beträgt allerdings bis zu drei Monate), durch die Untersuchung einer Gewebeprobe (»Dunkelfeldtest« genannt) und, wenn Sie Probleme mit dem Zentralnervensystem haben, durch eine Untersuchung der Hirnflüssigkeit und des Rückenmarks.

***Gegenmaßnahmen:*** Man kann Syphilis zwar in jedem Stadium der Infektion das Handwerk legen, aber bereits verursachte Schäden (wie Herzerkrankungen oder Blindheit) lassen sich nicht mehr rückgängig machen. Die bevorzugte Behandlungsmethode ist ein Schuss Penicillin in Ihren Po *und* in den Ihrer Partnerin oder Ihres Partners, da Sie beide die Bakterien sich sonst möglicherweise wie einen bösen kleinen Ball immer wieder gegenseitig zuspielen.

***Schlachtplan:*** Latex-Kondome bieten guten Schutz bei Vaginal-, Anal- und Oralverkehr, aber *keinen* vollständigen Schutz, da sich überall am Körper ansteckende wunde Stellen und Ausschläge befinden können.

## Parasitäre Infektionen

Nach biologischer Definition ist ein Parasit »ein Organismus, der auf oder in einem anderen Organismus wohnt, wächst und sich von diesem ernährt, ohne zum Fortleben seines Wirts beizutragen«. Wir bevorzugen allerdings die zweite, nicht biologische Definition: »Jemand, der gewohnheitsmäßig die Großzügigkeit anderer ausnutzt, ohne sich dafür zu revanchieren.« Das trifft auf Filzläuse und Krätzemilben zu – schon allein der Gedanke an die kleinen Krabbeltierchen bereitet uns einen Juckreiz. (Hefepilzinfektionen und Trichomoniasis gehören ebenfalls zu den parasitären Infektionen, doch diesen Übeltätern widmen wir uns erst im Kapitel »Ladys First«, Seite 361.) Die gute Nachricht lautet: Sofern Sie im Auge behalten, was dort unten vor sich geht, können parasitäre Infektionen eigentlich nicht mehr anrichten, als Sie in den Wahnsinn zu treiben.

### Filzläuse (Schamläuse)

Diese kleinen parasitären Nervensägen krabbeln jedes Jahr auf Millionen nichts ahnender Genitalien und ernähren sich wie in einem schlechten Horrorfilm von menschlichem Blut. Sie nisten sich auf den Schamhaaren ein, machen es sich aber auch auf Wimpern, Augenbrauen und Achselhaaren bequem.

***Symptome:*** Wenngleich manche Menschen überhaupt keinen Juckreiz haben, beginnt es in der Regel fünf Tage nach dem Befall an den Genitalien oder in der Umgebung des Afters wie verrückt zu jucken. Begleitet wird der Juckreiz von leichtem Fieber, Erschöpfung, Reizbarkeit (hey, Sie wären auch genervt, wenn winzige Tierchen über Ihre Schamhaare herfallen würden) und/oder Nissen (kleinen Eiersäckchen), aus denen nach etwa einer Woche Läuse schlüpfen.

***Übertragung:*** In erster Linie durch intimen bzw. sexuellen Kontakt (nicht unbedingt Geschlechtsverkehr); *gelegentlich* auch durch infizierte Bettwäsche, Bekleidung, Polstermöbel und Toilettenbrillen (da die Füße von Läusen allerdings nicht für glatte Oberflächen wie die von Keramik geeignet sind, ist Letzteres so gut wie unmöglich). Wenn eine Laus von einem Menschen herunterfällt, segnet sie innerhalb von ein bis zwei Tagen das Zeitliche. Aber der Haken an der Sache ist, dass ihre Eier bis zu sieben Tage überleben. Kratzen kann die Läuse unter Umständen in andere Körperregionen transportieren, also widerstehen Sie dem Juckreiz.

***Vergewisserung:*** Filzläuse sind eine der wenigen Geschlechtskrankheiten, die man selbst diagnostizieren kann – vor allem, wenn man gute Augen oder eine Lupe besitzt. Wenn Sie sich nicht sicher sind oder den Anblick nicht ertragen, suchen Sie Ihren Arzt auf.

***Gegenmaßnahmen:*** Behandeln Sie sich, Ihre Mitbewohner und alle, die Ihnen in letzter Zeit sehr nahe gekommen sind, mit einem handelsüblichen medizinischen Filzlausshampoo, auch wenn jemand keine Symptome hat. Nach dem Shampoonieren werden die meisten Nissen zwar noch an den Haaren hängen, können aber mit den Fingernägeln oder mit einem speziellen Kamm entfernt werden. Ziehen Sie anschließend frische Unterwäsche und Kleidung an. Waschen Sie sämtliche Klamotten, Bettbezüge und Handtücher, mit denen Sie in der vergangenen Woche in Berührung gekommen sind, und trocknen Sie sie hinterher in einem Wäschetrockner. Was sich nicht in der Maschine waschen lässt, sollten Sie trocken reinigen lassen. Saugen Sie Ihre Wohnung.

***Schlachtplan:*** Kondome bieten keinen Schutz vor Filzläusen, also stellen Sie die unangenehme Frage.

**Krätzmilben**

Die ansteckende Hauterkrankung Krätze wird von kleinen Mistkerlen verursacht, die warme, geruchsintensive Orte wie zum Beispiel Ihren Intimbereich bevorzugen. Sie vergraben sich unter der Haut, wo sie Eier legen und Kot hinterlassen. Außerdem produzieren sie Absonderungen, die innerhalb von ein paar Wochen allergische Reaktionen auslösen. Nach ungefähr zehn Tagen schlüpft eine ganze neue Generation von Krätzmilben aus den Eiern – genau wie in *Alien*, nur im Miniaturmaßstab.

***Symptome:*** Extremer Juckreiz, vor allem nachts. Halten Sie nach kleinen, rötlich braunen Höckern Ausschau, die wie winzige Insektenstiche oder Pickel aussehen, oder nach kleinen gewellten Linien. Der Ausschlag kann überall dort auftauchen, wo die Haut aufgrund von Hautfalten, enger Kleidung oder Schmuck warm und feucht ist. Unter Umständen dauert es einen ganzen Monat, bis Symptome auftreten.

***Übertragung:*** Da es eine Weile dauert, bis sich Symptome entwickeln, können Sie Krätze haben, ohne es zu wissen, und andere damit anstecken. Alles vom Händedruck bis zum Handjob kann Krätzmilben übertragen, wobei die Wahrscheinlichkeit bei letzterer Aktivität größer ist. Die Milben können bis zu

24 Stunden in Ihrem Bett, an Ihren Handtüchern oder auf Ihren Möbeln überleben und darauf warten, dass Sie (oder Ihre Mitbewohner) nach Hause kommen.

***Vergewisserung:*** Krätze wird oft mit Ekzemen, einer allergischen Reaktion auf Giftsumach und anderen Allergien verwechselt. Krätzmilben sind so klein, dass man sie nicht mit dem bloßen Auge sehen kann, also halten Sie sich erst gar nicht mit einer Selbstdiagnose auf. Sie brauchen ohnehin verschreibungspflichtige Medikamente.

***Gegenmaßnahmen:*** Besorgen Sie sich die verschriebenen Medikamente (und sorgen Sie dafür, dass Ihre Partnerin, Ihr Partner oder Ihre Mitbewohner sie ebenfalls bekommen) und fahren Sie dann so fort, als hätten Sie Filzläuse (siehe »Gegenmaßnahmen« im vorangegangenen Abschnitt). Der Ausschlag und der Juckreiz dauern möglicherweise nach der Behandlung noch bis zu zwei Wochen an, doch das bedeutet nicht unbedingt, dass Sie andere anstecken können – wenn alle Infizierten zur selben Zeit behandelt wurden und Sie Ihren Wohnraum »entmilbt« haben, dürfte eine freudige Umarmung 24 Stunden nach der Behandlung keine Gefahren mehr bergen.

***Schlachtplan:*** Kratzen Sie nicht, wenn es juckt; gehen Sie stattdessen zum Arzt.

# 13. Mach's mit!

## Kondome, Kondome, Kondome

*»Sie haben soeben das gesamte Kapitel über sexuell übertragbare Krankheiten und Infektionen gelesen – was werden Sie jetzt tun?«*
**»Ich gehe Kondome kaufen!«**

Die Gesundheit der Menschheit muss traditionell hinter die Religion zurücktreten. Radikale Abtreibungsgegner verbreiten munter Fehlinformationen über Kondome – überwiegend auf Kosten der Gesundheit von Frauen und Teenagern –, wozu auch offenkundige Lügen zählen wie: »Sexuelle Aufklärung fördert Promiskuität«, und: »Das HI-Virus kann durch die Poren im Latex dringen«, oder: »Kondome können Gebärmutterhalskrebs verursachen.« *Gequirlte Scheiße!*

Wissenschaftlich fundierte Ergebnisse zeichnen ein anderes Bild: Ehrliche, auf Fakten gegründete Safer-Sex-Aufklärungsprogramme und einfacher Zugang zu Kondomen reduzieren bei Teenagern, die bereits sexuell aktiv sind, die Geschlechtskrankheits- und Schwangerschaftsrate. Regelmäßiger, ordnungsgemäßer Gebrauch von Kondomen verringert das Risiko einer HIV-Infektion um das 10 000-fache (bei den Untersuchungen, die zu dem Ergebnis kamen, dass das HI-Virus Latex durchdringt, wurden Partikel verwendet, die 100 Millionen Mal kleiner waren als die im Sperma enthaltenen). Und obwohl

Kondome zugegebenermaßen nicht die gesamte Haut im Genitalbereich abdecken, über die einige Infektionen übertragen werden können (wie zum Beispiel Herpes und menschliche Papillomviren), bedecken sie zumindest den Bereich des Penis, in dem sich die meisten sexuell übertragbaren Krankheiten herumtreiben. Tatsächlich wurde nachgewiesen, dass der *Verzicht* auf Kondome einer der größten Risikofaktoren für Infektionen mit menschlichen Papillomviren ist, die Gebärmutterkrebs verursachen können.

Da Kondome den Austausch jener Körperflüssigkeiten reduzieren, die am häufigsten Erreger von Geschlechtskrankheiten enthalten (Ejakulat, Scheidensekret, Speichel, Wundsekret), sind sie so ziemlich das einzige Mittel zur Empfängnisverhütung, das gleichzeitig vor sexuell übertragbaren Krankheiten schützt. (Diaphragmen und Spermizide schützen zwar vor manchen Infektionen, können Kondomen aber nicht das Wasser reichen.) Wenn Ihre Angst vor Geschlechtskrankheiten und Schwangerschaft gelindert ist, können Sie sich besser auf das Wesentliche konzentrieren: auf Ihr Vergnügen und das Ihrer Partnerin oder Ihres Partners. Kondome sind uneingeschränkt verfügbar, preisgünstig, einfach zu entsorgen und haben kaum Nebenwirkungen. Und wenn Sie sich richtig dicke besorgen, dauert der Sex läääääänger.

## Erster Schritt: Wie man Kondome benutzt

Sie müssen bei Ihrem Stelldichein zu Kondomen greifen, *bevor* es zum Genitalkontakt kommt – unverhülltes Herummachen erhöht Ihr Risiko, sich eine Geschlechtskrankheit einzufangen (ob durch Hautkontakt oder durch Körperflüssigkeiten) oder schwanger zu werden (ja, auch Präejakulat enthält unter Umständen einige Samenzellen, siehe den Abschnitt »In letzter Sekunde«, Seite 334). Wenn Sie eine Vorhaut besitzen, ziehen Sie sie zurück. Drücken Sie mit Daumen und Zeigefinger die Luft aus dem letzten Zentimeter des Kondoms. Halten Sie es auf die Eichel, wobei Sie etwas Platz lassen sollten, damit sich zukünftige Flüssigkeiten sammeln können; rollen Sie es am Schaft hinunter bis zur Peniswurzel – oder so weit es reicht –, und achten Sie dabei darauf, dass sich keine Lufteinschlüsse bilden. (Falls Sie Ihrer Vorhaut mehr Bewegungsfreiheit einräumen möchten, schieben Sie sie beim Aufrollen des Kondoms nach vorne.) Zum Vergnügen und zur Sicherheit aller Beteiligten können Sie auch einige Tropfen handelsübliches Gleitmittel auf Wasser- oder Silikonbasis außen *und* innen auf dem Kondom auftragen. Für Begegnungen der härteren und/oder analen Art sollten Sie sich für ein dickhäutiges Kondom entscheiden. Luftblasen, enger Sitz und Trockenheit = erhöhtes Rissrisiko = schlecht.

Im unglücklichen, aber unwahrscheinlichen Fall, dass ein Kondom reißen sollte, gilt: keine Panik! Streifen Sie umgehend ein neues über. Noch ist es nicht wissenschaftlich erwiesen, ob die Verwendung von Spermiziden nach einem solchen Missgeschick das Schwangerschaftsrisiko vermindert – auf keinen Fall sollten Sie eine Scheidenspülung machen, weil dabei die Gefahr besteht, dass Sie das Sperma tiefer in Ihren Fortpflanzungstrakt befördern. Im Zusammenhang mit Geschlechtskrankheiten gilt: Spermizide töten zwar nachweislich Bakterien und Viren, können aber auch Reizungen verursachen, die die Übertragung mancher Infektionen (wie HIV) sogar *fördern*. Sprechen Sie innerhalb von 24 Stunden mit Ihrem Arzt über Notfallverhütung (alias die Pille bzw. Spirale danach, siehe den

Abschnitt »Die Pille danach«, Seite 357) und einen Test auf Geschlechtskrankheiten (siehe das Kapitel »Das Pflichtlektüre-Kapitel«, Seite 249), denn je früher Sie handeln, desto besser.

## Liebe auf den zweiten Fick: Wie man an Kondomen Gefallen findet

Wenn wir noch ein Wort darüber hören, dass Kondome nervige, unbequeme Spaßverderber sind, kommt uns das Kotzen. Könnte es sein, dass Sie Ihr Leben lang nur knochentrockene, dickhäutige Billigpräservative aus Automaten verwendet haben? Kondome passen also nicht in Ihre Vollkontakt-, Haut-auf-Haut-Fantasiewelt? Wir haben verstanden. Wir sind uns aber sicher, dass nässende Genitalgeschwüre und Alimente auch nicht in dieser Utopie auftauchen.

Wenn Sie das Überstreifen eines Kondoms zu einem integralen Bestandteil von Sex machen, ist das an sich schon sexy. Was könnte heißer sein, als sich über seinen Liebsten zu knien, im direkt in die Augen zu sehen, die Verpackung eines Kondoms aufzureißen, als würde es sich dabei um eine Art Ministriptease handeln, und es dann *ganz langsam* über das pulsierende Prachtstück zu streifen? Wie der berühmte Baseballspieler Yogi Berra schon sagte: »Das halbe Spiel ist zu 90 Prozent mental.« Wenn Sie es heiß finden, wird es das auch sein.

Für den größten Teil des 20. Jahrhunderts war Gefühlsechtheit keine Priorität für die Kondomindustrie, und es wurden nur sehr wenige technologische Vorstöße gemacht. Dem guten alten internationalen Wirtschaftswettbewerb ist es zu verdanken, dass es in der Branche schließlich doch einige Innovationen gab. Als vor etwa zehn Jahren die Japaner begannen, mit ihren neuartigen, ultradünnen Präservativen amerikanischen Herstellern die Kundschaft abzugraben, legten sich diese endlich ins Zeug. Heute gibt es einen ganzen Haufen neue Materialien, Formen und Größen, die nicht nur schützen, sondern auch Vergnügen bereiten sollen. Wer hätte das gedacht?

Der Schlüssel zum Vergnügen heißt: Zeit investieren. Experimentieren Sie mit verschiedenen Marken. Greifen Sie zu dünneren Ausführungen, die ein wärmeres, natürlicheres Gefühl vermitteln – wenn sie ein Gütesiegel besitzen, erfüllen sie dieselben Sicherheitsanforderungen wie dickere Kondome. Falls Sie trotzdem noch Probleme haben, beim Pimpern so richtig in Schwung zu kommen, üben Sie: Masturbieren Sie mit Kondom, um Ihren Pullermann für den Ernstfall zu konditionieren. Für Frauen gilt: Überlassen Sie die Wahl des Arbeitsgeräts nicht ausschließlich Ihrem Partner; haben Sie Ihre eigene Meinung – und Ihren eigenen Vorrat zur Hand. Und keine falsche Sparsamkeit, verstanden? Schließlich geht es hier um Ihre Familienjuwelen. Haben die nicht das Allerbeste verdient?

## Formen

Es war einmal – 1993, um genau zu sein – ein cleverer indischer Chirurg namens A. V. K. Reddy, der außerhalb der Kondomschranken dachte und ein Präservativ entwickelte, bei dem der Spaß an der Sache im Vordergrund stand. *Genial.* Das Ergebnis war das so genannte »Pleasure Plus«-Kondom mit einer patentierten asymmetrischen Ausbuchtung aus geriffeltem Latex im Bereich des empfindlichen Frenulums (wo die Unterseite des Penisschafts und die Eichel zusammentreffen). Mehr Platz ist gleichbedeutend mit weniger eingeengten Nervenenden; zusätzliches Material ist gleichbedeutend mit zusätzlicher Stimulation. Die Damen profitieren dabei sogar von der Faltenbildung an der Peniswurzel.

Nachdem Reddys Firma Pleite gemacht und die »Pleasure Plus«-Rechte verloren hatte, musste Reddy noch einmal von vorn anfangen. Wir stellen uns vor, dass die Stimmen in seinem Kopf einfach nicht verstummen wollten, so ähnlich wie in dem Spielfilm *Das Feld der Träume*: »Wenn du es baust, werden sie kommen.« Und genau das tat er: Er baute es. Beim Modell »Inspiral«, das aussieht wie ein Ballonkunstwerk auf Acid, befindet sich im Bereich der Eichel eine Auswölbung, die für lockereren Sitz und wesentlich mehr Gefühl sorgt. Es wurde mit besonderer Rücksicht auf den Penis entwickelt, aber auch Frauen scheinen voll darauf abzufahren. Das »Inspiral« ist eines der teuersten Kondome auf dem Markt, aber wenn Sie es im vorderen Bereich mit etwas Gleitmittel befüllen, werden Sie vermutlich merken, dass Sie gerne auch das Doppelte dafür bezahlt hätten.

Inzwischen ist auch der Hersteller Trojan mit seinem neuen Modell »Her Pleasure« auf den Spaßzug aufgesprungen: Dabei handelt es sich um ein Latex-Kondom, das sich von der Mitte bis zur Spitze aufbläht und im übrigen Bereich mit elf erhabenen, zueinander versetzt angeordneten Rippen versehen ist. Diese Rippen für »ihr Vergnügen« funktionieren unter Umständen sogar, da sie beim Geschlechtsverkehr das äußere Drittel der Vagina stimulieren – den Bereich, auf den es ankommt. Der lockere Sitz der vorderen Hälfte sollte auch ihm ein Lächeln auf die Lippen zaubern.

## Materialien

In ihrer jahrhundertealten Geschichte wurden Kondome aus allen erdenklichen Materialien hergestellt: aus geöltem Seidenpapier, aus in Wasser getränktem Papyrus, aus Blasen von Fischen, aus Leinen, dünnem Leder, Schildpatt, Horn, menschlichem Muskelgewebe, Kürbissen, Schafsdarm … Tatsächlich werden noch heute Kondome aus Tierhäuten hergestellt, weil manche Menschen gegen Latex allergisch sind. Solche feinfühlig als »Schaflederpräservative« bezeichneten Pullermannkapuzen vermitteln ein natürliches Gefühl und halten flüchtiges Sperma im Zaum, sind aber zu porös, um dem HI-Virus einen Riegel vorzuschieben. Also vergessen Sie es, wenn Sie sich nicht in einer monogamen, HIV-negativen Beziehung befinden.

Kondome wurden zu »Gummis«, als man Mitte der vierziger Jahre des 19. Jahrhunderts begann, sie in großen Stückzahlen aus Latex herzustellen, einer robusten, feinporigen Gummiart. Heutzutage ist Latex noch immer die erste Wahl von Präservativherstellern und -benutzern, da er vor Schwangerschaft und HIV-Infektion schützt (ganz zu schweigen davon, dass er günstig ist). Doch auch Latex hat Schwächen: Er riecht etwas, na ja, *gummiartig*; er löst sich auf, wenn er mit Gleitmitteln auf Ölbasis in Berührung kommt; er fühlt sich unter Umständen an, als würde man dicke Wintersocken tragen; und er neigt unter starker Beanspruchung (z. B. bei zu engem Sitz oder zu geringer Schmierung) zum Reißen. Das ist allerdings nur Korinthenkackerei, wenn man bedenkt, welche sexuelle Freiheit Latex ermöglicht.

Das neueste Geschenk des Himmels in der Kondomabteilung heißt Polyurethan – da singen die Engel! – das Material der Zukunft, ein feuchter Disney-Traum, *Plastik*. Polyurethan hat zahllose Vorteile: Es ist viel, viel dünner als Latex, geruch- und geschmacklos, transparent und damit der jeder Erektion eigenen Schönheit angemessen, weniger empfindlich gegen

Hitze- und Lichteinwirkung, kompatibel mit allen Gleitmitteln (auch mit solchen auf Ölbasis), besser wärmeleitend als Latex (ein wichtiger Faktor für das Vergnügen von Männern) und hypoallergenisch. Aber – und es gibt *immer* ein »Aber« – Polyurethan ist weniger elastisch als Latex und reißt deshalb leichter, wenn es gedehnt wird (was ein weiterer guter Grund dafür ist, Gleitmittel zu verwenden – es verringert die Gefahr, dass ein Kondom reißt). Laboruntersuchungen haben bereits gezeigt, dass Spermien und Viren (das HI-Virus inbegriffen) Polyurethan nicht durchdringen können (es ist zu 100 Prozent undurchlässig); wie gut das Material vor Geschlechtskrankheiten und Schwangerschaft schützt, gilt es noch zu erforschen. Deshalb kann es noch nicht mit gutem Gewissen uneingeschränkt empfohlen werden. (Bislang bekommen nur diejenigen, die gegen Latex allergisch sind, von den Gesundheitsbehörden grünes Licht für die Benutzung von Polyurethan-Präservativen.) Condomania.com (eines der führenden Online-Kondom-Versandhäuser) vertreibt seit Jahren Polyurethan-Kondome (Avanti »Super Thin« und Trojan »Supra«) und hat noch nie Reklamationen bezüglich ihrer Effektivität erhalten.

### Gleitmittel

Es gibt Kondome mit Gleitmittel, Kondome mit spermizidem Gleitmittel und Kondome ohne Gleitmittel. Erstere sind entweder mit einem Gleitmittel auf Wasserbasis oder mit einem Gleitmittel auf Silikonbasis beschichtet. Denken Sie daran, dass silikonhaltiges Gleitmittel Sexspielzeuge aus Silikon angreift, und verwenden Sie ausschließlich Kondome mit Gleitmittel auf Wasserbasis, wenn Sie die Requisiten tauschen. Die meisten Kondome mit Gleitmittel enthalten gleichzeitig ein Spermizid zur Empfängnisverhütung – was eine tolle Sache ist, falls Sie keine anderen Sorgen haben. Wenn Sie aber auch vor Geschlechtskrankheiten Angst haben, sollten Sie zu anderen Mitteln greifen, da sich in einigen Untersuchungen gezeigt hat, dass Nonoxynol-9, das von den meisten Herstellern verwendete Spermizid, Reizungen der Vagina verursachen und damit die Übertragung von Infektionen wie HIV fördern kann. Kondome ohne Gleitmittel sind vermutlich die beste Alternative, weil Sie Ihr Gleitmittel und Ihre Spielzeuge dann nach Ihren Bedürfnissen auswählen können. Falls wir es noch nicht deutlich genug gesagt haben: Wir sind beharrliche Befürworter von Gleitmittel – ein kleiner Tropfen auf die Außenseite des richtigen Kondoms, ein Tropfen ins Innere, und das Paradies ist in Reichweite Ihres dritten Arms. Weitere Informationen finden Sie im Kapitel »Wie geschmiert«, Seite 405.

### Größe

Wir haben es bereits gesagt, und wir sagen es noch einmal: Nicht auf die Größe des Bootes kommt es an, sondern auf die Bewegung des Ozeans. Wenn Sie erfolgreich in See stechen möchten, müssen Sie die richtigen Segel setzen. Experimentieren Sie mit verschiedenen Längen, Weiten und Formen, damit alles richtig sitzt – ein oder zwei Millimeter machen unter Umständen einen gewaltigen Unterschied. Wenn ein Kondom zu eng sitzt, reißt es nicht nur leichter, sondern quetscht die Nervenenden im Penis ein, was auf Kosten des Gefühls geht. Und wenn es zu kurz ist, lässt es mehr Haut unbedeckt, erhöht das Infektionsrisiko und rutscht leichter herunter (wenngleich das eigentlich nur ein Problem von Männern mit Pornoproportionen ist). Lesen Sie die Beschriftung auf der Verpackung, um Verwechslungen zu vermeiden: Manche Firmen bezeichnen mit dem Begriff »groß« den Durchmesser, andere die Länge.

**Tipps zur Kondomwahl**

Wie können wir uns anmaßen zu wissen, was Ihnen gefällt und was für Sie das Richtige ist? Tja, wir sind Sexperten, deshalb maßen wir uns das an. Im Folgenden haben wir einige der besten Kondome aufgelistet, die im gut sortierten Fachhandel oder über das Internet zu beziehen sind. Kondom-Onlineshops bieten diskreten Versand und eine *riesige* Auswahl. (Vergessen Sie jedoch nicht, Preisvergleiche anzustellen, weil die größten Anbieter oft auch die teuersten sind.)

- »Pleasure Plus«: Der Vorreiter der »Pleasure«-Bewegung (siehe den Abschnitt »Formen«, Seite 319). Der Zwölferpack wird im Aluminiumetui geliefert.
- »Inspiral«: Der Nachfolger des »Pleasure Plus« (siehe Abschnitt »Formen«). Eines der teuersten Latex-Modelle auf dem Markt, aber seinen Anhängern zufolge jeden Cent wert.
- Trojan »Her Pleasure«: Der neueste Beitrag zur Latex-Formenvielfalt (siehe Abschnitt »Formen«).
- Kimono »Micro Thin«: Obwohl diese konturierten Kimonos 38 Prozent dünner sind als durchschnittliche Kondome von der Stange, erfüllen sie problemlos die internationalen Anforderungen hinsichtlich Sicherheit und Stabilität, was sie zu Favoriten bei Laborversuchen und Verbrauchern macht.

  Wenn Sie ein identisches Kondom suchen, das jedoch Rippen und Noppen auf der Außenseite besitzt, sollten Sie das Modell »Type E« von Sagami ausprobieren.
- Crown »Skinless«: Die schnörkellosen, nur leicht geschmierten Crown-Kondome aus Japan sind die dünnsten Latex-

Präservative, die man für Geld kaufen kann (0,05 Millimeter Wandstärke) – was wieder einmal beweist, dass Liebe doch käuflich ist. Ein paar zusätzliche Tropfen Gleitmittel auf Wasser- oder Silikonbasis können nicht schaden.

- Trojan »Magnum XL«: Der amtierende Champion im Schwergewicht. Das Modell »Magnum« ist das größte Kondom auf dem Markt – es ist 30 Prozent größer als ein »normales« Latex-Kondom. Obwohl es sich am unteren Ende verjüngt, heißt das noch lange nicht, dass es jedermann tragen kann; wenn Sie durchschnittlich bestückt sind, wird es aussehen und sich anfühlen wie ein Leg Warmer.
- Durex »Avanti Super Thin«: Das erste Polyurethan-Kondom für Männer. Es ist nicht nur das weltweit dünnste Kondom (0,04 Millimeter Wandstärke), sondern auch das weiteste und zugleich eines der kürzesten. Das Avanti-Modell kann sich zwar mit Wärmeleitfähigkeit, Reißfestigkeit und Kompatibilität mit Gleitmitteln auf Ölbasis rühmen, seine knittrige, schrumplige Struktur ist jedoch gewöhnungsbedürftig.
- Trojan »Supra«: Neben dem Avanti »Super Thin« das einzige Polyurethan-Kondom für Männer. Um Avanti eine Nasenlänge voraus zu sein, verwendet Trojan eine in der Medizin bewährte Polyurethan-Mischung mit der Bezeichnung »Microsheer«, die weicher, angenehmer und völlig transparent ist, was das Modell »Supra« zum ersten völlig unsichtbaren Kondom macht. Allerdings haben die Dumpfbacken bei Trojan alles vermasselt, indem sie es ausschließlich mit Nonoxynol-9 beschichten. So ein Mist.

Für mehr Kopffreiheit und damit mehr Stimulation der Eichel durch locker sitzendes Material sollten Sie ein Kondom wählen, das an der Spitze weiter geschnitten ist (auf der Verpackung finden Sie unter Umständen die verschiedenen Durchmesser oder den Hinweis »übergroße Spitze« oder »Ballonform«). Achten Sie darauf, dass es nicht zu locker sitzt, sonst begeben Sie und Ihr bestes Stück (von Ihrer Partnerin oder Ihrem Partner ganz zu schweigen) sich in gefährliche Gewässer. Das Modell »Exotica Snugger Fit« von Contempo ist das kürzeste und schlankste Kondom auf dem amerikanischen Markt, das von den Gesundheitsbehörden freigegeben ist – und leider auch das mit der kitschigsten Verpackung, die eine nackte Dame zeigt. Das Wort »klein« existiert in der Kondombranche nicht. Ganz schön clever.

### Pluspunkte: Geschmacksrichtungen, Farben, Rippen und Noppen

Wir wissen, dass Sie es nicht hören möchten, aber durch ungeschützten Oralverkehr können Sie sich Krankheiten wie Gonorrhöe, Chlamydien, Genitalherpes, Syphilis, menschliche Papillomviren und HIV einfangen und übertragen (siehe das Kapitel über Geschlechtskrankheiten ab Seite 249 und Dental Dams ab Seite 331). An Latex zu lecken ist natürlich in etwa so lecker, wie an einem Gummiband zu lutschen (ganz zu schweigen davon, dass Spermizide Ihre Zunge vorübergehend betäuben können). Aus diesem Grund greifen manche zu mechanischen Barrieren mit Geschmack. Da Kondome mit Aroma ausschließlich aus Latex erhältlich sind, schmecken sie noch immer so, als würde man an einem Gummiband lutschen, aber sie besitzen zumindest einen Beigeschmack: Erdbeere, Vanille, Schokolade, Orange, Mandarine, Banane, Grapefruit, Minze oder sogar Cola. Nach Plastik schmeckende Polyurethan-Kondome gibt es leider nicht mit Aroma, doch Sie können sie mit zum Verzehr geeigneten Gleitmitteln (wie »Hot Licks« oder »ID Juicy Lube«) bestreichen. Schokoladensoße oder Schlagsahne lassen sich ebenfalls verwenden, da das darin enthaltene Öl Polyurethan im Gegensatz zu Latex nicht angreift. Egal, welche Geschmackskombination Sie bevorzugen, halten Sie sie von empfindlichen Vaginen fern, um Infektionen und allergische Reaktionen zu vermeiden.

Falls Sie vorhaben, ein Rohr zu verlegen, können Sie es auch einmal mit strukturierten Kondomen versuchen. Herkömmliche gerippte Kondome sehen ein bisschen aus wie flexible Strohhalme (okay, Sie müssen die Augen zusammenkneifen, um die Ähnlichkeit zu erkennen); sie wurden zur Luststeigerung der penetrierten Person entwickelt und könnten auch Ihnen zusätzliche Freude bereiten oder auch nicht – vermutlich eher nicht, wenngleich der Placeboeffekt nicht zu unterschätzen ist. Das Modell »Her Pleasure« von Trojan (siehe Kasten) funktioniert eventuell besser als andere, da es seine Rippen am rechten Fleck hat. Auch hauchdünne Kondome mit winzigen Höckern oder Noppen auf der Außenseite, der Innenseite oder der Außen- und Innenseite sind einen Versuch wert. Das Modell »Kimono Sensation« ist 20 Prozent dünner als normale Kondome und auf der Innenseite mit mehreren Reihen strukturierter Noppen zu »seinem Vergnügen« versehen.

Inzwischen gibt es für Benutzer mit Schnellschussproblem oder Marathonambitionen sogar Kondome, die innen mit einer »Orgasmus-Kontrollflüssigkeit« beschichtet sind. Das Modell »Extended Pleasure« von Trojan ist das erste Kondom, dessen Gleitmittel einen Desensibilisator – vier Prozent Benzokain – enthält. Doch egal, welches Kondom Sie benutzen, vergewissern Sie sich, dass es offiziell zugelassen ist und nicht irgend so ein neumodisches Zeug, das der Drogeriemarkt an der Ecke seit 20 Jahren verkauft.

## Das Kondom für Frauen

Für die unabhängige Frau von heute, die sich vor Geschlechtskrankheiten und ungewollter Schwangerschaft schützen möchte (oder für die Idiotin, die auch dann noch in Betracht zieht, mit einem Mann zu schlafen, nachdem er sich geweigert hat, ein Kondom zu benutzen), gibt es das Kondom für *Frauen*. Es wird ausschließlich von der Female Health Company hergestellt und in Europa unter der Bezeichnung »Femidom« vertrieben. Das Kondom für Frauen ist eine flexible, mit Gleitmittel beschichtete, schlauchförmige Kappe. Auf der geschlossenen Seite dieser Kappe ist ein weicher Ring eingearbeitet, der bis hinter das Schambein in die Vagina eingeführt wird. Die Kappe bedeckt die Scheidenwand. Am offenen Ende der Kappe ist ein weiterer weicher Ring eingearbeitet, der außerhalb der Vagina verbleibt. Wenn Sie fertig sind, drehen Sie einfach den äußeren Ring, um die Kappe zu verschließen, und ziehen sie vorsichtig heraus. Das Kondom für Frauen ist also gewissermaßen ein Müllbeutel für Ihren Liebeseimer.

### Vorteile des Kondoms für Frauen

- Ohne Rezept und Anpassung – erhältlich in Drogerie- und Supermärkten in einer Einheitsgröße.
- Kann bis zu acht Stunden bevor Sie zur Sache kommen eingesetzt werden.
- Da es aus Polyurethan besteht, ist es hauchdünn, reißfest,

wärmeleitend, geruchlos und mit allen Gleitmitteln zu kombinieren.

- Der Penis kann bereits in die Vagina eindringen, *bevor* er vollständig erigiert ist (herkömmliche Kondome können dagegen nur auf einen Ständer gerollt werden).
- Da das Kondom für Frauen mehr Bewegungsfreiheit bietet als ein herkömmliches Kondom, ist die Gefahr geringer, dass es reißt.
- Frauen und Männer können abwechselnd die Verantwortung dafür übernehmen, ein Kondom zu tragen. (»Heute bist du dran, Schatz.«)
- Der äußere Ring deckt einen Teil der äußeren Schamlippen ab, was weniger genitalen Hautkontakt und damit besseren Schutz gegen Geschlechtskrankheiten bedeutet.
- Der äußere Ring stimuliert unter Umständen die Klitoris!
- Der Penis kann nach verrichteter Arbeit noch einige kuschelige Zeit an Ort und Stelle verweilen, da beim Kondom für Frauen keine Gefahr besteht, dass es abrutscht (wie ein herkömmliches Kondom).

### Nachteile des Kondoms für Frauen

- Ein Penis mit *sehr schlechter* Treffsicherheit könnte sich zwischen Vagina und Kappe verirren und damit alle guten Absichten zunichte machen.
- Es ist etwas teurer als herkömmliche Kondome.
- Die knittrige Oberfläche von Polyurethan kann unter Umständen Geräusche verursachen (aber Ihr Stöhnen sollte sie übertönen).
- Ein Ende einer Plastiktüte aus der Mumu hängen zu haben ist nicht unbedingt die ästhetisch ansprechendste Sache der Welt.

Wie alles, das neu für Ihre Vagina ist, bedarf das Einsetzen eines Kondoms für Frauen unter Umständen einiger Übung. (Wenn Sie jedoch schon einmal ein Scheidenpessar benutzt haben, ist es ein Kinderspiel.) Machen Sie sich darauf gefasst, dass es sich beim guten alten Rein und Raus etwas bewegt, allerdings nicht so stark, dass es Sie vom Eigentlichen ablenken sollte. Vergessen Sie nicht, in der Kappe oder auf dem Penis etwas Gleitmittel aufzutragen, um zu verhindern, dass der äußere Ring im Eifer des Gefechts in die gute Stube gestoßen wird. Wenn das Kondom für Frauen ordnungsgemäß verwendet wird, ist seine empfängnisverhütende Wirkung nur unwesentlich schlechter als die eines herkömmlichen Kondoms. Benutzen Sie es unterwegs, benutzen Sie es während Ihrer Tage, benutzen Sie es, wenn Sie Abwechslung brauchen – Sie können es sogar im After benutzen, ob Sie eine Frau sind oder ein Mann. (Die amerikanischen Gesundheitsbehörden haben der Verwendung des Kondoms für Frauen beim Analverkehr zwar noch nicht ihren Segen gegeben, aber viele Paare entfernen einfach den inneren Ring, führen die Kappe mit einem Werkzeug nach Wahl anal ein und kommen zur Sache.) Zwar ist nichts gegen den Wunsch einzuwenden, seinen Genitalien den bestmöglichen Schutz zu bieten, aber man kann es auch übertreiben: Kombinieren Sie das Kondom für Frauen nicht mit einem herkömmlichen Kondom, da die beiden sonst vielleicht aneinander hängen bleiben und abrutschen.

## Oralsex Dams

Ja, einige Leute verwenden sie tatsächlich. Die schlauen zumindest. Wie wir bereits erwähnt haben, kann das Naschen von den Süßigkeiten anderer die Übertragung von Infektionen wie Gonorrhöe, Chlamydien, Genitalherpes, Syphilis und HIV zur Folge haben – in beide Richtungen. Seit Jahren werden für die Oralchirurgie bestimmte Latex-Bogen, so genannte »Dental Dams«, von cleveren Liebesdoktoren für orale und anale Leckereien ohne Ansteckungsgefahr zweckentfremdet. Manche Leute benutzen auch Frischhaltefolie (ohne Gummigeschmack!), ein aufgeschnittenes Kondom oder einen aufgeschnittenen Latex-Handschuh, wenn sie spontan mit der Zunge auf Erkundungstour gehen. Aber warum nicht gleich richtig? »Sheer Glyde«-Dams sind speziell dafür gemacht und der einzige offiziell geprüfte Schutz beim Oralverkehr. Es handelt sich dabei um 25 mal 15 Zentimeter große Stücke aus natürlichem Latex, erhältlich in verschiedenen Geschmacksrichtungen (pinkfarben mit Erdbeergeschmack, violett mit Wildbeerengeschmack, cremefarben mit Vanillegeschmack und schwarz mit Colageschmack), die frei von Glycerin sind, was die Gefahr von Pilzinfektionen ausschließt. Und das zum Schleuderpreis! Halten Sie die Barriere straff über die fragliche Stelle, ohne während der Mahlzeit die Seite zu wechseln. (Sie dürfen sie nicht wie ein Kissen umdrehen, um die kühle Seite oben zu haben.) Nach Gebrauch werfen Sie sie weg – keine falsche Sparsamkeit.

Im folgenden Kapitel finden Sie weitere Möglichkeiten zur Empfängnisverhütung.

# 14. Sie haben die Wahl

## Methoden zur Empfängnisverhütung

Woher kommen Babys? In der Hälfte der Fälle aus dem Land der schlechten Planung. Jede der im Folgenden vorgestellten Methoden zur Empfängnisverhütung hat ihre Vor- und Nachteile in Bezug auf Kosten, Nebenwirkungen, Annehmlichkeit, Wirksamkeit und Kompatibilität mit Ihrem persönlichen Lebensstil. Was für ein junges Ehepaar ideal sein mag, ist für eine experimentierfreudige Frau, die nach einem zusätzlichen Schutz zum Kondom sucht, nicht das Richtige. Mit Ausnahme von Sterilisation können alle hier vorgestellten Möglichkeiten der Empfängnisverhütung rückgängig gemacht werden; das heißt, Sie können es sich immer anders überlegen – manchmal nach ein paar Minuten (z. B. beim Scheidendiaphragma), manchmal nach einem Jahr (z. B. beim Norplant-System).

Es erübrigt sich zu erwähnen, dass es in diesem Kapitel um Heterosex geht. Wichtiger ist, dass es in diesem Kapitel *nicht* um sexuell übertragbare Krankheiten und Infektionen geht: Ein oder zwei Methoden bieten zwar *minimalen* Schutz vor Geschlechtskrankheiten, sollten aber trotzdem nur dann ohne Kondom angewendet werden, wenn Sie in einer festen, monogamen Beziehung leben und sich beide haben testen lassen. Wenn das auf Sie nicht zutrifft, sollten Verhütungsmittel nur zum Schutz vor Schwangerschaft für den Fall, dass das Kondom reißt, verwendet werden. Die meisten dieser Methoden schützen zu annähernd 100 Prozent vor Schwangerschaft, wenn sie *in Verbindung mit einem Kondom* angewendet werden.

Mächte, vereinigt euch! (Im vorangegangenen Kapitel finden Sie Informationen über Kondome und Oralsex Dams.) Für den Fall, dass Ihre doppelte Vorsorge aus irgendeinem Grund versagen sollte, stellen wir am Ende dieses Kapitels einige Methoden der Notfallverhütung vor. Vergessen Sie nicht, dass wir Ihnen auf den folgenden Seiten nur einen Überblick über Ihre Möglichkeiten geben können; Entscheidungen in Bezug auf Familienplanung sollten Sie erst fällen, nachdem Sie einen Arzt Ihres Vertrauens zu Rate gezogen haben.

*Hinweis:* Die im Folgenden genannten Zahlen zur Wirksamkeit der verschiedenen Methoden zur Empfängnisverhütung stammen aus Statistiken, die im Juni 2002 auf der amerikanischen Website PlannedParenthood.org veröffentlicht wurden.

## Natürliche Verhütungsmethoden

### In letzter Sekunde (Coitus interruptus)

- ***So funktioniert's:*** Sie poppen und poppen und poppen ... und dann zieht ihn der Mann kurz bevor er kommt heraus.
- ***Erfolgsquote:*** Da niemand perfekt ist, liegt die Schwangerschaftswahrscheinlichkeit bei beachtlichen 19 Prozent. Wenn er jedoch über hervorragendes Timing verfügt, beträgt das Risiko nur vier Prozent. Und hier ist das Geheimnis, das dahintersteckt: In dem natürlichen Gleitmittel, mit dem die Harnröhre vor der Ejakulation geschmiert wird, um den Weg für die nachfolgenden Spermien zu ebnen, sind keine Samenzellen enthalten. Allerdings besteht die Gefahr, dass sich in der Harnröhre noch Spermareste von einem früheren Orgasmus befinden, die bei der nächsten Runde vom Präejakulat ins Freie befördert werden. Da die zurückgebliebene Men-

ge jedoch verschwindend gering ist und in der Regel beim Urinieren herausgespült wird, ist Coitus interruptus, sofern er *absolut vorschriftsmäßig* durchgeführt wird – was selten der Fall ist –, tatsächlich wirksamer als ein Scheidendiaphragma, eine Zervixkappe oder ein Spermizid. Ja, wir können es auch kaum glauben.

- ***Vorteile:*** Keine Nebenwirkungen, keine Requisiten und Sie werden Zeuge seiner überschäumenden Freude.
- ***Nachteile:*** Erfordert übermenschliche Selbstbeherrschung, Selbstkenntnis und Vertrauen; die Frau hat (wenn überhaupt) nur geringen Einfluss; sein Orgasmus wird von unterschwelliger Panik getrübt.
- ***Die idealen Anwender:*** Verheiratete Paare, bei denen beide insgeheim auf einen Unfall hoffen.

### Darf ich, Mutter Natur? (Die »Rhythmusmethode«)

- ***So funktioniert's:*** Obwohl eine Eizelle nur ungefähr einen Tag lang befruchtet werden kann, gibt es in jedem Menstruationszyklus *mehrere* Tage, an denen eine Frau empfänglich ist: sechs bis sieben Tage vor dem Eisprung und zwei bis drei Tage danach – weil eine Eizelle bis zu drei Tage überleben kann und Spermien im Körper der Frau zwei bis drei Tage, in seltenen Fällen sogar bis zu einer Woche durchhalten. Sie konsultieren einen Arzt, um herauszufinden, welche Ihre »unsicheren« Tage sind, und wenden eine Kombination von Rhythmusmethoden an – Sie messen täglich Ihre Körpertemperatur (die beim Eisprung um ein halbes Grad ansteigt; »Temperaturmethode«), kontrollieren täglich Ihren Gebärmutterschleim (der beim Eisprung transparent und glitschig wird; »Billings-Methode«) und vermerken Ihre Periode in einem Kalender (je regelmäßiger Sie Ihre Tage bekommen, desto besser können Sie den Eisprung vorhersagen; »Kalendermethode«). An »unsicheren« Tagen wenden Sie eine der anderen in diesem Kapitel beschriebenen Methoden an. Um ganz sicherzugehen, betrachten manche Frauen den Zeitraum vom Einsetzen ihrer Regel bis vier Tage nach dem Eisprung als ihre unsichere Zeit.

- ***Erfolgsquote:*** Die Sicherheit liegt zwischen 75 und 99 Prozent, je nachdem, wie viele Methoden Sie miteinander kombinieren und welche Methode Sie an Ihren unsicheren Tagen anwenden. Untersuchungen haben gezeigt, dass die Rhythmusmethode bei Singlefrauen weniger wirksam ist.
- ***Vorteile:*** Keine Nebenwirkungen; keine religiös bedingten Schuldgefühle (vorausgesetzt, Sie üben sich an unsicheren Tagen in Enthaltsamkeit); Sie folgen dem Motto »zurück zur Natur«.
- ***Nachteile:*** Erfordert Übung, Wachsamkeit, Geduld und Hingabe; ist wesentlich unsicherer, wenn Sie einen unregelmäßigen Zyklus oder einen unkooperativen Partner haben oder wenn Ihr Organisationstalent zu wünschen übrig lässt; Stress und Krankheit können Ihren Zyklus durcheinander bringen oder Ihre Messwerte verfälschen.
- ***Die ideale Anwenderin:*** Sie leben in einer festen Beziehung, haben in der Schule den Jahresbericht herausgegeben und wandern gern in der freien Natur.

## Hormonelle Verhütungsmethoden

### Die Pille

- ***So funktioniert's:*** Die Pille, das beliebteste Verhütungsmittel überhaupt, ist eine einmal täglich oral eingenommene Dosis von synthetischen Hormonen (wie sie auch in den Eierstöcken produziert werden). Es gibt zwei verschiedene Versionen – Pillen, die ausschließlich Progesteron enthalten, und Pillen, die eine Kombination von Hormonen enthalten –, die beide in Monatspackungen verkauft werden. Progesteron verdickt den Gebärmutterschleim, um eine Befruchtung zu verhindern und zu vermeiden, dass befruchtete Eizellen sich in der Gebärmutter einnisten (unter Umständen verhindert es sogar den Eisprung). Progesteron-Pillen sind nur in Packungen zu 28 Stück erhältlich, von denen jede einzelne Pille Hormone enthält (d. h., Sie müssen Sie alle nehmen). Pillen mit einer Kombination von Hormonen enthalten Progesteron und Östrogen; sie verdicken den Gebärmutterschleim *und* verhindern den Eisprung. Diese Pille ist in Packungen zu 21 oder 28 Stück erhältlich: Wenn Sie die erste Version verschrieben bekommen, machen Sie nach jeder Packung eine Woche Pause, in der die Menstruation stattfindet; die sieben zusätzlichen Pillen bei der zweiten Version sind hormonfreie Erinnerungshilfen, die dafür sorgen, dass Sie nicht aus dem Rhythmus kommen. (Es handelt sich dabei oft um Eisenpräparate, also werfen Sie sie nicht weg, sondern werfen Sie sie ein – vor allem, wenn Sie Vegetarierin sind!) Egal, welche Pille Sie nehmen, Ihre Regel bekommen Sie normalerweise in der vierten Woche. Eigentlich sollte die Pille innerhalb einer Woche anschlagen, aber um ganz sicherzugehen, empfehlen die meisten Ärzte, mindestens einen Monat lang eine zusätzliche Verhütungsmethode anzuwenden. Es ist nicht erforderlich, eine Pillenpause zu machen, und zwar unabhängig davon, wie lange Sie sie schon nehmen.

- ***Erfolgsquote:*** Bei typischer Anwendung (d. h., wenn man berücksichtigt, dass Irren menschlich ist) hat die Pille eine Fehlerquote von fünf Prozent. Wenn sie jeden Tag zur selben Zeit eingenommen wird, sinkt diese Fehlerquote auf unter ein Prozent. (Allerdings erreichen nur 28 Prozent der Frauen Pillenperfektion.) Wenn Sie einen oder mehrere Tage ausgelassen haben, lesen Sie die Packungsbeilage – die Anweisungen variieren von Pille zu Pille.
- ***Vorteile:*** Regelmäßigere, leichtere Perioden mit weniger Krämpfen und prämenstruellen Syndromen; verminderte Gefahr von Eisenmangel und Unterleibsentzündungen; reinere Haut; Vorbeugung vor Eierstock- und Gebärmutterkrebs, Osteoporose und Arthritis; und wenn Sie eine Pille verschrieben bekommen, bei der die Einnahme sonntags beginnt, sind Ihnen periodenfreie Wochenenden so gut wie sicher.
- ***Nachteile:*** Zu möglichen Nebenwirkungen zählen Schmerzen in den Brüsten, Übelkeit und Erbrechen, Pickel zwischen den Perioden, ein verminderter Sexualtrieb, Stimmungsschwankungen und Depressionen. Die meisten Symptome verschwinden nach einigen Monaten; falls nicht, bitten Sie Ihren Arzt, Ihnen eine andere Pille zu verschreiben (es gibt eine große Auswahl).

  Ein weiterer häufiger Nebeneffekt ist eine leichte Gewichtszunahme oder -abnahme, für die verschiedene Faktoren verantwortlich sein können: eine vorübergehende Flüssigkeitsverhaltung im ersten Monat; das Östrogen kann Sie während der ersten Monate an den Hüften, Oberschenkeln und Brüsten etwas rundlicher machen; die Hormone können Ihren

Appetit während der gesamten Einnahmedauer steigern oder verringern; die Pille kann Depressionen fördern, die ebenfalls den Appetit beeinflussen können. Doch all das ist nichts, verglichen mit dem, was Ihr Körper im Lauf einer neunmonatigen Schwangerschaft mitmacht.

Wenn Sie eine Pille mit einer Kombination aus verschiedenen Hormonen nehmen, dürfen Sie nicht rauchen, auch wenn Sie nur Gelegenheitsraucherin sind (denn es erhöht das Herzinfarkt- und Thromboserisiko) – aber Sie sollten ohnehin nicht rauchen. Wenn Sie unbedingt die kleinen Krebsstäbchen paffen »müssen«, lassen Sie sich eine Pille verschreiben, die ausschließlich Progesteron enthält.

Durchfall und Erbrechen können die Wirksamkeit beider Pillenvarianten ebenso verschlechtern wie die Einnahme bestimmter Medikamente (fragen Sie Ihren Arzt), insbesondere solche, die von der Leber umgewandelt werden. Falls Sie Medikamente dieser Art einnehmen müssen, sollten Sie in Betracht ziehen, währenddessen eine zusätzliche Verhütungsmethode anzuwenden.

Übrigens erhöht die Pille *nicht* das Risiko, an Brustkrebs zu erkranken, und es gibt auch keine schlüssigen Beweise dafür, dass sie das Gebärmutterkrebsrisiko vergrößert. Die Pille verursacht keine Geburtsfehler bei zukünftigen Kindern, und zwar auch dann nicht, wenn Sie zu den wenigen Pechvögeln gehören, die schwanger werden, während sie die Pille nehmen. Die meisten dieser Ängste stammen noch aus einer Zeit, als die Pille eine wesentlich höhere Hormondosierung enthielt.

- ***Die ideale Anwenderin:*** Jede nicht schwangere Nichtraucherin, die in der Vergangenheit keine Probleme mit der Leber oder den Koronararterien hatte und keinen Schlaganfall erlit-

**Ist Menstruation unbedingt notwendig?**
Drei Dinge im Leben sind sicher: Tod, Steuern und Menstruation. Der böse rote Fluch, der Frauen Krämpfe beschert, sie stöhnen und weinen lässt, ist unvermeidlich, oder nicht? Er ist normal, richtig? Na ja ... ist er das wirklich? Manche Frauen sehen das anders. Manche Frauen (darunter viele Gynäkologinnen) nehmen Dreiwochen-Packungen unmittelbar nacheinander, ohne die siebentägige Pillenpause, ein und umgehen ihre Monatsblutung somit ganz. Sie wiederholen einfach Ihren Zyklus monatelang oder sogar jahrelang immer wieder, ohne ihre Tage zu bekommen. Abscheulich, sagen Sie? Ein Verbrechen gegen die Natur, protestieren Sie? Die alte Schulweisheit, dass das allmonatliche Blutvergießen etwas Reinigendes habe, gerät in letzter Zeit ein wenig in die Kritik, vor allem, weil die Regelblutung bei Frauen, die die Pille nehmen, im Lauf der Zeit so schwach werden kann, dass sie zu vernachlässigen ist. Frauen von heute menstruieren viel häufiger als unsere Vorfahren, was daran liegt, dass die Damen von einst viel mehr Zeit damit verbrachten, schwanger zu sein und zu stillen. Der Verzicht auf die Pillenpause ist allerdings nicht jederfraus Sache. Er funktioniert nur mit einphasigen Pillen (d. h., mit denjenigen, bei denen jede einzelne Pille dieselbe Hormonkonzentration enthält), aber nicht mit dreiphasigen, wie zum Beispiel denjenigen, die Akne im Zaum halten. Fragen Sie Ihren Gynäkologen, welche Sorte Sie nehmen. Manche Frauen können ihren Körper jedoch nicht überlisten und bekommen trotzdem ihre Regel oder Pickel. Falls Sie zu der Sorte Frauen gehören, die ihre Tage zur Vergewisserung brauchen, dass sie nicht schwanger sind, ist das ohnehin

nichts für Sie. Aber es ist eine nette Option, die Sie im Gedächtnis behalten sollten, falls Sie für zwei Monate zelten gehen oder Ihre Periode während Ihrer Flitterwochen fällig ist. Und sie wird häufig Frauen empfohlen, die unter Endometriosis, Anämie oder schweren Menstruationskrämpfen und Migräne leiden. Allerdings müssen wir darauf *bestehen*, dass Sie Ihren Arzt konsultieren, bevor Sie das rote Meer in Richtung unbekannte Gewässer verlassen.

ten hat. Die mit der Einnahme der Pille verbundenen Risiken sind wesentlich geringer als die Risiken im Zusammenhang mit einer Schwangerschaft. Die Risiken lassen sich mit dem Risiko beim Fliegen im Gegensatz zu dem Risiko beim Autofahren vergleichen.

### Das Verhütungspflaster (Ortho Evra)

- ***So funktioniert's:*** Ortho Evra, das erste empfängnisverhütende Pflaster, das (vor kurzem) in Amerika offiziell freigegeben wurde, arbeitet mit noninvasiver Hormonbehandlung. Das dünne, beigefarbene Pflaster wird am Po, Unterleib, Oberkörper (vorne oder hinten, mit Ausnahme der Brüste) oder außen am Oberarm getragen und sorgt sieben Tage lang für einen stetigen Fluss der Hormone Progesteron und Östrogen, die durch die Haut in den Blutkreislauf gelangen, den Gebärmutterschleim verdicken und den Eisprung verhindern. Das Pflaster wird sieben Tage lang getragen und drei Wochen hintereinander immer am selben Wochentag durch ein neues ersetzt. In der vierten, »pflasterfreien« Woche setzt die Periode ein. Wie bei der Pille beginnt man mit dem ersten Pflaster entweder am ersten Tag der Regel oder am ersten Sonntag nachdem die Regel eingesetzt hat: Bei der ersten Anwendung ist zumindest während der ersten Woche eine zusätzliche, nicht hormonelle Verhütungsmethode zu empfehlen. Das Pflaster bleibt, wo Sie es hinkleben, auch wenn Sie damit baden, schwimmen und Sport treiben oder es bei starker Luftfeuchtigkeit tragen.

- ***Erfolgsquote:*** Das Verhütungspflaster bietet 95- bis 99-prozentige Sicherheit.
- ***Vorteile:*** Es arbeitet noninvasiv, und Sie müssen nur einmal pro Woche daran denken, es zu wechseln.
- ***Nachteile:*** Das Pflaster ist nur in Beige erhältlich, und Sie dürfen es nicht mit hübschen Motiven bemalen. Gegen Ende der Woche kann es ziemlich schmuddelig aussehen. Bei manchen Frauen können Schmerzen in den Brüsten, Kopfschmerzen, Hautreizungen im Bereich des Pflasters, Übelkeit, Infektionen der oberen Atemwege, Menstruationskrämpfe oder Unterleibsschmerzen auftreten. Zu den ernstzunehmenderen Nebenwirkungen gehört ein geringes Thrombose- und Herzinfarktrisiko – insbesondere bei Raucherinnen.
- ***Die ideale Anwenderin:*** Sie sind Exraucherin und halten Nicorette für ein Wundermittel.

### Die Injektion, 1. Variante (Depo-Provera)

- ***So funktioniert's:*** Ihr Arzt injiziert Ihnen alle drei Monate eine Dosis des Hormons Progesteron in den Arm oder Po. Wie die Pillenvariante, die ausschließlich Progesteron enthält, verdickt diese Injektion den Gebärmutterschleim und verhindert unter Umständen den Eisprung. Wenn Sie die Injektion in den ersten fünf Tagen Ihrer Periode bekommen, können Sie bedenkenlos sofort zur Sache kommen. Ansonsten sollten Sie mindestens eine Woche lang eine zusätzliche Verhütungsmethode anwenden.

- ***Erfolgsquote:*** Depo-Provera ist zu 99,7 Prozent zuverlässig.
- ***Vorteile:*** Keine Routine vor dem Sex und kein tägliches Ritual, an das es sich zu erinnern gilt; hervorragend geeignet für Frauen, die empfindlich auf Östrogen reagieren; schützt wie die Pille vor Gebärmutter- und Eierstockkrebs sowie vor Anämie.
- ***Nachteile:*** Die beiden häufigsten Nebenwirkungen sind unregelmäßige Blutungen (sehr lange und heftige Perioden oder überhaupt keine Perioden) sowie Haarausfall (unter Umständen ziemlich stark und vor allem bei Frauen afrikanischer Abstammung zu beobachten). Außerdem kann es zu Unterleibsschmerzen, Kopfschmerzen, Depressionen, gesteigertem Appetit, Gewichtszunahme und verstärktem oder vermindertem Sexualtrieb (Letzteres ist häufiger) kommen. Die meisten Frauen müssen die Anwendung von Depo-Provera nicht unterbrechen, doch es besteht eine geringe Gefahr, dass die Knochenfestigkeit vorübergehend nachlässt, was das Risiko erhöht, später im Leben an Osteoporose zu erkranken. Frauen, die irgendwann einmal Leberprobleme hatten, sollten die Finger von Depo-Provera lassen.
- ***Die ideale Anwenderin:*** Sie sind der vergessliche Typ und scheuen es nicht, hin und wieder auch während Ihrer Periode Sex zu haben.

### Die Injektion, 2. Variante (Lunelle)

- ***So funktioniert's:*** Ihr Arzt injiziert Ihnen einmal im Monat eine Dosis der synthetischen Hormone Östrogen und Progesteron in den Arm, Po oder Oberschenkel. Wie die Pillenvariante, die eine Kombination dieser Hormone enthält, verdickt diese Injektion den Gebärmutterschleim und verhindert den Eisprung. Wenn Sie die erste Injektion in den ersten fünf Tagen Ihrer Periode und die folgenden monatlichen Injektionen immer 28 bis 30 Tage nach der vorhergehenden bekommen, sind Sie von Anfang an und auf Dauer auf der sicheren Seite. Sobald Sie aber einen Takt auslassen, können Sie schwanger werden. Wenn eine Schwangerschaft das ist, worauf Sie es letzten Endes abgesehen haben, müssen Sie die Anwendung von Lunelle abbrechen und eine andere Verhütungsmethode anwenden, bis Ihr Menstruationszyklus wieder in geregelten Bahnen verläuft (was normalerweise sechs bis zwölf Monate dauert). Auch wenn Sie sich Lunelle über einen langen Zeitraum haben spritzen lassen, ist es nicht erforderlich, die Anwendung zu unterbrechen.

- ***Erfolgsquote:*** Weniger als ein Prozent aller Anwenderinnen wird schwanger. Bestimmte Medikamente können die Wirksamkeit von Lunelle mindern, also fragen Sie bei Ihrem Arzt nach.
- ***Vorteile:*** Wie bei der Pille müssen Sie vor dem Sex nicht mit irgendwelchen Requisiten hantieren; Ihre Perioden werden schwächer und regelmäßiger; es treten weniger prämenstruelle Beschwerden und Krämpfe auf; und Sie haben einen gewissen Schutz gegen eisenmangelbedingte Anämie, Eierstock- und Gebärmutterkrebs und Unterleibsentzündung. Außerdem verringert Lunelle das Risiko von gutartigen Geschwüren in der Brust, Eierstockzysten und Osteoporose.
- ***Nachteile:*** Zu den möglichen Nebenwirkungen zählen unregelmäßige Blutungen (oder überhaupt keine Periode, wenn man das einen Nachteil nennen kann), Kopfschmerzen, Gewichtszunahme oder Gewichtsverlust, Übelkeit, Schmerzen

in den Brüsten sowie Stimmungs- und Libidoschwankungen. Aber die meisten davon verschwinden nach einigen Monaten Anwendung. Zu den seltenen schwerwiegenden Nebenwirkungen gehören Thrombosen, Herzinfarkte und Schlaganfälle, wobei insbesondere Frauen ab 35 gefährdet sind, die rauchen.

- ***Die ideale Anwenderin:*** Sie haben eine Schwäche für Nadeln.

## Unter die Haut (Norplant)

- ***So funktioniert's:*** Ihr Arzt betäubt einen kleinen Bereich des Arms, den Sie seltener benutzen, mit einem Schmerzmittel, macht einen kleinen Schnitt und setzt sechs dünne, flexible Kunststoffimplantate ein (so groß wie Streichhölzer) – die ganze Prozedur dauert ungefähr zehn Minuten. Nach 24 Stunden sind Sie für fünf Jahre (oder bis Sie die Implantate wieder entfernen lassen) gegen eine unerwünschte Schwangerschaft geschützt. Norplant kann jederzeit wieder entfernt werden, was etwa 30 Minuten dauert (das Entfernen ist etwas komplizierter als das Einsetzen). Die implantierten Kapseln geben ununterbrochen das Hormon Levonorgestrel in den Körper ab, das den Eisprung verhindert und den Gebärmutterschleim verdickt.
- ***Erfolgsquote:*** Mit einer Wirksamkeit von 99,95 Prozent ist Norplant die sicherste Form der reversiblen Empfängnisverhütung (Enthaltsamkeit nicht mit eingerechnet ... die verdammte Enthaltsamkeit macht einfach immer das Rennen).
- ***Vorteile:*** Abgesehen von den beiden kleineren Eingriffen (Implantation und Entfernung) hat man stolze fünf Jahre lang keine Scherereien; außerdem eignet sich diese Methode hervorragend für östrogenempfindliche Frauen.
- ***Nachteil:*** Die häufigste Nebenwirkung sind Unregelmäßig-

keiten bei der Periode. Darüber hinaus können Kopfschmerzen, Depressionen sowie Gewichtszu- oder -abnahme auftreten. Einige Frauen leiden unter Schmerzen oder Druck in der Unterleibsgegend. Unter Umständen bleiben an der Stelle, an der die Implantate eingesetzt wurden, Narben oder Hautverfärbungen zurück, in seltenen Fällen kann es auch zu einer Infektion kommen. Eventuell können Sie die Implantate sogar unter der Haut sehen (igitt). Zur Entfernung ist möglicherweise mehr als ein Arztbesuch nötig.

- ***Die ideale Anwenderin:*** Sie glauben nicht an Verschwörungstheorien, denen zufolge die Regierung ahnungslosen Bürgerinnen und Bürgern bei verschiedenen heimlichen Operationen Gedankenkontrollapparate einpflanzt.

## Mechanische Verhütungsmethoden

### Die Spirale (Intrauterinpessar oder IUP)

- ***So funktioniert's:*** Die Spirale ist ein kleines, T-förmiges Kunststoffteil, das während der Monatsblutung in die Gebärmutter eingesetzt wird. Sie verhindert, dass die Spermien zu intim mit der Eizelle werden und dass befruchtete Eizellen zu intim mit der Gebärmutterwand werden. Eine Spirale wirkt sofort nach dem Einsetzen, bis sie wieder entfernt wird. Von der Spirale führt ein Faden durch den Gebärmutterhals in die Vagina, den man regelmäßig ertasten sollte, um sicherzugehen, dass sie sich noch an Ort und Stelle befindet (wenn nicht, sollten Sie eine zusätzliche Verhütungsmethode anwenden und Ihren Arzt anrufen). Lassen Sie sich nach drei Monaten untersuchen und anschließend einmal im Jahr, wie Sie es ohnehin tun.

- ***Erfolgsquote:*** Die kupferbeschichteten Varianten bieten 99-prozentige Sicherheit, die Progesteron-Varianten sind zu 98 Prozent zuverlässig. Nur Norplant, Depo-Provera und Sterilisation sind sicherer – die Spirale schlägt sogar die Pille.
- ***Vorteile:*** Keine Rituale vor dem Sex und keine tägliche Routine; die Spirale verändert nicht den Hormonspiegel im Körper (selbst die Progesteron-Variante wirkt nur *lokal* auf die Gebärmutterwand); die Progesteron-Spirale kann Menstruationskrämpfe lindern.
- ***Nachteile:*** Nach der Implantation treten unter Umständen Schmerzen auf, die sich wie schwere Menstruationskrämpfe anfühlen, aber nach etwas Ruhe und einer Schmerztablette wieder abklingen. In seltenen Fällen wird die Gebärmutterwand beim Einsetzen verletzt. Die Spirale kann Infektionen verursachen, weshalb Ihnen Ihr Arzt eventuell Antibiotika verschreibt, wenn Sie mit dieser Form der Empfängnisverhütung beginnen. Intrauterinpessare können Menstruationskrämpfe, Pickel und stärkere Regelblutungen verursachen. Sie sollten kein IUP verwenden, wenn Sie schon einmal eine Unterleibsentzündung, Chlamydien oder Gonorrhöe hatten, oder wenn Ihr Schlafzimmer eine Drehtür hat: Der Fremdkörper in Ihrer Gebärmutter gibt Geschlechtskrankheitserregern eine zusätzliche Möglichkeit sich festzusetzen – was die Wahrscheinlichkeit erhöht, dass sie eine heftige Unterleibsentzündung auslösen.
- ***Die ideale Anwenderin:*** Nichts für Zartbesaitete. Sie sollten sich in einer festen, monogamen Beziehung befinden, in der keiner der Partner an einer Geschlechtskrankheit leidet (siehe das Kapitel »Das Pflichtlektüre-Kapitel«, Seite 249).

## Der Ring (Vaginalring, NuvaRing)

- ***So funktioniert's:*** Der Vaginalring ist ein flexibler, transparenter Ring, der in die Vagina eingesetzt wird und eine stetige kleine Dosis Östrogen und Progesteron abgibt. Sobald Ihnen Ihr Arzt einen Vaginalring verschrieben hat, setzen Sie diesen zu Beginn Ihres Zyklus selbst ein, lassen ihn drei Wochen lang in Ihrer Vagina und nehmen ihn während Ihrer Tage heraus. Anschließend setzen Sie einen neuen ein und beginnen wieder von vorne.
- ***Erfolgsquote:*** Bei *korrekter* Anwendung zu 98 bis 99 Prozent sicher. Mit »korrekt« meinen wir absolute Gewissenhaftigkeit beim Einsetzen und Entfernen.
- ***Vorteile:*** Im Gegensatz zur Pille müssen Sie an den Vaginalring nur zweimal im Monat denken (wenn Sie ihn einsetzen und wenn Sie ihn wieder herausnehmen, was beides keine Probleme bereitet); die niedrige, gleichmäßige Hormondosierung verursacht kaum Pickel; der Eisprung setzt sehr schnell nach Beendigung der Anwendung wieder ein.
- ***Nachteile:*** Sie dürfen nicht rauchen; wenn Sie zu Thrombosen, stark erhöhtem Blutdruck, bestimmten Krebserkrankungen und Herzproblemen neigen, ist der Vaginalring nicht für Sie geeignet; des Weiteren können Vaginalinfektionen, Kopfschmerzen, Gewichtszunahme und Übelkeit auftreten.
- ***Die ideale Anwenderin:*** Sie sind nicht zimperlich, wenn es darum geht, sich zwischen die Beine zu fassen.

## Die Kuppel (Diaphragma)

- ***So funktioniert's:*** Das Diaphragma ist eine kuppelförmige Schale aus Latex, die in die Vagina eingesetzt wird und den Zugang zur Gebärmutter versperrt, um zu verhindern, dass Spermium und Eizelle sich zu nahe kommen. Suchen Sie zur Anpassung Ihren Arzt auf, der Ihnen zeigen kann, wie Sie das Diaphragma mit Spermizid einstreichen, und wie Sie es korrekt einsetzen und wieder herausnehmen – als hätten Sie einen persönlichen Stylisten für Ihre Vagina. Ein Diaphragma kann bis zu 24 Stunden im Körper verbleiben, wenn nach dem Einsetzen jedoch mehr als sechs Stunden vergangen sind (oder wenn Sie in die zweite Runde starten), tragen Sie eine weitere Portion Spermizid auf, ohne es aus Ihrer Vagina zu entfernen. Diaphragma und Spermizid machen gemeinsame Sache: Ersteres versperrt den Spermien sprichwörtlich den Weg, und Letzteres betäubt sie (siehe den Abschnitt »Glibber«, Seite 351). Das Diaphragma muss nach dem Geschlechtsverkehr sechs weitere Stunden in der Vagina verbleiben.

- ***Erfolgsquote:*** Auch bei gewissenhafter Anwendung hat diese Methode eine Fehlerquote von sechs Prozent. Aber wir sprechen hier von einer kleinen Gummischale, die in die Vagina gesteckt wird: Die tatsächliche Fehlerquote beträgt erschreckende 20 Prozent.
- ***Vorteile:*** Hält jahrelang; keine nennenswerten Nebenwirkungen; bietet einen gewissen Schutz vor Chlamydien, Gonorrhöe und Unterleibsentzündungen; kann Stunden im Voraus eingesetzt werden, damit alles glatt läuft, wenn es zur Sache geht; reduziert unter Umständen das Risiko, an Gebärmutterkrebs zu erkranken; bringt den weiblichen Hormonhaushalt nicht durcheinander; für keinen der beiden Partner zu spüren (vorausgesetzt, es wurde richtig eingesetzt).
- ***Nachteile:*** Muss regelmäßig auf Materialermüdung und Löcher überprüft werden (halten Sie es gegen das Licht oder füllen Sie es mit Wasser); das Einsetzen bedarf einiger Übung; erhöht das Risiko von Blasenentzündungen; kann nicht an-

gewendet werden, wenn Sie allergisch gegen Latex oder Spermizide sind; manche Stellungen (und manche Penisse) können das Diaphragma verschieben; eine kräftige Vaginalmuskulatur ist Voraussetzung (siehe das Kapitel »Fit fürs Bett«, Seite 397); Spermizide können das Diaphragma im Lauf der Zeit verschmutzen; der Ruf von Spermizid hat in letzter Zeit gelitten (siehe den Abschnitt »Glibber«, Seite 351).
- ***Die ideale Anwenderin:*** Sie tragen gerne Hüte.

### Die Mütze (Zervix- oder Portiokappe)

- ***So funktioniert's:*** Die Zervixkappe ist eine fingerhutförmige Latex-Kappe, die auf der Gebärmutter sitzt, um Spermium und Eizelle einen Strich durch die Rechnung zu machen. Ihr Arzt vermisst Sie und zeigt Ihnen, wie Sie Spermizid auf die Zervixkappe auftragen und diese einsetzen. Sie müssen zwar nicht *unbedingt* ein Spermizid benutzen (da die Zervixkappe den Gebärmuttereingang dicht verschließt), aber es ist für zusätzlichen Schutz vor einer Schwangerschaft zu empfehlen. Wie das Diaphragma kann die Zervixkappe bis zu 24 Stunden im Körper verbleiben, wenn nach dem Einsetzen jedoch mehr als sechs Stunden vergangen sind (oder wenn Sie in die zweite Runde starten), tragen Sie eine weitere Portion Spermizid auf, ohne sie aus Ihrer Vagina zu entfernen.
- ***Erfolgsquote:*** Bei Frauen, die noch kein Kind zur Welt gebracht haben, hat die Zervixkappe bei vorschriftsmäßiger Anwendung eine Fehlerquote von neun Prozent und bei typischer Anwendung (ja, damit sind Sie gemeint) eine Fehlerquote von 20 Prozent. Aber hören Sie sich das an: Bei Frauen, die bereits ein Kind bekommen haben, liegt die Fehlerquote bei vorschriftsmäßiger Anwendung bei 30 Prozent und bei typischer Anwendung bei beachtlichen 40 Prozent.

- ***Vorteile:*** Kann bis zu 48 Stunden vor dem Sex eingesetzt werden (auch »Weekender« genannt); bietet einen gewissen Schutz vor Geschlechtskrankheiten (siehe den Abschnitt »Diaphragma«, Seite 248); hält unter Umständen jahrelang; hat keine nennenswerten Nebenwirkungen.
- ***Nachteile:*** Sitzt möglicherweise nie richtig, da nur in vier verschiedenen Größen erhältlich; das Einsetzen bedarf einigen Fingerspitzengefühls; kann nicht angewendet werden, wenn Sie allergisch gegen Latex oder Spermizide sind; in Verbindung mit Spermizid ist die Anwendung eine ziemliche Kleckerei; der Ruf von Spermizid hat in letzter Zeit gelitten (siehe unten).
- ***Die ideale Anwenderin:*** Sie sind geübt im Masturbieren und besitzen eine durchschnittlich große Vagina.

## Chemische Verhütungsmethoden

### Glibber (Spermizid)

- ***So funktioniert's:*** Empfängnisverhütende Schäume, Cremes, Gele und Zäpfchen – die unter dem Oberbegriff »Spermizide« bekannt sind – geben den Spermien Saures. Spermizid wird mindestens zehn Minuten (jedoch nicht mehr als eine Stunde) vor dem Verkehr tief in der Vagina aufgetragen; es lähmt die kleinen Kaulquappen, bis der magische Moment vorüber ist. Später löst es sich von selbst in der Vagina auf. Der Schaum versperrt mit seinen winzigen Bläschen den Zugang zur Gebärmutter; Cremes und Gele sowie Zäpfchen, die sich zu einer dicken Flüssigkeit auflösen, blockieren ebenfalls den Gebärmuttereingang. Mit dem Begriff »Spermizid« wird manchmal auch der wichtigste Bestandteil dieser spermienabtötenden Mittel bezeichnet. Viele mit Gleitmittel beschichtete Kondome sind zusätzlich mit einem Spermizid versehen. Wenn Sie in die zweite Runde starten möchten, müssen Sie erneut ein Spermizid anwenden. Nach dem Geschlechtsverkehr sollte es sechs bis acht Stunden in der Vagina verbleiben.

- ***Erfolgsquote:*** Bei ordnungsgemäßer Anwendung haben Spermizide eine Fehlerquote von sechs Prozent; bei durchschnittlich sorgfältiger Anwendung schießt die Fehlerquote auf 26 Prozent hoch. Aufgrund des hohen Unsicherheitsfaktors sollten Spermizide nur in Verbindung mit einem Kondom (oder Femidom), einem Diaphragma oder einer Zervixkappe verwendet werden.
- ***Vorteile:*** Spermizide bieten einen gewissen Schutz vor Chlamydien und Gonorrhöe; sie sind in den meisten Drogerien und in größeren Supermärkten erhältlich; sie übernehmen die Funktion von Gleitmittel; das Auftragen kann zu einem Teil der »Veranstaltung« werden. Übrigens ist nicht erwiesen, dass die Anwendung eines Spermizids *nach dem Sex* als Notfallmaßnahme (falls das Kondom reißt) empfängnisverhütende Wirkung hat. Es kann nicht schaden, es zu versuchen, aber Sie sollten trotzdem mit Ihrem Arzt über Notfall-Verhütung sprechen (siehe den Abschnitt »Kondom kaputt«, Seite 356).
- ***Nachteile:*** Abgesehen davon, dass Spermizide nicht besonders sicher sind, können sie das Risiko erhöhen, sich mit HIV zu infizieren (oder es weiterzugeben, wenn Sie selbst HIV-positiv sind): Neuere Untersuchungen haben gezeigt, dass Nonoxynol-9, der wichtigste Bestandteil der meisten Spermizide, die Scheidenwand stark reizen kann und damit die Gefahr für die Frau erhöht, sich bei einem infizierten

Partner mit HIV anzustecken. Deshalb sollten Sie Spermizide nur dann als Verhütungsmethode anwenden, wenn Sie in einer monogamen Beziehung leben und beide einen HIV-Test gemacht haben. Unter Umständen können Sie auch auf ein Spermizid zurückgreifen, das stattdessen Octoxynol-9 enthält – allerdings sind solche Spermizide nur schwer erhältlich, und es ist nicht erwiesen, dass sie die Scheidenwand weniger reizen.

- ***Die ideale Anwenderin:*** Sie haben als Kind Fingerfarben geliebt.

## Das letzte Wort (Sterilisation)

- ***So funktioniert's:*** Sowohl bei Frauen als auch bei Männern ist diese chirurgische Maßnahme *endgültig*. Bei Frauen werden die Eileiter an der Stelle durchtrennt oder unterbunden, an der die Eizellen in der Regel durch künstliche Insemination mit Samenzellen befruchtet werden. Die Sterilisation ist sofort wirksam, verlangt aber nach einem operativen Eingriff und wird deshalb oft während einer Kaiserschnittentbindung vorgenommen (wenn sich die Ärzte ohnehin schon im Bauch befinden). Sie kann aber auch nach einer Vaginalentbindung durchgeführt werden (durch einen kleinen Schnitt unterhalb des Nabels); manchmal wird sie aber auch mit Hilfe eines Laparoskops gemacht (einem speziellen Endoskop, das durch die Bauchwand eingeführt wird). Bei den Herren der Schöpfung werden die Samenleiter im Hodensack gekappt, die die Spermien von den Hoden zur Prostata transportieren. Dieser einfache, als Vasektomie oder Vasoresektion bezeichnete Eingriff kann ambulant vorgenommen werden, bietet aber aufgrund der in den Samenleitern zurückgebliebenen Spermien erst nach etwa 15 Ejakulationen Schutz vor einer Schwangerschaft. Eine simple Laboruntersuchung Ihres Spermas verrät Ihnen, wenn Sie unfruchtbar sind. Unter Umständen besteht eine *geringe* Chance, dass solche Eingriffe rückgängig gemacht werden können, allerdings ist das mit irrwitzigen Kosten verbunden, die aller Wahrscheinlichkeit nicht von der Krankenkasse übernommen werden, und hat keine Erfolgsgarantie. Also zählen Sie nicht darauf; wenn Sie in Betracht ziehen, sich sterilisieren zu lassen, sollten Sie sich darauf einstellen, dass Ihre Entscheidung endgültig ist.

- ***Erfolgsquote:*** Mit einer Trefferquote von 99,5 bis 99,9 Prozent ist die Sicherheit einer Sterilisation unübertroffen.
- ***Vorteile:*** Sie müssen nie wieder über Verhütung nachdenken. Der Eingriff kann fast bei jedem Menschen vorgenommen werden und hat keine Nebenwirkungen und keinen Einfluss auf Ihr Sexualleben.
- ***Nachteile:*** E-N-D-G-Ü-L-T-I-G. (Allerdings gibt es eine geringe Misserfolgsquote.) Außerdem können unmittelbar nach dem Eingriff Blutungen und Blutergüsse auftreten. Wenn eine Frau trotz Sterilisation schwanger wird, besteht ein höheres Eileiterschwangerschaftsrisiko. Bei Männern können Infektionen oder Thrombosen im Hodenbereich, vorübergehender Spermaausfluss und »Spermaklumpenbildung« auftreten, die allesamt behandelt werden müssen. Haben wir schon erwähnt, dass die Sterilisation endgültig ist?
- ***Die idealen Anwender:*** Sie möchten keine Kinder (mehr); eine Schwangerschaft wäre für Sie und Ihre Partnerin oder Ihren Partner existenzbedrohlich; Sie möchten vermeiden, dass Sie eine Erbkrankheit weitergeben. Und Sie sind sich ganz, *ganz* sicher.

## Kondom kaputt: Möglichkeiten der Notfallverhütung

Notfallverhütung ist nicht dasselbe wie Abtreibung – es ist eine nachträgliche Methode der Empfängnisverhütung, die sowohl eine ungewollte Schwangerschaft als auch eine Abtreibung vermeiden kann. Sie sollten nicht regelmäßig darauf zurückgreifen, doch im Fall eines Unfalls (d. h., wenn das Kondom reißt und Ihre zusätzliche Verhütungsmethode den Geist aufgibt), ist sie Ihre letzte Rettung. Aber warten Sie nicht darauf, bis Ihre letzte Rettung zu Ihnen kommt, sondern nehmen Sie die Sache so schnell wie möglich selbst in die Hand (innerhalb von etwa 24 Stunden). Sie ist ungefährlich, sie ist effektiv, und obwohl es sie gibt, greifen Frauen (und auch Mädchen) *trotzdem* zu vorsorgenden Verhütungsmaßnahmen.

Die Notfallverhütung verhindert allerdings nicht unbedingt eine Eileiterschwangerschaft, die tödlich verlaufen kann. Falls mehrere Tage nach der Anwendung einer Notfallverhütung irgendwelche der folgenden Warnzeichen auftreten, sollten Sie einen Arzt konsultieren: starke Unterleibsschmerzen, Pickel (insbesondere nach einer schwachen Monatsblutung oder nach dem Ausbleiben der Periode), Mattigkeit und Schwindelgefühl. Eine andere Sache, vor der Sie Notfallverhütung nicht schützen kann, sind sexuell übertragbare Krankheiten. Hätten Sie's gewusst? Man vergisst nämlich leicht, dass die Umstände, die einen dazu bringen, auf eine Notfallverhütung zurückzugreifen, auch das Risiko einer Infektion beinhalten, vor allem, wenn es sich um einen etwas missglückten One-Night-Stand handelt.

Was postkoitale Empfängnisverhütung betrifft, haben Sie zwei Möglichkeiten (eigentlich sogar drei, wenn Sie das »Oh

Gott, bitte lass mich nicht schwanger werden«-Stoßgebet mitzählen): die Pille danach und das nachträgliche Einsetzen eines Intrauterinpessars.

### Die Pille danach

- ***So funktioniert's:*** Die Pille danach kann bis zu 72 Stunden nach ungeschütztem Sex angewendet werden. Im Grunde genommen handelt es sich dabei um nichts anderes als eine extrem hohe Dosis der herkömmlichen Antibabypille, die verhindert, dass die Eizelle befruchtet wird oder sich in der Gebärmutterwand einnistet. Ihr Arzt wird Ihnen zwar vielleicht eine spezielle Pille danach verschreiben, aber auch viele »normale« Antibabypillen können zur Notfallverhütung eingesetzt werden, obwohl die Hersteller nicht explizit darauf hinweisen – es ist völlig legal, wenn Ihnen Ihr Arzt eine von der Packungsbeilage abweichende Einnahme einer solchen Pille verschreibt (d. h., Sie bekommen eine Monatspackung verschrieben und erhalten Anweisungen, wie viele davon Sie einnehmen sollen).
- ***Erfolgsquote:*** Die Pille danach verhindert mit einer Wahrscheinlichkeit von 75 bis 89 Prozent eine Schwangerschaft (wobei nicht beziffert werden kann, in wie vielen dieser Fälle es tatsächlich zu einer Schwangerschaft gekommen wäre). Je früher Sie die Pille danach nehmen, desto größer ist die Chance, dass sie wirkt.
- ***Vorteile:*** Müssen wir es noch einmal sagen? *Die Pille danach hat nichts mit Abtreibung zu tun.* (Wenn Sie bereits schwanger sind, nimmt der Fötus keinen Schaden.) Falls Sie einen besonders kooperativen Arzt haben, wird er Ihnen vielleicht ein Rezept geben, *bevor* Sie es brauchen, damit Sie beim nächsten Unfall eigenhändig Gegenmaßnahmen einleiten kön-

nen. Die Pille danach können fast alle Frauen nehmen, auch diejenigen, die aus verschiedenen Gründen nicht mit der Pille verhüten können.

- ***Nachteile:*** Zu den häufigsten Nebenwirkungen der Pille danach (mit Progesteron und Östrogen) zählen ein bis zwei Tage Übelkeit (bei etwa der Hälfte aller Frauen) und/oder Erbrechen (bei etwa einem Viertel aller Frauen). Ihr Arzt kann Ihnen etwas verschreiben, das diese Nebenwirkungen lindert. Falls Sie hinsichtlich dieser Nebenwirkungen Bedenken haben, fragen Sie Ihren Arzt nach einer Pille danach, die ausschließlich Progesteron enthält – diese Variante ist wesentlich magenfreundlicher, allerdings müssen Sie innerhalb von 24 Stunden ungefähr 40 Stück davon einnehmen. Weitere mögliche Nebenwirkungen beider Varianten der Pille danach sind Krämpfe, Schmerzen in den Brüsten, Müdigkeit, unregelmäßige Blutungen, Unterleibsschmerzen, Kopfschmerzen oder Schwindelgefühle, die nach der Einnahme ein bis zwei Tage anhalten. Auch diese Nebenwirkungen sind bei der Progesteron-Variante seltener. Die Pille danach kann unter Umständen auch die Dauer und den Zeitpunkt der nächsten Periode beeinträchtigen.
- ***Die ideale Anwenderin:*** Das Kondom ist gerissen; er hat ihn nicht rechtzeitig herausgezogen; Sie haben mehr als zwei Tage hintereinander vergessen, die Pille zu nehmen; Ihr Diaphragma ist verrutscht; Sie waren betrunken und haben sich danebenbenommen. Oder im schlimmsten Fall: Sie wurden zu ungeschütztem Sex gezwungen.

### Die Spirale danach

- ***So funktioniert's:*** Die Spirale danach kann bis zu fünf Tage nach ungeschütztem Geschlechtsverkehr angewendet werden. Ihr Arzt setzt Ihnen ein Intrauterinpessar (IUP) ein, damit sich keine Eizelle in Ihrer Gebärmutter einnisten kann. Das IUP kann im Körper verbleiben und als reguläre Verhütungsmethode dienen (oder auf Ihren Wunsch vom Arzt wieder entfernt werden).

- ***Erfolgsquote:*** Die Spirale danach ist zu 99,9 Prozent effektiv. Das nennen wir eine Statistik nach unserem Geschmack!
- ***Vorteile:*** Ihnen bleibt mehr Zeit, um nach ungeschütztem Sex zum Arzt zu gehen, als bei der Pille danach.
- ***Nachteile:*** Wenn Sie nicht der IUP-Typ sind, kann die Spirale danach unangenehmer sein, als die Einnahme von ein paar Pillen. Zu den möglichen Nebenwirkungen zählen Krämpfe, Unterleibsschmerzen, vaginale Blutungen, Infektionen und – in ganz seltenen Fällen – Punktion der Gebärmutter. Intrauterinpessare erhöhen unter Umständen das Risiko von Unterleibsentzündungen (siehe den Abschnitt »Unterleibsentzündungen«, Seite 303), die zu Unfruchtbarkeit führen können. Aus diesem Grund ist die Spirale danach Frauen, die einem hohen Geschlechtskrankheitsrisiko ausgesetzt sind (d. h., Frauen mit häufig wechselnden Partnern und schlechten Kommunikationsfähigkeiten), nicht zu empfehlen.
- ***Die ideale Anwenderin:*** Sie sind *keine* ideale Anwenderin, wenn Sie eine Geschlechtskrankheit haben (oder haben könnten) oder in der Vergangenheit Probleme mit Unterleibsentzündungen oder anderen Infektionen des Fortpflanzungsapparats hatten. Alle anderen Frauen, die einen Unfall hatten, können zur Spirale danach greifen.

## Weitere Quellen

Weitere Informationen zur Notfallverhütung finden Sie unter anderem auf der Website www.notfall-verhuetung.de

# 15. Ladys First

## Von Muschis und Möpsen

Falls wir etwas aus dem Kapitel über Geschlechtskrankheiten gelernt haben, dann das: Wenn es um Infektionen geht, haben Frauen nichts zu lachen. Das liegt in der Natur der Sache – warme, feuchte, dunkle Höhlen sind ein Paradies für mikroskopisch kleine Krankheitserreger. Es mag einfacher sein, »ein Loch zu graben, als einen Mast aufzustellen«, wie es in der Transsexuellenszene so schön heißt, aber eine Vagina bei bester Gesundheit zu halten bedarf wesentlich größerer Aufmerksamkeit, als für einen putzmunteren Penis zu sorgen. Willi ist eine gut geölte Maschine, aber Wilma kann es ebenfalls sein – sie braucht nur etwas mehr Zuneigung.

Lesen Sie weiter, um zu erfahren, was falsch laufen kann und was Sie dagegen unternehmen können. Im zweiten Teil dieses Kapitels reisen wir dann aus dem feuchten Tal zu den höher gelegenen Hügeln.

### Vaginitis

Vaginitis, eines der unerotischsten Wörter überhaupt, ist der Oberbegriff für all den verrückten Mist, der den tieferen Regionen einer Frau widerfahren kann – das heißt für sämtliche Arten von Scheidenentzündungen, die durch Bakterien, Pilze (z. B. bei einer Hefepilzinfektion), Parasiten und Viren hervorgerufen werden. Die häufigsten Varianten von Vaginitis sind

Trichomoniasis und bakterielle Vaginosis (zu den Mitgliedern dieser zerrütteten Familie gehören außerdem Vulvitis und Vulvodynie – bei allem, was mit »V« beginnt, stehen die Chancen gut, dass es dazugehört). Vaginitis wird manchmal beim Sex übertragen, manchmal wird sie aber auch durch eine Reizung verursacht (durch ruppigen Sex, aggressive Seifen, Medikamente, schlechte Ernährung, etc.). Da sich die Symptome überlagern – ungewöhnlicher Scheidenausfluss und starker Juckreiz sind die häufigsten –, müssen Sie für eine genaue Diagnose einen Arzt aufsuchen. Allerdings brauchen Sie keines der geschwollenen V-Wörter, um Ihre Mumu vor der ganzen Bande zu schützen (siehe den Abschnitt »Respekt vor der Muschi«, Seite 368).

## Hefepilzinfektionen

Hefe ist nichts Schlechtes. Aus Hefe werden Grundnahrungsmittel wie Brot und Bier hergestellt. Aber in der Vagina kommt sie ungefähr genauso gut an wie ein Furz in der Kirche. In gesunden Vaginen kommt dieser Pilz (alias *Candida albicans*) in kleinen Mengen vor und wird von den »guten« Bakterien in Schach gehalten. Aber wenn Ihr System im Eimer ist (siehe den Abschnitt »Respekt vor der Muschi« für Beispiele), sprießt er wie Unkraut. Und dann ist Schluss mit lustig. Hefepilzinfektionen treten vor allem bei Frauen unter 35 auf. Jungfrauen und prüde Mädels bleiben nicht verschont: Fast jede Frau bekommt ein Mal in ihrem Leben eine Hefepilzinfektion, und die meisten erwischt es viel öfter als ein Mal. Was sollen wir sagen? Das Leben ist hart. Aber zum Glück gibt es wenigstens Brot und Bier.

Zu den häufigsten Symptomen zählen heftiger Juckreiz, dickflüssiger weißer Scheidenausfluss (der in der Regel nicht allzu schlecht riecht – als ob das ein Trost wäre, wenn Sie Hüttenkäse in der Unterhose haben), Ausschlag auf den äußeren Schamlippen, ein wundes Gefühl im gesamten Genitalbereich und brennende Schmerzen beim Urinieren. Es müssen nicht unbedingt *alle* diese Symptome auftreten, aber wenn es nicht juckt wie verrückt, handelt es sich vermutlich nicht um eine Hefepilzinfektion.

Hefepilzinfektionen können zwar beim ungeschützten Oral- oder Geschlechtsverkehr übertragen werden, der Hauptverdächtige ist jedoch ein geschwächtes Immunsystem. Der pH-Wert in der Vagina ist normalerweise stark säurehaltig; Hefepilz fühlt sich in einer nur *leicht* säurehaltigen Umgebung am wohlsten. Deshalb kann alles, was die Vagina alkalischer macht (z. B. Sperma oder Menstruationsblut), zu einer Hefepilzinfektion führen. Antibiotika sind ebenfalls notorische Übeltäter, da sie die »guten« Bakterien reduzieren, die sonst den Hefepilz in Schach halten. Da eine warme, feuchte Spalte ein willkommener Nährboden für Hefepilz ist, sollten Sie Stoffe meiden, die Feuchtigkeit fördern, wie zum Beispiel dehnbaren Spandex (falls es Ihnen schwer fällt, auf Spandex zu verzichten, benötigen Sie mehr Hilfe, als wir Ihnen anbieten können).

Die meisten Frauen diagnostizieren Hefepilzinfektionen selbst, weil der Gang zum Drogeriemarkt schneller und einfacher ist als der Gang zum Arzt – und wer möchte schon drei Stunden lang mit einer juckenden Hefepilzinfektion im Wartezimmer herumsitzen? Nicht verschreibungspflichtige Vaginalzäpfchen oder -cremes schlagen nach etwa drei bis fünf Tagen an. (Lassen Sie die Finger von Präparaten, die innerhalb von einem Tag wirken, da sie die Infektion oft nicht vollständig beseitigen und ein erneuter Ausbruch unter Umständen noch schwieriger zu bekämpfen ist.) Falls Sie regelmäßig (d. h. alle paar Monate oder häufiger) oder chronisch (d. h. nicht verschreibungspflichtige Präparate nützen bei Ihnen nichts) unter Hefepilzinfektionen leiden, oder wenn diese von Unterleibsschmerzen und Fieber begleitet werden, sollten Sie einen Arzt aufsuchen. Häufige Infektionen deuten darauf hin, dass Ihr Immunsystem von einer anderen Infektion in Ihrem Körper (z. B. Krebs oder HIV oder – was wahrscheinlicher ist – etwas nicht ganz so Erschreckendes wie Diabetes) in Mitleidenschaft gezogen wird. Unter Umständen haben Sie aber auch irgendeine seltenere Vaginalinfektion (eventuell sogar Genitalherpes), die sich wie eine Hefepilzinfektion *verhält* und sich scheinbar mit nicht verschreibungspflichtigen Präparaten behandeln lässt, in Wirklichkeit aber nur einen Monat lang schlummert, ehe sie wieder ausbricht. Oder Sie haben eine besonders hartnäckige Hefepilzinfektion, die schlicht und einfach mit verschreibungspflichtigen Medikamenten bekämpft werden muss.

Wenn Sie wissen möchten, wie Sie sich vor Hefepilzinfektionen schützen können, lesen Sie den Abschnitt »Respekt vor der Muschi«, Seite 368.

## Urogenitaltraktinfektionen

Urogenitaltraktinfektionen verursachen die schlimmsten Schmerzen, die man sich vorstellen kann. Allerdings sind sie in erster Linie *Frauen* bekannt. Vielleicht verursachen sie also nicht die *schlimmsten* Schmerzen, aber sagen Sie das einer Frau, die gerade unter einer Urogenitaltraktinfektion leidet (und gehen Sie dann in Deckung). In der Regel werden Urogenitaltraktinfektionen durch Bakterien aus dem After (d. h. *Escherichia coli* alias Kolibakterien) verursacht, die auf die Harnröhre, die Blase und gelegentlich auch auf die Nieren übergreifen. Eine Infektion der Harnblase ist unter dem Begriff »Zystitis« bekannt und die häufigste aller Urogenitaltraktinfektionen. Da die Harnröhre bei Frauen kürzer ist als bei Männern, ist das Infektionsrisiko für sie größer (für die Bakterien ist der Weg zur Harnblase kürzer). Außerdem wohnt die Harnöffnung bei Frauen in unmittelbarer Nachbarschaft des Afters, während sie bei Männern in den Außenbezirken herumhängt. Zu den Symptomen gehören starke brennende Schmerzen beim Wasserlassen, starke brennende Schmerzen beim Nicht-Wasserlassen, ständiger Harndrang auch bei leerer Blase, Harninkontinenz, Blut oder Eiter im Urin und eventuell auch Fieber. Na prima! Diese Symptome treten ein bis zwei Tage nachdem sich die Kolibakterien eingenistet haben auf. Wenn eine Urogenitaltraktinfektion nicht behandelt wird, kann sie zu Unterleibs- und Rückenschmerzen und letztendlich zu einer Niereninfektion führen.

Jede Art von Geschlechtsverkehr kann Kolibakterien verbreiten, vor allem besonders ruppiger Vaginalverkehr (bei dem im Scheidensekret unter Umständen alles Mögliche hin und her schwimmt) oder Analverkehr. Und seien Sie auf der Hut vor übereifrigen Besuchern, die mit ihrem Pullermann zuerst durch die Hintertür und dann durch die Vordertür kommen, ohne ihn zwischendurch einer Reinigung zu unterziehen. Schlechte Abwischgewohnheiten können ebenfalls schuld sein (vergessen Sie nicht, meine Damen: einmal von vorn nach hinten und dann neues Toilettenpapier nehmen). Und da die Vagina ein ziemliches Sensibelchen ist, sind Frauen mit brandneuen Partnern besonders gefährdet: Wenn die Mumu Probleme hat, sich auf die neue bakterielle Umgebung einzustellen, hat das häufig eine Blasenentzündung zur Folge.

Allerdings besteht auch die Möglichkeit, dass Sie sämtliche Symptome einer Urogenitaltraktinfektion haben (oder abgeschwächte Versionen dieser Symptome), ohne tatsächlich mit Bakterien infiziert zu sein – insbesondere wenn Sie eine Menge Tee, Kaffee oder Alkohol trinken, dehydriert sind, unter prämenstruellen Beschwerden leiden, ein Diaphragma benutzen (dessen Rand unter Umständen durch die Scheidenwand auf die Harnröhre drückt), gerade ein Duftschaumbad genommen haben, sich kürzlich beim Sex Ihren G-Punkt (Urethralschwamm) oder Ihre Harnöffnung angestoßen haben oder sich allgemein ausgelaugt oder gestresst fühlen. Solche leichten Pseudo-Urogenitaltraktinfektionen können selbst diagnostiziert und mit nicht verschreibungspflichtigen Schmerzmitteln wie Pyridium behandelt werden – im Ernst, diese Wundermittel einzunehmen ist gewissermaßen eine religiöse Erfahrung, auch wenn sie Ihren Urin vorübergehend orange färben. Lassen Sie die Finger von scharfen Gewürzen (wie Curry und Cayennepfeffer), und trinken Sie genug, um einmal pro Stunde pinkeln zu können (Wasser eignet sich am besten). Wenn sich die Schmerzen nicht innerhalb von 24 Stunden legen, sollten Sie jedoch einen Arzt aufsuchen. Falls sich herausstellt, dass Sie *doch* eine Urogenitaltraktinfektion haben, wird Sie eine Behandlung mit Antibiotika wieder in Ordnung bringen. (Machen Sie sich keine Sorgen, wenn Sie bereits ein Schmerzmittel eingeworfen haben – es sollte keinen Einfluss auf den Urintest beim Arzt haben).

Wir würden der Welt gern das Singen beibringen. Und gleich danach würden wir die Welt gern von Urogenitaltraktinfektionen befreien. Jede Frau, die tagtäglich von den folgenden Ratschlägen Gebrauch macht, bringt uns unserem Traum ein Stück näher:

- Wenn Sie mal müssen, müssen Sie. Pinkeln Sie, wenn Sie müssen, und halten Sie es nicht zurück. Und versuchen Sie, Ihre Blase jedes Mal vollständig zu entleeren.
- Pinkeln Sie unmittelbar vor und unmittelbar nach dem Sex. Das sorgt dafür, dass Bakterien herausgespült werden, die zu einer Urogenitaltraktinfektion führen können.
- Trinken Sie ungesüßten Preiselbeersaft. Das kann eine Urogenitaltraktinfektion zwar weder heilen noch die damit verbundenen Schmerzen lindern, wenn Sie es jedoch über einen Zeitraum von mindestens vier bis acht Wochen tun, sind Sie vor zukünftigen Infektionen besser geschützt. (Preiselbeersaft enthält chemische Verbindungen, die es Bakterien erschweren, sich im Urogenitaltrakt einzunisten.)
- Manche Frauen, die besonders anfällig für Urogenitaltraktinfektionen sind, nehmen vorbeugend Antibiotika, um sich beim Geschlechtsverkehr nicht zu infizieren. Allerdings kann die häufige Einnahme von Antibiotika zu wiederkehrenden Hefepilzinfektionen führen.
- Lesen Sie den folgenden Abschnitt, um zu erfahren, welche weiteren Möglichkeiten es zur Vermeidung von Urogenitaltraktinfektionen gibt.

## Respekt vor der Muschi: Was tun, wenn Ihr Bär kränkelt?

Sie können wenig gegen das Durcheinander tun, das die Hormone in Ihrem Körper anrichten, doch dort unten in der guten Stube sind viele weitere Faktoren im Spiel, die Sie durchaus kontrollieren können. Die folgenden Tipps zu vorbeugenden Maßnahmen sorgen nicht nur dafür, dass Sie so riechen, wie Sie riechen sollten (und zwar nicht nach Gänseblümchen oder Sommerfrische), sondern helfen Ihrem Körper dabei, Urogenitaltraktinfektionen, Hefepilzinfektionen und andere Arten von Vaginitis abzuwehren.

- Kenne deinen Geruch: Wir möchten Ihnen jetzt nicht zu esoterisch kommen, aber jeder Mensch hat seinen eigenen, einzigartigen Geruch, und Sie sollten lernen, den Ihren zu lieben wie einen alten Freund. Machen Sie sich vertraut mit ihm (ohne sich dabei den Hals zu verrenken), und achten Sie auf die feinen Duftnuancen, die zu bestimmten Zeiten aufgrund von sexueller Erregung oder Hormonveränderungen festzustellen sind. Während des Eisprungs kann Ihr Geruch zum Beispiel stärker sein, um Männchen anzulocken, und Ihre Vagina produziert unter Umständen mehr Schleim, um die Spermien auf ihrem Weg in die Gebärmutter zu eskortieren. (Ah, Schleim, wie sexy, wie verführerisch!) Je vertrauter Sie mit Ihrem Geruchszyklus sind, desto größer ist die Wahrscheinlichkeit, dass Ihnen Unregelmäßigkeiten auffallen werden, die auf eine Infektion hinweisen könnten.
- Die Vagina ist ein Stimmungsbarometer: »Anormaler Ausfluss« ist das sicherste Anzeichen dafür, dass Sie sich eine Vaginalinfektion eingefangen haben, also müssen Sie wissen,

was »normal« für Sie bedeutet. (Zum allerletzten Mal, meine Damen: Es gibt keinen allgemein gültigen Standard, was Ihr Allerheiligstes betrifft.) Ausfluss ist an sich vollkommen normal – Vagina und Gebärmutterhals sind mit Schleimhäuten ausgekleidet (ähnlich wie Mund und Nase), die Flüssigkeit absondern. In der Regel ist der Ausfluss transparent bis leicht milchig, glitschig oder klumpig und weiß oder leicht gelblich, nachdem er auf der Unterwäsche getrocknet ist. Wenn Sie sich darüber im Klaren sind, was für Sie »normal« ist, werden Ihnen »echte« Anormalitäten (z. B. stechende Schmerzen, Juckreiz, Brennen, Scheuern und für Ihre Verhältnisse anormaler Ausfluss) eher auffallen, bei denen es sich um Symptome von Infektionen und Geschlechtskrankheiten wie Trichomoniasis, bakterieller Vaginosis, Vulvitis, Hefepilzinfektionen, Gonorrhöe und Chlamydien handeln kann.

- Frau riecht, wie sie isst: Zu viel Zucker, Koffein, Kohlenhydrate, Fleisch, Alkohol oder Nikotin können Ihnen einen ekligen Geruch verleihen. Wenn Sie richtig essen, wird Ihr Partner Sie zum Anbeißen finden. Die aufgezählten Übeltäter können außerdem die Harnblase reizen und die Vagina gastfreundlicher gegenüber Hefepilzinfektionen machen.
- Wasser en masse: Trinken Sie mindestens anderthalb Liter Wasser am Tag, und verzichten Sie auf Softdrinks, die das Wachstum bösartiger Bakterien fördern.
- Ihnen gefällt das Achtziger-Jahre-Mode-Revival vielleicht, Ihrer Vagina aber nicht: Enge Kleidung (insbesondere enge Stretchbekleidung beim Sport), Strumpfhosen und synthetische Unterwäsche schränken die Luftzirkulation zwischen den Beinen ein und schaffen den perfekten feuchten Nährboden für Bakterien. (Aus diesem Grund ist die Gefahr einer

Infektion bei feuchtwarmem Wetter größer.) Davon abgesehen können sie die Harnröhre reizen. Weiße Baumwollunterwäsche ist zwar vielleicht nicht besonders sexy, aber bestimmt erotischer als eine Scheidenentzündung. Und was gibt es für eine bessere Ausrede, um nackt zu schlafen? Wenn Sie unbedingt Tangas mit Leopardenmuster tragen müssen, sollten Sie zumindest darauf achten, dass der Schritt (oder was davon noch übrig ist) aus Baumwolle besteht.

- Lassen Sie sich nicht stressen: Das stresst auch Ihre Vagina. Kommen Sie zur Ruhe. Lassen Sie sich den Rücken massieren. Schlafen Sie aus. Machen Sie Yoga. Kaufen Sie sich einen Boxsack.
- Waschen Sie sich täglich hinter den Lippen: Das meinen wir wörtlich, und zwar einschließlich Po und was sonst noch so dazugehört. Einige Experten empfehlen reines Mineralöl ohne Duftstoffe, da es die Haut weniger austrocknet als Seife, aber wir halten eine milde Naturseife ohne Duftstoffe für praktischer. Wann immer Sie in den Genuss von Sex kommen, kann Pinkeln und Waschen unmittelbar im Anschluss daran helfen, Urogenitaltraktinfektionen abzuwehren.
- Sorgen Sie dafür, dass auch er seinen Willi wäscht: Es hat zwar keine heilende Wirkung, kann aber bestimmt nicht schaden, wenn Ihr Partner seinem besten Stück vor dem großen Moment eine Grundreinigung verpasst.
- Finger weg von Scheidenspülungen: Sie gehören zur Kategorie der unnötigen Erfindungen der Menschheit, die erfundene Probleme lösen und Geld bringen sollen. Wie Ohren reinigen sich Vaginen von selbst. (Wattestäbchen richten ebenfalls nur Schaden an. Wir wissen, wie gut sie sich anfühlen! Doch das Ohr ist ein empfindlicher Apparat, und Wattestäb-

chen können den Gehörgang verletzen und Ohrenschmalz noch weiter hineinschieben.) In Ihrer Vagina befinden sich »gute« Bakterien, die Infektionen bekämpfen. Wenn Sie eine Scheidenspülung machen, werden sie zusammen mit den »bösen« Bakterien herausgeschwemmt. Das stört das Säure- und Alkaligleichgewicht und macht Ihre Vagina anfällig für Infektionen. Scheidenspülungen können auch allergische Reaktionen auslösen oder bereits existierende Infektionen auf die Gebärmutter oder die Eileiter übertragen, wodurch noch schlimmere Probleme wie Unterleibsentzündungen entstehen können (siehe den Abschnitt »Unterleibsentzündungen«, Seite 303). Wie »frisch« werden Sie sich dann fühlen? Dasselbe gilt für Hygienesprays für Frauen – die können sich die Hersteller sonst wohin stecken.

- Duftstoffe gehören in die Potpourrivase: Alles Deodorierte, wie Tampons, Binden, essbare Unterwäsche, Duftsäckchen, etc., hat dort unten in der Regel nichts zu suchen.
- Talkpuder schadet: Wenn Sie unbedingt einen Puder benutzen müssen (und das müssen Sie nicht), lassen Sie die Finger von Produkten, die Talk enthalten. Verschiedene Untersuchungen haben gezeigt, dass Talk für Eierstockkrebs verantwortlich sein kann (warum also das Risiko eingehen?). Einige Experten empfehlen stattdessen Maisstärke (die in vielen Babypudern als Talkersatz verwendet wird), andere sind der Meinung, dass sie Hefepilzinfektionen verursachen kann (warum also das Risiko eingehen?).
- Gut gewischt ist halb gewonnen: Meiden Sie gefärbtes oder mit Duftstoffen versehenes Toilettenpapier. Und denken Sie daran: von vorn nach hinten, aber nie umgekehrt.
- Spermien bleiben manchmal länger als erwünscht: Die Vagina ist normalerweise relativ säurehaltig; alles Alkalihaltige

(z. B. Sperma) kann das Gleichgewicht stören und Bakterien das Wachstum erleichtern. Wenn Sie immer wieder Infektionen bekommen, sollten Sie Kondome benutzen (auch wenn Ihr Partner und Sie eine andere Verhütungsmethode benutzen).

- Vorsicht bei der Gleitmittelauswahl: Verwenden Sie nur sterile, nicht reizende Gleitmittel wie »Liquid Silk« (siehe den Abschnitt »Gleitmittel auf Wasserbasis«, Seite 411). Lassen Sie die Finger von Produkten auf Öl- oder Petroleumbasis wie Vaseline: Öle verbleiben länger im Körper, als Sie denken, setzen sich tagelang an der Scheidenwand fest und heißen alle möglichen Bakterien herzlich willkommen. Aber benutzen Sie trotzdem Gleitmittel: »Trockener« Geschlechtsverkehr scheuert, was die Vagina reizen und Infektionen fördern kann.
- Seien Sie ein Gesundheitsapostel: Der Erzfeind der Vagina ist ein geschwächtes Immunsystem. (Aus diesem Grund sind Menschen mit Erkrankungen wie HIV, die das Immunsystem schwächen, besonders anfällig für Urogenitaltrakt- und Hefepilzinfektionen.) Also nehmen Sie Vitamine zu sich. Hören Sie mit dem Rauchen auf. Gehen Sie ins Fitnessstudio. Essen Sie Gemüse.
- Mehr als Krämpfe und schlechte Laune: Dank hormoneller Veränderungen in Ihrem Körper und jeder Menge alkalihaltigem Blut sind Sie während Ihrer Periode auch anfälliger für Infektionen. Seien Sie also auf der Hut, wenn Sie Ihre Tage bekommen. Einige Experten behaupten, dass Tampons die Vagina besser atmen lassen als dicke Binden, andere sind der Meinung, Binden würden die Vagina weniger reizen. Entscheiden Sie sich für das, was Ihnen angenehmer ist – achten Sie jedoch darauf, Ihren Tampon oder Ihre Binde alle paar

Stunden zu wechseln und zweimal am Tag die gute Stube zu waschen.

- Nicht ich bin schuld, sondern du: Wenn Ihre Infektion immer wieder zurückkehrt, besteht die Möglichkeit, dass Ihr Partner Sie infiziert, auch wenn er keine Symptome hat. Benutzen Sie mechanische Barrieren und sorgen Sie dafür, dass er sich ebenfalls behandeln lässt. (Für Letzteres ist jedoch wahrscheinlich ein Arztbesuch nötig, da für Männer nicht verschreibungspflichtige Medikamente gegen Hefepilzinfektionen nicht in Frage kommen.)
- Nicht ich bin schuld, sondern mein Verhütungsmittel: Manche Pillen verursachen bei manchen Frauen Infektionen. Dasselbe gilt für Diaphragmen und bestimmte Spermizide. Herauszufinden, welches Verhütungsmittel am besten zu Ihrer Schatzkiste passt, ist fast genauso schwierig, wie den Partner fürs Leben zu finden (siehe das Kapitel »Sie haben die Wahl«, Seite 333). Ihr Diaphragma oder Ihre Zervixkappe sollte nach einer Infektion unbedingt ausgetauscht werden.

## Zwei Glocken, ein Gedanke

Wer hätte gedacht, dass von Fett- und Bindegewebe umgebene Milchdrüsen die Medien beherrschen, ganze Zivilisationen in Aufruhr versetzen und das Hirn von Männern (und einigen Frauen) auf eine Schale Wackelpudding reduzieren können? Noch bevor bei Mädchen mit dem Einsetzen der Pubertät die Knospen sprießen, werden sie sich der Brustobsession unserer Gesellschaft bewusst. Das kann zu einer komplizierten Beziehung zwischen einer Frau und ihren Brüsten führen, die bis an ihr Lebensende andauert – ganz zu schweigen von der verrückten Beziehung zwischen besagten Möpsen und den verbissenen, verpickelten Jungs, die sie begrapschen möchten (der Mathestundeständer mag vergehen, doch die Faszination bleibt bestehen). Die Macht von Brüsten – ihre lebenserhaltende Funktion, ihr erotisches Potenzial, ihre kuschelige Weichheit – kann überwältigend sein; doch allzu oft wird diese Macht durch kindische Spitznamen, unrealistische Erwartungen und *Baywatch*-Wiederholungen untergraben. Also lassen Sie uns vor dem Altar der Brustwarze niederknien und eine tolle Zeit damit verbringen, die Möpse kennen zu lernen.

### Auf Brusthöhe

Die meisten Brüste sind ein ungleiches Paar – eine Brust, in der Regel die linke, ist oft größer als die andere, manchmal um eine ganze BH-Größe. Manchmal sitzt eine höher als die andere oder eine von beiden zeigt weiter nach Südwest. Total normal. Zu den Faktoren, die Einfluss auf die Größe haben, zählen Alter, genetische Veranlagung, Volumen des Brustgewebes, Gewichtszunahme oder -verlust, Schwangerschaft, Dicke und Elastizität der Haut im Brustbereich, hormonelle Veränderungen (in erster Linie verursacht durch den Menstruationszyklus) und die Menopause. Allerdings kann aber auch ein ordentlicher BH Wunder wirken.

Brustwarzen und Brustwarzenhöfe (der Bereich um die Brustwarze) gibt es in allen möglichen Größen und Farben (fast immer ein dunklerer Rosa- oder Braunton als die übrige Haut). Der Brustwarzenhof hat meistens kleine Höcker – Öldrüsen, die zum Schutz der Brustwarze beim Stillen eine Flüssigkeit absondern (wenn das *Baby* der Frau daran nuckelt, nicht ihr Freund). Haare am Rand des Brustwarzenhofs sind keine Ausnahme und können sich im Lauf der Zeit oder durch die

Pille vermehren. (Ja, das stimmt! Sie sind nicht die Einzige – und es ist völlig in Ordnung, sie auszuzupfen, wenn sie Ihnen nicht gefallen. Reiben Sie jedoch anschließend *sanft* mit einem Waschlappen, um zu vermeiden, dass Haare einwachsen.) Die Brustwarzen selbst sind zylindrisch, rund, flach oder sogar nach innen gerichtet. Fast alle werden fester oder stehen sogar stramm, wenn sie durch arktische Winde, eine zufällige Berührung oder einen guten Porno stimuliert werden. (Alle 14-jährigen Jungs da draußen, hergehört: Nein, erigierte Nippel signalisieren nicht zwangsläufig Geilheit; tatsächlich sind die Brustwarzen mancher Frauen immer fest, und zwar einfach so.) Stimulation der Brustwarzen beschleunigt die Produktion des Hormons Oxytocin, das weiter unten ein Kribbeln verursacht. Wenn eine Frau älter wird, verlieren ihre Brüste an Festigkeit (d. h., weniger Bindegewebe, mehr Fettgewebe), und die Haut dehnt sich. Wer Vorteile genießt, muss auch Nachteile akzeptieren ...

Die einzigen Brüste, die nicht so viel Persönlichkeit haben, sind die unechten. Das ist eines von ungefähr hundert Kriterien, an denen man die Plastikbomber erkennen kann – die eindeutigsten davon sind Immobilität (auch bei Orkan mit Windstärke zwölf) und ihre *un*kuschelige *Nicht*-Weichheit.

### Brustuntersuchung

Sobald Sie das Alter von 20 Jahren erreicht haben, sollten Sie Ihre Brüste einmal im Monat untersuchen (in der Woche nach der Periode, wenn sie am unempfindlichsten sind. Ja, wir wissen, dass Sie das schon öfter gehört haben als: »Hey, geile Titten!«, wenn Sie beim Sommerspaziergang an einer Baustelle vorbeigekommen sind, aber tun Sie es tatsächlich? Im Ernst, es ist wichtiger, als Zahnseide zu benutzen (Sie benutzen doch

Zahnseide, oder?), und ein viel interessanterer Anblick für Ihren Partner. Da jede achte Frau irgendwann in ihrem Leben an Brustkrebs erkrankt, *müssen* Sie es einfach tun. Falls Sie vergessen haben, wie es funktioniert, sehen Sie im Internet nach oder bitten Sie Ihren Arzt bei der nächsten Routineuntersuchung, es Ihnen zu zeigen.

## Brustvergrößerung

Die meisten Männer würden schwören, dass sie echte Perlen immer von falschen Fünfzigern unterscheiden können – natürlich versuchen die meisten von ihnen dabei nur, die Damen dazu zu bringen, ihnen einen Einblick zu gewähren. Den Unterschied zu ertasten ist keine wirkliche Herausforderung, da das unnachgiebige Gefühl von zwei Brust-Kniescheiben unverwechselbar ist. Aber vielleicht geht es Ihnen ja gar nicht um »Natürlichkeit«. Sie müssen uns nur versprechen, dass Sie sich nie Implantate einsetzen lassen werden, nur weil Sie jemand *anderer* dazu überredet hat, okay? Und haben Sie Ihren Stolz: Wenn Sie sich den BH schon unbedingt dauerhaft ausstopfen lassen müssen, dann bezahlen Sie wenigstens aus eigener Tasche dafür – Sie müssen einige Tausender locker machen. Angenommen, Sie wenden sich an einen plastischen Chirurgen mit ordentlichen Referenzen und lassen sich Implantate mit Kochsalzlösung (anstatt mit Silikon) einsetzen, ist die Prozedur eigentlich ziemlich ungefährlich, dauert nur ein bis drei Stunden (ohne anschließende Nacht im Krankenhaus) und wird wahrscheinlich nur minimale Narben hinterlassen. Selbst wenn die Implantate auslaufen (was vorkommen kann), nimmt der Körper die Salzlösung auf, ohne dabei Schaden zu nehmen (allerdings müssen die traurigen leeren Beutel operativ entfernt werden). Wenn Silikonimplantate lecken, wird es dagegen gefährlich, was auch der Grund dafür ist, dass sie in den Vereinigten Staaten nicht von den Gesundheitsbehörden zugelassen sind. Sofern Ihnen Ihr Chirurg die Implantate nicht durch die Brustwarzen einsetzt, sollten Sie später keine Probleme beim Stillen haben. Die einzigen üblichen Nebenwirkungen sind fürchterliche Schmerzen unmittelbar nach der OP, verminderte Brustwarzensensibilität bis hin zu völliger Taubheit und ein Paar Möpse, das bis an Ihr Lebensende aussehen und sich anfühlen wird wie zwei Bojen. Bevor Sie auf den Brustvergrößerungszug aufspringen, sollten Sie Ihre Entscheidung mindestens ebenso lange abwägen, wie Sie darüber nachdenken würden, ob Sie sich den Namen Ihres Freundes auf den Allerwertesten tätowieren lassen sollen. (Manche Mädels haben beides bereut.)

Was all die Werbespots für Brustpumpen, Gele, Pillen, »Stretch-BHs« und sonstige Wundermittel im Fernsehnachtprogramm betrifft, sagen wir Ihnen nur ein Wort: Wonderbra. Abgesehen von Implantaten, Schwangerschaft und Gewichtszunahme ist er das Einzige, was Ihre beiden Süßen aufmotzen wird.

### Brustverkleinerung

Es gibt jedoch auch Frauen, die unter ihren Brüsten leiden, weil sie im Verhältnis zu ihrer Statur zu groß sind. Die Folgen sind Brustschmerzen, Rückenprobleme, Hemmungen oder Seelenqualen aufgrund unerwünschter Blicke und Pfiffe. (Diese Frauen raten anderen, die eine Brustvergrößerung in Erwägung ziehen: »Überleg dir gut, was du tust.«) Wenn Ihnen Ihr Vorbau gesundheitliche Probleme bereitet, gilt eine Brustverkleinerung in der Regel als wiederherstellungschirurgischer Eingriff (und nicht als Schönheitsoperation) und wird von der Krankenkasse übernommen; falls nicht, müssen Sie dafür in jedem Fall mehrere Tausender berappen. Sie müssen anschließend mit verringerter Sensibilität rechnen und können unter Umständen nicht mehr stillen. Der Eingriff dauert ein bis drei Stunden, und Sie müssen eventuell über Nacht im Krankenhaus bleiben, je nach Anästhetikum. Die Narben sind schlimmer als bei Implantaten (vor allem, wenn Sie Raucherin sind) und verschwinden nie vollständig – aber vielleicht ist es Ihnen das ja wert. Überlegen Sie sich nur gut, was Sie tun.

Calvin Klein
Calvin Klein

# 16. Selbsthilfe für Ihren Johannes

**Was Sie schon immer über Penisse wissen wollten und auch zu fragen wagten**

Wir sagen es euch nur ungern, Männer, aber es stimmt doch: Auf die Größe kommt es an. So, jetzt ist es raus. Aber um es mit den unsterblichen Worten Einsteins zu sagen (und er sprach zweifelsohne von Schniedeln): Alles ist relativ. Sicher haben manche Menschen schöne Erinnerungen an ehemalige Penisse, und manche haben besonders schöne Erinnerungen an besonders glatte Penisse oder an besonders große Penisse oder an Penisse, die *genau* passten. Doch was für die eine der perfekt geformte Lümmel ist, ist für die andere eine enttäuschende Mogelpackung und für wieder eine andere ein einschüchternder Fleischkloß. Überdurchschnittliche Größe ist keine Garantie dafür, zu einer schönen Penis-Erinnerung zu werden, und überdurchschnittliche Größe ist auch keine Garantie dafür, dass er *genau* passt. Manchmal ist kleiner besser: Genau wie es unterschiedlich große Penisse gibt, gibt es auch unterschiedlich große Vaginen (dasselbe gilt übrigens auch für After). Vielleicht hat jeder Penis irgendwo da draußen eine Seelenverwandte, in die er perfekt hineinpasst. Allerdings befinden sich die meisten Nervenenden der Vagina an der Scheidenöffnung, und Frauen kommen ohnehin eher durch externe klitorale Stimulation zum Orgasmus als durch vaginale Penetration. Und Körperkanäle – sowohl vordere als auch hintere – sind ziemlich flexibel und anpassungsfähig, was die Größe betrifft – gute Manieren beim Hausbesuch vorausgesetzt. Eine gute Passform ist zwar hilfreich, wichtiger ist jedoch, wie man mit seinem Werkzeug umgeht.

Und noch eine Sache: Die meisten heterosexuellen Männer haben schon einmal schlaffe Penisse anderer Männer zu Gesicht bekommen, aber wie viele von ihnen haben erigierte Exemplare in Fleisch und Blut aus nächster Nähe gesehen? (Nein, Pornos zählen nicht.) Erektion sorgt für Ausgleich; ein kleinerer Penis schließt auf dem Weg nach oben oft zu einem größeren auf. Dass Ihr Fitnessstudio-Duschkollege einen großen schlaffen Schwengel hat, heißt noch lange nicht, dass er in steifem Zustand größer ist als Ihrer. Falls es Sie interessiert: Die durchschnittliche Penislänge liegt in erigiertem Zustand bei ungefähr 15 Zentimeter, der durchschnittliche Ständerdurchmesser beträgt vier Zentimeter. Die kleinste jemals dokumentierte Erektion hatte angeblich eine Länge von sechs Zentimeter (ist es zu fassen, dass der Betreffende jemanden mit einem Maßband dranließ?), die größte war 27,5 Zentimeter lang.

Sind Sie noch immer nicht stolz auf Ihren kleinen Freund? Sehen Sie ihn sich doch einmal im Spiegel an. Das meinen wir ernst! Wenn Sie auf ihn hinabblicken, sieht er kleiner aus (perspektivische Verkürzung). Sie können auch versuchen, sich die Schamhaare zu stutzen oder abzurasieren. Manche Männer sind der Meinung, dass ihr Schamhaar für eine unfaire optische Täuschung verantwortlich ist; sie fühlen sich nach einer Intimrasur deutlich, äh, männlicher. (Ist das nicht ironisch?) Ähnliches gilt, wenn Sie von etwas untersetzter Statur sind: Bringen Sie sich insgesamt in Form, und Ihr bestes Stück wird besser zur Geltung kommen. (Nichts überschattet ein attraktives Exemplar mehr als ein Rettungsring. Spaß beiseite: Mit jeden 15 Kilos, die Sie zunehmen, schluckt Ihr Bauch zwei bis drei Zentimeter Ihres Pullermanns.) Und noch eine Sache: Wenn die Penisse anderer Männer Sie runterziehen, dann duschen Sie in Zukunft eben allein!

Nachdem wir uns jetzt umfassend um Ihren Penis gekümmert haben, wollen Sie harte Fakten, stimmt's?

## Operative Penisvergrößerung

Operative Penisvergrößerung ist die einzige Möglichkeit, um auf Dauer ein größeres Teil zu bekommen. Doch auch dabei können in der Regel nur die Länge und der Durchmesser in schlaffem Zustand vergrößert werden – und wer braucht das schon? Darüber hinaus ist ein solcher chirurgischer Eingriff teuer, gefährlich und macht Sex für den Penisbesitzer kein Stück besser. Wir möchten Ihnen die blutigen Details ersparen und nur so viel sagen: Man erzählt sich, dass auf diesem Gebiet viel gepfuscht wird, und mindestens ein Mann ist bereits auf dem Operationstisch gestorben. (Bei den meisten Versicherungen gegen medizinische Kunstfehler ist die operative Penisvergrößerung von den Leistungen ausdrücklich ausgeschlossen.) Wenn Sie *wirklich* mit einem Größenproblem zu kämpfen haben, sollten Sie sich lieber in eine Therapie begeben: Das ist billiger, effektiver und wird nicht zu »schwerwiegenden Penisverformungen« führen. Falls Sie uns nicht glauben, der Verband der Urologen und der Verband der plastischen Chirurgen werden es Ihnen bestätigen. Also bitte.

## Gewichte

Manche Leute meinen, man könne den Penis verlängern, indem man spezielle Gewichte an ihn hängt. Natürlich möchten die meisten dieser Leute Ihnen diese speziellen Gewichte verkaufen. Offenbar funktionieren sie am besten bei denjenigen, die sich bereits einer operativen Penisverlängerung unterzogen haben – sie sorgen dafür, dass die Operation »greift«. Allerdings haben wir unsere Meinung zu dieser Art von Operation bereits kundgetan. Was Gewichte *ohne* Operation betrifft: In Indien gibt es Volksstämme, deren männliche Mitglieder sich vom Alter von sechs Jahren an Gewichte an den Penis hängen; wenn sie ins Mannesalter kommen, haben sie laaaange dünne Penisse, die für sexuelle Zwecke völlig nutzlos sind. So viel zu Gewichten.

### Die helfende Hand von Mutter Natur

Andere meinen, man könne seinen Penis vergrößern, indem man bestimmte Kräuterpillen zu sich nimmt. Natürlich möchten die meisten dieser Leute Ihnen diese Kräuterpillen verkaufen. Wenn Sie ein Pillenjunkie sind, fahren Sie mit Ginkgo und Ginseng vermutlich am besten. Ginkgo verstärkt angeblich den Blutfluss und trägt zur Muskelentspannung bei (wodurch sich dort unten alles ein wenig besser anfühlt), und Ginseng fördert unter Umständen die Produktion von Stickstoffoxyd (das bei der Erektion eine untergeordnete Rolle spielt) – allerdings ist die Effizienz der beiden Wirkstoffe nicht wissenschaftlich belegt. Yohimbin wird aus der Rinde des afrikanischen Yohimbinbaums gewonnen und hat sich dadurch einen Namen gemacht, indem es Männern auf der ganzen Welt geholfen hat, eine Erektion zu bekommen. Das hat die amerikanischen Gesundheitsbehörden vor einigen Jahrzehnten dazu bewogen, Yohimbin zur Behandlung von Erektionsstörungen zuzulassen. Allerdings entsprachen die damaligen Studien nicht den heutigen Standards, und die meisten Urologen messen dem Wirkstoff nur einen Placeboeffekt bei. Wenn Sie es mit Yohimbin versuchen möchten, sollten Sie Ihren Arzt um ein Rezept bitten, da die in Reformhäusern erhältlichen Produkte nicht standardisiert sind und unter Umständen weitere, gesundheitsgefährdende Stoffe enthalten. Verschreibungspflichtige Präparate kosten ungefähr genauso viel und haben den Vorteil, dass ein Profi Dosierung und Nebenwirkungen überwacht (Letztere können ziemlich gefährlich sein, wenn Sie unter hohem Blutdruck oder einer kardiovaskulären Erkrankung leiden, oder wenn Sie die oben genannten Naturprodukte in Verbindung mit anderen Präparaten oder in zu hoher Dosierung einnehmen). Vergessen Sie nicht, dass Kräuterpillen keine Allheilmittel sind – sie sind eher als moralische Unterstützung für einen gesunden Lebenswandel zu betrachten. Und wie bei den meisten »Aphrodisiaka« ist immer ein starker Placeboeffekt mit im Spiel. Übrigens, lassen Sie die Finger von Präparaten, die das

**Finger weg!**

Desensibilisierende Cremes (die in der Regel so klangvolle Namen wie »Mandelay« haben) sollen Ihnen dabei helfen, länger zu können, indem sie Ihren kleinen Freund betäuben. Und wo bleibt dabei der Spaß? Die Creme kann sich auf Ihre Partnerin übertragen und sie ebenfalls betäuben (Sie werden damit keinen Blumentopf gewinnen) und alle Beteiligten reizen, insbesondere, wenn Sie keine mechanische Barriere benutzen. Falls Sie *unbedingt* für etwas Desensibilisierung sorgen möchten, sollten Sie stattdessen lieber zu einem superdicken Latexkondom greifen (siehe das Kapitel »Mach's mit«, Seite 315).

berüchtigte Aphrodisiakum »Spanische Fliege« enthalten. Es wird aus ausgebuddelten Käfern (Reality-TV-Shows lassen grüßen) gewonnen und kann zu Harnblasenreizungen, dauerhafter Harnröhrenvernarbung, Priapismus (einer penisgefährdenden Dauererektion) und sogar zum Tod führen.

## Penispumpen

Und was ist mit Penispumpen? Die machen ihn größer, weil sie für eine Erektion sorgen. Ursprünglich wurden sie für Männer erfunden, die Probleme damit haben, einen hochzukriegen. Wenn Ihre Erektion dazu neigt, nicht richtig aufgepumpt zu sein, kann eine Penispumpe *unter Umständen* dazu beitragen, dass Ihr Ständer etwas beeindruckender wirkt. Dieser Apparat, der an ein mittelalterliches Folterwerkzeug erinnert, drängt mit Gewalt Blut in den Penis (eine Erektion kommt von selbst zustande, wenn der Blutfluss in den Penisbereich zunimmt – bei manchen fließt es eben einfach besser als bei anderen). Doch nach Gebrauch einer Penispumpe kann es zu Problemen bei der Ejakulation kommen. Außerdem können Pumpen Blutergüsse verursachen (autsch). Nachdem die Erektion sich wieder gelegt hat, ist der Penis derselbe wie immer, nur etwas blauer und violetter und empfindlicher.

## Penisverkrümmung

Völlig normal, Männer. Nennen Sie es Charakter. Penisse krümmen sich oft nach einer Seite, genauso wie bei vielen Frauen eine Brust größer ist als die andere – nichts davon hat einen negativen Einfluss auf Ihr Sexleben (es sei denn, Sie sind mit einer Dumpfbacke zusammen, die an den Hollywood-Mythos glaubt, dass alle Körperteile perfekt symmetrisch sind). Die einzige Ausnahme bildet die überaus seltene Peyronie-

Krankheit (J-förmige Erektionen, mit denen Geschlechtsverkehr fast unmöglich ist). Wenn Sie denken, Sie könnten davon betroffen sein, bitten Sie Ihren Arzt, einmal einen Blick auf Ihr bestes Stück zu werfen.

### Beschneidung

Hat Beschneidung irgendeinen Einfluss auf Sex? Isoliert betrachtet, nein: Ein Penis kann alle seine Aufgaben erfüllen und gut erfüllen, ob er beschnitten ist oder nicht. Wenn man jedoch gesellschaftliche und kulturelle Traditionen (oder Vorurteile) mit einbezieht, sieht es schon anders aus, zumindest für einige Leute (vor allem für diejenigen, die immer genau dasselbe Gericht auf der Speisekarte bestellen).

Die Forschung der vergangenen zwei Jahrzehnte hat mit dem Hygiene-Irrglauben aufgeräumt, dass unbeschnittene Exemplare schmutziger wären (und zwar nicht im übertragenen Sinn, sondern im guten alten wörtlichen Sinn); sofern ein Penis gründlich und regelmäßig gewaschen wird, sollte es keine Probleme geben. Untersuchungen haben gezeigt, dass die Beschneidung sich kaum auf die Gesundheit eines Mannes auswirkt (es sei denn, der Arzt pfuscht beim Schnippeln) – anders als allgemein angenommen, schützt Beschneidung nicht vor Pilz- oder Urogenitaltraktinfektionen. Allerdings ist es wissenschaftlich erwiesen, dass in der Regel nur unbeschnittene oder erst im Erwachsenenalter beschnittene Männer an Peniskrebs (der überaus selten ist) erkranken – Beschneidung im Säuglingsalter verringert also offenbar das Peniskrebsrisiko, obwohl nicht bekannt ist, warum. Der kleine Freund unbeschnittener Männer empfindet alles etwas intensiver: Die Vorhaut schützt die empfindliche Eichel vor scheuernder Unterwäsche und sonstiger Beanspruchung, und wenn sie zurückgezogen wird, ist die Eichel besonders empfindlich. Einige Untersuchungen deuten darauf hin, dass die Gefahr einer HIV- oder Herpesinfektion für beschnittene Männer geringer ist. Allerdings erklären in den Vereinigten Staaten sowohl die CDC (Centers for Disease Control) als auch die amfAR (American Foundation for AIDS Research), dass es auf diesem Gebiet noch nicht genügend schlüssige Beweise gibt, die einen Strategiewechsel rechtfertigen würden – da die meisten Untersuchungen bei unbeschnittenen Männern in Afrika durchgeführt wurden, kann das Vorhandensein einer Vorhaut nicht als Risikofaktor isoliert werden, ohne den Einfluss des kulturellen und religiösen Hintergrunds auf die Geschlechtkrankheitsübertragungsraten zu berücksichtigen. Andererseits behaupten einige Ärzte, dass ein beschnittener Penis in der Vagina eher zu Reizungen führt (da ihm die »Gleithilfe« der Vorhaut fehlt) und deshalb das Risiko einer HIV-Infektion bei der Frau erhöht – allerdings gibt es auch in diesem Fall zu wenig Zahlen, die diese These stützen.

Was den Sex betrifft, haben wir eine informelle Umfrage im Bekanntenkreis durchgeführt und sind zu dem Ergebnis gekommen, dass die Vorhaut so gut wie keine Rolle spielt – im erigierten Zustand ist ein beschnittener Penis fast identisch mit einem unbeschnittenen. Tatsächlich unterscheiden sich zwei gekappte Pullermänner unter Umständen stärker voneinander als ein gekappter Pullermann von einem mit Kapuze. Hier sind einige Fakten, die unsere Umfrage zu Tage gefördert hat:

- Handjobs ohne Gleitmittel funktionieren bei einem unbeschnittenen Penis besser, da mehr Haut vorhanden ist (d. h., weniger »Brennnesseln«, siehe das Kapitel »Eine Hand wäscht die andere«, Seite 59).

- Eine Vorhaut kann für die Frau beim Geschlechtsverkehr zusätzliche Reibung und damit Stimulation bedeuten.
- Die Eichel einer Rute mit Rollkragen ist beim Sex empfindlicher, da sie sonst ein zurückgezogenes Dasein führt (außerdem gilt: mehr Haut = mehr Nerven = mehr ... Ach, das können Sie sich doch selbst ausrechnen).

Falls Sie sich Gedanken über die Reaktion anderer beim Anblick Ihres Penis machen, sagen Sie ihnen vorher, was sie zu erwarten haben. Und wenn eine neue Partnerin oder ein neuer Partner Sie fragt: »Gibt's dazu auch eine Gebrauchsanleitung?«, sagen Sie ihr oder ihm einfach, was für Sie am besten funktioniert.

**Spaßige Spermafakten**

Obwohl Sperma – oder wie wir es gern nennen, Göttersaft – manchmal nach Chlor riecht, besteht es eigentlich aus Fruchtzucker, Eiweiß, Enzymen, Zitronensäure, Ascorbinsäure, alkalischen Stoffen, etwas Zink, etwas Eisen und 200 bis 500 Millionen Samenzellen pro Portion (wobei die Spermien nur etwa ein Prozent der Flüssigkeit ausmachen). Sperma ist launisch. Manchmal ist es weiß und zäh, manchmal ist es transparent und dünnflüssig. Manchmal spritzt es wie ein Geysir, manchmal tröpfelt es wie ein kaputter Wasserhahn. Das liegt vor allem daran, dass Sperma eine Körperflüssigkeit ist, und alle Körperflüssigkeiten werden von der Ernährung und von Wasserentzug beeinflusst. Veränderungen in der Ernährung können seine Konsistenz und seinen Geschmack beeinträchtigen (Näheres finden Sie im Abschnitt »Würge mich«, Seite 87). Weitere Faktoren sind der Zeitraum seit der letzten Ejakulation (je länger Sie sich enthalten haben, desto dickflüssiger und klebriger ist es in der Regel), sportliche Betätigung, eine plötzliche Vorliebe für richtig enge Jeans (die letzten beiden können Ihre Hodentemperatur verändern), Alter und die Größe Ihrer Urethralöffnung – je jünger Sie sind und je kleiner Ihre Harnöffnung ist, desto weiter können Sie schießen.

### Hygiene

Tägliches Waschen mit Seife und Wasser hilft, Pilzinfektionen wie Indische Wäscherflechte (siehe unten) abzuwehren. Außerdem gehört es sich einfach, wenn Sie vorhaben, Ihre einäugige Schlange mit einer anderen Person zu teilen. Säubern Sie den Bereich unmittelbar unterhalb der Eichel besonders sorgfältig: Dort kann sich Drüsensekret, so genanntes »Smegma« (»Eichelkäse« für Sie), ansammeln. Wenn Sie nicht beschnitten sind, ziehen Sie die Vorhaut zurück und reinigen ringsum.

### Indische Wäscherflechte

Indische Wäscherflechte wird von dem Pilz *Tinea cruris* verursacht und ist die böse große Schwester des Fußpilzes – die beiden schlagen häufig im Doppelpack zu. Wenn Sie ein regelmäßiges Opfer sind (Sie Armer), können Sie die Diagnose vermutlich selbst stellen. Da ein Jucken im Schritt jedoch auch ein Symptom vieler anderer Penisprobleme ist, die ärztlicher Behandlung bedürfen (z. B. Krätzmilben, siehe den Abschnitt »Krätzmilben«, Seite 312), sollten Sie sich beim ersten Auftreten an einen Arzt wenden, um ganz sicherzugehen. Und wenn Indische Wäscherflechte mehr oder weniger zum Dauergast bei Ihnen wird, sollten Sie ebenfalls einen Arzt aufsuchen: Wiederkehrende Infektionen können ein Anzeichen für ein geschwächtes Immunsystem sein. Falls Sie sicher sind, dass es sich um Indische Wäscherflechte handelt, können Sie es zunächst auch mit nicht verschreibungspflichtigen Sprays oder Cremes versuchen. Sollte das keine Wirkung zeigen, bitten Sie Ihren Arzt um ein Rezept für ein stärkeres Präparat. Die Behandlung dauert ungefähr zwei Wochen.

Seien Sie nicht leicht zu haben – zumindest nicht für Indische Wäscherflechte:

- Duschen Sie regelmäßig, vor allem nach dem Sport. Und trocknen Sie sich ordentlich ab – also nicht einfach die Unterwäsche anziehen und abdüsen!
- Halten Sie Ihr Werkzeug sauber (und zwar das ganze Werkzeug). Aber lassen Sie die Finger von antibakteriellen oder desodorierten Seifen, da diese zu Reizungen führen können.
- Wenn Sie anfällig für Indische Wäscherflechte sind (oder stark an den Hoden schwitzen), können Sie dort unten etwas Antipilzpuder oder Maisstärke verstreuen. Zögern Sie nicht, das mehrmals täglich zu wiederholen, vor allem, wenn Sie sich in unsere Nähe setzen.
- Wenn Sie der sportliche Typ sind, sollten Sie darauf achten, dass Ihr Outfit gut sitzt und nirgends scheuert.
- Waschen Sie Ihre Sportklamotten häufig; bewahren Sie sie nicht zu einem feuchten, stinkigen Ball zusammengerollt im Kleiderspind auf. Und wascht euer Suspensorium regelmäßig, Männer – zum Wohl aller.
- Der Verzehr von Knoblauch *kann* Pilzinfektionen vorbeugen (wenngleich diese Methode medizinisch kaum besser belegt ist als die Knoblauch-Vampir-Theorie). Der Verzehr von Knoblauchpillen wirkt übrigens weniger abschreckend auf Sahneschnittchen.
- Wechseln Sie täglich die Unterwäsche. (Anmerkung: Getragene Boxershorts werden nicht von selbst »sauber«, wenn Sie

sie drei Tage lang nicht tragen.) Wechseln Sie die Unterwäsche mehrmals täglich, wenn Sie stark schwitzen.

- Tragen Sie Boxershorts anstatt eng anliegender Unterhosen: Beengende Unterwäsche kann Pilzinfektionen fördern. Allerdings sind die Gerüchte, dass enge Unterhosen die Fruchtbarkeit von Männern einschränken können, völlig übertrieben. Zugunsten der Ästhetik hin und wieder die Boxershorts durch eine eng anliegende Unterhose zu ersetzen, sollte keine Probleme verursachen.

**Blaue Eier**

Ja, die gibt es tatsächlich. Nein, Sie werden nicht daran sterben. Blaue Eier bekommen Sie, wenn sich nicht das Happyend einstellt, das Sie sich erhofft hatten, und Sperma zwar die Hoden verlässt (juhu!), aber nicht den Weg ins Freie findet (buh!). Der Penis ist mit Blut überfüllt (man nennt das »Erektion«), und wenn das Signal zum Ejakulieren ausbleibt, wird es länger aufgestaut, als Ihnen lieb ist. Und das tut weh. Richtig weh. Am schnellsten verschaffen Sie sich Erleichterung, indem Sie selbst Hand anlegen – betrachten Sie das als Befehl. Allerdings fließt das Blut letzten Endes auch von selbst wieder ab, und die Schmerzen lassen ebenfalls irgendwann nach. Wir brauchen nicht zu erwähnen, dass blaue Eier keine Entschuldigung dafür sind, Ihre Partnerin zum Liebesdienst zu drängen, da wir sicher sind, dass Sie die Pubertät längst hinter sich gelassen haben. Übrigens können Frauen ähnliche Schmerzen haben, wenn sie nicht kommen – wir nennen das »blaue Lippen«.

**Impotenz**

Auch wenn die Viagra-Revolution voll im Gang ist, sollten Sie Ihr Möglichstes tun, um Impotenz *vorzubeugen* (Ähnliches gilt für Sodbrennen). Falls Ihnen der Gedanke an Impotenz nicht die Erektion verdirbt, wie wäre es mit Herzerkrankungen? Was das eine zu verhindern hilft, hilft auch das andere zu verhindern. Bingo! Ernähren Sie sich gesund, treiben Sie regelmäßig Sport, halten Sie Ihren Blutdruck und Ihren Cholesterinspiegel niedrig. Schwierig: Trinken Sie in Maßen. Noch schwieriger: Rauchen Sie nicht. Spaß beiseite, über den Durst zu trinken schadet Ihrem Ständer, aber starkes Rauchen ist noch viel schlimmer, da es die Blutgefäße im Penis auf Dauer verstopfen kann. Und wenn Sie viel Fahrrad fahren, tun Sie Ihren Genitalien den Gefallen und kaufen sich einen Sattel mit Aussparung in der Mitte, die den Druck auf Ihre Schamarterie (die den Blutfluss in den Penis kontrolliert) verringert und unter Umständen Wunder für Ihre Fruchtbarkeit und Potenz wirkt.

Natürlich beginnt Impotenz manchmal auch im Kopf. Sprechen Sie mit Ihrem Arzt über die verschiedenen Möglichkeiten – wenn er Partnerschafts- oder Sexualtherapie nicht erwähnt, sollten Sie es tun. Sprechen Sie mit Ihrer Partnerin: Sie sollten sich gemeinsam für eine Lösung entscheiden. Und vergessen Sie nicht, Ihrer Partnerin zu sagen, dass es nicht ihre Schuld ist, damit sie nicht ebenfalls Probleme bekommt.

### Vorzeitige Ejakulation

Im Gegensatz zu Impotenz ist die vorzeitige Ejakulation in der Regel ein mentales Problem. Deshalb ist es meist damit getan, Ihrem kleinen Freund ins Gewissen zu reden – und es gibt keinen Grund, sich dafür zu schämen; Sie wären überrascht zu erfahren, wie viele erwachsene Männer sich auf der Schnellstraße wiederfinden, obwohl sie lieber die landschaftlich interessante Route genommen hätten. Geben Sie der Evolution die Schuld (männliche Tiere spritzen superschnell ab, damit sie nicht von Raubtieren überrascht werden). Geben Sie Ihren Eltern die Schuld (»Hey, Junge, was machst du denn da drin?«). Oder geben Sie einfach Ihrer Faulheit die Schuld (sich jahrelang in Minutenschnelle einen runterzuholen ist eine Gewohnheit, mit der man nur schwer brechen kann). Laut offizieller Definition versteht man unter einer vorzeitigen Ejakulation, im Moment des Eindringens oder unmittelbar danach zu kommen. Mehr als ein Drittel aller Männer unter 25 Jahren leidet darunter, und etwa zehn Prozent aller älteren Männer ebenfalls. Fast jeder Mann leidet am Beginn einer Beziehung (Nerven, Stress, Überstimulation) und am plötzlichen Ende einer langen Durststrecke darunter. Wenn es sich in Ihrem Fall jedoch eher um einen Dauerzustand handelt, müssen Sie Ihrem Lümmel die Leviten lesen und ihm beibringen, länger durchzuhalten. Übrigens: Je besser Sie mit Ihrer Beckenmuskulatur vertraut sind (siehe das Kapitel »Fit fürs Bett«, Seite 397), desto besser haben Sie die sexuellen Reaktionen Ihres Körpers unter Kontrolle. Kombinieren Sie ein Beckenmuskel-Trainingsprogramm mit den folgenden Methoden. Und haben Sie Geduld: Ein Schnellschussproblem lässt sich nicht in ein paar Tagen und auch nicht in ein paar Wochen lösen. Sie müssen dazu mindestens ein paar Monate veranschlagen. Betrachten Sie es als Neuprogrammierung Ihres Penis nach einem Jahrzehnt der Gehirnwäsche durch den Quickie-Kult.

Wenn Sie momentan in einer Beziehung leben, *müssen* Sie Ihrer Partnerin oder Ihrem Partner sagen, was Sache ist. Erstens ist sie oder er vielleicht in der Lage, Licht auf bestimmte »Beziehungsprobleme« zu werfen, die dafür verantwortlich sein könnten (tun Sie es aber lieber privat und nicht in einer Nachmittags-TV-Talkshow). Zu den Favoriten der Psychologen zählen Schuldgefühle (eine Affäre vielleicht?), die Nerven, mangelndes Selbstwertgefühl und Ängste. Sie wissen schon, Kleinigkeiten eben. Zweitens brauchen Sie die Mithilfe Ihrer Partnerin oder Ihres Partners bei den folgenden Übungen. Und drittens müssen Sie sie oder ihn mit einbeziehen, damit die sexuelle Anspannung nicht zu stark anwächst – es bedarf erheblicher Geduld von Ihnen beiden, also sollten Sie auch gemeinsam nach einem Weg suchen, wie Ihre Partnerin oder Ihr Partner zum Orgasmus kommt, ohne dabei auf das Durchhaltevermögen Ihres Pullermanns angewiesen zu sein.

Wenn Sie Ihren kleinen Freund umschulen möchten, müssen Sie lernen, den Punkt unmittelbar *vor* dem Punkt, an dem es kein Zurück mehr gibt, zu erkennen. Weiterhin müssen Sie lernen, sich an diesem Punkt zu entspannen – zuerst allein, anschließend zusammen mit Ihrer Partnerin oder Ihrem Partner. Masturbieren Sie mit einer Mission. Achten Sie darauf, wie es sich kurz bevor Sie ejakulieren anfühlt. Achten Sie darauf, wie es sich kurz *davor* anfühlt. Wenn Sie den Moment kommen spüren, halten Sie inne und entspannen sich. Warten Sie, bis der Moment vorübergeht, und beginnen Sie aufs Neue. Das bedarf einiger Übung, aber irgendwann werden Sie lernen, effizient innezuhalten und wieder weiterzumachen. Wenn Sie das Gefühl haben, diese Übung zu beherrschen, bitten Sie Ihre Partnerin oder Ihren Partner, Ihnen unter Ihrer Anleitung zur Hand zu gehen. Dann probieren Sie dieselben Übungen beim Geschlechtsverkehr aus: im *richtigen* Moment stillhalten und/oder herausziehen, tief durchatmen und weitermachen. Konzentrieren Sie sich in allen Stellungen darauf, dass Ihre Pomuskeln so entspannt wie möglich sind. Und versuchen Sie, das Rein-Raus durch eher kreisende Bewegungen zu ersetzen: Das reduziert die Reibung an der empfindlichen Eichel.

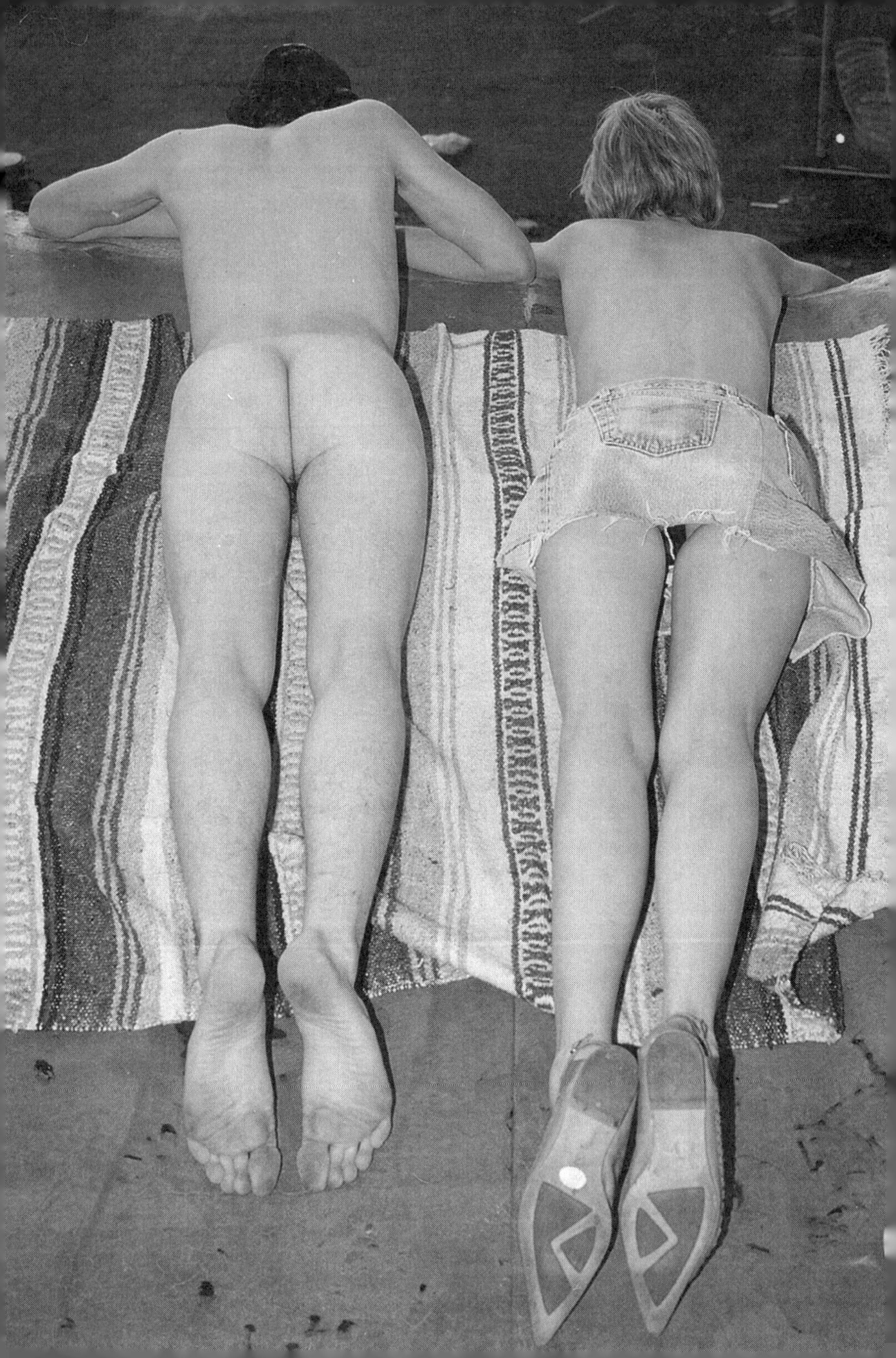

# 17. Fit fürs Bett

## Dr. Kegels Übungen für sie und ihn

Es ist uns völlig egal, wenn Sie noch nie in Ihrem Leben ein Fitnessstudio betreten haben; wenn Sie sexuell fit sein möchten, müssen Sie nur Ihre Beckenmuskulatur trainieren. Keine Sorge, Sie werden sich dabei keinen abbrechen. Sie können sogar anfangen, sie zu trainieren, während Sie dieses Kapitel lesen. Genau genommen bitten wir Sie sogar darum.

Im Bereich des Perineums befinden sich verschiedene Muskeln, von denen zwei besonders wichtig sind. Der Pubococcygeus-Muskel (kurz PC genannt) verläuft bei der Frau und beim Mann am Beckenboden vom Schambein zum Steißbein. Unmittelbar darüber befindet sich der Bulbokavernosus-Muskel, der sich in Form einer eleganten Acht um die Harnröhre, das Perineum und den Anus schlingt. Diese beiden Muskeln ziehen sich beim Orgasmus unwillkürlich zusammen; wenn Sie vermeiden wollen, sich in die Hose zu pinkeln, spannen Sie die beiden *willkürlich* an. (Wenn von Beckenbodenmuskeln die Rede ist, ist meistens nur der PC gemeint, doch beide Muskeln machen gemeinsame Sache.)

Bis in die vierziger Jahre blieb die Bedeutung der Beckenbodenmuskeln beim Sex weitgehend unberücksichtigt – doch dann kam Dr. Arnold Kegel, ein Entbindungsarzt und Gynäkologe aus Los Angeles. Dr. Kegel verordnete einigen Frauen, die unter Inkontinenz litten, verschiedene Übungen zur Stärkung der Beckenmuskulatur (siehe die Trainingsprogramme auf den nächsten Seiten). Als seine Patientinnen langsam in Form kamen, stellten sie eine angenehme Nebenwirkung fest (clevere Mädels!): Mit ihrem Sexleben ging es steil bergauf. Da die Beckenbodenmuskeln die Vagina umgeben, bewirkt ihre Stärkung kräftigere Orgasmen – oder überhaupt Orgasmen. Im englischsprachigen Raum sind diese Übungen seither in Anlehnung an ihren Erfinder als *kegel* bekannt (wenngleich manche Ärzte sie auch als »Übungen zur Stärkung der Beckenmuskulatur« oder als »Beckenbodenübungen« bezeichnen – wobei keine dieser Bezeichnungen so auf der Zunge zergeht wie *kegels*). Judy Blumes Romanfigur Margaret hätte anstatt ihrer nutzlosen Brustübungen lieber etwas tun sollen, das sich später ausgezahlt hätte.

Aber die Beckenmuskulatur zu trainieren ist nicht nur etwas für Frauen. Gestählte Beckenbodenmuskeln bringen Männer zwar nicht ganz so weit, bescheren ihnen aber unter Umständen kräftigere Erektionen, besseres Durchhaltevermögen und intensivere Orgasmen (der Nutzen variiert). Außerdem können Sie Ihren kleinen Freund wackeln lassen, wenn Ihre Beckenmuskulatur in Form ist – Ihr persönlicher Lieblingstrick, der auch Ihr Herzblatt nach einem harten Arbeitstag aufheitern kann. Die Beckenbodenmuskeln zu Liebesdienern zu machen ist bei Männern außerdem der erste Schritt zur Injakulation und zu multiplen Orgasmen (vorausgesetzt, Sie möchten diesen Legenden auf den Grund gehen ... siehe das erste Kapitel und den Kasten über Injakulation auf Seite 168).

Zu den Vorteilen, von denen sowohl Männlein als auch Weiblein profitieren, gehören ein erhöhter Blutfluss in tieferen Gefilden (was sich einfach nur gut anfühlt) und die verbesserte Fähigkeit der Muskeln, Empfindungen zu spüren und zu übertragen. Wer lernt, den Bulbokavernosus (der um den Anus verläuft) zu entspannen, hat beim Analsex den Spaß, den die gütigen Sexgötter damit beabsichtigten. Wir wissen, was Sie jetzt denken: Wo waren wir Ihr ganzes Leben lang? Das spielt keine Rolle, denn *jetzt* sind wir ja hier. Also, dann wollen wir mal anfangen, Sie in Form zu bringen.

## Muskeln im Visier

Halten Sie den Harnfluss für ein paar Sekunden an, wenn Sie das nächste Mal Pinkelpause machen – das gilt für Frauen und Männer. (Falls Sie fantasievoll sind, können Sie sich auch vorstellen, Sie würden ihn jetzt gerade anhalten.) Spüren Sie die inneren Muskeln, die Sie anspannen? Gut, das sind die Beckenbodenmuskeln. Damen, die zusätzliche Unterstützung brauchen, können einen oder zwei Finger (oder nach Belieben auch einen Penis) in ihre Vagina einführen und anschließend zudrücken. Achten Sie jedoch darauf, dass Sie nicht gleichzeitig Ihre Po- und Bauchmuskeln anspannen. Sobald Sie wissen, wo diese Muskeln sich befinden, sollten Sie den Harnfluss nicht mehr anhalten – zu viel Zurückhaltung ist ungesund.

## Kegelübungen für sie

Gestärkte Beckenbodenmuskeln verbessern nicht nur Ihr Sexleben, sondern können auch die Schmierung der Vagina erhöhen, Wehen erleichtern (wobei »erleichtern« natürlich relativ ist), Harninkontinenz verhindern (insbesondere nach einer Entbindung) und vor Gebärmuttervorfall schützen (einer schweren, vererbten oder durch mehrere schwierige Geburten verursachten Erkrankung, bei der sich die Gebärmutter in die

Vagina senkt). Die Übungen können auch dazu beitragen, die Vaginalmuskulatur nach einer Geburt wieder zu stärken, damit sie beim Sex besser in Form ist. Und ein kräftiger Beckenboden macht dank des verstärkten Blutflusses im gesamten Beckenbereich unter Umständen Ihren G-Punkt empfindsamer. Darüber hinaus erleichtert regelmäßiges Training der Beckenmuskulatur nicht nur das Erreichen von Orgasmen (auch multipler Orgasmen), sondern wirkt sich bei allen sexuellen Aktivitäten, bei denen Kontrolle (und, noch wichtiger, die Fähigkeit, Kontrolle *aufzugeben*) eine Rolle spielt, positiv aus: Das gilt insbesondere für Fisting und Ejakulation bei Frauen (siehe das Kapitel »Fisting«, Seite 173). Achten Sie beim Blättern in diesem Buch darauf, wie häufig wir auf dieses Kapitel verweisen, und Sie werden verstehen, wie wichtig »Kegeln« ist.

### Ihr Trainingsprogramm

Wenn Sie noch nie gekegelt haben, sollten Sie es langsam angehen lassen. Sorgen Sie zunächst dafür, dass Ihre Blase leer ist. Spannen Sie dann für zwei bis drei Sekunden die Beckenbodenmuskeln an und entspannen Sie sie wieder. Wiederholen Sie das Ganze vier bis fünf Mal hintereinander. Wiederholen Sie es dann dreimal täglich. (Falls dabei Schmerzen auftreten, sollten Sie abbrechen und behutsamer vorgehen, wie Sie es auch bei jedem anderen Trainingsprogramm tun würden.) Sobald Ihnen die Übung leicht fällt, steigern Sie die Anzahl der Wiederholungen auf zehn oder sogar 20 und die Dauer des Anspannens auf bis zu zehn Sekunden. Tun Sie das dreimal täglich, und Sie haben den halben Weg zum Paradies bereits zurückgelegt. Falls Sie besonders raffiniert sein möchten (und wer möchte das nicht?), können Sie das lange, genussvolle Anspannen mit kurzen, blitzschnellen Kontraktionen kombinieren – einmal lang, drei bis vier Mal kurz. Und wie beim Yoga sollten Sie daran arbeiten, Ihre Atmung mit Ihren Muskelkontraktionen zu synchronisieren: Versuchen Sie, beim Anspannen einzuatmen, den Atem anzuhalten, während die Muskeln angespannt bleiben, und beim Entspannen auszuatmen. Oder Sie atmen einmal tief ein, während Sie mehrmals hintereinander kurz anspannen.

Eine andere Übung, die Ihnen beim Kontrollverzicht helfen wird, ist zu »drücken«, wie es werdende Mütter bei der Entbindung tun. Stellen Sie sich vor, Sie wollten den Finger Ihres betrunkenen Liebhabers hinausdrücken, der beim Petting eingeschlafen ist. Wenn Sie dreimal täglich zehn Wiederholungen machen, haben Sie den Golden-Dildo-Award für besondere Verdienste auf diesem Gebiet verdient – und multiple Orgasmen für den Rest Ihres Sexlebens. Folgen Sie diesem Trainingsprogramm sechs Wochen lang, und Sie werden den Unterschied im Schlafzimmer merken (auch wenn Sie in diesem Schlafzimmer mit Ihrer rechten Hand allein sind).

### Verrückte Requisiten

Gönnen Sie sich einen Hanteldildo – der übrigens genauso aussieht, wie er heißt –, um Ihr Training ein wenig aufzupeppen. Sie erhalten ihn in den meisten gut sortierten Sexshops. Hanteldildos bestehen in der Regel aus rostfreiem Stahl und geben Ihnen beim Anspannen etwas zum Festhalten. Die Bestsellermodelle sind »Betty's Barbell« (entwickelt von der Sexualwissenschaftlerin Betty Dodson) und »The Kegelcisor«. Im Internet finden Sie außerdem das Modell »KegelPro«, einen Plastikapparat, der aussieht wie ein Nussknacker für Ihre Muschi. Natürlich erschwert Ihnen der regelmäßige Gebrauch von Requisiten Ihre Kegel-Übungen, also wechseln Sie ab.

### Wann anspannen?

Versuchen Sie, seinen Penis zu drücken, wenn er Sie das nächste Mal in Ihrer guten Stube besucht (wenn Sie das wiederholt tun, nennt man es »melken«, und die meisten Männer fahren total darauf ab). Oder spannen Sie die Beckenbodenmuskeln an, wenn Sie sich wieder einmal selbst befriedigen. Oder entspannen Sie sie, wenn Ihr Partner sich um Ihren G-Punkt kümmert. Oder versuchen Sie, die unwillkürlichen Kontraktionen beim Orgasmus auszudehnen, indem Sie die Muskeln willkürlich anspannen.

## Kegelübungen für ihn

Regelmäßige Kegelübungen stellen eine Möglichkeit dar, Ihren Penis besser kennen zu lernen – und wer würde nicht von einem intimeren Verhältnis mit seinem kleinen Freund profitieren? Je besser Sie es beherrschen, Ihre Beckenbodenmuskeln zu isolieren (und sie nach Belieben anzuspannen), desto bewusster werden Sie wahrnehmen, was unmittelbar vor und während dem Orgasmus vor sich geht (abgesehen vom normalen »Mein Gott, fühlt sich das gut an!«). Außerdem werden Sie mehr Kontrolle über Ihren kleinen Freund haben. Mit »Kontrolle« meinen wir natürlich, dass er zwar *immer* am Steuer sitzt, aber vielleicht hin und wieder auf Ihre Anweisungen hören wird.

### Ihr Trainingsprogramm

Für Herren gilt dasselbe Programm wie für Damen: Anspannen, halten, entspannen. Wiederholen. Und noch einmal wiederholen. Steigern Sie über einen Zeitraum von ein paar

Wochen Ihr Durchhaltevermögen, indem Sie den obigen Anweisungen folgen, bis Sie bis zu zehn Sekunden lang anspannen können und dreimal täglich zehn Wiederholungen schaffen. Und kombinieren Sie mit blitzschnellen Kontraktionen. Sie können sogar versuchen zu »drücken«, obwohl Ihnen das vermutlich nicht so natürlich vorkommen wird wie den Damen.

Wenn Sie sich auf einer besonders faden Party langweilen, versuchen Sie, Ihren Penis auf und ab wackeln zu lassen, indem Sie die Muskeln anspannen. Eventuell können Sie sogar eine Serviette darauf drapieren, um den Widerstand und die optische Wirkung zu erhöhen – wie ein Zauberer, der eine Taube hinter seinem Taschentuch verschwinden lässt. Hängen Sie jedoch nichts Schweres daran: Es handelt sich hier um einen feinfühligen Zucktrick, nicht um einen Wettbewerb im Gewichtheben. Und bilden Sie sich bloß nicht ein, dass das Training dieses Muskels sich positiv auf die Größe auswirken könnte. Das tut es nämlich nicht. Tragen Sie es mit Fassung, und genießen Sie einfach, was der gütige Herr Ihnen geschenkt hat.

### Wann anspannen?

Halten Sie sich gaaaanz still und versuchen Sie, ein bisschen zu zucken, wenn Sie das nächste Mal Ihre Partnerin oder Ihren Partner in ihrer oder seiner guten Stube besuchen. Warten Sie ab, was sie oder er davon hält. Oder versuchen Sie, die Muskeln unmittelbar bevor oder während Sie kommen anzuspannen. Experimentieren Sie, wenn Sie sich den Schimmel vom Lümmel schütteln, um herauszufinden, wie das Anspannen sich auf Sie und Ihren Orgasmus auswirkt.

LAGER BEER

# 18. Wie geschmiert

## Wissenswertes über Gleitmittel

Lassen Sie uns eine Sache klarstellen: Gleitmittel ist nicht nur etwas für Ledertypen, die »bis zum Ellbogen« auf Entdeckungsreise gehen möchten. Ebenso wenig ist Gleitmittel ein »Rettungsanker« für Leute mit defekter Maschinerie. Und zu Schmierung zu greifen bedeutet nicht, dass man »frigide« oder »pervers« ist.

Zunächst einmal wird nicht jedermanns Ausstattung auf Kommando feucht. Männer haben in Bezug auf natürliche Schmierung ohnehin nur wenig zu bieten – ein paar Tröpfchen Präejakulat können niemanden ausreichend schmieren. Auch bei Frauen geht die natürliche Schmierung nicht unbedingt Hand in Hand mit sexueller Erregung (genauso wenig ist sie immer ein Indiz für sexuelle Erregung – und schon gar kein *Beweis* dafür, dass eine Frau bereit zur Penetration ist). Das Scheidensekret von Frauen ist hormonabhängig, und der Hormonhaushalt verändert sich bekanntermaßen häufiger als das Wetter – vom Menstruationszyklus über Schwangerschaft oder Menopause bis hin zu Krankheit hat alles Einfluss darauf, wie viel natürliches Gleitmittel eine Frau produziert. Außerdem können Zigaretten, Koffein, Alkohol, Drogen, Stress und Medikamente sie austrocknen. Wenn Sie also in Not sind, ist künstliches Gleitmittel Ihr Freund und Helfer.

Benötigen Sie noch mehr Gründe, warum Sie Gleitmittel verwenden sollten? Die können Sie kriegen: Weil eine brennende Muschi oder ein brennender Lümmel nerven. Weil ihre empfindlichen Winkel und Nischen sich lieber erkunden lassen, wenn sie gut geschmiert sind. Weil es ein völlig neues Gefühl ist – verurteilen Sie es nicht, wenn Sie es noch nicht ausprobiert haben. Weil es Ihnen ermöglicht, neue Stellungen auszuprobieren, für die ein einfaches Eindringen Vorraussetzung ist. Weil Sie damit Körperöffnungen erkunden können, die von Mutter Natur nicht geschmiert werden. Weil es dafür sorgt, dass alles zusammenpasst, auch wenn es nach allen Gesetzen der Physik nie im Leben passen kann. Weil sich Kondome mit etwas Gleitmittel besser anfühlen (sowohl außen als auch innen – träufeln Sie *ein paar* Tropfen auf die Eichel, bevor Sie es sich überstreifen, damit es angenehmer sitzt). Weil ein geschmiertes Kondom weniger leicht reißt. Weil feucht sexy ist. Weil wir es sagen.

## Wann schmieren?

*Jedes* Mal, wenn Sie von hinten durch die kalte Küche kommen (auch dann, wenn es nur mit dem kleinen Finger ist). Jedes Mal, wenn Sie die ganze Hand irgendwo hineinstecken. Eigentlich jedes Mal, wenn Sie es ihm mit der Hand machen (es sei denn, er verfügt über ein unbeschnittenes Exemplar und hat es nicht nötig oder er verlangt ausdrücklich nach einer Trockenübung oder Sie sind ein Jedi-Meister). Gelegentlich beim Oralverkehr, falls Sie zu Mundtrockenheit neigen (oder einfach den Geschmack verändern möchten). Wenn es um Handarbeit für sie geht, ist Damenwahl – falls sie jedoch keine Erfahrung mit dem feuchten Element hat, sollten Sie sie einweihen. Sie wird vermutlich feststellen, dass etwas Gleitmittel ihrem Kitzler mehr Durchhaltevermögen gibt. (Es gibt nichts Schlimmeres als einen Kitzler, der taub wird, bevor die Post abgeht.) Bei vaginaler Penetration (durch einen Penis oder Dildo) kommt es auf die Vagina, den Penis und das Spielzeug an (und auf den Tag, die Stimmung, die Stellung, die Verhütungsmethode, das Wetter ...). Ein mit Gleitmittel beschichtetes Kondom reicht unter Umständen nicht aus, vor allem wenn Sie eine laaaange Nummer schieben (oder wenn das eindringende Exemplar besonders lang ist). Mechanische Barrieren ohne Schmierung werden schnell zu einer trockenen Angelegenheit (was jedoch keine Rechtfertigung dafür ist, darauf zu verzichten), also nehmen Sie einfach irgendetwas Glitschiges zu Hilfe. Außerdem nehmen manche Dildos die Körpersäfte einer Frau viel schneller auf als ein Penis.

## Womit schmieren?

Jetzt wird's knifflig – oder glitschig, wenn Sie so wollen: Sie haben mehr Wahlmöglichkeiten als die Anführerin des Cheerleaderteams beim Highschoolabschlussball. Die einzigen Do-it-yourself-Gleitmittel, die Sie bei ihr anwenden dürfen, sind Ihr eigener Speichel (vorausgesetzt, Sie haben keine Mundinfektion wie zum Beispiel Oralherpes) oder ihr privater Geysir (manchmal ist dort unten genug Flüssigkeit vorhanden, um einen Finger einzutauchen und sie zu verteilen).

Bei ihm können Sie Ihrer Kreativität freieren Lauf lassen, sofern er nicht vorhat, seinen Willi unmittelbar nach dem geschmierten Handjob in eine Ihrer Körperöffnungen zu stecken – im Kasten finden Sie Vorschläge, welche Haushaltsvorräte Sie plündern können. Speichel ist allerdings nicht unbegrenzt verfügbar – und hat außerdem etwas Pubertäres. Er-

**Es ist 22 Uhr: Wissen Sie, wo Ihr Gleitmittel ist?**

Wenn nicht, haben wir hier einige Do-it-yourself-Vorschläge für die Situationen, wenn für ihn einzig und allein ein gut geschmierter Handjob in Frage kommt. Hinweis: Diese Vorschläge gelten ausschließlich für Handjobs für ihn. Bei ihr sollten sie nicht angewandt werden, weil die Vagina viel sensibler und infektionsanfälliger ist als der Penis. Falls die Wahrscheinlichkeit besteht, dass der Handjob zu irgendeiner Aktivität eskaliert, die ein Kondom oder einen Gummihandschuh erforderlich macht, dürfen Sie nur diejenigen der im Folgenden aufgelisteten Produkte verwenden, die kein Öl enthalten (lesen Sie das Etikett), weil Öl Latex zerstört.

- Vaseline oder jede andere, vorzugsweise duftstoff- und mentholfreie Handcreme: Je billiger die Creme, desto besser flutscht es. Teure Produkte sind nämlich darauf ausgelegt, dass sie sich nicht schmierig anfühlen und schnell einziehen (was vielleicht gut für Ihre Haut ist, aber nicht für seine Erektion).
- Speichel: Vielen Leuten gefällt daran, dass spucken etwas Vulgäres hat. Um die Unanständigkeit zu steigern, können Sie seinem kleinen Freund direkt ins Gesicht spucken. Aber nehmen Sie sich in Acht vor Mundtrockenheit: Speichel geht im Bedarfsfall schnell zur Neige, vor allem, wenn Sie schon ein paar Gläschen intus haben.
- Babyöl: Auf dem Etikett steht: »Zur Massage von Säuglingen«, aber auch: »Ebenfalls geeignet für erwachsene Haut.« Sie können doch eins und eins zusammenzählen, oder?

- Haarpflegespülung: Wenn Sie im Urlaub sind oder nur für eine Stunde in einem billigen Hotelzimmer, sollten Sie nicht zur Hotelseife oder zum Hotelshampoo greifen, die ihn vertrocknen und ausdörren lassen wie die Sahara (und unter Umständen seine Harnöffnung reizen). Pflegespülung ist dagegen erlaubt, sofern Sie sich in der Dusche befinden und jede Menge Wasser und Dampf mit im Spiel ist. (Hinweis: Sie werden vermutlich eine ganze Flasche brauchen.)
- Erdnuss-/Kokosnuss-/Oliven-/Pflanzenöl: Wie der Zeichentrick-Fernsehkoch Emeril Lagasse sagen würde: Bam! Fertiggleitmittel, das Sie in jeder Küche finden.
- Haargel: Nicht gerade ideal, aber sofern es keinen Alkohol enthält, verleiht es dem Slogan »fester Halt« eine neue Dimension.
- »Kiss My Face Moisture Shave« (ohne Duftstoffe): Füllen Sie eine halb leere Flasche davon mit Wasser auf, und Sie können ihm pumpender Weise »das Beste für den Mann« bescheren.

wachsene kaufen Gleitmittel. Künstliche Gleitmittel lassen sich in drei Hauptgruppen unterteilen: Gleitmittel auf Ölbasis, Gleitmittel auf Wasserbasis und Gleitmittel auf Silikonbasis. Und in jeder dieser Gruppen gibt es mindestens 57 Varianten, unter denen Sie auswählen können. (Geben Sie sich Mühe, die Tatsache zu ignorieren, dass ihre Markennamen an Lächerlichkeit nur von Pornofilmtiteln übertroffen werden.) Auf die Plätze. Fertig. Feucht!

## Gleitmittel auf Ölbasis

Bei Ölen hält die Schmierwirkung länger an als bei Produkten auf Wasserbasis (Sie müssen sie seltener auftragen) und sie sind fast überall zu finden (sogar im Küchenschrank). Allerdings zählen sie *nicht* zu der Sorte von Gleitmitteln, die Sie bei jeder Gelegenheit benutzen können. Da Öl Latex angreift, müssen Sie alles Ölige unbedingt von Kondomen, Handschuhen, Dams oder Diaphragmen aus Latex fern halten. Safer Sex und Öl passen einfach nicht zusammen. Und wir sprechen nicht nur von Crisco; »auf Ölbasis« beinhaltet auch Petroleumprodukte wie Vaseline oder Handcreme. Außerdem sollten Sie kein Öl verwenden, wenn eine Vagina mit im Spiel ist: Es lässt sich nur schwer aus dem Körper waschen und verbleibt dort oft tagelang. Das zieht Bakterien an und kann zu Infektionen führen. (Zwar lassen sich manche Vaginen aus Stahl von Öl nicht aus der Ruhe bringen, aber wenn Sie nicht sicher sind, ob Sie eine von dieser Sorte besitzen, sollten Sie die Finger davon lassen.)

Wann *dürfen* Sie also Öle verwenden? Auf seinem besten Stück, wenn nur ein Handjob auf dem Programm steht. Bei Ganzkörpermassagen, wenn Sie die Finger von ihrem Genitalbereich lassen können. Beim Besuch durch die Hintertür, entweder mit der Hand oder mit einem Polyurethankondom (Öl kann Polyurethan nichts anhaben). Da das Aftergewebe leicht reizbar ist, sollten Sie sich übrigens an Produkte ohne Duftstoffe halten, wie zum Beispiel dünnflüssiges pflanzliches Öl. (Falls Ihre Partnerin oder Ihr Partner eine Erdnussallergie hat, sollten Sie nicht vergessen, dass ihr oder sein After allergisch auf Erdnussöl reagieren wird.) Lassen Sie beim Analsex die Finger von Produkten auf Petroleumbasis wie Vaseline, da sie die Schleimhäute austrocknen – für Handjobs bei Männern sind sie allerdings gut geeignet. Zu weiteren Ölen, die sich gut für den Schmierdienst beim Handjob eignen, zählen »Men's Cream« (speziell zum Rubbeln der Rute entwickelt) und »Ellbow Grease«.

### Gleitmittel auf Wasserbasis

Gleitmittel auf Wasserbasis sind gut verträglich. Sie werden oft auch als »Gele« bezeichnet und sind in der Regel geschmacklos, geruchlos, nicht schmutzend und nicht reizend (Letzteres gilt auch für empfindliche kleine Vaginen). Sie können *alle* in Verbindung mit Latex-Produkten und Silikon-Sexspielzeugen verwendet werden und lassen sich in Sekundenschnelle mit Wasser abwaschen – was bedeutet, dass sie es sich nicht in der Muschi gemütlich machen und die Vermehrung böser Bakterien fördern.

Ihr einziger Nachteil ist, dass man sie recht oft auftragen muss – oder mit Wasser »verdünnen« muss, wenn sie zäh werden. (Halten Sie also ein Glas Wasser griffbereit oder, noch besser, füllen Sie das Gleitmittel zum einfachen einhändigen Auftragen in eine Pumpflasche.) Übrigens sind Produkte mit der Bezeichnung »wasserlöslich« nicht dasselbe wie Produkte auf Wasserbasis – die meisten enthalten Öl. Fallen Sie also nicht darauf herein.

Wie entscheidet man sich für ein Gleitmittel? Das hängt ganz davon ab, wo das Gleitmittel aufgetragen werden soll. Einige Gleitmittel sind auf Durchhaltevermögen ausgelegt (d. h. auf ausgiebigen Analverkehr), andere auf guten Geschmack, auf Ähnlichkeit mit natürlichem Vaginalsekret oder auf überempfindliche Muschis. Kaufen Sie nichts, was Nonoxynol-9 enthält (siehe Kasten), und falls das Gleitmittel in die Nähe einer Vagina kommt, sollten Sie die Finger von Produkten lassen, die Glycerin enthalten (eine Substanz, die bei manchen Frauen Hefepilzinfektionen hervorruft). Abgesehen davon geht es eigentlich nur darum, handelsübliche Produkte auszuprobieren, bis Sie Ihren Favoriten ausfindig gemacht haben. Im Folgenden haben wir einige unserer Lieblingsgleitmittel auf Wasserbasis für Sie aufgelistet …

- »Liquid Silk«: Dieses Gleitmittel hat die Konsistenz einer Feuchtigkeitscreme. Es ist ausdauernder als jedes andere Produkt auf Wasserbasis, wird weder klebrig noch zäh und ist glycerinfrei. Beide Daumen nach oben (egal, wohin diese Daumen gesteckt werden). Das Produkt »Maximus« vom selben Hersteller hat ähnliche Eigenschaften, mit dem einzigen Unterschied, dass es nicht weiß, sondern transparent ist – also reine Geschmackssache.
- »Eros Water«: Ein weiteres geschmackloses, geruchloses, nicht klebriges Gleitmittel. Ein echter Alleskönner.
- »Astroglide«: Dank seines süßen Geschmacks und seiner Ähnlichkeit mit dem natürlichen Schmiermittel des Körpers eines der meistverkauften Gleitmittel. Enthält allerdings Glycerin.
- »Slippery Stuff«: Dieses Gleitmittel ist dickflüssiger als »Astroglide« und wurde ursprünglich für Taucher entwickelt, die Probleme beim An- und Ausziehen ihrer Neoprenanzüge hatten. Es ist geschmacklos, glycerinfrei und nicht zu klebrig.
- »ID Juicy Lube«: Falls Sie ein Schleckermaul sind, ist das Ihr Gleitmittel. Es ist mit Kaugummi-, Kirsch-, Pfirsich-, Passionsfrucht- und Wassermelonengeschmack erhältlich. Doch wie alles mit Geschmack, enthält auch dieses Gleitmittel Glycerin. Wenn Sie es lieber einfacher haben, nehmen Sie die Standard-Variante »ID Lube«.

- »Probe« (und »Probe Classic«): Das dickflüssigste Gleitmittel auf dem Markt ist der Favorit von Fistingfans.
- »KY Jelly«: Fast schon ein Klassiker – »KY« ist die Mutter aller Gleitmittel auf Wasserbasis. Wir empfehlen es allerdings nicht, da es schnell klebrig wird und sich nicht wieder verdünnen lässt. Aber es ist fast überall zu bekommen (sogar im konservativen Texas, wie wir gehört haben), und es ist ein Gleitmittel auf Wasserbasis. Wenn Sie sich in einer Notlage befinden (oder in Texas), erfüllt es seinen Zweck.

### Raffiniert: Gleitmittel auf Silikonbasis

Wir haben die Zukunft gesehen, und sie ist glitschig. Gleitmittel auf Silikonbasis bieten alle Vorteile von Öl ohne dessen unangenehme Nebenwirkungen. Mit Gleitmittel auf Silikonbasis beschichtete Kondome gibt es seit Ewigkeiten, aber Silikon-Gleitmittel in Flaschen ist erst seit kurzem erhältlich. Es ist ungefährlich für Vaginen und Latex, standhaft genug für Analverkehr, schmiert stundenlang (äußerst praktisch, wenn Sie bis zum Handgelenk drinstecken und erneutes Auftragen keine einfache Angelegenheit ist) und kann leicht mit Wasser und Seife abgewaschen werden. Womit es sich jedoch *nicht* kombinieren lässt, sind Sexspielzeuge aus Silikon (offenbar löst es seltsame chemische Reaktionen aus). Und das Beste überhaupt ist, dass Gleitmittel auf Silikonbasis absolut wasserfest ist – Baden wird nie wieder dasselbe sein. Es ist ein klein bisschen teurer als Gleitmittel auf Wasserbasis, aber man braucht so wenig davon (nur ein bis zwei Tropfen, dass Sie am Ende vermutlich noch Geld sparen werden. Silikon-Süchtige behaupten, dass es sich wärmer anfühlt als andere Gleitmittel und Empfindungen besser überträgt. Im Gegensatz zu Produkten auf Wasserbasis fühlt sich Silikon auf dem *ganzen* Körper gut an.

**Freund oder Feind?**
**Die Wahrheit über Nonoxynol-9**

Einige Gleitmittel enthalten das Spermizid Nonoxynol-9, von dem man – in seiner Blütezeit – dachte, es könne alles von Schwangerschaften bis HIV-Infektionen verhindern. Im Labor tötet das Spermizid zwar das Virus, aber in der großen bösen Welt sexueller Beziehungen zwischen Menschen tut es einen feuchten Dreck. Neuere Untersuchungen legen sogar nahe, dass Nonoxynol-9 viele Vaginen und einige After reizt (schließlich ist es eigentlich ein Reinigungsmittel), was wiederum bedeutet, dass es das Infektionsrisiko in Wirklichkeit eher erhöht. Davon abgesehen ist das Spermizid in Gleitmitteln zur Empfängnisverhütung ohnehin nicht stark genug konzentriert. Am besten lassen Sie also die Finger von Gleitmitteln, bei denen Nonoxynol-9 auf der Liste der Inhaltsstoffe steht.

Deutschland ist führend auf dem Gebiet der Gleitmittel auf Silikonbasis. Wenn Ihnen also das nächste Mal nach einer *Kleinen Nachtmusik* ist, sollten Sie »Venus« oder »Eros« ausprobieren, die standhaftesten Silikonprodukte auf dem Markt. Beide sind hypoallergenisch und glycerinfrei. Wenn Sie lieber ein amerikanisches Produkt kaufen möchten, versuchen Sie es mit »ID Millennium« oder mit »Wet Platinum«.

### Ein letzter Gedanke zum Thema »geschmierter Sex«

Sie müssen nicht jedes Mal Gleitmittel benutzen, also wechseln Sie ab. Glitschig ist sexy (von einfacher ganz zu schweigen), aber manchmal steht Ihnen der Sinn vielleicht einfach nur nach einem sauberen Quickie (wenn Sie es zum Beispiel auf Großmutters Couch machen, während sie einkaufen geht). Was Sie sich jedoch unbedingt merken sollten, ist das: Ein brennender Schritt ist alles andere als sexy. Und das ist unser letztes Wort.

# Von »Anus« bis »Zervix«

## Das »Anatomie unter der Gürtellinie«-Glossar

Dass wir in diesem Buch von der ersten bis zur letzten Seite großzügig Gebrauch von schmutzigen Wörtern, albernen Slangausdrücken und unterhaltsamen (zumindest für uns) Euphemismen gemacht haben, liegt einerseits daran, dass jedes Wort – insbesondere »Penis« und »Vagina« – irgendwann anfängt, lächerlich zu klingen, wenn man es zu oft sagt, andererseits daran, dass wir nicht wie ein Sexualkundebuch für die siebte bis neunte Klasse klingen wollten. Um Verantwortungsbewusstsein zu zeigen, haben wir das folgende Kapitel der ungeschminkten Wahrheit darüber gewidmet, woraus kleine Jungs und Mädels bestehen, medizinischer Fachjargon und todernster Ton inbegriffen. (Unsere Euphemismen finden Sie meist am Ende der jeweiligen Definition.) Vergessen Sie bitte nicht, dass die beschriebenen Körperteile bei jedem Mädchen und jedem Jungen ein wenig anders zusammengesetzt sind (Anatomie) und ein wenig anders zusammenarbeiten (Physiologie), um jeden Menschen zu etwas Besonderem zu machen ... ähnlich wie bei Schneeflocken. Betrachten Sie das folgende Glossar also als eine Einführung in die durchschnittlichen Körperteile. Falls die Ihren nicht ganz so funktionieren wie im Leitfaden beschrieben, heißt das vermutlich nur, dass sie etwas aus dem Rahmen fallen.

## Ladys …

**Vulva:** Der Sammelbegriff für die äußeren weiblichen Geschlechtsteile – nicht zu verwechseln mit der Vagina. Die Vulva umfasst die äußeren Schamlippen *(Labia majora)*, die inneren Schamlippen *(Labia minora)*, die Eichel der Clitoris *(Glans clitoridis)*, die Scheidenöffnung, die Harnöffnung und den Schamhügel *(Mons pubis)*. Eine Abbildung der Vulva finden Sie auf Seite 71.

**Schamhügel** (*Mons pubis* oder *Mons veneris*): Ein Ballen Fettgewebe, der auf dem Schamknochen unterhalb des Abdomens und oberhalb der Schamlippen sitzt und diesen vor Stößen beim Geschlechtsverkehr schützt. Er ist in der Regel von Schamhaar bedeckt … oder von Schamhaarstoppeln. Bei manchen glücklichen Frauen ist der *Mons veneris*, lateinisch für »Berg der Venus«, sexuell stimulierbar.

**Innere und äußere Schamlippen:** Zwei Lippenpaare, die die Eichel der Klitoris, die Harnöffnung und die Scheidenöffnung umgeben. Die äußeren Schamlippen oder *Labia majora* sind Fettgewebestreifen, die in der Regel von Schamhaar bedeckt sind und dem Hodensack beim Mann entsprechen; die inneren Schamlippen oder *Labia minora* sind meist haarlos, oft leicht unterschiedlich groß und können mit der Unterseite des Penis verglichen werden. Die Schamlippen (insbesondere die inneren) reagieren normalerweise auf Stimulation; manche Frauen haben mehr Nervenenden in den Schamlippen als andere, und manche Frauen ziehen die Stimulation der inneren Schamlippen direkter klitoraler Stimulation vor. Die inneren Schamlippen sind meistens dünner und heller als die äußeren, schwellen an und verfärben sich dunkler, wenn sie sexuell stimuliert werden. Die inneren

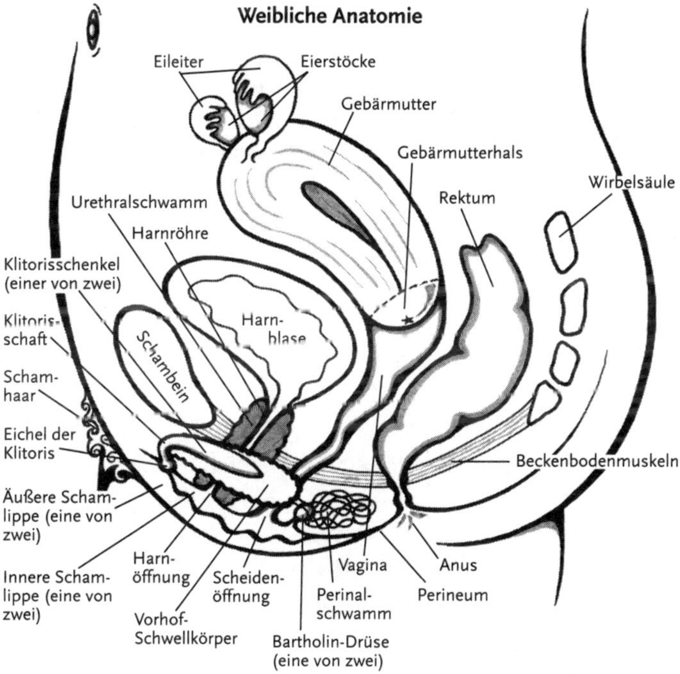


Schamlippen stehen unter Umständen weiter hervor als die äußeren.

**Klitoris:** Früher hielt man die Klitoris nur für einen kleinen empfindsamen Knubbel, der unter einer Kapuze hervorlugt, wo die oberen Enden der Schamlippen zusammenlaufen. Heute wissen wir jedoch (dank Büchern wie *Frauenkörper, neu gesehen: Ein illustriertes Handbuch* von der Federation of Feminist Women's Health Centers), dass es sich bei der Klitoris um ein komplexes Organ aus innerviertem, erektilem Gewebe handelt (genau wie beim Penis), das sich über den ganzen Genitalbereich erstreckt, manchmal bis zu zwölf Zentimeter in den Körper hinein, und sich mit Blut füllt und anschwillt. Der kleine Knubbel ist nur die Spitze des Eisbergs (und wird offiziell als »Eichel« der Klitoris bezeichnet). Wenn Sie die Harnröhre, die Vagina oder den Anus stimulieren, hat dies also auch eine indirekte Stimulation der Klitoris zur Folge. Die Klitoris ist das einzige Organ des menschlichen Körpers (Frauen *und* Männer zusammengenommen), das ausschließlich der Übertragung sexueller Empfindungen dient.

**Eichel der Klitoris:** Der oben erwähnte kleine Knubbel ist die so genannte »Eichel« der Klitoris (das Sexualorgan, das der Eichel des Penis entspricht). In der Eichel der Klitoris befinden sich sechs- bis achttausend Nervenenden – mehr als in jedem anderen Organ im menschlichen Körper, egal, ob Mann oder Frau, und etwa viermal so viel wie in der (wesentlich größeren) Eichel des Penis. Sie variiert sehr stark (sowohl von Frau zu Frau als auch von Tag zu Tag bei ein und derselben Frau) in Größe, Form, Farbe und darin, wie weit sie unter der Kapuze hervorlugt, die von den Hautfalten der zusammenlaufenden oberen Schamlippenenden gebildet wird (dieser Bereich entspricht der Vorhaut beim Mann). Die Eichel der Klitoris hat einen Durchmesser von zwei bis 20 Millimeter und scheint manchmal zu verschwinden, wenn sie im Zustand heftiger Erregung von angeschwollenem Gewebe umgeben ist und/oder sich während des Orgasmus zurückzieht. Das klitorale Netzwerk erstreckt sich zwar weit in den Körper der Frau hinein, wenn wir in diesem Buch jedoch den Begriff »Kitzler« verwenden, meinen wir damit nur die Eichel der Klitoris. (Alias »kleiner Mann im Boot«.)

**Klitorisschaft:** Wenn Sie mit dem Finger über die Kapuze ober-

**Männlich, weiblich, *anders***

Bei manchen Menschen passen die Einzelteile etwas *anders* zusammen, und die Betreffenden passen nicht so recht in diese zugegebenermaßen engstirnige Junge-Mädchen-Aufteilung. Diese Menschen, die als »Intersexe« oder »Zwitter« bezeichnet werden, besitzen keine eindeutigen oder atypische Geschlechtsorgane. Sie dürfen nicht mit so genannten »Transsexuellen« verwechselt werden – Menschen, die sich im Körper des anderen Geschlechts gefangen fühlen. In einigen Fällen kann die Chirurgie dabei helfen, die äußerlichen Körpermerkmale mit der empfundenen Geschlechtsidentität in Einklang zu bringen.

halb der Eichel der Klitoris fahren und nach unten drücken, sollten Sie ein Schwammgewebe spüren können, das sich eineinhalb bis zweieinhalb Zentimeter weit in Richtung Schamhügel erstreckt. Das ist der Klitorisschaft – das zähe, gummiartige und bewegliche Band, das von der Eichel aus unter der Haut verläuft. Manche Frauen empfinden es als stimulierend, wenn Druck darauf ausgeübt wird.

**Klitorisschenkel:** Unter der Haut teilt sich der Klitorisschaft und bildet zwei Schenkel *(Crura)*, die sich hinter den Schamlippen auf beiden Seiten der Vagina gabelförmig sieben bis acht Zentimeter weit nach hinten erstrecken.

**Vorhof-Schwellkörper:** Die Klitoris besitzt zwei weitere Fortsätze, die sich von der Stelle aus, an der Schaft und Schenkel aufeinander treffen, erstrecken und hinter den inneren Schamlippen verlaufen – es handelt sich dabei um »Knollen« aus kavernösem, erektilem Gewebe, die sich bei sexueller Erregung wie die Schwellkörper *(Corpora cavernosa)* des Penis mit Blut füllen. Sie sind größer und voluminöser als die Klitorisschenkel.

**Harnröhre (Urethra):** Direkt unterhalb des Kitzlers befindet sich ein kleiner V-förmiger Schlitz, der als Urethral- oder Harnöffnung bekannt ist; er befindet sich an einem Ende der dünnen, knapp vier Zentimeter langen Harnröhre, die Urin von der Harnblase aus dem Körper leitet. Die Harnröhre verläuft parallel zur oberen Scheidenwand und ist – wie auch die Harnröhre des Mannes – von schwammigem Schwellgewebe umgeben *(Corpus spongiosum)*. In diesem »Urethralschwamm«, der einer Isolierung gleicht, befinden sich viele winzige, so genannte »Paraurethraldrüsen«, die sich bei Stimulation mit einer alkalihaltigen Flüssigkeit (ähnlich dem Prostatasekret bei Männern) füllen. Der ovale, fingerkuppengroße Bereich dieses Gewebes, den man durch die obere Scheidenwand ertasten kann, wird gemeinhin »G-Punkt« genannt. Seine Stimulation kann bei manchen Frauen zum Ausscheiden von Flüssigkeit führen (auch »weibliche Ejakulation« genannt – weitere Informationen finden Sie im Abschnitt »Mit allen Wassern gewaschen«, Seite 165). Der Urethralschwamm und seine Drüsen entsprechen der Prostata beim Mann.

**Harnblase:** Dieses Organ, in dem der von den Nieren produzierte Urin gesammelt und gespeichert wird, wird regelmäßig durch die Harnröhre entleert.

**Vagina:** Dieser Abschnitt zwischen dem Gebärmutterhals und der Außenwelt, der sich allem anpasst, was ihn passiert, wird auch als »Geburtskanal« bezeichnet. Die Wände der Vagina bestehen aus Schleimhaut (d.h. einer dünnen Schicht Gewebe, das Schleim absondert). Wenn Sie jemals die Gebrauchsanweisung zum Einsetzen eines Tampons gelesen haben, wissen Sie, dass dieser acht bis zwölf Zentimeter lange Kanal im 45-Grad-Winkel in Richtung Rücken führt (und nicht direkt nach oben in den Körper). Die hinteren zwei Drittel der Vagina sind glatt und nicht besonders empfindsam; in erregtem Zustand kann dieser Abschnitt seine Länge und seinen Durchmesser fast verdoppeln (was vaginales Fisting möglich macht). Das vordere, nervenreiche Drittel der Vagina schwillt dagegen dank des ihn umgebenden Klitoralgewebes bei Stimulation an und verengt sich; der obere Teil dieses Bereichs fühlt sich dann an wie ein Schwamm – dafür ist der Urethralschwamm auf der anderen Seite der Scheidenwand verantwortlich (d. h. der G-Punkt). Die Vagina produziert ununterbrochen ein Sekret – während des Eisprungs, einer Schwangerschaft oder sexueller Erregung –, um für Schmierung zu sorgen (nicht zu verwechseln mit der Schmierung durch die unten beschriebenen Bartholin-Drüsen), die Vagina zu reinigen und ihre Säurehaltigkeit zur Infektionsvermeidung aufrechtzuerhalten.

**Bartholin-Drüsen:** Diese auch als »Große Vorhofdrüsen« bezeichneten bohnengroßen Drüsen befinden sich unmittelbar unterhalb des Scheideneingangs. Bei sexueller Erregung sorgen sie für etwas Schmierung in Form von wenigen zähflüssigen Tropfen, die über beinahe unsichtbare Öffnungen in den inneren Schamlippen abgesondert werden. Diese Öffnungen sind in der Regel zu klein, um wahrgenommen zu werden, wenn sie jedoch infiziert sind und anschwellen, kann man sie spüren.

**Hymen:** Diese dünne, gemeinhin als »Jungfernhäutchen« bekannte Membran, umgibt die Scheidenöffnung. Zum Teil blockiert, aber nur selten verschließt diese Membran die Öffnung ganz. Jungfernhäutchen gibt es in allen möglichen Formen und Größen: Während manche Frauen ohne Hymen zur Welt kommen, muss es bei anderen operativ entfernt werden. In der Regel wird das Jungfernhäutchen bereits bevor eine Frau das erste Mal Sex mit einem Partner hat durch verschiedene Formen vaginaler Penetration, wie beim Masturbieren oder beim Einführen eines Tampons, oder bei anderen, nicht penetrativen Aktivitäten, wie Reiten oder Turnen, gedehnt oder zerrissen. Allerdings besteht die Möglichkeit, dass es noch nicht so stark gedehnt wurde, wie das beim Geschlechtsverkehr zu erwarten ist, weshalb es anfangs zu Schmerzen oder in seltenen Fällen auch zu Blutungen kommen kann. Bei den meisten Frauen dehnt es sich oder reißt es jedoch verhältnismäßig leicht; nachdem es sich gedehnt hat oder gerissen ist, bleiben am Scheideneingang kleine Falten von Hymengewebe sichtbar.

**Gebärmutterhals (Zervix):** Das Tor zwischen Gebärmutter (Uterus) und Vagina ist eine fleischige Kuppel, die in der Mitte eine vertiefte, als »Muttermund« bezeichnete Öffnung besitzt. Der Gebärmutterhals verändert sowohl im Lauf des Lebens einer Frau als auch während jedes Menstruationszyklus seine Farbe, Form und Position. In der Regel ist er ungefähr so groß wie eine Kirsche, er kann aber auch größer sein, vor allem bei Frauen, die bereits ein Kind zur Welt gebracht haben. Der winzige Muttermund ist sozusagen der Pförtner, der Eindringlinge wie einen Tampon, Finger oder Penis nicht passieren lässt. Allerdings lässt er Sperma und fruchtbarkeitssteigernden Schleim beim Eisprung hinein (für den Fall, dass Samenzellen des Weges kommen), Blut während der Periode sowie Babys während der Wehen hinaus (er kann sich auf zehn Zentimeter oder mehr im Durchmesser weiten!). Die Umgebung des Gebärmutterhalses auf der Seite zur Vagina bezeichnet man als »Scheidengewölbe«, und *manchen* Frauen gefällt es, wenn dieser Bereich mit einem Finger erkundet wird. Obwohl sich auf der Oberfläche des Gebärmutterhalses keine Nervenenden befinden, ist er überaus druckempfindlich – wie gesagt, manche Frauen mögen den Druck bei tiefer Penetration, andere hassen ihn.

**Gebärmutter (Uterus):** Hier wachsen die Fötusse heran. Die Gebärmutter liegt zwischen Harnblase (die sich unter der Bauchwand befindet) und Rektum (das sich in der Nähe des Steißbeins befindet). Bei nicht schwangeren Frauen hat die Gebärmutter ungefähr die Größe einer Kiwi. Sie ist der Ursprung von Menstruationskrämpfen.

**Eileiter:** Zwei identische, ungefähr zehn Zentimeter lange Eizellentransportkanäle, die oben links beziehungsweise oben rechts aus der Gebärmutter heraus- und wieder in sie hineinführen – ähnlich wie die geschweiften Hörner eines Widders (wie in *Unser Körper, unser Leben: Ein Handbuch von Frauen für Frauen* beschrieben). Ihre offenen, fransigen Enden befinden sich in der Nähe der Eierstöcke. Wenn beim Eisprung von einem Eierstock eine Eizelle freigesetzt wird, wogen Millionen von winzigen Härchen (so genannte »Zilien«), um sie aufzuschöpfen. Anschließend wird sie mittels wellenförmiger Muskelkontraktionen zur Gebärmutter transportiert. Die Eizelle hofft, auf ihrem Weg auf eine Samenzelle zu treffen und von ihr befruchtet zu werden.

**Eierstöcke:** Diese beiden Organe haben die Größe und Form enthülster Mandeln und befinden sich etwas unterhalb auf beiden Seiten der Gebärmutter (ungefähr zehn bis zwölf Zentimeter unterhalb der Taille). Die Eierstöcke haben zwei Funktionen: (1) Eizellen produzieren und (2) weibliche Sexualhormone produzieren (unter anderem Östrogen und Progesteron). Sie entsprechen den Hoden beim Mann.

**Beckenbodenmuskeln:** Die Beckenbodenmuskeln – einschließlich Pubococcygeus-Muskel oder PC und Bulbokavernosus-Muskel – sind eine Gruppe von Muskeln, die dabei helfen, die Beckenorgane in Position zu halten und alle anderen Organe bis hinauf zum Zwerchfell stützen. Sie verlaufen um Harnröhre, Vagina und Anus und ziehen sich im Zustand sexueller Erregung und beim Orgasmus zusammen. Kräftigere, durch spezielle Übungen trainierte Beckenbodenmuskeln bedeuten also stärkere Orgasmen. Weitere Informationen finden Sie im Kapitel »Fit fürs Bett«, Seite 397.

## Teamwork

Bei sexueller Erregung und (normalerweise auch) bei rhythmischer Stimulation strömt Blut in die Beckengegend und füllt das erektile Gewebe der Klitoris; Drüsen füllen sich mit Flüssigkeit; Nervenzellen geraten in Aufruhr (im positiven Sinn); die Haut wird ebenso überempfindlich wie die Brustwarzen; der Kitzler schwillt an und ragt hervor; der Klitorisschaft wird spürbar; die Klitorisschenkel strecken und versteifen sich; die Vorhof-Schwellkörper blähen sich auf, damit sich die Scheidenöffnung verengt, und die Schamlippen schwellen an; der Urethralschwamm drückt gegen die obere Scheidenwand (und löst unter Umständen »weibliche Ejakulation« aus); die Vagina erweitert sich und sondert Sekret ab (in der Theorie, um das Eindringen des Penis zu erleichtern und den Transport der Samenzellen zu den Eizellen zu unterstützen) ebenso wie die Bartholin-Drüsen. Die Muskeln kontrahieren und sorgen für Anspannung im gesamten Genitalbereich; aufgrund des erhöhten Blutflusses steigert sich die Empfindsamkeit; und letztendlich, *hoffentlich*, lösen eine Reihe rascher, rhythmischer Muskelkontraktionen, bekannt unter dem Namen »Orgasmus«, die Spannung. Manche Wissenschaftler sind der Meinung, dass Frauen eher multiple Orgasmen (in schneller Abfolge ohne Erholungsphase) haben als Männer, weil bei ihnen das Blut nach dem Orgasmus im Genitalbereich weniger schnell und plötzlich zurückfließt als beim Penis.

## ... und Gentlemen

**Penis:** Im Gegensatz zum Penis vieler Säugetiere besitzt der menschliche Penis keinen Knochen. Über Muskeln verfügt er ebenso wenig – zumindest nicht, wie man hoffen könnte, im Penisschaft. (Im Kapitel »Fit fürs Bett«, Seite 397 finden Sie Informationen über die umliegende Beckenmuskulatur.) Dafür verfügt der Penis jedoch über zwei so genannte Rutenschwellkörper *(Corpora cavernosa)*, die sich über seine gesamte Länge erstrecken und aus erektilem Schwammgewebe und Blutgefäßen bestehen. Diese zylinderförmigen Schwellkörper entsprechen den Großen Vorhofdrüsen bei der Frau. Die Peniswurzel erstreckt sich fast bis zum Anus in den Körper hinein. Die beiden Schwellkörper gabeln sich an der Peniswurzel und führen unterhalb der Prostata nach hinten, wo sie mit dem Beckenknochen verbunden sind. Wenn Sie auf das Perineum drücken, während Sie eine Erektion haben, können Sie sie unter Umständen spüren.

**Eichel:** Der Kopf des Penis. Da sich die meisten Nervenenden des Penis in der Eichel befinden, ist sie der empfindlichste Teil (insbesondere bei unbeschnittenen Männern) und entspricht der Eichel der Klitoris.

**Eichelkranz** *(Corona glandis)*: Der Eichelkranz ist der Wulst am unteren Ende der Eichel, wo diese in den Penisschaft übergeht.

**Frenulum oder Vorhautbändchen:** Ein äußerst empfindlicher dünner Hautstreifen auf der Unterseite des Penis zwischen Eichel und Penisschaft. Bei unbeschnittenen Männern hindert das Frenulum die Vorhaut daran, sich zu weit zurückzuziehen; bei beschnittenen Männern fehlt das Frenulum ganz oder teilweise (weshalb unbeschnittene Männer behaupten, über eine größere Penissensibilität zu verfügen).

**Vorhaut oder Präputium:** Bei unbeschnittenen Männern bedeckt diese mit einigen Nervenenden versehene Hautschicht die Eichel wie eine Kapuze, wenn der Penis sich in schlaffem Zustand befindet; bei einer Erektion zieht sie sich zurück. Kleine Drüsen unter der Vorhaut sondern ein öliges Sekret ab, das eine als »Smegma« bezeichnete, Frischkäse-ähnliche Substanz bildet, wenn es sich mit abgestorbenen Hautzellen vermischt. Beschnittene Männer produzieren kein Smegma.

**Harnöffnung:** Die Öffnung an der Spitze des Penis, die Urin und Sperma ins Freie entlässt.

**Harnröhre oder Urethra:** Diese dünne Röhre führt von der Harnblase durch die Prostata an der Unterseite des Penisschafts unterhalb der beiden Rutenschwellkörper entlang und endet an der Harnöffnung in der Eichel. Sie transportiert Harn aus der Blase beim Wasserlassen sowie Prostatasekret aus der Vorsteherdrüse und Sperma aus den Hoden beim Ejakulieren. Die Harnröhre ist von einem Zylinder aus erektilem Schwammgewebe umgeben, dem so genannten Harnröhrenschwellkörper oder *Corpus spongiosum*, den man als Grat auf der Penisunterseite spüren kann. Dieser Grat, auch »Raphe« oder »Verwachsungsnaht« genannt, verläuft vom

**Männliche Anatomie**

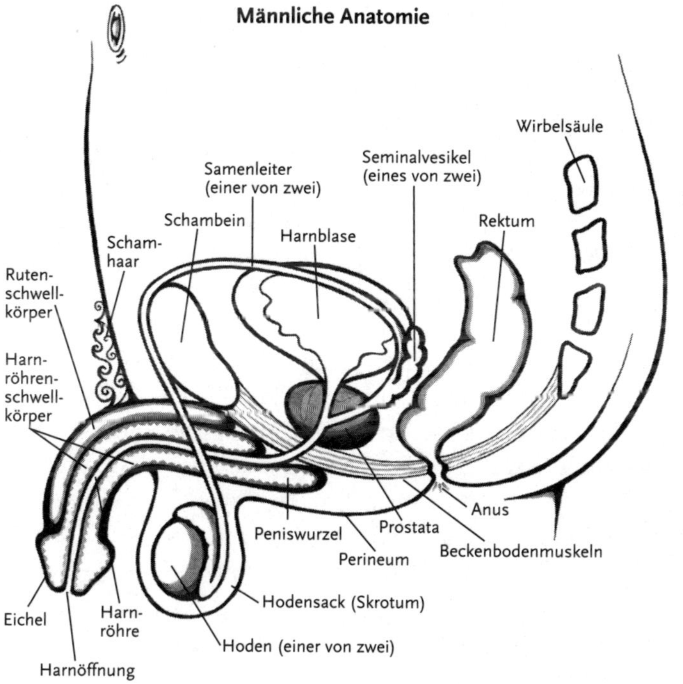


Frenulum am Penisschaft entlang über den Hodensack bis zum Anus.

**Hoden:** Die weintrauben- bis hühnereigroßen Hoden, von welchen einer oft tiefer hängt als der andere, sind zwei Drüsen, die sowohl Testosteron als auch Sperma produzieren. Das Sperma fließt von den Hoden in die Nebenhoden *(Epididymis)*, zwei weiche, oben auf der Rückseite der Hoden befindliche Körper (bei denen es sich eigentlich um spiralenförmige Kanäle handelt), die mit den Samenleitern verbunden sind; siehe Abbildung oben.

**Hodensack oder Skrotum:** Der hängende, haarige Hautbeutel, in dem sich die Hoden befinden. Der Hodensack schützt die Hoden und sorgt dafür, dass sie nicht zu warm oder zu kalt werden (da extreme Temperaturen die Spermienproduktion beeinträchtigen). Bei sexueller Erregung, körperlicher Aktivität oder Kälte kontrahiert im Hodensack ein Muskel, der so genannte *Musculus cremaster*, um den Hodensack näher zum Körper zu ziehen; bei einer warmen Dusche entspannt er sich, um den Hodensack abzusenken.

**Samenleiter:** Zwei dünne Kanäle, die die Nebenhoden mit der Harnröhre verbinden, um den Samenerguss zu ermöglichen. Wenn Sperma durch die Samenleiter zur Harnröhre fließt, nehmen diese Spermien Inhaltsstoffe aus den Seminalvesikeln auf. Die Samenleiter werden bei einer Vasektomie durchtrennt.

**Seminalvesikel:** Zwei zwischen der Unterseite der Harnblase und der Prostata befindliche Drüsen, die Nährstoffe für die Samenzellen produzieren. Diese Nährstoffe helfen bei der Beförderung des Spermas und schützen es nach dem Austritt aus dem Penis.

**Sperma oder Ejakulat:** Die Hoden produzieren Sperma. Bei sexueller Erregung wandern die Spermien von den Hoden durch die Nebenhoden und die Samenleiter in die Harnröhre, wo sie sich mit verschiedenen Flüssigkeiten vermischen (einschließlich des Prostatasekrets und den Nährstoffen aus den Seminalvesikeln) und Sperma bilden. Dieser Cocktail wird über die Harnröhre aus dem Körper ausgestoßen, wenn ein Mann ejakuliert. Vor der Ejakulation sondern die so genannten Cowper-Drüsen (die sich in der Nähe der Peniswurzel befinden) eine alkalihaltige Flüssigkeit ab, die etwaige Urinrückstände in der Harnröhre neutralisiert und den Spermien hilft, in der säurehaltigen Umgebung der Vagina zu überleben.

**Prostata:** Die Prostata- oder Vorsteherdrüse erfüllt eine ähnliche Funktion wie die Seminalvesikel, indem sie eine Flüssigkeit produziert, die beim Transport der Spermien hilft und diese nach Verlassen des Penis schützt. Sie befindet sich hinter dem Schambein unmittelbar unterhalb der Harnblase, in der Nähe der Peniswurzel, und entspricht dem G-Punkt der Frau.

**Beckenbodenmuskeln:** Diese Muskelgruppe bildet eine Acht um die Genitalien und spannt sich beim Orgasmus unwillkürlich an. Um den Harnfluss zu unterdrücken, kann man sie *willkürlich* anspannen. Sie zu stärken kann die sexuelle Kontrolle verbessern und gegen Inkontinenz helfen. (Weiteres finden Sie im Kapitel »Fit fürs Bett«, Seite 397.)

## Teamwork

Als Reaktion auf sexuelle Stimulation (mental, visuell und/oder physisch) sendet das Gehirn über das Nervensystem Signale aus, die den Blutfluss in die Rutenschwellkörper des Penis einleiten. Das erektile Schwammgewebe dieser zylinderförmigen Schwellkörper nimmt das Blut auf und lässt den Penis steif werden (Erektion); die gefüllten Schwellkörper drücken gegen die Membran, die sie umgibt, und dieser Druck verschließt vorübergehend die Venen, durch die das Blut normalerweise abfließt, damit es nicht entweichen kann (zumindest nicht so schnell wie sonst). Obwohl der Penis im erigierten Zustand bis zu acht Mal so viel Blut enthält wie im schlaffen Zustand, wächst er nicht *direkt* proportional an. Nicht alle Erektionen zeigen nach oben – manche zeigen nach vorn oder sogar nach unten (vor allem später im Leben, wenn die Bänder, die den Winkel bestimmen, sich gedehnt haben).

Längere (oder unter Umständen auch kurzzeitige) sexuelle Spannung sorgt dafür, dass die Muskeln in der Prostata kontrahieren und Sekret aus der Prostata und den Seminalvesikeln in die Harnröhre fließt. Sekunden später schließt sich das Ventil zwischen Harnblase und Harnröhre. Die Flüssigkeit wird dann durch die Harnröhre gepresst, wo sie sich unterwegs mit den Spermien aus den Hoden vermischt. Dieser Cocktail aus Flüssigkeiten, das Sperma, wird aus dem Penis ausgestoßen – auch Ejakulation genannt. (Deshalb verursacht es solche Schmerzen, mit einer Morgenlatte aufzuwachen und gleichzeitig dringend pinkeln zu müssen: Der männliche Köper ist nicht darauf ausgelegt, beides zur selben Zeit zu tun.) Unter »rückläufiger Ejakulation« versteht man, dass das Sperma nicht durch die Harnöffnung ins Freie gelangt, sondern stattdessen in die Harnblase zurückfließt – das passiert bisweilen nach Prostata- oder Harnblasenoperationen, nach Wirbelsäulenverletzungen oder bei der so genannten »Injakulation« (siehe den Kasten »Aus der Abteilung: Das hätten wir selbst nicht besser sagen können«, Seite 168). Das verursacht keine Schmerzen und, wenn es nur gelegentlich passiert, auch keinen Schaden. Während manche Tantra-Sex-Anhänger wie Woody Harrelson Lobeshymnen auf die Injakulation singen, würden wir nicht empfehlen, sie regelmäßig zu praktizieren, da einige Mediziner davon ausgehen, dass sie Prostata- und Fruchtbarkeitsprobleme verursachen kann.

## ... und beide

**Genitalien:** Die äußerlichen Sexual- und Fortpflanzungsorgane – die Vulva bei der Frau und der Penis/Hodensack beim Mann. Viele meinen die äußeren *und* inneren Fortpflanzungsorgane, wenn sie den Begriff »Genitalien« verwenden.

**Schamhaar:** »Wildes« Haar auf den Genitalien und in ihrer Umgebung, einschließlich Perineum und Anus. Während der Pubertät verwandeln die Androgene (Sexualhormone) im Körper die Follikel im Genitalbereich in Schamhaarfollikel, aus denen flache, gekräuselte Haare sprießen. Gut geeignet, um einen »natürlichen Moschusgeruch« anzunehmen, der Sexualpartner anzieht. Das Schamhaar wird je nach kulturellem Umfeld und persönlichem Sinn für Ästhetik oder Körperhygiene unter Umständen gestutzt, abrasiert oder mit Wachs entfernt.

**Schambein:** Wenn wir vom Schambein sprechen, meinen wir eigentlich die Symphyse (Schamfuge), die knorpelige Verbindung zwischen diesen paarigen Knochen. Das Schambein ist der untere vordere Teil der Beckenknochen beziehungsweise des Hüftbeins. Bei beiden Geschlechtern wird das Schambein von Fettgewebe geschützt; bei der Frau befindet sich dort der Schamhügel, beim Mann bezeichnet es den Bereich unmittelbar oberhalb seines besten Stücks (bei Kälte zieht sich der Penis unter Umständen in dieses Gewebe zurück). Die knorpelige Verbindung selbst kann man zwar nicht ertasten, aber man spürt, dass sich unter dem Fettgewebe Knochen befinden. Mit dem Schambein sind unter anderem die Beckenbodenmuskeln verbunden. Unmittelbar hinter der Symphyse befindet sich die Harnblase.

**Perineum:** Das kurze Stück Haut, das bei der Frau unterhalb der Vulva und beim Mann unterhalb des Hodensacks beginnt und sich bei beiden bis zum Anus erstreckt. Unter dieser Haut befindet sich ein dichtes Netzwerk aus Blutgefäßen, auch »Perinealkörper« genannt, das sich bei sexueller Erregung mit Blut füllt. Das Perineum verfügt über zahlreiche Nervenenden. Dahinter liegen die Beckenbodenmuskeln, die sich bei sexueller Erregung und beim Orgasmus zusammenziehen.

**Anus:** Die Öffnung oder der Ausgang des Verdauungstrakts. Der Anus besteht aus zwei ringförmigen Schließmuskeln, die den zwei bis drei Zentimeter langen, röhrenförmigen Afterkanal bilden. Den Eingang zum Afterkanal bildet der äußere Schließmuskel, der vom Zentralnervensystem kontrolliert wird (d. h., Sie kontrollieren ihn – meistens zumindest). Zwei bis drei Zentimeter tiefer liegt der innere Schließmuskel, der vom vegetativen Nervensystem gesteuert wird (d. h., er reagiert in der Regel unwillkürlich). Zu den Vorteilen des Anus zählen seine hohe Konzentration von Nervenenden, seine Verbindung zu den Beckenbodenmuskeln und sein elastisches Gewebe, das sich ausdehnen kann, um Besucher einzulassen. Sein größter Nachteil ist, dass man dort hin und wieder Hämorrhoiden bekommt. (Alias After, Po, Hintern, Arsch, Arschloch, Rosette, Seestern.)

**Rektum:** Die Röhre, in der Kot vom Dickdarm zum Anus, das heißt aus dem Körper, transportiert wird. Das Rektum ist zehn bis 15 Zentimeter lang und macht zwei Kurven, die ihm die Form eines gestreckten S geben. Die erste Kurve der Straße wird vom *Musculus puborectalis* gebildet, der sich zusammenzieht, wenn Sie mal müssen, damit Sie sich nicht in die Hosen machen. Die zweite, weniger ausgeprägte Kurve kommt einige Zentimeter später. Das Rektum hat nur die

Funktion einer Passage; »zwischengelagert« werden die Fäkalien im Dickdarm, der sich ungefähr 20 bis 25 Zentimeter vom Anus entfernt, direkt hinter dem Rektum, befindet.

Unterricht beendet.

# Danksagung

Unser überschäumender Dank gilt Isabella Robertson, der ehemaligen Cheflektorin von Nerve Books, die *Sex for Winners* ins Leben gerufen und einen großen Teil zum Gelingen des Projekts beigetragen hat; Debbie Grossman, deren Fotoredaktion dafür gesorgt hat, einen Sex-Ratgeber in ein Kunstwerk zu verwandeln; Jenny Lim für ihre unermüdliche Recherche zu allen Themengebieten von Vorspiel bis Fisting; und unserem langjährigen gestalterischen Berater Joey Cavella, dass er für eine coole Optik gesorgt hat.

Zu Dank verpflichtet sind wir den folgenden Ärzten für die Überprüfung medizinischer Details: dem Geschlechtskrankheitsexperten Kenneth F. Trofatter, Jr., M.D., Ph.D., Direktor der Abteilung für Maternal-Fetal Medicine des Center for Women's Medicine am Greenville Hospital System in South Carolina; dem Urologie-Spezialisten John P. Mulhall, M.D., Direktor der Sexual Medicine Programs der Urologie-Abteilungen am Weill Medical College der Cornell University, am New York Presbyterian Hospital und am Memorial Sloan-Kettering Cancer Center in New York; und der in Virginia ansässigen, auf Geburtshilfe und Gynäkologie spezialisierten praktischen Ärztin Bita Motesharrei, M.D. Bedanken möchten wir uns außerdem bei Rana Lee Adawi, M.D., vom Beth Israel Hospital in New York für ihre medizinische Fachredaktion.

Nicht zuletzt gilt unser Dank dem großartigen Plume-Team: Trena Keating, Kelly Notaras, Brant Janeway, Norina Frabotta und Erin Benach. Und: Hikma Abdulghani, Babes in Toyland, Brian Battjer, Ben Bloom, Rebecca Chalker, Sean Conrad, Kevin Cooley, Stuart Delves und der Smithfield Bar, Liza Featherstone, Adam Glickman und Condomania, Good Vibrations, Nathan Jude und dem Center of Operations, Louis Kanganis, Claudia Lake, Donna Lichaw, Jay Mandel, Michael Martin, Jenny Morse, Jack Murnighan, Emily Nussbaum, Krisana Palma, Alison Perelman, Chris Pisacane, Keith Price, Dr. Carol Queen, Allyson Sharkey, Spring Street Networks, Grant Stoddard, Andra Stoll, Becky und Hannah Taylor, Marc Weinhouse und Jack Wright. Außerdem den *Sex for Winners*-Models: Loan Chabonal, Marcos Cougleton, Elissa Gennello, Jan Hilmer, Chris Kramer, Avril Lang, Cayleb Long, Jose Mariscal, Scott McBride, Benjamin Monnie, Joanna Mostor, Eli Rarey, Mika Saa, Theresa Schmidt, Michael Shedwell, Jenny Strahl, Lian Tal und Danielle Top. Und natürlich den Nerve-Lesern in aller Welt, weil sie das humorvollste, schlauste und bestaussehende Publikum sind, das sich ein Magazin wünschen kann.

*Das Nerve-Team*

# Bibliographie

Wir können keine Garantie für die Richtigkeit der Informationen übernehmen, die Sie in den unten aufgelisteten Büchern finden.


Anderson, Dan, *Sex Tips for Gay Guys*, St. Martin's Press, 2001

Anderson, Dan und Maggie Berman, *Ein Schwuler verrät seiner besten Freundin, was Männer wirklich antörnt*, Eichborn, 2000.

Angier, Natalie, *Frau – Eine intime Geographie des weiblichen Körpers*, Bertelsmann, 2000.

Barbach, Lonnie, *For Yourself: Die Erfüllung weiblicher Sexualität*, Ullstein, 1999.

Bean, Joseph W., *Flogging*, Grass Stain, 2000.

Bechtel, Stefan und Laurence Roy Stains, *Sex: A Man's Guide*, Rodale Press, 1996.

Boston Women's Health Collective, *Unser Körper, unser Leben: ein Handbuch von Frauen für Frauen*, Rowohlt, 1980.

Califia, Patrick, *Sensous Magic: A Guide to S/M for Adventurous Couples*, Cleis Press, 2001.

Catrall, Kim und Mark Levinson, *Satisfaction: The Art of the Female Orgasm*, Warner Books, 2002.

Chalker, Rebecca, *The Clitoral Truth*, Seven Stories Press, 2002.

Comfort, Alex, *New Joy of Sex*, Cormoran, 2002.

Cox, Tracey, *Hot Sex: Auf den Höhe-Punkt gebracht*, Goldmann, 1999.

Douglass, Marcia und Lisa Douglass, *»Und – wie war's?« Das etwas andere Sexbuch: So haben Frauen mit Männern wirklich Spaß*, Goldmann, 1999.

Eichel, Edward und Philip Nobile, *The Perfect Fit: How to Achieve Mutual Fulfillment and Monogamous Passion Through the New Intercourse*, Signet, 1993.

Federation of Feminist Women's Health Center, *Frauenkörper, neu gesehen: Ein illustriertes Handbuch*, Orlando Frauenverlag, 1987.

Fisher, Helen E., *The Sex Contract: The Evolution of Human Behavior*, William Morrow & Co., 1982.
Goddard, Jamie und Kurt Brungard, *Lesbian Sex Secrets for Men: What Every Man Wants to Know About Making Love to a Woman and Never Asks*, Plume, 2000.
Herrman, Bert, *Trust, the Hand Book: A Guide to the Sensual and Spiritual Art of Handballing*, Alamo Square Press, 1991.
Joannides, Paul, *Wild Thing: Sex-Tipps für Boys und Girls*, Goldmann, 2002.
Kline-Graber, Georgia und Benjamin Graber, *Woman's Orgasm: A Guide to Sexual Satisfaction*, Warner Books, 1975.
Massey, Doreen, Hsg., *Lovers' Guide Encyclopedia: The Definitive Guide to Sex and You*, Thunder's Mouth Press, 1996.
Midori, *The Seductive Art of Japanese Bondage*, Greenery Press, 2001.
Morin, Jack, *Anal Pleasure & Health*, überarbeitete 3. Aufl., Down There Press, 1998.
Paget, Lou, *Die perfekte Liebhaberin: Sextechniken, die ihn verrückt machen*, Goldmann, 2000.
Peterkin, Allan D., *The Bald-Headed & the Artichoke: An Erotic Thesaurus*, Arsenal Pulp Press, 1999.
Rogers, Ben, u. a., *Going Down: The Instinct Guide to Oral Sex*, Alyson Publications, 2002.
Rowan, Edward L., *Schamlos eigenhändig – Sex an und für sich: Ein Handbuch für Selbstbesorger*, Grüne Kraft, 2001.
Small, Meredith, *What's Love Got to Do With It? The Evolution of Human Mating*, Anchor Books, 1995.
Sonntag, Linda, *Sex & Liebeskunst: Die besten Kamasutra-Stellungen in mehr als 100 Farbfotos*, Bassermann, 2004.
Spark, Richard F., *Sexual Health for Men: The Complete Guide*, Perseus Publishing, 2000.
Taormino, Tristan, *Ekstase pur: Die Erfüllung Ihrer sexuellen Wünsche*, Goldmann, 2002.
Winks, Cathy und Anne Semans, *Good Vibrations Guide: Sex Fun and Safe*, Goldmann, 1996.
Wuh, Hank C. K. und MeiMei Fox, *Sexual Fitness*, Putnam, 2001.

# Register